中华人民共和国经济与社会发展研究丛书（1949—2018）编委会

顾 问

杨胜群 （中共中央党史和文献研究院）

章百家 （中共中央党史和文献研究院）

张卓元 （中国社会科学院）

主 编

武 力 （中国社会科学院）

编 委（按姓氏拼音排序）

陈争平 （清华大学）

董香书 （首都经济贸易大学）

段 娟 （中国社会科学院）

郭旭红 （中国矿业大学〈北京〉）

兰日旭 （中央财经大学）

李 扬 （中央财经大学）

肜新春 （中国社会科学院）

申晓勇 （北京理工大学）

王爱云 （中国社会科学院）

王瑞芳 （中国社会科学院）

吴 超 （中国社会科学院）

肖 翔 （中央财经大学）

郁 辉 （山东第一医科大学）

赵云旗 （中国财政科学研究院）

郑有贵 （中国社会科学院）

国家出版基金资助项目
"十三五"国家重点图书出版规划项目
中华人民共和国经济与社会发展研究丛书（1949—2018）
丛书主编：武力

全国高校出版社主题出版

中国农村扶贫开发研究

Research on Poverty Alleviation and Development in
Rural Area of the People's Republic of China

王爱云 ◎ 著

中国·武汉

图书在版编目(CIP)数据

中国农村扶贫开发研究/王爱云著. —武汉:华中科技大学出版社,2019.6
(中华人民共和国经济与社会发展研究丛书:1949—2018)
ISBN 978-7-5680-5404-1

Ⅰ.①中… Ⅱ.①王… Ⅲ.①农村-扶贫-研究-中国-1949—2018 Ⅳ.①F323.8

中国版本图书馆 CIP 数据核字(2019)第 129521 号

中国农村扶贫开发研究

王爱云 著

Zhongguo Nongcun Fupin Kaifa Yanjiu

策划编辑:周晓方 周清涛	
责任编辑:张汇娟 曹 霞	
封面设计:原色设计	
责任校对:刘 竣	
责任监印:周治超	
出版发行:华中科技大学出版社(中国·武汉)	电话:(027)81321913
武汉市东湖新技术开发区华工科技园	邮编:430223
排　　版:华中科技大学惠友文印中心	
印　　刷:湖北新华印务有限公司	
开　　本:710mm×1000mm 1/16	
印　　张:19.5 插页:2	
字　　数:328 千字	
版　　次:2019 年 6 月第 1 版第 1 次印刷	
定　　价:149.00 元	

本书若有印装质量问题,请向出版社营销中心调换
全国免费服务热线:400-6679-118 竭诚为您服务
版权所有 侵权必究

内容提要
ABSTRACT

中国共产党自成立之日,就关注农村绝对贫困问题。在近百年的历程中,中国共产党把解决农民土地问题作为解决农村绝对贫困的根本之道,把扶贫(开发)作为解决农村绝对贫困的主要途径,把救济贫困作为应对农村绝对贫困的基础措施,从而使得中国农村发生了翻天覆地的变化。

本书以农村扶贫(开发)为研究对象,重点研究新中国成立70年来农村扶贫(开发)的历程和经验。自20世纪30年代在革命根据地建立苏维埃政府以来,中国共产党就在局部执政过程中探索扶助极度贫困农民发展生产的措施。新中国成立以后,中国共产党将农村扶贫作为扶持农村贫困地区、贫困户尽快改变贫穷落后面貌、实现共同富裕的一项重大政策。从新中国成立到改革开放前的近30年间,经过农业合作化、人民公社化的发展,农村扶贫工作呈现出重点扶持集体、通过集体经济的壮大改变贫困农民面貌的时代特征。在新中国农村扶贫工作实践基础上,改革开放初期中共中央、国务院确定了农村扶贫开发方针,此后经过40年的实践,中国农村扶贫开发取得了重大成就,积累了丰富的中国特色减贫经验,为2020年实现整体消除绝对贫困、全面建成小康社会奠定了坚实的实践和理论基础。

总 序
GENERAL PREFACE

早在2013年6月,习近平总书记就指出,历史是最好的教科书,学习党史、国史,是坚持和发展中国特色社会主义、把党和国家各项事业继续推向前进的必修课。这门功课不仅必修,而且必须修好。要继续加强对党史、国史的学习,在对历史的深入思考中做好现实工作,更好走向未来,不断交出坚持和发展中国特色社会主义的合格答卷。党的十八大以来,习近平总书记多次强调要加强历史研究,博古通今,特别是总结中国自己的历史经验。在以习近平同志为核心的党中央领导下,中国特色社会主义进入了新时代。2017年是俄国十月革命胜利100周年;2018年是马克思诞辰200周年和《共产党宣言》发表170周年,同时也是中国改革开放40周年;2019年是中华人民共和国成立70周年;2020年中国完成工业化和全面建成小康社会;2021年是中国共产党成立100周年。这些重要的历史节点,已经引发国内外对中共党史和新中国历史研究的热潮,我们应该早做准备,提前发声、正确发声,讲好中国故事,让中国特色社会主义主旋律占领和引导宣传舆论阵地。

作为专门研究、撰写和宣传中华人民共和国历史的机构,中国社会科学院当代中国研究所、中国经济史学会中国现代经济史专业委员会与华中科技大学出版社一起,从2014年就开始策划出版一套总结新中国经济与社会发展历史经验的学术丛书。经过多次研讨,在2016年5月最终确立了编撰方案和以我为主编的研究写作团队。从2016年7月至今,研究团队与出版社合作,先后召开了7次编写工作会议,讨论研究内容和方法,确定丛书体例,汇报写作进度,讨论写作中遇到的主要问题,听取学术顾问和有关专家的意见,反复讨论大纲、改稿审稿并最终定稿。

这套丛书是以马克思列宁主义、毛泽东思想、邓小平理论、"三个代表"重要思想、科学发展观、习近平新时代中国特色社会主义思想为指导,以中华人民共和国近70年经济与社会发展历史为研究对象的史学论著。这套丛书共14卷,分别从经济体制、工业化、区域经济、农业、水利、国防工业、交通、旅游、财政、金融、外贸、社会建设、医疗卫生和消除贫困14个方面,研究和阐释新中国经济与社会发展的历史和经验。这套丛书从策划到组织团队再到研究撰写专著,前后历时5年,这也充分反映了这套丛书各位作者写作态度的严谨和准备工作的扎实。从14个分卷所涉及的领域和研究重点来看,这些问题都是中共党史和新中国历史,特别是改革开放以来历史研究中的重要问题,有些是非常薄弱的研究环节。因此,作为研究中华人民共和国近70年经济与社会发展的历程和功过得失、总结经验教训的史学论著,这套丛书阐述了新中国成立前后的变化,特别是改革开放前后两个历史时期的关系、改革开放新时期与新时代的关系,这些论述不仅有助于坚定"四个自信"、反对历史虚无主义,而且可以为中国实现"两个一百年"奋斗目标提供历史借鉴,这是这套丛书追求的学术价值和社会效益。

今年是中华人民共和国成立70周年,70年的艰苦奋斗,70年的壮丽辉煌,70年的世界奇迹,70年的经验教训,不是一套丛书可以充分、完整展示的,但是我们作为新中国培养的史学工作者,有责任、有激情去反映它。谨以这套丛书向中华人民共和国成立70周年献礼:祝愿中华民族伟大复兴的中国梦早日实现!祝愿我们伟大的祖国像初升的太阳,光芒万丈,照亮世界,引领人类命运共同体的构建!

中国社会科学院当代中国研究所

武力

2019 年 5 月

目 录
CONTENTS

绪论 向绝对贫困宣战

一、中国共产党解决农村绝对贫困的根本之道：解决农民土地问题 3

二、中国共产党解决农村绝对贫困的主要途径：扶贫（开发） 8

三、中国共产党应对农村绝对贫困的基础措施：救济贫困 15

第一章 新中国农村扶贫的开端（1949—1957）

第一节 新民主主义革命时期中国共产党农村扶贫的萌芽 / 19
一、苏区减免农业税，发放低利贷款，扶助贫苦农民发展生产 19
二、陕甘宁边区采取多种政策扶助贫苦农民发展生产 21
三、解放区扶助贫苦农民促进生产 26

第二节 中共中央共同富裕视野下对贫困地区和贫困户的关心 / 28
一、土地改革后中共中央提出农民共同富裕思想 28
二、中共中央对革命老根据地等贫困地区和贫困户的关心 30

第三节 扶助农村贫困户发展生产 / 33
一、减免贫困户和贫困地区的农业税 33
二、探索用救济款扶助贫困户发展生产 35
三、对贫困户发展生产进行信贷扶持 36

第四节 对老根据地、少数民族地区进行扶助建设 / 39
一、新中国关于贫困地区最早的扶植建设方案 39
二、扶植老根据地建设的全面展开 42
三、设立少数民族地区补助费解决生产困难 44

第二章 人民公社时期农村扶贫的深入(1958—1978)

第一节 国家财政扶持穷社穷队发展生产 / 46
  一、毛泽东和中共中央帮助穷社穷队发展生产的思想　47
  二、支援人民公社投资的设立和使用中出现的问题　50
  三、调整政策,改进支援穷队投资的使用　52
  四、支援穷队投资的演变　56

第二节 对穷社穷队进行农贷扶持 / 60
  一、扶持穷队的农业贷款及成效　60
  二、支援穷队长期无息农业贷款的设立与取消　62

第三节 对农村贫下中农的扶持 / 64
  一、20世纪60年代初农村贫困状况的加剧　64
  二、扶助贫下中农生产自救　65
  三、银行、信用社对贫下中农的信贷扶持　68

第四节 人民公社时期农村扶贫工作成效 / 70
  一、缓解了贫困,凝聚了人心　70
  二、确定"自力更生为主,国家支援为辅"的扶贫原则　71
  三、探索集中使用、先易后难打歼灭战和立卡建档等
    扶贫方法　73
  四、积累宝贵的农村扶贫工作经验和教训　76

第三章 改革开放初期农村扶贫开发政策的确立及初步实施(1979—1985)

第一节 农村改革浪潮中扶贫开发政策的确立 / 78
  一、改革开放前后的农村贫困状况　79
  二、邓小平和中共中央小康社会、共同富裕战略构想中的
    扶贫开发　80
  三、农村扶贫开发确立为国家的一项大政方针　82

第二节 农村贫困地区扶贫开发工作的开展 / 84

一、设立支援经济不发达地区发展资金,帮助"老少边穷"地区发展经济、解决温饱 84

二、设立专项资金,帮助"三西"地区扶贫开发建设 85

三、设立专项低息贷款,支持"老少边穷"地区发展经济、脱贫致富 87

四、实施粮棉布以工代赈专项扶贫工程 88

五、减免贫困地区农业税收负担 89

第三节 扶助农村贫困户发展生产 / 91

一、中共中央扶助贫困户的政策 91

二、多管齐下,全面开展扶助贫困户工作 93

第四节 改革开放初期农村扶贫开发的特点 / 97

一、农村扶贫开发瞄准连片贫困地区 97

二、农村扶贫开发注重资金效益,确立有偿无偿相结合、以有偿为主的原则 99

三、农村扶贫开发成为各部门协同的一项综合性工作 100

四、对对口协作扶贫等进行探索 101

第四章 全国性大规模农村扶贫开发全面展开,解决贫困地区大多数群众温饱问题(1986—1993)

第一节 农村扶贫开发纳入"七五"计划 / 104

一、国务院贫困地区经济开发领导小组成立 104

二、"七五"期间农村扶贫开发的基本目标和主要任务 105

三、确定贫困标准和331个全国重点贫困县 106

第二节 加大农村扶贫开发力度 / 108

一、改革财政扶贫资金使用与管理 108

二、增加多种专项扶贫贷款 109

三、动员社会各界踊跃扶贫 111

四、加强对少数民族地区扶贫 116

第三节　综合性扶贫开发的开展 / 118
　　一、把扶贫工作与计划生育相结合　118
　　二、把以工代赈扶贫工程与交通水电基础设施建设相结合　120
　　三、把中西部扶贫开发与沿海地区经济发展相结合　124
　　四、把劳务输出与贫困地区劳动力资源开发相结合　125
　　五、把扶贫到户与兴办扶贫经济实体相结合　126
　　六、把科技扶贫与稳定解决温饱相结合　127

第五章　八七扶贫攻坚基本解决农村贫困人口温饱问题(1994—2000)

第一节　实现"三步走"发展战略第二步战略目标与八七扶贫攻坚的部署 / 129
　　一、中共中央关于八七扶贫攻坚的战略认识　130
　　二、确定592个全国重点贫困县　132
　　三、制定国家八七扶贫攻坚计划　135
　　四、制定残疾人扶贫攻坚计划　137
　　五、两次召开中央扶贫开发工作会议部署扶贫攻坚　138

第二节　国家八七扶贫攻坚的展开 / 139
　　一、增加扶贫投入,提高扶贫资金效益　140
　　二、加大优惠政策,坚持扶贫攻坚到村到户　141
　　三、广泛动员社会各界参与扶贫攻坚　143
　　四、开展东西扶贫协作　145
　　五、实施教育扶贫工程　146
　　六、开展与国际组织的合作扶贫　147

第三节　国家八七扶贫攻坚计划基本实现 / 149
　　一、全国农村贫困人口的温饱问题基本解决　149
　　二、贫困地区的基础设施和生产生活条件明显改善　150
　　三、贫困地区科教文卫等社会事业发展较快　151
　　四、残疾人扶贫取得显著进展　153

第六章　全面建设小康社会进程中的农村扶贫开发（2001—2011）

第一节　中共中央关于新世纪新阶段农村扶贫开发的部署 / 154
一、全国建设小康社会奋斗目标对农村扶贫开发提出新要求　154

二、西部大开发战略为西部地区摆脱贫困提供新机遇　156

三、中共中央对新世纪新阶段农村扶贫开发的认识　157

四、确定592个国家扶贫开发工作重点县和14.8万个贫困村　158

五、公布《中国农村扶贫开发纲要（2001—2010年）》　166

六、部署解决特困少数民族群众温饱问题　167

第二节　强农惠农富农政策下加大财政扶贫力度 / 169
一、提高国家扶贫标准　169

二、加大财政扶贫资金投入，探索资金使用新机制　171

三、"低保兜底维持生存，扶贫开发促进发展"两轮驱动　173

四、把农村贫困地区作为国家财政优先扶持领域　174

第三节　专项扶贫与行业扶贫、社会扶贫相结合 / 176
一、以整村推进、劳动力转移培训和产业化扶贫为重点，推进专项扶贫　176

二、发挥各部门优势，积极开展行业扶贫　180

三、社会扶贫稳步推进　183

第四节　把西部贫困地区作为扶贫开发主战场 / 185
一、西部地区的扶贫开发努力　185

二、实施兴边富民专项行动　187

三、加强对贫困农场、贫困林场的扶持　189

第五节　新世纪新阶段农村扶贫开发的成就 / 190
一、农村贫困人口比重大幅度下降　190

二、贫困地区经济社会全面发展　191

三、提前实现联合国千年发展目标中贫困人口减半目标　192

第六节　全面建成小康社会目标下新一轮农村扶贫开发的调整 / 194
　　一、中共中央对新一轮农村扶贫开发的认识　195
　　二、大幅度提高国家扶贫标准　196
　　三、调整国家扶贫开发工作重点县,确定集中连片特殊
　　　　困难地区贫困县　197

第七章　十八大以来农村扶贫开发的历史性跨越(2012—)

第一节　习近平关于农村扶贫开发的重要论述 / 209
　　一、立足全面建成小康社会,深刻阐述农村扶贫开发重要性　210
　　二、明确农村扶贫开发坚持党的领导,坚持群众主体,全党
　　　　全社会合力扶贫　212
　　三、脱贫攻坚战的制胜之道在于精准扶贫、精准脱贫　214

第二节　推进六项改革,构建创新精准扶贫机制 / 216
　　一、推进贫困县三项机制改革　217
　　二、开展建档立卡,建立精准扶贫工作机制　219
　　三、健全干部驻村帮扶机制　220
　　四、推进财政扶贫资金管理机制改革　221
　　五、推进金融扶贫方式创新　223
　　六、创新社会扶贫参与机制　225

第三节　脱贫攻坚战的启动与部署 / 229
　　一、中共中央提出坚决打赢脱贫攻坚战　229
　　二、中共中央对打赢脱贫攻坚战的部署　230
　　三、深度贫困地区脱贫攻坚的部署　232

第四节　脱贫攻坚战的展开 / 234
　　一、加大扶贫投入,为打赢脱贫攻坚战提供充足资金　234
　　二、建立六大制度体系,为打赢脱贫攻坚战提供坚实保障　235
　　三、精准扶贫主打"组合拳",实施十项精准扶贫工程　238
　　四、推动行业扶贫,开展十大精准扶贫行动　249
　　五、在脱贫攻坚中发展壮大贫困村集体经济　265

第五节　脱贫攻坚战目标逐步实现 / 268
　　一、农村贫困人口大幅减少　268
　　二、贫困地区经济社会发展加快　270
　　三、脱贫攻坚为全球减贫事业作出重大贡献　272

第六节　决胜脱贫攻坚战 / 273
　　一、中共十九大提出坚决打赢、打好精准脱贫攻坚战　273
　　二、党中央部署脱贫攻坚战三年行动　274
　　三、鼓足干劲脱贫攻坚，决胜全面小康　275

结语　中国特色农村扶贫开发的基本经验

　　一、中国农村扶贫开发的出发点是实现共同富裕　280
　　二、中国农村扶贫开发的根本特征是党的领导和政府主导　283
　　三、中国农村扶贫开发的主体力量是人民群众　285
　　四、中国农村扶贫开发是集结全体社会力量的全民行动　287
　　五、中国农村扶贫开发是综合性建设工程　289
　　六、中国农村扶贫开发的鲜明特征是精准扶贫　291

参考文献 / 294

后记 / 297

绪论

向绝对贫困宣战

贫困分为绝对贫困与相对贫困。绝对贫困,从生产方面看,是指劳动力缺乏再生产的物质条件,难以维持自身的简单再生产,只能进行萎缩再生产的这样一种生产状况;从消费方面看,是指人们无法得到满足衣、食、住等人类生活基本需要的最低条件,以致食不果腹、衣不遮体、房不避风雨。[①] 在一定的时间、空间和社会发展条件下,维持人们基本生存和社会公认标准所必须消费的物品和服务的最低费用,称为贫困线或者贫困标准。[②] 相对贫困,是将一部分人的生活境遇与另一部分人的生活境遇或者社会公认的生活标准相比较而得出的一种概念,它区别于绝对贫困的地方在于其相对性和差异性。有些国家把低于平均收入40%的人口归为相对贫困人口,世界银行则将收入只有(或少于)平均收入的1/3的社会成员视为相对贫困人口。[③]

---

① 《绝对贫困》,《中国贫困地区》1995年第1期。
② 国际贫困标准是由世界银行制定的。1990年,世界银行将贫困线设定在人日均1美元左右;2008年,世界银行将国际贫困线上调到人日均1.25美元;2015年7月,世界银行又将国际贫困线标准上调至人日均1.9美元。世界银行制定的贫困标准主要用于研究和国别比较,通常大多数国家都会参考这一标准,并根据自身的经济社会发展水平制定、调整自己国家的贫困标准。总体来说,中国人口多、底子薄,同其他国家尤其是发达国家差距大,因此中国的绝对贫困标准是低于世界银行制定的国际贫困标准的。1984年中国农村贫困人口标准为年人均纯收入200元,这一标准根据物价指数变动逐年调整,到1990年,这一标准调整为300元,到2000年为625元,到2008年为895元。2008年10月,中共十七届三中全会决定提高扶贫标准,自2009年将年人均纯收入1196元作为贫困人口标准。2011年11月,中央扶贫开发工作会议又把农村贫困人口标准提高为年人均纯收入2300元(2010年不变价),这一标准随着物价指数变动进行调整,2017年为2952元。
③ 《相对贫困》,《中国贫困地区》1995年第1期。

反贫困是古今中外治国理政的一件大事,中国共产党自成立起始终将农民和农村问题作为中国革命和建设的根本问题,把消除绝对贫困作为自己的重要使命。

近代以来,在西方列强入侵之下,中国沦为半殖民地半封建社会,封建主义统治者和外国侵略势力双重压迫剥削,造成了近代中国的绝对贫穷和落后。进入20世纪,辛亥革命推翻清朝的封建统治,结束中国2000多年来的封建帝制,但是半殖民地半封建社会性质并没有改变。全中国80%以上的人口集中在农村,但是农村土地越来越集中在少数地主阶级手中,占农村人口总数不到10%的地主、富农占有农村70%~80%的耕地,而占农村人口总数90%以上的贫农、雇农和中农,则只占有20%~30%的耕地。农民长期遭受帝国主义、官僚资产阶级、封建地主阶级三座大山压迫,各种地租、苛捐杂税、高利贷盘剥,加上军阀混战,天灾人祸频繁,致使农村经济凋敝,绝大部分农民终年辛勤劳动,却不得温饱,处于绝对贫困状态。"在中国本部最大多数是贫农和小农,贫农和小农都是每年收入不够维持最小限度的一家生活的(这些农民在各省之中有的占百分之五十,有的占到百分之八十,以省份而不同的)。"①也就是说,在20世纪二三十年代,中国农村有50%~80%的农民家庭很难维持温饱,处于绝对贫困状态。

为了解决农村极端贫困问题,国民党政府统一全国政权后,发起了农村复兴运动。为促进农村经济发展,南京国民政府经济委员会自20世纪30年代初在安徽、江西等省试办农业贷款,"并于每县设立农村合作社一所,办理农贷事宜,已成立八十余县,贷款达百余万元,该会将再事扩充"②。抗日战争时期,国民党政府大力推广合作社,到1941年,全国有103444个合作社。③ 政府希望用农业贷款的方式来扶植和发展农村经济,解决农村贫困问题,但是在实际操作中,需要农业贷款扶植的贫困农民鲜少受惠。这首先是因为地方政府在进行农村合作贷款时,必然会考虑偿还借款的能力,这样贫困农民就很难加入合作社。"其间最严重的问题,即合作社多半为当地土劣所操纵,贫农很少机会参加,这是农合前途的一个最大暗礁,亟须设法纠正的。"④其次,即使贫苦农民加入了合作社,也难以得到贷款。因

---

① 《中国共产党土地问题党纲草案》,《中共中央文件选集》第3册,中共中央党校出版社1989年版,第491页。
② 《农林消息:经委会试办农贷将扩充》,《农林新报》1934年第11卷第13期。
③ 陈醴泉:《贫农加入合作社问题》,《四川合作金融季刊》1941年第4/5期。
④ 陈醴泉:《贫农加入合作社问题》,《四川合作金融季刊》1941年第4/5期。

为金融机构始终出于自身利益考虑,选择富裕阶级阶层而抛弃"贫困"阶级阶层。"贷放人员欲以贷出庞大款额求功及求贷款安全起见,乃不惜违背贷款本意,反愿贷于一般地主士绅,因彼等能到期还款,故合作社贷款,多被一般地主士绅垄断。"①

由此可见,国民党政府欲通过农村合作社贷给农民的有限的农业贷款,自始至终都被农村富裕阶级阶层所占有,未能实现帮助贫困农民发展生产、改善生活条件的根本目的。

一、中国共产党解决农村绝对贫困的根本之道:解决农民土地问题

20世纪20年代初,刚刚登上政治舞台的中国共产党人,极为关注农村贫困问题。1921年4月,上海《共产党》月刊刊登《告中国的农民》一文,依据土地占有及劳动和生活状况,详细记述了绝大多数农民极为困苦的生存状况。该文指出,农民自身"有几层阶级:(一)所有多数田地,自己不耕种;或雇人耕种,或租给人耕种,自己坐着收租。这一种人本算不得纯粹的农民,我乡下叫做'土财主'。(二)自己所有的土地,自己耕种;而以这个土地底出产,可以养活全家。他们也有于自己底土地之外,租人家底土地耕种的。这一种人就是中等农民。(三)自己也有一点土地,然而只靠自己土地底出产,绝不能养活全家的。所以不得不靠着耕人家底田,分得一点以自赡,这一种人已可谓下级农民了。(四)这乃是'穷光蛋',自己连插针的地方都没有,专靠耕人家底田谋生活的。这一种人就是最穷的农民了。上述四种里面,以第三种和第四种的人数为最多。第一种当然是少的,第二种也是很少。第一二种底生活,是丰衣足食的,不是我们问题底目的物。我们底目的物,乃是占农民全数内面的大多数的第三四种农民。第四种农民底苦况,简直是非常厉害,每天到晚,每年到头地苦作,还不够穿衣吃饭,一遇年岁不好,田主顽强(分配底方法,后面详说)的时候,就差不多要饿死。所以这种农民底生活,是非常困苦的。第三种农民,虽然自己有一点土地,还耕一点人家的田,然而因为生活程度日高,不是东挪西扯地来借贷,也是不能维持全家生活的。所以每到收谷的时候,谷总不能全数运到自己家里来,直接运往债主家里去还账,或还利息去了。因为这种原因,自己所有的一点田,也不得不渐渐卖或当给'土财主'或中等农民(在后面的田地集中里面详说)而堕为第四种农民了。所以他们底生活也是极困苦的。照这样

---

① 程炳华:《信用膨胀与农贷紧缩》,《农林新报》1942年第19卷第19-21期。

看起来,可见得大多数农民底生活,是非常困难的"。该文对造成农村贫困的根本原因进行分析,将矛头直指封建土地制度。"你们想一想我们应该大家共有的土地,为甚么少数的人,硬要说是他们的?他们所有的土地,是从他们娘肚子里搬起来的吗?是他们用自己底力,把大海填平起来得的吗?不是!不是!这是大家应该共有的。这是他们从你们底手里抢去的。"该文号召农民理直气壮地起来推翻这种土地制度,把土地从地主手里夺回来。"难道他们把你们靠着吃饭的田地抢去了,你们反甘心不抢回来吗?""你们自己快起来抢回你们被抢的东西,你们一起来,自然有共产主义来帮你们的忙的。"①

中国共产党成立后,提出了没收土地并将其分给贫苦农民使用的主张。例如,1921年7月,中国共产党第一次全国代表大会提出"没收机器、土地、厂房和半成品等生产资料,归社会公有"②。1922年6月15日发表的《中国共产党对于时局的主张》,提出没收军阀官僚财产,将他们的田地分给贫苦农民。③

第一次国共合作时期,在迅猛发展的农民运动中,中国共产党于1925年10月第一次比较完整地提出了反封建土地政纲,指出:"中国共产党对于农民的要求,应当列成一种农民问题政纲,其最终的目标,应当没收大地主军阀官僚庙宇的田地交给农民","如果农民不得着他们最主要的要求——耕地农有,他们还是不能成为革命的拥护者"。④

大革命失败后,中国共产党总结经验教训,认识到必须开展土地革命,解决农民最关心的土地问题,没收地主土地分给农民,才能获得广大农民的支持。1927年11月,中国共产党第一个关于土地问题的纲领——《中国共产党土地问题党纲草案》提出彻底变革中国土地制度、没收一切地主土地分给农民使用的政策,即"为解决农民问题和土地问题起见,必须实行下列的办法:一、一切地主的土地无代价的没收,一切私有土地完全归组织成苏维埃国家的劳动平民所公有。二、一切没收的土地之实际使用权归之于

---

① 《告中国的农民》,《共产党》月刊第3号,1921年4月7日。
② 《中国共产党第一个纲领》,《中共中央文件选集》第1册,中共中央党校出版社1989年版,第3页。
③ 《中国共产党对于时局的主张》,《中共中央文件选集》第1册,中共中央党校出版社1989年版,第45页。
④ 《中国现时的政局与共产党的职任决议案》,《中共中央文件选集》第1册,中共中央党校出版社1989年版,第462页。

农民。租田制度与押田制度完全废除,耕者有其田"①。在建立革命根据地过程中,1928年12月中国共产党制定的《井冈山土地法》规定,没收一切土地归苏维埃政府所有,不分男女老幼,平均分配给农民耕种。后来在土地斗争中逐步将农民的土地使用权扩大为土地所有权。到1931年,基本形成一条比较切实可行的土地革命路线,即依靠贫雇农,联合中农,限制富农,保护中小工商业者,消灭地主阶级,变封建半封建的土地所有制为农民的土地所有制。这就从根本上改变了土地所有制,实现了"耕者有其田",大大改善了贫苦农民的生存状况。

1937年抗日战争全面爆发后,根据中日民族矛盾迅速上升为中国社会主要矛盾的状况,中国共产党及时对土地革命战争时期的相关经济政策做出重大调整,果断地提出"停止没收地主土地之政策,坚决执行抗日民族统一战线之共同纲领"②,实行减租减息政策。陕甘宁边区建立后不久,政府即对土地进行登记颁证,规定"凡属私有土地每一段土地颁发土地所有权证一张"③。1941年5月《陕甘宁边区施政纲领》再次申明:"在土地已经分配区域,保证一切取得土地的农民之私有土制,在土地未经分配区域,保证地主的土地所有权及债主的债权,惟须减低佃农租额及债务利息。"④这就从法律上肯定了地主和农民对所拥有土地的私有权和收益权,从而有效调动了包括地主在内的社会各阶级的积极性。

抗日战争胜利后,中国共产党的土地政策在解放战争时期经历了一个从减租减息到土地改革的变化过程。1945年8月抗日战争胜利后,全国人民迫切要求和平民主,恢复和发展经济,改善生活。1945年11月7日,中共中央发出《减租和生产是保卫解放区的两件大事》的指示,声明目前党的方针"仍然是减租而不是没收土地"⑤。1946年5月4日,中共中央发出《关于土地问题的指示》,指出:"在广大群众要求下,我党应坚决拥护群众在反奸、清算、减租、减息、退租、退息等斗争中,从地主手中获得土地,实现

---

① 《中国共产党土地问题党纲草案》,《中共中央文件选集》第3册,中共中央党校出版社1989年版,第501页。
② 《中国共产党致国民党三中全会电》(1937年2月),《抗日战争时期陕甘宁边区财政经济史料摘编》第1编,陕西人民出版社1981年版,第30、31页。
③ 《陕甘宁边区土地所有权证条例》(1937年9月20日),《陕甘宁边区政府文件选编》第1辑,档案出版社1988年版,第10页。
④ 《陕甘宁边区施政纲领》(1951年5月1日),《抗日战争时期陕甘宁边区财政经济史料摘编》总论卷,陕西人民出版社1981年版,第31页。
⑤ 《减租和生产是保卫解放区的两件大事》,《毛泽东选集》第4卷,人民出版社1991年版,第1173页。

'耕者有其田'。"①该指示的基本精神虽然是要发动农民进行土地改革,但是解决的方式除对大汉奸的土地直接没收分配外,一般并不像土地革命时期那样直接没收地主土地并将其分配给农民,而是通过反奸清算、减租减息等方式,使地主阶级的土地转移到农民手中。到1947年10月10日,中共中央正式颁发第一个彻底的、完整的土地革命纲领——《中国土地法大纲》,宣布"废除一切地主的土地所有权","废除一切祠堂、庙宇、寺院、学校、机关及团体的土地所有权",一切土地"不分男女老幼,统一平均分配"给全乡村人民,"归各人所有"。② 解放战争时期,全国已有一亿四千五百万农业人口的地区实行了土地改革,消灭了封建剥削制度。

新中国成立后,1950年6月30日,中央人民政府公布《中华人民共和国土地改革法》,将土地改革目的明确为:"废除地主阶级封建剥削的土地所有制,实行农民的土地所有制,借以解放农村生产力,发展农业生产,为新中国的工业化开辟道路。"③这就从法律上保障了全国贫苦农民通过土地改革获得土地的权利。据此,从1950年冬到1953年春,党领导农民完成了土地制度的改革,彻底摧毁了封建地主土地所有制,旧中国土地集中在地主、富农手中的局面得到根本改变,3亿多农民都获得了土地。广大贫苦农民从封建剥削和封建压迫下解放出来,每年不再向地主缴纳3000万吨以上粮食的地租④,生产热情空前高涨,农业生产显著发展,农民生活显著改善。

土地改革完成以后,为了避免农村经济长期停留在小生产、小私有的个体经济上,尤其是为避免出现在小农经济基础上自发生长起来的资本主义自发势力自由发展而导致多数人贫穷困苦、少数人发财致富的两极分化,1953年12月,中共中央提出通过农业合作化使所有农民实现共同富裕的思想,指出:"党在农村中工作的最根本的任务,就是要善于用明白易懂而为农民所能够接受的道理和办法去教育和促进农民群众逐步联合组织起来,逐步实行农业的社会主义改造,使农业能够由落后的小规模生产的个体经济变为先进的大规模生产的合作经济……并使农民能够逐步完全

---

① 《中共中央关于土地问题的指示》(1946年5月4日),《解放战争时期土地改革文件选编(1945—1949)》,中共中央党校出版社1981年版,第2页。
② 《中共中央关于公布中国土地法大纲的决议》(1947年10月10日),《解放战争时期土地改革文件选编(1945—1949)》,中共中央党校出版社1981年版,第85页。
③ 《中华人民共和国土地改革法》,《建国以来重要文献选编》第一册,中央文献出版社1992年版,第336页。
④ 《新中国的土地改革运动》,《人民日报》2009年8月6日。

摆脱贫困的状况而取得共同富裕和普遍繁荣的生活。"①因此,解决农村社员贫困户的生产生活出路问题的基本方向,就是随着互助合作运动的发展,吸收他们参加互助合作组织。② 这样,把广大贫困农民组织起来,走农业合作化道路,成为 1949 年至 1957 年新中国解决农村绝对贫困的主要路径。到 1956 年底,参加初级社的农户占总农户的 96.3%,参加土地和主要生产资料归集体所有、完全社会主义性质的高级社的农户达到农户总数的 87.8%,基本上实现了农业的社会主义改造。

到 1958 年,全国农村普遍建立了人民公社,彻底完成了土地由农民个体所有制到社会主义集体所有制的转变。人民公社实行以生产队为基础的三级(公社、管理区或生产大队、生产队)所有制,社员收入实行按劳分配。人民公社的主要特点是"一大二公"(人民公社规模大,人民公社公有化程度高),主要想通过不断提高公社公有化程度来推动生产力发展,让农民在单一的集体经济形式下摆脱贫穷、实现共同富裕,但是在执行过程中出现了一些问题,结果出现吃"大锅饭"等平均主义现象,导致了农村的普遍贫穷。

中共十一届三中全会以后,基于对人民公社体制的反思和改革,农村开始推行家庭联产承包责任制,实现农地的集体所有权和家庭承包经营权的"两权分离"。20 世纪 80 年代家庭联产承包责任制的广泛推行,落实农民的承包经营权,激发了亿万农民的种粮积极性,粮食生产不断创新高;加上创办乡镇企业、调整优化农村产业结构、允许农村剩余劳动力进城、发展农村市场经济等改革措施,家庭经营为基础与多种经营形式共同发展,使得农村经济社会发生了翻天覆地的变化,农民生活显著提高,贫困人口大幅度减少。据国家统计局统计,1978 年至 1985 年农村贫困发生率由 30.7%下降到 14.8%,贫困人口由 2.5 亿人下降到 1.25 亿人,下降了 50%,平均每年减少 1786 万人。③

随着工业化、城镇化的深入推进,大量的农业人口转向第二、三产业,相当一部分农户将土地流转给他人经营,承包主体与经营主体分离。为顺应这种趋势和农民想保留土地承包权、流转土地经营权的意愿,中共十八

---

① 《中国共产党中央委员会关于发展农业生产合作社的决议》,《建国以来重要文献选编》第四册,中央文献出版社 1993 年版,第 661-662 页。
② 《湖南省人民政府关于一九五五年农村和城市救济费的使用和发放的指示》,《湖南政报》1955 年第 2 期。
③ 国务院扶贫开发领导小组办公室:《中国扶贫开发的伟大历史进程》,《人民日报》2000 年 10 月 16 日。

大以后,中共中央启动新一轮农村土地制度改革,将土地承包经营权分为承包权和经营权,要求"在落实农村土地集体所有权的基础上,稳定农户承包权,放活土地经营权,允许承包土地的经营权向金融机构抵押融资"①,形成集体所有权、农户承包权、土地经营权三权分置,经营权流转的格局。这成为继家庭联产承包责任制后农村改革的又一重大制度创新,为促进农村土地资源合理利用、发展农业适度规模经营、推动现代农业发展奠定了制度基础。

二、中国共产党解决农村绝对贫困的主要途径:扶贫(开发)

在根本解决农民土地问题的同时,中国共产党提出扶助贫民发展生产的主张。例如,1927年11月中央临时政治局扩大会议通过的《中国共产党土地问题党纲草案》,提出向农民提供低息农业贷款、废除军阀政府的苛捐杂税、一年只收一次农业税等主张。② 从20世纪20年代末30年代初在革命根据地建立苏维埃政府开始,中国共产党就在局部执政过程中探索扶助极度贫困农民发展生产的措施,新中国成立后更将扶贫作为解决农村绝对贫困的主要途径,并持续贯彻至今。

中国共产党成立后百年间的扶贫(开发)工作,大致可以分为八个阶段,每个阶段农村扶贫(开发)工作的特点、任务和目标都有所不同。

第一个阶段为新民主主义革命时期,是中国共产党扶贫的萌芽阶段。中国共产党从建立苏维埃政府开始,就在局部执政过程中探索扶助极度贫困农民发展生产的措施。在苏区,对极为贫困的贫农采取减免农业税、办理贫民银行、发放低利农贷以购置耕牛农具或肥料等措施。在抗日根据地,除对贫农减免农业税、发放低利耕牛农具贷款和植棉贷款外,还发放无利青苗贷款,实行了以工代赈政策。解放战争时期,为了扶助贫苦农民发展生产,各解放区继续采取了减免征粮负担、发放低利甚至无利农业贷款、开展以工代赈等政策。这些探索为新中国农村扶贫工作的开展奠定了初步基础。

第二个阶段是1949年到1957年,在实现农村共同富裕的视野之下,中国共产党非常关注贫困户和贫困地区,对于贫困农户和贫困地区实行减

---

① 《中共中央 国务院关于全面深化农村改革加快推进农业现代化的若干意见》,《中华人民共和国农业部公报》2014年第2期。
② 《中国共产党土地问题党纲草案》,《中共中央文件选集》第3册,中共中央党校出版社1989年版,第502页。

免农业税、重点信贷扶持等多种扶助措施。值得指出的是,中央人民政府还成立专门机构——全国老根据地建设委员会,采取优惠政策,拨付专项财政资金,帮助老区逐步改变贫穷面貌。对老根据地进行重点经济扶持,一直持续到20世纪50年代后期。据内务部统计,中央人民政府从1952年至1957年,拨给老根据地的特殊补助费有7494万元。[①] 辖区内有老根据地的各省人民政府,也筹集组织大批款项,投放到老根据地作为生产建设的资金。利用扶助款项,老根据地首先解决生产资料困难,购买耕畜,兴建农田水利,改善农业生产条件,提高农业生产水平。同时,各老根据地花大力气修筑公路,发展交通,促进物资交流,推动副业生产。老根据地的文教卫生事业也在逐步改善,人民的生活水平有了显著的提高。不少地区出现了"粮食有余、牛羊成群、庄稼长得好、房子一片新"的欣欣向荣景象,老根据地的贫困面貌得到很大改观。

第三个阶段是1958年到1978年,人民公社实行社会主义集体所有制,农村从小农个体经济转变成集体经济,中国共产党开展的扶贫实践明显呈现出集体化特征,扶贫工作的重点转向穷社穷队,让贫困农民通过集体经济条件的改善来摆脱贫穷面貌。1959年到1978年,国家财政共安排支援穷社穷队无偿投资125亿元。[②] 这笔资金虽然列入财政支援农业资金口径进行统计,但是专款专用,"不许用于其他非生产性的开支"。1966年以前,按中央规定,资金大部分用于帮助穷队发展生产,改变贫穷落后面貌;1967年后,根据国务院规定,主要用于帮助农村人民公社发展农业机械化,致力于通过农业机械化改变穷社穷队的贫穷面貌。无论从资金的设立还是从资金的管理使用来看,它的确是集体化时期的专项扶贫资金,发挥了扶持穷社穷队发展生产、改变贫穷面貌的作用。与此同时,农村金融工作积极配合扶助穷队赶富队,农业贷款重点向穷社穷队倾斜。其中,短期农业贷款集中用于帮助生产队解决当年生产费用的困难,保证了短期农贷能够有借有还、常年周转,不断帮助社队解决生产过程中暂时的资金需要,使社队的基本建设和当年生产的困难,能够得到适当的解决;无息长期贷款则有重点地帮助困难较大的生产队和商品粮棉生产基地的生产队,解决

---

① 《过去在敌人摧残下疮痍满目 现在在政府帮助下欣欣向荣 老根据地经济面貌根本改变》,《人民日报》1957年7月7日。

② 《财政部、农业部关于改进支援农村人民公社投资使用管理问题的报告》(1979年3月17日),《中国农业机械化财务管理文件汇编》,机械工业出版社1991年版,第94页。

增加设备和基本建设的资金困难。① 作为通过壮大集体经济来改变贫困农民生活面貌的一种主要扶贫方式,支援农村人民公社无偿投资和对穷社穷队的农贷资金,对改变穷社穷队面貌发挥了积极作用,使大量贫困农民通过集体生产条件的改善,提高了收入水平。更重要的是,在实践中探索的扶贫工作基本原则("自力更生为主,国家支援为辅")、方法(集中使用、先易后难打歼灭战,为穷队立卡建档等),积累的宝贵扶贫工作经验(扶贫先扶志),初步为中国特色扶贫工作奠定了基础。

第四个阶段是1979年到1985年,改革开放初期确立农村扶贫开发政策,并初步开展新时期扶贫开发工作。1980年,根据中央确定的对西北、西南一些地区以及其他一些革命老根据地、偏远山区、少数民族地区和边境地区进行扶贫开发的方针,中央财政设立了专项扶贫资金——支援经济不发达地区发展资金,帮助边远地区、少数民族自治地方、革命老根据地和经济基础比较差的地区加快发展生产。1980年至1986年,中央财政共安排支援经济不发达地区发展资金40亿元,促进了农村贫困地区各项建设事业的发展。1982年12月,国务院成立"三西"地区(是指甘肃的河西走廊、以定西为代表的中部干旱地区和宁夏的西海固地区)农业建设领导小组,在拨付支援经济不发达地区发展资金援助"三西"建设的同时,用10年时间,每年增加拨款专项资金2亿元,开展对"三西"地区扶贫开发建设——这是新时期最早的区域性扶贫开发。此外,还对贫困地区采取专项低息贷款、减免农业税等优惠政策,并实施粮棉布以工代赈专项扶贫工程,支持"老少边穷"地区发展经济、脱贫致富。与此同时,开展了扶助贫困户的工作。到1986年11月,全国累计扶贫1000万户,其中一半左右摆脱了贫困。②

第五个阶段是1986年到1993年,全国性大规模农村扶贫开发全面展开。1986年5月,国务院贫困地区经济开发领导小组的成立,将农村扶贫开发工作推入新的阶段,全国范围内有计划、有组织、大规模的扶贫开发工作蓬勃开展起来。在广大的农村地区实施扶贫计划,首先要解决的是确定农村贫困标准。1986年,国家统计局农调总队依据对全国6.7万户农村居民收支调查资料计算贫困标准。当时以国际上通用的生存绝对贫困概念

---

① 《农业部、财政部、人民银行:发放长期农业贷款暂行办法》(1963年3月28日),《1958—1965中华人民共和国经济档案资料选编》农业卷,中国财政经济出版社2011年版,第28-29页。

② 曾祥平、李德金:《扶贫扶优工作经验交流暨表彰大会在京举行 我国五百万农户脱贫 乔石要求各地把"双扶"工作纳入经济和社会发展规划》,《人民日报》1986年11月19日。

作为计算农村贫困的基础,将1984年农村居民年人均纯收入200元作为中国农村贫困标准,1985年农村贫困标准为年人均纯收入205元。按这一标准,1985年农村贫困人口为1.25亿人,占农村总人口的14.8%。参照这一标准,确定了331个全国重点贫困县,作为1986年至1993年国家扶贫的重点对象。经过努力,到1991年,扶贫开发工作基本实现"七五"末期解决贫困地区大多数群众温饱问题的目标,全国农村没有完全解决温饱的贫困人口从1985年的1.25亿人减少到8000多万人。

第六个阶段是1994年到2000年,开展八七①扶贫攻坚。1994年3月,国务院制定公布了《国家八七扶贫攻坚计划(1994—2000年)》,这是中国历史上第一个具有明确目标、对象、措施、期限的扶贫开发行动纲领。该计划要求集中人力、物力、财力,用7年左右的时间,基本解决8000万农村贫困人口的温饱问题。这标志着以20世纪末解决农村温饱为目标的扶贫开发工作进入了最后攻坚阶段。八七扶贫攻坚期间,国务院扶贫领导小组将1990年农民年人均纯收入300元作为标准调整国家重点贫困县的数量和名单,国定贫困县从331个增加到592个。国家逐年加大扶贫投入,由1994年的97.85亿元增加到2000年的248.15亿元,累计投入中央扶贫资金1127亿元,相当于1986年至1993年扶贫投入总量的3倍。② 从1994年起还调整扶贫开发资金投放结构,重点投向西部地区,尤其是中央新增的财政扶贫资金只支持中西部贫困状况严重的省、区,不再向广东、福建、浙江、江苏、山东、辽宁6个沿海经济比较发达的省投放。这些沿海省的贫困县继续列入八七扶贫攻坚计划,并按期完成任务,但是对这些贫困县的资金投入,由所在省解决。在扶持的具体对象上,把贫困县中的贫困乡、村、户作为攻坚的目标。为了加大对中西部贫困地区的扶持力度,1996年起在全国开展了东西扶贫协作,经济较发达的东部9个省市和4个计划单列市对口帮扶经济欠发达的西部10个省区,很快取得突出成绩。1994年至2000年七年间,农村扶贫开发取得显著成效,全国农村没有解决温饱的贫困人口减少到3000万人。除了生活在自然条件恶劣地区的特困人口、少数社会保障对象以及部分残疾人外,全国农村贫困人口的温饱问题已经基本解决,沂蒙山区、井冈山区、大别山区、闽西南地区等集中连片革命老

---

① "八七"的含义是,对当时全国农村8000万贫困人口的温饱问题,力争用7年左右的时间(从1994年到2000年)基本解决。
② 温家宝:《在中央扶贫开发工作会议上的讲话》(2001年5月24日),《人民日报》2001年9月21日。

区的贫困地区温饱问题已经基本解决。中共中央确定的在20世纪末基本解决农村贫困人口温饱问题的战略目标已基本实现,农村扶贫开发取得了阶段性胜利。

第七个阶段是2001年到2011年,在全面建设小康社会的进程中,农村扶贫开发进入新阶段。2002年召开的中共十六大提出,在21世纪的头20年,集中力量、全面建设惠及十几亿人口的更高水平的小康社会的奋斗目标,对农村扶贫开发提出新的要求。根据中央部署,《中国农村扶贫开发纲要(2001—2010年)》以在全面建设小康社会的进程中加快贫困地区脱贫致富的进程,尽快解决少数贫困人口温饱问题,并以达到小康水平创造条件为主要目标,把贫困人口集中的中西部少数民族地区、革命老区、边疆地区和特困地区作为扶贫开发的重点。为此,调整了全国重点贫困县名称和名单,将重点贫困县改为扶贫开发工作重点县,取消沿海发达地区的所有国定贫困县,增加中西部地区的贫困县数量并保持总数不变,在中西部少数民族地区、革命老区、边疆地区和特困地区重新确定592个县作为新阶段国家扶贫开发工作重点县。全国3000万绝对贫困人口中,60%左右分布在国家扶贫开发工作重点县,还有40%左右生活在非重点县。为了让非重点县的贫困人口也得到国家扶贫政策支持,2002年在全国确定了14.81万个贫困村,由国家采取以贫困村为单元的"整村推进"扶贫开发措施,提高扶贫开发工作的针对性和实效性。

新世纪新阶段,农村扶贫开发坚持专项扶贫、行业扶贫、社会扶贫相结合,各项措施综合作用,各方力量合力攻坚,农村贫困人口比重大幅度下降。2007年,中国农村绝对贫困人口减少到1479万,按照世界银行的评估,中国减少的贫困人口占全球减贫人数的55%,占发展中国家减贫人数的75%,中国提前完成了联合国千年发展目标中使贫困人口比例减半的目标。①

随着中国经济实力的不断增强和全国人民生活水平的大幅提高,扶贫开发有能力惠及更多贫困人口。2008年10月召开的中共十七届三中全会决定提高扶贫标准,扶贫开发的首要对象从没有解决温饱的绝对贫困人口

---

① 2000年9月,联合国首脑会议上由189个国家签署《联合国千年宣言》,提出联合国千年发展目标,主要包括在2015年底前使世界上每天收入低于1美元的人口比例和挨饿人口比例减少一半,使世界各地的儿童无论男女都能上完小学等。

调整为年人均纯收入在1067元以下的全部人口①,对其全面实施扶贫政策。

进入新世纪,国家实行统筹城乡经济社会发展的基本方略,坚持工业反哺农业、城市支持农村和多予少取放活的方针,出台一系列强农惠农富农政策。2007年7月11日,国务院发出通知,明确要求在全国范围建立农村最低生活保障制度,将"家庭年人均纯收入低于当地最低生活保障标准的农村居民,主要是因病残、年老体弱、丧失劳动能力以及生存条件恶劣等原因造成生活常年困难的农村居民"②纳入保障范围,稳定、持久、有效地解决农村贫困人口温饱问题。2007年底,全国31个省区市都已经建立了农村最低生活保障制度,覆盖2908万农村贫困人口。按照2010年人均纯收入1274元扶贫标准,农村贫困人口从2000年底的9422万人减少到2010年底的2688万人;农村贫困人口占农村人口的比重从2000年的10.2%下降到2010年的2.8%。③

在取得这些成就的基础上,2011年11月召开的中央扶贫开发工作会议决定大幅度提高扶贫标准,将农民年人均纯收入2300元(2010年不变价)作为新的贫困标准,2010年全国贫困人口数量由原来的2688万人扩大至1.65亿人。④ 根据《中国农村扶贫开发纲要(2011—2020年)》,国务院扶贫开发领导小组办公室再次调整确定全国592个国家扶贫开发工作重点县;同时在全国划出11个连片特困地区,加上已经实施特殊扶持政策的西藏、四省藏区、新疆南疆三地州,作为扶贫攻坚的主战场;这14个连片特困地区共有680个县,其中国家扶贫开发工作重点县440个。这样,新一轮扶贫开发工作确定的国家级贫困县,包括国家扶贫开发工作重点县与集中连片特殊困难地区贫困县,一共达到832个。

第八个阶段是从2012年中共十八大开始,农村扶贫开发实现新的历史性跨越。2012年召开的中共十八大提出确保到2020年全面建成小康社

---

① 国家确定的扶贫标准2000年为年人均纯收入625元,贫困人口3209万人;到2008年为895元,贫困人口减少到1004万人,占农村总人口的1%;2009年调整为年人均纯收入1067元,农村贫困人口相应调整为3597万人。
② 《国务院关于在全国建立农村最低生活保障制度的通知》,《中华人民共和国国务院公报》2007年第24号。
③ 中华人民共和国国务院新闻办公室:《中国农村扶贫开发的新进展》(2011年11月),《人民日报》2011年11月17日。
④ 国家统计局住户调查办公室:《扶贫开发成就举世瞩目 脱贫攻坚取得决定性进展》,《中国信息报》2018年9月4日。

会的目标,其中最难实现的就是农村贫困人口脱贫、贫困县摘帽、消除区域性整体贫困。以习近平同志为核心的党中央把农村扶贫开发摆到治国理政的突出位置,把脱贫攻坚工作纳入"五位一体"总体布局和"四个全面"战略布局,作为事关全面建成小康社会、实现第一个百年奋斗目标的重点任务,加大扶贫投入,创新扶贫方式,出台系列重大政策措施,全面打响精准脱贫攻坚战,迎来了农村扶贫开发新的历史性跨越,把到2020年消除整体绝对贫困、消除区域贫困推向攻坚决胜阶段。

在以习近平同志为核心的党中央领导下,全党全社会采取超常规举措,以前所未有的力度推进脱贫攻坚,把到2020年消除整体绝对贫困推向最后决胜阶段。第一,加大扶贫投入,为打赢脱贫攻坚战提供充足资金。十八大以来,扶贫投入力度与打赢脱贫攻坚战的要求相匹配。在财政投入上,2013年至2017年,中央财政安排专项扶贫资金从394亿元增加到861亿元,累计投入2822亿元,平均每年增长22.7%;省级财政扶贫资金累计投入1825亿元,平均每年增长26.9%。同时,安排地方政府债务1200亿元,用于改善贫困地区生产生活条件;安排地方政府债务994亿元和专项建设基金500亿元用于易地扶贫搬迁。① 在金融支持上,自2014年起,对建档立卡的贫困户发展产业发放扶贫小额信贷,到2018年初,已累计放贷4300多亿元,惠及了1100多万户建档立卡贫困户。对带动建档立卡贫困人口参与的扶贫龙头企业,中央银行发放扶贫再贷款,到2018年初,扶贫再贷款已放贷1600多亿元。另外,国家开发银行和农业发展银行发行3500亿元以上金融债,支持易地扶贫搬迁。② 此外,广泛吸引社会资金参与脱贫攻坚,仅2016年整合社会扶贫资金2000多亿元。第二,推进六项改革,完善创新精准扶贫机制。即通过推进贫困县考核机制、约束机制和退出机制改革,开展建档立卡、建立精准扶贫工作机制,建立健全干部驻村帮扶机制,推进财政扶贫资金管理机制改革,推进金融扶贫方式创新,创新社会扶贫参与机制等六项改革,着力构建精准扶贫、精准脱贫机制,确保真扶贫、扶真贫、真脱贫。第三,建立六大制度体系,即建立脱贫攻坚责任体系、脱贫攻坚政策体系、脱贫攻坚投入体系,强化脱贫攻坚动员体系,建立脱贫攻坚监督体系、脱贫攻坚考核体系,为打赢脱贫攻坚战提供制度保障。第四,按照"五个一批"精准扶贫的工作思路,实施十项精准扶贫工程,开展

---

① 张雪:《2013至2017年中央财政专项扶贫资金累计投入2822亿元》,《经济日报》2017年8月29日;常钦:《吹响大国攻坚的嘹亮号角》,《人民日报》2018年9月20日。
② 卢晓琳:《脱贫攻坚 进展显著势头好》,《人民日报》2018年3月8日。

十大精准扶贫行动。"五个一批",即习近平提出的"我们坚持分类施策,因人因地施策,因贫困原因施策,因贫困类型施策,通过扶持生产和就业发展一批,通过易地搬迁安置一批,通过生态保护脱贫一批,通过教育扶贫脱贫一批,通过低保政策兜底一批"①。自2015年起,精准扶贫主打"组合拳",实施了职业教育培训工程、干部帮扶驻村工程、扶贫小额信贷工程、易地扶贫搬迁工程、电商扶贫工程、旅游扶贫工程、光伏扶贫工程、构树扶贫工程、致富带头人创业培训工程、龙头企业带动工程等十项工程。其中既包括职业教育培训、易地扶贫搬迁等传统扶贫方法,也包括电商扶贫、光伏扶贫、构树扶贫等新手段、新方法。2016年是脱贫攻坚战首战之年,有关部门又组织开展教育扶贫、健康扶贫、金融扶贫、交通扶贫、水利扶贫、劳务协作就业扶贫、危房改造、科技扶贫、中央企业革命老区百县万村帮扶行动、民营企业万企帮万村等十大精准扶贫行动。

脱贫攻坚迅速取得决定性进展和显著成绩。2012年底,中国在现行标准下的贫困人口是9899万人,到2017年底,贫困人口有3046万人,五年里农村累计减贫6853万人,减贫幅度接近70%,年均减贫约1370万人;贫困发生率也从2012年末的10.2%下降到2017年末的3.1%,其中有17个省份贫困发生率已下降到3%以下。②与20世纪80年代到2000年年均减少600多万人、2001年到2010年年均减少700多万人相比,十八大以来农村扶贫开发创造了中国减贫史上的最好成绩,中国距离消除绝对贫困的目标越来越近,中国人民全体摆脱贫困、实现小康胜利在望。

三、中国共产党应对农村绝对贫困的基础措施:救济贫困

扶贫是扶持有劳动能力的农村劳动力通过发展生产摆脱贫困。而对于因疾病、因残疾丧失劳动能力的贫困农民,以及因天灾人祸造成生活极其困难的农民,中国共产党采取救济贫困的方式,解决其生活困难。救济贫困属于社会保障范畴,一般由民政部门的相关机构负责。

1927年11月,中央临时政治局扩大会议通过的《中国共产党土地问题党纲草案》提出对没有劳动能力的贫民进行救助的主张,农民代表会议要

---

① 中共中央党史和文献研究院编:《习近平扶贫论述摘编》,中央文献出版社2018年版,第61页。
② 国家统计局住户调查办公室:《扶贫开发成就举世瞩目 脱贫攻坚取得决定性进展》,《中国信息报》2018年9月4日。

筹措资金,保证无产而丧失工作能力的人(寡、老、病、废等)的生活。① 1931年11月,中华工农兵苏维埃第一次全国代表大会通过的《中华苏维埃共和国土地法令》规定:"老弱残废以及孤寡,不能自己劳动,而且没有家属可依靠的人,应由苏维埃政府实行社会救济,或分配土地后,另行处理。"②

各地苏维埃政府内务部下设社会保障科,负责对因战争、灾荒而造成生活困难的贫困群众进行救济,救济的对象包括难民、灾民、贫民等。例如,1933年,闽粤赣苏维埃政府特别指出:"在粮食特别困难的地方(如张地、长宁、畲心),应予以必要的援助与救济。"③根据地还建立了共产党领导下的群众慈善组织互济会,主要任务是"救济被难的革命战士及其家属,管理群众提高革命的情绪和斗争的勇气;组织广大的革命群众和同情于革命的群众,在革命斗争中互相鼓励和救济"④等。1932年,湘赣省革命互济会成立半年内,救济了两万多难民,帮助他们渡过了暂时的困难。⑤

抗战时期,各根据地都积极开展救济贫困的工作。在陕甘宁边区,1939年至1942年四年间,边区政府民政厅拨给各县救济款809746.8元,救济粮7227.4石,用以解决边区大批难民的吃穿等生活困难。⑥

解放战争时期,解放区政府对灾民难民等贫困农民的救助,除了直接拨付部分救济粮款,还在秋收时节组织群众收割"投敌反动地主和反革命分子的庄稼",将所得粮食"或救济受害群众,或分给贫苦农民"。⑦ 例如,1947年,陕甘宁边区普遍遭受春旱、秋涝、霜冻,部分地区遭受雹灾、水灾、虫灾,加上胡匪抢掠,灾情严重程度前所未有。边区政府发动生产救灾,要求"在土改同时解决贫雇农生产救灾所需的资金",为此采取"刨地主埋藏的粮食,并征收富农多余粮食"分配给贫雇农、把农村公产分给贫雇农作为

---

① 《中国共产党土地问题党纲草案》,《中共中央文件选集》第3册,中共中央党校出版社1989年版,第502页。

② 《中华苏维埃共和国土地法令》,《中共中央文件选集》第7册,中共中央党校出版社1991年版,第777页。

③ 《闽粤赣党在经济战线上的任务决议》,《中央革命根据地史料选编》下册,江西人民出版社1982年版,第591页。

④ 《革命互济会章程》(1931年11月15日),《湘赣革命根据地史料选编》(上),江西人民出版社1983年版,第217页。

⑤ 《湘赣省革命互济会筹备处成立后的工作报告》(1932年2月26日),《湘赣革命根据地史料选编》(上),江西人民出版社1983年版,第321页。

⑥ 边区政府民政厅:《陕甘宁边区社会救济事业概述》(1946年6月),《抗日战争时期陕甘宁边区财政经济史料摘编》第9编,陕西人民出版社1981年版,第272页。

⑦ 《陕甘宁边区政府、陕甘宁晋绥联防司令部秋收动员令》(1947年10月1日),《陕甘宁边区政府文件选编》第11辑,档案出版社1991年版,第219页。

生产资本等措施,解决贫雇农的困难。①

新中国成立后,1950年至1954年,为了帮助农村贫困户渡过难关,由民政部门统筹,各级政府发放救灾和救济农民的经费近10亿元;农业合作化及人民公社时期,对生活困难的贫困社员,采取依靠集体经济、辅之以国家必要救济的办法。1956年,农村建立了五保供养制度,对生活没有依靠的老、弱、孤、寡、残疾社员,给予保吃、保穿、保烧(燃料),年幼的保教和年老的保葬,五保户基本上依靠集体经济力量来给予保障。与此同时,国家对农村特殊困难群体进行救济。1955年至1978年,国家用于救济农村贫困户的资金达22亿元,使绝大多数农村贫困户的基本生活得到保障。② 但这远远低于国家用于扶贫的资金数额。1959年至1979年,国家财政持续用于扶持穷社穷队发展农业生产、摆脱贫穷而拨付的投资达125亿元。③ 可以说,新中国成立30年间,中国共产党应对农村绝对贫困的主要之道是扶贫而不是济贫。

改革开放以后,中国社会救济工作进行了一系列改革,对农村中有一定生产经营能力的贫困户采取扶贫措施,用发放必要的生产资料,给予政策支持、技术支持等方式代替直接发放救济金;对农村五保户,采取村集体经济组织负责五保供养所需经费和实物、政府给予必要的支持的办法。到2006年,五保供养全部由集体保障改为国家财政供养。为切实解决农村贫困人口的生活困难,2007年7月11日,国务院发出通知,明确要求在全国范围建立农村最低生活保障制度,将"家庭年人均纯收入低于当地最低生活保障标准的农村居民,主要是因病残、年老体弱、丧失劳动能力以及生存条件恶劣等原因造成生活常年困难的农村居民"④纳入保障范围,由政府直接给予"兜底"式定期定量救助,作为稳定解决全国农村贫困人口温饱问题的最基础手段。可以说,中国农村解决绝对贫困进入"低保兜底维持生存,扶贫开发促进发展"两轮驱动新阶段。

中共十八大以后,国家一方面于2014年把五保供养对象与城市"三无"人员统筹纳入特困人员救助供养制度;另一方面提高农村低保标准,到

---

① 《为渡过今冬明春严重灾荒而斗争》,《陕甘宁边区政府文件选编》第11辑,档案出版社1991年版,第319页。
② 《当代中国的民政》(下),当代中国出版社、香港祖国出版社2011年版,第67-68页。
③ 《财政部、农业部关于改进支持农村人民公社投资使用管理问题的报告》(1979年3月17日),《中国农业机械化财务管理文件汇编》,机械工业出版社1991年版,第94页。
④ 《国务院关于在全国建立农村最低生活保障制度的通知》,《中华人民共和国国务院公报》2007年第24号。

2017年底,全国所有涉农县(市、区)农村低保标准均达到或超过国家扶贫标准,确保所有建档立卡贫困人口人均收入均能超过国家扶贫标准。

在中国共产党领导下,经过艰苦努力尤其是改革开放40年的艰苦奋斗,中国农村贫穷落后面貌发生了根本性变化,贫困人口大幅度减少,农村从普遍贫困走向整体消除绝对贫困,实现了近代以来农村广大人民群众吃饱穿暖的愿望。按现行农村贫困标准衡量,1978年末农村贫困发生率约97.5%,农村贫困人口规模7.7亿人;2017年末农村贫困发生率为3.1%,贫困人口规模为3046万人,如表0-1所示。1978年到2017年,我国农村贫困人口减少7.4亿人,年均减贫人口规模接近1900万人;农村贫困发生率下降94.4个百分点,年均下降2.4个百分点。①

表0-1 按现行农村贫困标准衡量的农村贫困状况②

年份	当年价贫困标准 /(元/年·人)	贫困发生率 /(%)	贫困人口规模 /万人
1978	366	97.5	77039
1980	403	96.2	76542
1985	482	78.3	66101
1990	807	73.5	65849
1995	1511	60.5	55463
2000	1528	49.8	46224
2005	1742	30.2	28662
2010	2300	17.2	16567
2011	2536	12.7	12238
2012	2625	10.2	9899
2013	2736	8.5	8249
2014	2800	7.2	7017
2015	2855	5.7	5575
2016	2952	4.5	4335
2017	2952	3.1	3046

(数据来源:国家统计局农村住户调查和居民收支与生活状况调查。其中,2010年以前的数据是根据历年全国农村住户调查数据、农村物价和人口变化,按现行贫困标准测算取得。)

---

① 国家统计局住户调查办公室:《扶贫开发成就举世瞩目 脱贫攻坚取得决定性进展》,《中国信息报》2018年9月4日。

② 国家统计局住户调查办公室:《扶贫开发成就举世瞩目 脱贫攻坚取得决定性进展》,《中国信息报》2018年9月4日。

第一章

新中国农村扶贫的开端(1949—1957)

新中国成立以后,中国共产党和人民政府把贫困农民作为依靠对象,从政治、经济、生活上全面关心照顾他们。在开展土地改革的同时,对贫困农户发展生产和贫困老根据地建设进行扶植。这种扶贫不同于对贫困农民的单纯生活救济,而是通过信贷扶植、无偿资助等多种方法扶助贫困农民、贫困地区解决生产困难,增加收入,使他们能够快速摆脱贫穷面貌,与全国人民一起走共同富裕道路。

第一节 新民主主义革命时期中国共产党农村扶贫的萌芽

中国共产党自20世纪20年代末30年代初在革命根据地建立苏维埃政府以来,相继在抗日根据地、在解放区局部执政过程中,采取了一些扶助贫苦农民发展生产的措施,这成为农村扶贫工作的萌芽。

一、苏区减免农业税,发放低利贷款,扶助贫苦农民发展生产

1931年11月,中国共产党在中央革命根据地建立中华苏维埃共和国临时中央政府,带领各根据地人民进行武装斗争、土地革命和政权建设。为了巩固工农革命联盟,苏区还实行减免农业税、发放低利贷款等政策,扶助贫苦农民发展生产。

1931年11月7日至20日召开的中华工农兵苏维埃第一次全国代表

大会,通过了"苏维埃政府,应该豁免红军工人、乡村与城市贫苦群众家庭的纳税"①的经济政策。1931年12月1日起发生效力的中华苏维埃共和国中央执行委员会颁布的《中华苏维埃共和国暂行税则》规定,在农村征收适当的农业税,其中雇农"一律免税";极度贫困农民也减免农业税,"贫农收入已达开始征收的税额,但仍不能维持其一家生活的,得由乡苏维埃决定个别减税,或免税"②。

为了帮助贫苦农民购买耕牛、农具等生产资料,苏维埃政府还专门办理贫民银行,向农民发放低利农贷。1927年10月广东海陆丰根据地建立之后,1928年2月即成立了"海陆丰劳动银行",并发布通令宣布,此银行是为了"使工农贫民在推翻资产阶级革命进程中,有此借贷机关,得以从事生产,发展社会经济"③。1930年,赣西南苏区广泛"办理贫民银行,及借贷所,除东固银行外,普通都有低利借贷所的组织"④。中华工农兵苏维埃第一次全国代表大会通过的《经济政策》指出:"为着实行统一货币制度并帮助全体劳苦群众,苏维埃应开办工农银行,并在各苏维埃区域内设立分行。"⑤《中华苏维埃共和国国家银行定期信用放款暂行规则》明确规定:"本规则专为各种合作社和贫苦工农群众,用途确系有利于发展社会经济之放款而定。……凡工农群众借款用途为左列之一者,均得向本行要求借款。A. 购置农具或肥料;B. 耕种用费;C. 开辟荒田或整顿水利;D. 其他有关于发展社会经济之用途。"⑥

中共中央到达陕北后,为了配合苏区春耕运动的开展,1936年初,苏维埃中央政府西北办事处责令国家银行西北分行发放对农民的贷款,并规定利息至多不能超过五厘。1936年1月26日,西北办事处为开展春耕运动发出训令并强调:"如有群众非常缺乏购买耕牛、农具等资金,土地部工作

---

① 《经济政策——中华工农兵苏维埃第一次全国代表大会通过》,《中央革命根据地史料选编》下册,江西人民出版社1982年版,第564页。
② 《中华苏维埃共和国暂行税则》,《中央革命根据地史料选编》下册,江西人民出版社1982年版,第569页。
③ 《海丰县苏维埃人民委员会令(第四号)》,《华南革命根据地货币金融史料选编》,广东人民出版社1991年版,第23页。
④ 《赣西南苏维埃区域的经济状况及经济政策》,《中央革命根据地史料选编》下册,江西人民出版社1982年版,第560页。
⑤ 《经济政策——中华工农兵苏维埃第一次全国代表大会通过》,《中央革命根据地史料选编》下册,江西人民出版社1982年版,第565页。
⑥ 《中华苏维埃共和国国家银行定期信用放款暂行规则》,《湖南省老革命根据地金融史料汇编》,中国人民银行湖南省分行金融研究所1981年编印,第41页。

人员应负责告诉农民向国家银行暂借,或组织借贷所等方法解决,使其不至因无资金而荒芜了土地。"西北分行接着制定了《农民放款暂行规则》,规定凡贫雇农、中农购买农具、肥料、种子,以及开辟荒田、整修水利等均可以向国家银行在各县所设的办事处贷款;借款额每户限于五元,期限一般最长不超过一年。① 春耕贷款发放后,各地农民大为欢迎,纷纷向西北分行设在各县的代办处借款,当年西北分行放出的农贷有数十万元。当时陕北农村因国民党军队的连年烧杀掳掠和地主豪绅的剥削压迫,农业生产受到严重破坏,农村金融非常枯竭,这种低利农贷对于帮助贫苦农民解决种子、农具的暂时困难发挥了很大作用。

二、陕甘宁边区采取多种政策扶助贫苦农民发展生产

边区经济是符合各阶级利益的新民主主义经济,各阶级各阶层在边区都各得其所,都能安居乐业,"无论贫富都受保护,都能有资源工具,进行生产,改善生活"②。边区以农业为主,农业中的主要成分是自给自足的个体经济。为了使所有农民都能够达到自给自足,边区政府"对于贫雇农特别予以帮助,如耕牛、种子的发给与互助,减免捐税负担等"③,主要采取三大政策,扶助贫雇农发展农业生产。

第一,减免农业税收负担。从1937年开始,陕甘宁边区根据"富有者多出,次有者少出,穷人不出"的原则征收救国公粮,起初规定对于每人全年收粮不上300斤的贫农免征,1939年再次减轻贫农负担,规定每人全年收粮不上350斤者免征救国公粮,盐池县当年的免征户占到总户数的84.4%,比较富裕的甘泉县免征户也达到12.8%。④ 1941年5月,《陕甘宁边区施政纲领》规定:"实行合理的税收制度,居民中除极贫者应予免税外,均须按照财产等第或所得多寡,实施程度不同的累进税制,使大多数人民均能负担抗日经费。"⑤

---

① 《陕甘宁边区金融史》,中国金融出版社1992年版,第36页。
② 林伯渠:《边区财政经济问题》(1941年),《抗日战争时期陕甘宁边区财政经济史料摘编》第1编,陕西人民出版社1981年版,第66页。
③ 林伯渠:《陕甘宁边区政府工作报告》(1941年4月),《抗日战争时期陕甘宁边区财政经济史料摘编》第1编,陕西人民出版社1981年版,第36页。
④ 林伯渠:《陕甘宁边区政府工作报告》(1941年4月),《抗日战争时期陕甘宁边区财政经济史料摘编》第1编,陕西人民出版社1981年版,第123-124页。
⑤ 《陕甘宁边区施政纲领》(1951年5月1日),《抗日战争时期陕甘宁边区财政经济史料摘编》第1编,陕西人民出版社1981年版,第32页。

抗战进入相持阶段后，由于日寇对根据地的扫荡和国民党对边区的经济封锁，边区的经济形势迅速恶化，边区财政经济面临严重困难。在这种形势下，边区仍然照顾贫困群体，征收公粮时予以减征和免征。1941年11月25日，边区政府公布的《征收救国公粮条例》规定：对于鳏寡孤独无依靠者、残废或患病失却劳动力者予以免征，因遭灾疫或匪患而损失财物或牲畜者酌量减征或免征，移民边区居住的难民、贫民，"经专署或县政府，依据边区政府优待难民贫民之决定，准予免除抗战动员之负担者，得减征或免征"①。这些政策，大大减轻了边区贫困农民的负担。

第二，发放低利甚至无息农贷，扶助贫农生产。在新民主主义的边区，银行贷款与资本主义资助有产者的最大不同就是扶助人民群众发展生产。对贫困劳动人民发放的贷款，主要是信用贷款。"在资本主义社会里，有财产、有信用的人，才能从银行得到信用放款，但是在新民主主义的边区，在推行其经济政策下面，对于这点又是恰恰相反的。我们的信用放款要放给贫苦而能劳动的群众，配合他们的劳动力，扶助他们的生产，解决他们的生活，就是要发展国民经济，结果是减轻了政府的负担，增加了财政上的收入。而不是放给那些有钱有势能够偿还借款的人们，帮助他们囤积居奇，帮助他们抬高物价，破坏金融市场，害苦了一般劳苦群众，最后是银行叫苦，财政受罪，这样的事情，我们的银行决不能做的。"②对人民群众发放的信用贷款主要有农业、家庭手工业及小作坊、畜牧、运输等四种贷款。

陕甘宁边区经济建设以发展农业生产为首位，但是许多贫苦农民缺少工具，边区36%的贫农没有耕牛，使其劳动力不能充分发挥，耕地不能扩大，制约了农业生产水平的提高。与此同时，边区有大量外来移民、难民，仅1940年上半年就有外来移民共5846户，19047人。③他们急待从事生产，但是90%以上的人没有耕牛和农具。这种状况引起了毛泽东的关注，1941年8月6日，毛泽东致信谢觉哉，提出了"大放农贷与合作社贷款，兼放畜牧贷款"，以达"增加粮食产量、牛羊产量"之目的的意见。④

此后，边区农贷工作逐步发展起来。1942年1月10日，边区政府发出

---

① 《陕甘宁边区政府三十年度征收救国公粮条例》，《陕甘宁边区政府文件选编》第4辑，档案出版社1988年版，第281页。
② 《关于今后经营银行的意见与计划》(1943年)，《抗日战争时期陕甘宁边区财政经济史料摘编》第5编，陕西人民出版社1981年版，第40-41页。
③ 《边区农贷的基本任务和目前实施办法》(1942年1月10日)，《抗日战争时期陕甘宁边区财政经济史料摘编》第5编，陕西人民出版社1981年版，第403页。
④ 《毛泽东书信选集》，人民出版社1983年版，第176页。

《边区农贷的基本任务和目前实施办法》,规定边区农贷的主要对象是贫农,"目前潜在着很多劳动力,急需耕牛、农具以发展生产的,则唯一是贫农他们,……为了实行施政纲领,解决贫苦农民的困难,帮助其发展生产,所以贫农是今天农贷的主要对象";部分缺乏耕牛和较为困难的中农,"我们在贷款上给以部分的帮助";已经被政府安置的移民和难民,可酌予优待,给予贷款。该办法还规定农贷的基本方针,"以迅速求得生产的实效,增加粮食生产,为贷款的前提,所以此次以耕牛、农具贷款为主","切勿犯平均主义,把贷款平均分配,结果将是人人得贷款,任何人都没有得到实际帮助"。① 为了落实农贷工作,边区各级党委督促各县乡成立民选的农贷委员会,作为调查和审核借款农民资格的公证人。

1942年,陕甘宁边区共发放农贷800万元。1942年春,边区银行在延安、甘泉、安塞等7县8025户缺少耕牛的贫农、移民、难民和牛力不够的中农以及开始自营的雇农,发放了157.9万余元关于耕牛与农具的贷款,加上农民自筹的资金约103.7万元,共买耕牛2670头,农具4980件,这大大改善了农民的生产条件,增加耕地108780亩,增产粮食30000石,增加产值近3000万元。② 农贷使大批真正的贫苦农民得到了实惠,特别是这批耕牛、农具贷款大部分落在贫苦农民之手,根据子长、延安及安塞二区的统计,贫农(包括移民、难民)占92.48%,雇农占5.56%,中农占1.79%,富农占0.25%。其中雇农几乎全数是因借到农贷而成为自耕农。③

与此同时,边区还向贫苦农民发放植棉贷款和青苗贷款。植棉贷款面向边区主要产棉区发放以支持其棉花生产,主要借给"确因扩大植棉或新种棉花而需要购买种子、农具、肥料及其他,流通资金本身又无法解决的贫苦农民"④。1942年,边区银行向延长、延川、固临三县发放植棉贷款963650元,因贷款而增加的棉田,由1941年的10951亩增加到1942年的62525亩;以新增51574亩棉田计算,棉花增加的产量为719457斤,占总

---

① 《边区农贷的基本任务和目前实施办法》(1942年1月10日),《抗日战争时期陕甘宁边区财政经济史料摘编》第5编,陕西人民出版社1981年版,第405-406页。
② 边区银行:《一九四二年边区农贷的初步总结》(1942年11月2日),《抗日战争时期陕甘宁边区财政经济史料摘编》第5编,陕西人民出版社1981年版,第415页。
③ 边区银行:《一九四二年边区农贷的初步总结》(1942年11月2日),《抗日战争时期陕甘宁边区财政经济史料摘编》第5编,陕西人民出版社1981年版,第415-416页。
④ 《陕甘宁边区三十二年度农贷实施办法》(1943年1月15日),《抗日战争时期陕甘宁边区财政经济史料摘编》第5编,陕西人民出版社1981年版,第409页。

产量的 82.5%。①青苗贷款主要"借给已种上去庄稼,因缺乏吃粮或锄头、镰刀等,以致无力锄草或收割的新来移、难民及贫苦农民","个别贫、中农,因患病或其他原故,暂时缺乏食粮或须雇人种地而缺乏工资的,也可酌量借给"。② 1942 年,边区银行在延安、甘泉、安塞、子长、志丹、富县、延长、延川等县发放了麦子、糜谷青苗贷款 68.1 万元,完全按照时价放出,不收分文利息。③

1942 年 12 月,毛泽东为中共中央西北局高干会议写了长篇书面报告《经济问题与财政问题》,其中总结了 1941 年至 1942 年农贷工作的经验,对边区农贷工作提出了许多政策性指导意见。比如,关于贷款对象,毛泽东强调"贷款应放给荒地多的区域内有劳动力而缺乏耕牛农具或缺乏粮食接济的新旧移民及老户贫农以及土地种的多而无钱雇人锄草的农家";针对 1942 年贷款过于集中在延安周围数县放款的现象,毛泽东指出,1943 年农贷应"以适当部分发到绥米、陇东、三边、关中各地去,但亦不应取平均主义,而要有计划地放在荒地多、需款迫切、而又能生产获利的那些县区与农家";同时要求改善放款的组织,"即应经过当地区乡政府及群众中有信仰的合作社去放款",不能把农贷看作赈灾救济,不可采取平均分配政策及不负责任的态度;为了减少高利贷的剥削,毛泽东要求拿出一部分农贷专作棉花与麦子的青苗贷款,并且借户在棉麦收获后可用实物还款;此外,毛泽东还提出了放款手续要简单,要用当地农民已经习惯的借贷办法,放款要不违农时等建议。④

根据毛泽东的意见,结合边区实际,1943 年边区政府先后制定《陕甘宁边区三十二年度农贷实施办法》《农贷小组暂行组织办法》《陕甘宁边区农业贷款章程》等文件,有序推进了农贷发放工作。尤其是在贷款的掌握上,特别注意农贷扶助贫农生产这一基本原则。一是区分救济与农贷的差别,即若属于无劳动力、不能生产而缺吃少穿的,应由社会救济机关解决,不予贷款;二是对富有者买牛出租赚取租费或者做投机生意的,一律不予贷款。

---

① 边区银行:《一九四二年边区农贷的初步总结》(1942 年 11 月 2 日),《抗日战争时期陕甘宁边区财政经济史料摘编》第 5 编,陕西人民出版社 1981 年版,第 432 页。
② 《陕甘宁边区三十二年度农贷实施办法》(1943 年 1 月 15 日),《抗日战争时期陕甘宁边区财政经济史料摘编》第 5 编,陕西人民出版社 1981 年版,第 409 页。
③ 边区银行:《一九四二年边区农贷的初步总结》(1942 年 11 月 2 日),《抗日战争时期陕甘宁边区财政经济史料摘编》第 5 编,陕西人民出版社 1981 年版,第 433 页。
④ 毛泽东:《经济问题与财政问题》(1942 年 12 月),《抗日战争时期陕甘宁边区财政经济史料摘编》第 5 编,陕西人民出版社 1981 年版,第 401-402 页。

这些扶助贫困农民发展生产的农贷,极大地缓解了广大贫困农民的生产困难,有力打击了当时极为活跃的放高利贷者,使广大贫农免遭高利贷重息盘剥,从而增加了他们的生产积极性。生产水平提高,生产收获增多,广大贫困农民对政府心生感激。有人说,"今年不是政府借给我二千元,我决买不起牛,政府对我的帮助,我是始终不会忘的";有人表示,"我们难民穷得很,政府敢把钱借给我们,真是太好了,我要买一把镢头,多多开荒来报答政府"。① 与此同时,农贷工作中也存在一些值得注意的问题:一是对农贷发放目的意义宣传不够深入,使一部分老百姓误认为农贷是社会救济,不要就吃亏;二是出现平均分配贷款现象,一些地区发放农贷是户户有份,没有解决真正需钱的农民的困难。边区银行针对这些问题,在检查中及时地进行了纠正。

第三,开展以工代赈,组织灾民从事生产建设。在财政经费十分困难的情况下,陕甘宁边区实行以工代赈,通过组织贫苦农民、难民参加生产劳动来摆脱窘困境遇。1940年3月30日,陕甘宁边区党委和政府作出《关于赈济工作的决定》,要求在赈济工作中不能仅依靠政府所拨的粮款,而是"主要以发动群众,进行互相调济,尤其是特别注意发动难民参加生产和介绍职业,如打盐、挖药材、打窑洞、按伙子、做雇工等,万一无法解决者,始可由政府给以救济"②。1941年5月27日,陕甘宁边区政府民政厅进一步强调以工代赈的办法,指出:"放赈是消极的一个办法,积极的办法是以工代赈,是帮助生产工具,扩大生产,是动员广大人民互相调节救济,少量救济粮款是解决不了根本问题的。"③

在边区政府号召之下,以工代赈工作逐步开展起来。1940年6月,针对环县灾情严重的情况,庆环分区请求"修筑由环县到定边之公路,以工代赈,统计并组织灾民进行此事,发给粮食借以疗饥",陕甘宁边区政府认为此举"利灾民而便盐运",予以批准。④ 1941年6月,陕甘宁边区政府组织修筑定边至寺台的公路,特地给定边专署发出"以工代赈修筑定边至寺台

---

① 《富县四三年春季耕牛农具贷款发放报告》(1943年8月18日),《抗日战争时期陕甘宁边区财政经济史料摘编》第5编,陕西人民出版社1981年版,第424页。

② 《陕甘宁边区党委政府关于赈济工作的决定》(1940年3月30日),《陕甘宁边区政府文件选编》第2辑,档案出版社1987年版,第150页。

③ 《陕甘宁边区政府民政厅关于赈济灾难民的指示信》(1941年5月27日),《抗日战争时期陕甘宁边区财政经济史料摘编》第9编,陕西人民出版社1981年版,第262页。

④ 《陕甘宁边区政府训令——关于修筑庆环公路以工代赈问题》(1940年7月23日),《陕甘宁边区政府文件选编》第2辑,档案出版社1987年版,第344、345页。

大车路"的指示信,要求坚持以工代赈原则,修路与赈济配合起来,"除由建设厅发给米贴外,尚可将赈款作为发工资之一部,以利达到经费节省,民困解决,并迅速修成该段道路,以利盐运之目的为要"。①

三、解放区扶助贫苦农民促进生产

在解放战争时期的土地改革中,贫农和雇农的利益被放在第一位予以优先保障。中国共产党认为:"在土地改革以前,贫农占农村人口的大多数,也即是占全国人口比较最多数的主要阶层。贫农的经济地位是半无产阶级。除无产阶级以外,在全民族中贫农是最受痛苦和最要求革命翻身的人们。土地改革的首要任务,就是为了满足贫农对于土地和其他生产资料的要求";"雇农完全没有土地、耕畜和农具,……雇农是农村中最受痛苦而有革命翻身的强烈要求的人们。雇农在土地改革中,一般要求分得土地和其他农业生产资料,因此,必须像满足贫农一样地满足雇农的要求"。② 在解放战争期间,约有一亿四千五百万农业人口的地区实行了土地改革③,彻底地解放了中国农村长久以来被束缚的生产关系,激发了广大农民群众的积极性,使广大人民群众支援人民解放军打败国民党,获得全国胜利。

与平均分配土地给农民的土地改革相适应,解放战争时期,农业税收政策由抗战时期的累进税制改为比例税制,比较合理地在农民内部分配负担。对于贫苦农民,仍然给予特殊照顾。1949年8月,陕甘宁边区征粮指示中就提出:"贫农阶层负担额平均不超过总收入百分之八,一般在百分之三至百分之十之间","家庭人口很少之贫苦农民及家庭贫苦靠土地收入补助生活之自由职业、小商贩、手工业者,其土地收入,按人口平均计算,可能负担过重者,得经群众民主评议,酌情照顾"。④ 而且在土地改革中,对于贫农土改之前所借政府银行和信用合作社贷款而又偿还不起的,可考虑不要

---

① 《陕甘宁边区政府给定边专署的指示信——以工代赈修筑定边至寺台大车路》(1941年6月28日),《陕甘宁边区政府文件选编》第3辑,档案出版社1987年版,第330-331页。
② 《中共中央关于土地改革中各社会阶级的划分及其待遇的规定(草案)》(1948年12月25日),《解放战争时期土地改革文件选编(1945—1949)》,中共中央党校出版社1981年版,第199、200页。
③ 《为什么要实行土地改革(宣传提纲)》,《人民日报》1950年12月12日。
④ 《陕甘宁边区政府指示——关于征粮工作应注意问题的补充指示》(1949年8月30日),《陕甘宁边区政府文件选编》第14辑,档案出版社1989年版,第64页。

求偿还贷款。① 这就大大减轻了贫苦农民的负担。

与此同时,对于分得土地但是缺乏耕牛、农具的贫困农户,各地民主政府予以发放低利农业贷款以帮助其恢复和发展生产,尤其是发放给新解放区贫困农民。例如,1946年12月,东北政委会第十一次常委会通过发放农贷5亿元,帮助贫苦农民解决生产中之困难,各地农民欢欣鼓舞,准备农具,更加努力从事冬季生产。② 1946年,晋冀鲁豫边区政府发放农贷8亿元,帮助农民解决耕牛、农具、肥料、种子等困难。③

针对战争中粮食短缺、春荒严重的局面,各地解放区都开展了以工代赈、促进生产的活动,帮助贫民灾民增加收入以补助生活、改善生产条件。例如,1948年春,山东省民主政府以工代赈,省粮食总局组织灾民运粮若干万斤,"运输者每百斤百里提成十三斤,运输期间因雨停运三日,总局仍照日发口粮(三斤粗粮)。鲁中工商六分局运盐六万斤,……参加运盐的两千灾民生活得到部分补足,并调剂了市场食盐。沂中县灾民到渤海运棉每百斤百里得工资一万五千元(北海币),第一批共赚工资六千余万元,除伙食费外净赚三千三百多万元,按市价可买粗粮三万六千多斤。……省公路局兴修公路,仅三月前完成的一段,就发了工赈粮一万多斤"④。太行行署拨发1万石救济粮,27亿元的贷款,组织以工代赈,解决穷苦农民一部分春荒和牲畜、农具、肥料、种子等困难。⑤

针对救济等方法不能全部解决灾区粮食问题的情况,陕甘宁边区政府专门提出了"移民就食"的方法,即各级政府有计划地将灾民迁移到垦区、延安、志丹等地,并进行有计划安置。迁移过程中,发动群众对移民吃住进行帮助,十分困难者由政府进行救济解决,同时要求灾民尽可能带上原有的农具和牲畜,以便从事各种生产。灾民到达后,各接收地除将公地、公窑分给移民外,还要"发动当地群众调剂窑洞、粮食、土地"给移民;灾民过多当地群众无法解决困难时,由政府发放部分粮食和购置农具的贷款;并对

---

① 《中共中央关于土改中民主政府、银行、信用社的贷款债务不应废除给邯郸局的指示》(1948年2月21日),《解放战争时期土地改革文件选编(1945—1949)》,中共中央党校出版社1981年版,第170页。
② 《东北政常会通过林枫主席提案 发放农贷五万万元 帮助翻身农民生产》,《人民日报》1946年12月22日。
③ 《祝解放区丰收——解放日报社论》,《人民日报》1946年10月30日。
④ 《山东民主政府以工代赈》,《人民日报》1948年4月10日。
⑤ 《太岳行署发出布告 动员赶快春耕》,《人民日报》1948年3月23日。

贫苦移民免除公粮。① 这实际上是一种对易地搬迁扶贫的探索。

第二节 中共中央共同富裕视野下对贫困地区和贫困户的关心

新中国成立后,在新解放区又分期分批地,有计划、有领导、有秩序地开展了土改运动。到1952年9月,除部分少数民族聚居区外,全国普遍实行了土地改革,广大农民分得了约7亿亩土地和大批生产资料。此后,针对农村逐步显现出来的农民个体经济导致贫富分化的趋势,中国共产党提出通过农业合作化使广大农民走上共同富裕道路的思想。在这一视野下,扶助老根据地等贫困地区和农村贫困户的工作开展起来。

一、土地改革后中共中央提出农民共同富裕思想

1950年6月28日,中央人民政府通过《中华人民共和国土地改革法》,宣布"废除地主阶级封建剥削的土地所有制,实行农民的土地所有制,借以解放农村生产力,发展农业生产,为新中国的工业化开辟道路",规定所有没收和征收得来的土地和其他生产资料,除依法收归国家所有外,"均由乡农民协会接收,统一地、公平合理地分配给无地少地及缺乏其他生产资料的贫苦农民所有"。② 此后,经过3年多的时间,全国土地改革基本完成,封建剥削制度被彻底消灭,广大农村的土地制度发生了根本性变革,3亿多农民普遍拥有属于自己的土地、农具、牲畜和房屋。广大劳动人民生产积极性得到前所未有的激发,农村经济从根本上发生变化,尤其是贫农生产生活面貌有了明显改善。例如,陕西省长安县高家湾村于1951年春天完成土地改革,1952年,107户贫农中有104户经济水平都得到提高,贫农内有30%上升成中农,贫农的总收入比上年增加20%～25%,比土地改革前增加40%。只有3户因为是孤老或者有人害病未曾上升。③

但是,一家一户单打独斗的农村个体经济的局限性很快显现出来,农村出现了两极分化的苗头。一些农户的资产在生产扩张的过程中显著增

---

① 《灾民迁移安置办法》,《陕甘宁边区政府文件选编》第11辑,档案出版社1991年版,第323-324页。
② 《中华人民共和国土地改革法》,《建国以来重要文献选编》第一册,中央文献出版社1992年版,第336、338页。
③ 习仲勋:《关于西北地区农业互助合作运动——一九五二年六月六日在中共中央西北局农业互助合作工作会议上的总结报告》,《人民日报》1952年8月17日。

加而变为新富农,大量贫农虽然在经济上比土地改革时显著上升,但是由于生产资料、资金十分缺乏,生产经营委顿不前,在生产和生活上仍有很大困难,他们缺乏畜力和生产资金,有的甚至负有债务,仍然陷于贫困之中。

这种状况引起中共中央的重视。1951年12月15日,中共中央印发《关于农业生产互助合作的决议(草案)》,阐明通过互助合作克服个体经济局限性的思路,指出:"党中央从来认为要克服很多农民在分散经营中所发生的困难,要使广大贫困的农民能够迅速地增加生产而走上丰衣足食的道路,……就必须提倡'组织起来',按照自愿和互利的原则,发展农民劳动互助的积极性。这种劳动互助是建立在个体经济基础上(农民私有财产广的基础上)的集体劳动,其发展前途就是农业集体化或社会主义化。长时期以来的事实,证明党中央这个方针是完全正确的。"①

1952年6月6日,中共中央西北局书记习仲勋在中共中央西北局农业互助合作工作会议上初步提出了通过互助合作和国家援助使所有农民都走向富裕之路的思想。他说:"我们正是要求所有农民都富裕起来,比富农更富裕,即采取集体劳动办法赛过富农。土地改革后,农民中间一定程度的阶级分化也固然还不可以完全避免,但是,只要采取组织农民互助合作办法,加上国家经济上和技术上帮助,大多数农民就可能保持中农的地位,避免重新破产,而且一天天富裕起来。"②也就是说,要让农民都富裕起来,仅靠土地改革是不能成功的,还必须切断个体经济发展的自然进程,杜绝两极分化的经济根源,特别是避免更多的农民再次沦为贫农。切断个体经济的组织形式,就是把农民组织起来进行农业合作。农业合作使农民可以在较大面积的土地上统一种植,不仅可以提高劳动生产效率,同时可以增强抵御自然灾害的能力。

1953年12月16日,中共中央作出《关于发展农业生产合作社的决议》,明确提出通过农业合作化使农民实现共同富裕的思想。该决议指出:"党在农村中工作的最根本的任务,就是要善于用明白易懂而为农民所能够接受的道理和办法去教育和促进农民群众逐步联合组织起来,逐步实行农业的社会主义改造,使农业能够由落后的小规模生产的个体经济变为先进的大规模生产的合作经济,……并使农民能够逐步完全摆脱贫困的状况

---

① 《中共中央印发〈关于农业生产互助合作的决议(草案)〉的通知》(1951年12月15日),《建国以来重要文献选编》第二册,中央文献出版社1992年版,第511页。

② 习仲勋:《关于西北地区农业互助合作运动——一九五二年六月六日在中共中央西北局农业互助合作工作会议上的总结报告》,《人民日报》1952年8月17日。

而取得共同富裕和普遍繁荣的生活。"①

1955年7月31日,毛泽东在省委、市委、自治区党委书记会议上所作《关于农业合作化问题》的报告中进一步分析农村两极分化的趋势和贫困农民的状况,阐述农业合作化的必要性。他说:"全国大多数农民,为了摆脱贫困,改善生活,为了抵御灾荒,只有联合起来,向社会主义大道前进,才能达到目的。"因此,要"逐步地实现对于整个农业的社会主义的改造,即实行合作化,在农村中消灭富农经济制度和个体经济制度,使全体农村人民共同富裕起来"②。

1955年11月9日,全国人民代表大会常务委员会第二十四次会议通过的《农业生产合作社示范章程草案》再次强调,发展农业生产合作社的目的,是要逐步地消灭农村中的资本主义的剥削制度,克服小农经济的落后性,发展社会主义的农业经济,适应社会主义工业化的需要。这就是说,要逐步地用生产资料的劳动群众集体所有制代替生产资料的私人所有制,逐步地用大规模的、机械化的生产代替小生产,使农业高度地发展起来,使全体农民共同富裕起来,使社会对于农产品的不断增长的需要得到满足。③

这样,自1953年开始,农业合作化运动在农村普遍开展,以土地入股、统一经营为特点的半社会主义性质的农业生产合作社(初级社)在全国普遍建立和发展起来。1955年下半年以后,农业合作化运动迅猛发展,各地争相创办土地和主要生产资料归集体所有、具有完全社会主义性质的高级社。到1957年,全国参加高级社的农户已占总农户的93.3%,参加初级社的农户占3.7%。两项合计,全国入社农户已达97%。④通过农业的社会主义改造,全国基本完成由农民个体所有制到社会主义集体所有制的转变。

二、中共中央对革命老根据地等贫困地区和贫困户的关心

共同富裕就是让全体农村人民都过上富足、美好的生活。新中国建立初期,老根据地等贫困地区和农村部分人口突出的贫困状况引起中央的密

---

① 《中国共产党中央委员会关于发展农业生产合作社的决议》,《建国以来重要文献选编》第四册,中央文献出版社1993年版,第661—662页。
② 《关于农业合作化问题》(1955年7月31日),《毛泽东文集》第6卷,人民出版社1999年版,第429、437页。
③ 《农业生产合作社示范章程草案》,《建国以来重要文献选编》第七册,中央文献出版社1993年版,第358页。
④ 《中共中央农村工作部负责人综述半年来合作化的成绩》,《人民日报》1957年7月5日。

切关注。

革命老根据地遍及23个省区的782个县,人口约1.073亿。其中绝大多数革命老根据地地处边远地区或山区,本来就土地贫瘠,资源贫乏,交通不便,自然条件较差,经济发展缓慢,多数群众的生活长期贫困。而在长期的对敌斗争中,革命根据地人民又遭受敌人的严重摧残,许多老根据地人口尚未恢复,畜力、农具因大量损毁而极度缺乏,有些地方甚至变成了一片荒野,野兽成群,人民群众生活极为困难。

对革命老根据地的贫困状况,中央给予高度重视。1951年夏天,中央人民政府派出了由8413人组成的南方老根据地访问团、由3809人组成的北方老根据地访问团,在一个月左右的时间里,遍访江西老根据地、湘赣边、湘鄂赣、闽浙赣、鄂豫皖、川陕边、粤东、海南、陕甘宁、东北、晋冀鲁豫、晋绥、晋察冀、热河、山东、河南、苏北和皖北等18个老根据地,用普遍宣传和重点访问相结合的方法,在516个县、市、旗召开群众大会,革命烈士、革命军人家属、革命残废军人、英雄模范人物的代表会议和各种座谈会,听取老根据地人民的意见和要求。针对老根据地的经济建设、文化教育、医药卫生、优抚工作等,老根据地人民提出许多迫切期待解决的问题。

老根据地访问团全面了解了老根据地人民的生产生活情况,记录了关于救济、优抚、经济建设、文教卫生等各类需要解决的具体问题。1951年10月9日,周恩来在接见老根据地代表、战斗英雄代表时指出:"我们的胜利是依靠了农村的,但今后农民生活的改善,还必须依靠城市。革命就是为了使全国人民不再过苦日子,要过上好的生活。""下了山不应该忘了山,进了城不应该忘了乡。……政府这次派访问团去,就是为了关心老根据地的人民。想尽力解决一些问题。今后各省要关心老根据地的事,要帮助老根据地的人民解决一些困难。"[①]

除老根据地外,全国其他地区农村的贫困状况也引起各级人民政府的关注。由于旧中国农民长期遭受官僚资产阶级与地主阶级的双重剥削和统治压迫,加之战火连绵,天灾人祸频繁,广大农村贫困农民比比皆是。据1949年底统计,仅是因天灾人祸造成生活困难的农民群众近4000万人,其中无粮吃的达800万人。[②] 1953年12月10日,政务院第一百九十七次政务会议批准的《第二次全国民政会议决议》明确指出:"对革命老根据地、贫

---

① 《周恩来年谱(1949—1976)》上卷,中央文献出版社1997年版,第184页。
② 《当代中国的民政》(下),当代中国出版社、香港祖国出版社2009年版,第67页。

苦的少数民族区、贫瘠山区的人民,沿海贫苦渔民、盐民,以及一般农村生活无着的残老孤幼,也必须扶助其生产并予以必要的救济。"①

为了满足贫困农民基本生活需要,人民政府发放救济粮款,全面救济贫困农民。1950年到1954年的五年间,国家共发放农村救灾救济款近10亿元,对缓解贫困农民的生活困难局面、安定人民生活和维护社会秩序起到一定作用。②

20世纪50年代中期,农业合作化的兴起和发展,为解决贫困户的生活困难开辟了新的途径。贫困户参加集体经济组织后,可以参加力所能及的农副业生产,使口粮和基本生活有了保障。因此,"解决农村社员贫困户的生产生活出路问题的基本方向,就是随着互助合作运动的发展,吸收他们参加互助合作组织"③。出于这种战略考虑,在农业合作化初期,为了支持贫困户入社,国家专门设立贫农合作基金贷款,帮助贫农解决加入农业生产合作社入社费用的问题。山西太谷县彭温庄的一个贫农得到贷款后感动地说:"土改分了土地是政府拉了我一把,现在贷款帮助我入社又是拉了我一把。"④还有些地方拿出部分社会救济款,直接作为贫困户入社的股金,使广大贫下中农得以加入农业生产合作社之中,走上通过合作化摆脱贫困的道路。

贫农入社后,有的家庭人口多、劳力缺少、生产困难较大,有些老弱孤寡户靠自身条件无法保障生活。针对这种情况,毛泽东明确要求合作社帮助他们解决困难,他说:"一切合作社有责任帮助鳏寡孤独缺乏劳动力的社员(应当吸收他们入社)和虽然有劳动力但生活十分困难的社员,解决他们的困难。"⑤按照这一精神,合作社对自身无法解决生产生活困难的社员,用公益金给予适当补助。那些合作社经济基础比较薄弱、集体无力全部补助的贫困户,则由国家给予适当救济。

救济解决贫困人口的生活困难只能暂时解燃眉之急,对于改变贫困面

---

① 《第二次全国民政会议决议(一九五三年十二月十日政务院第一百九十七次政务会议批准)》,《人民日报》1954年1月13日。
② 《当代中国的民政》(下),当代中国出版社、香港祖国出版社2009年版,第67页。
③ 《湖南省人民政府关于一九五五年农村和城市救济费的使用和发放的指示》,《湖南政报》1955年第2期。
④ 《中国人民银行总行关于当前农村信贷工作中几个主要问题的报告(节录)》(1955年1月22日),《1953—1957中华人民共和国经济档案资料选编》金融卷,中国物资出版社2000年版,第425页。
⑤ 《〈中国农村的社会主义高潮〉按语选》(1955年9月、12月),《毛泽东文集》第6卷,人民出版社1999年版,第465页。

貌而言,单纯拨付救济费是远远不够的。"授人以鱼不如授人以渔",要使贫困户从根本上摆脱贫困境地,采取各种措施帮助他们发展生产、富裕起来才是真正的解决之道。这样,新中国初期,自中央到地方各级政府都积极探索救济扶贫、信贷扶贫、减轻农业税等各种措施,扶助贫困户和老根据地等贫困地区积极发展生产,尽力改变其贫困面貌。

第三节 扶助农村贫困户发展生产

为了帮助农村贫困户发展生产,改善贫困状况,中央和地方各级政府及有关部门采取减免农业税、救济扶贫、信贷扶贫等多项扶助措施。

一、减免贫困户和贫困地区的农业税

新中国初期,虽然广大农民的生活比过去有所改善,但由于多数地区获得解放和完成土地改革较晚,农民生活的变化需要一个过程,距离全体农民丰衣足食还有一定距离。不少农民的生活还相当贫困,多数农民还没有足够的储蓄去抵御严重灾荒的袭击。因此,中央决定采取一切方法,给农民创造能够休养生息的环境和条件,以便激发农民的生产积极性,增加各种农作物的产量,进一步发展农村经济。

于是,减轻农业税迅速提上日程。1952年6月16日,中央人民政府政务院发布《关于一九五二年农业税收工作的指示》,决定"全国各地农业税的地方附加,一律取消。今后对农业只由中央统一征收一道农业税,不再附加。"[1]由于取消了附加和各种不合理的摊派,1952年全国农民公粮负担总额比1951年减少25亿斤细粮[2]。

中央人民政府专门制定了对受灾农户、贫困农户和贫困地区进行农业税减免的政策。1950年9月5日,中央人民政府委员会发布《新解放区农业税暂行条例》,规定对受灾地区农户和贫困农户进行税收减免。该条例第24条规定"凡遭受水、旱、虫、雹或其他灾害,经调查属实,得酌予减免",第25条规定"革命烈士家属、革命军人家属、供给制工作人员家属和老、弱、孤、寡、残废等特别贫困者,经乡(村)农业税调查评议委员会评定,报请

---

[1] 《中央人民政府政务院 关于一九五二年农业税收工作的指示》,《人民日报》1952年6月19日。
[2] 《坚决纠正农业税征收工作中的偏向》,《人民日报》1953年3月18日。

县(市)人民政府批准,得减免其税额"。① 1952年中央人民政府政务院《关于一九五二年农业税收工作的指示》是对中央扶助贫困户精神的进一步深化。该指示提出:"农业税中的减免政策,是农业税收政策中的重要组成部分。为了贯彻这一政策,各级人民政府在征收工作中,必须依法照顾因灾歉收的农户,照顾烈士家属、革命军人家属、机关工作人员家属中而无劳力的农户和老、弱、孤、寡、残疾的贫苦农户,照顾遭受战争创伤和敌人摧残特别深重的革命老根据地。"②

按照中央精神,1952年,各地普遍贯彻受灾农户和革命老根据地的农业税收减免政策。例如,华东和西北的许多地区采取了"自上而下调查灾情,自下而上评议减免,报经政府审核批准"的办法,做到"重灾多减,轻灾少减,特轻不减,特重全免",对受战争创伤较重、农民生活困苦的革命老根据地,也根据不同情况,分别减低原税额的5%~30%,受到老区人民欢迎。山东省老区群众感动地说:"毛主席人在北京,心还惦记着老根据地!"。③

与此同时,1952年农业税减免政策在执行中暴露出一些问题,主要是各地对大片灾区的减免工作比较关注,但对非灾区个别无劳力户或久病不起、遭受意外灾害的困难户,则关注不够,没有及时准予减免。有的地区事先没有深入调查,竟主观地分配减免任务,实行"减免包干"办法;有的地方把减免当作一种"政治待遇",只给一般有困难的户减免,对被认为政治上有问题(如被管制分子)而生活困难的户,则不给减免;有些乡村干部只给自己减,不给群众减,压制民主,徇私舞弊。还有些县、区干部缺乏实事求是的作风,竟错误地提出"减免可耻,不减免光荣"的口号,甚至暗中借钱给困难户,要他们当众表示"带头不减免",以便达到普遍不减免的目的。这不仅违背中央通过农业税减免扶助贫困户的政策初衷,而且严重影响党和人民政府与人民群众的关系。

针对贫困户农业税收减免中存在的问题,1953年8月28日,中央人民政府政务院发出《关于一九五三年农业税工作的指示》,强调做好依法减免工作,指出:"贯彻减免政策,对照顾农民疾苦、改善政府与农民的关系影响极大,必须吸收过去的经验教训,纠正该减不减、该免不免,或不该减也减、

---

① 《新解放区农业税暂行条例》,《人民日报》1950年9月6日。
② 《中央人民政府政务院 关于一九五二年农业税收工作的指示》,《人民日报》1952年6月19日。
③ 《全国农业税征收工作已大部完成 各地应即负责解决在征收中遗留的一些问题》,《人民日报》1953年1月11日。

不该免也免两种偏向。"该指示将农业税减免范围按不同性质分为两类:一类是灾情减免,按自然灾害歉收成数减免受灾农户的负担,原则是"轻灾少减,重灾多减,特重全免";另一类是社会减免。社会减免范围包括:①无劳动力或缺乏劳动力而生活困难的农户;②遭受意外灾害或由于其他原因而交税确有困难的农户;③遭受战争创伤或敌人摧残严重而生产尚未恢复的革命老根据地;④少数民族聚居而生活困难的地区;⑤交通不便特别贫苦的山区;⑥各省、市人民政府认为有必要加以照顾的其他地区。① 这里的"社会减免",基本上就是针对各种贫困户和老根据地、少数民族地区、落后山区等贫困地区而设立的,充分体现了中央对贫困户和贫困地区的扶助。

对农村贫困户和贫困地区进行农业税减免,作为党和政府的一项政策一直保留下来。开展农业合作化以后,农民的土地和其他主要生产资料已经转变为集体所有,1950年中央人民政府颁布的《新解放区农业税暂行条例》以个体经济为基础、以农户为单位交纳农业税的办法不能适应新的生产关系的变化,因此从1956年起开始起草新的农业税条例。1958年6月3日,全国人民代表大会常务委员会第九十六次会议通过《中华人民共和国农业税条例》。该条例继续规定对贫困地区和贫困户进行农业税减免。该条例第19条规定,"下列地区,经省、自治区、直辖市人民委员会决定,可以减征农业税:(一)农民的生产和生活还有困难的革命老根据地;(二)生产落后、生活困难的少数民族地区;(三)交通不便、生产落后和农民生活困难的贫瘠山区";第20条规定,"革命烈士家属、在乡的革命残废军人及其他纳税人,因缺乏劳动力或者其他原因而纳税确有困难的,经县、自治县、市人民委员会批准,可以减征或者免征农业税"。②

二、探索用救济款扶助贫困户发展生产

新中国成立后,对于不能解决生活困难的一些农村贫困户,国家予以救济,帮助他们渡过难关。据统计,1955年至1978年,国家用于救济农村贫困户的救济款达22亿元③,使绝大多数农村贫困户基本解决生活困难。在救济工作中,民政部门还对如何利用救济款扶助农村贫困人口发展生产

---

① 《中央人民政府政务院关于一九五三年农业税工作的指示》,《人民日报》1953年8月30日。
② 《中华人民共和国农业税条例》,《建国以来重要文献选编》第十一册,中央文献出版社1994年版,第358页。
③ 《当代中国的民政》(下),当代中国出版社、香港祖国出版社2009年版,第68页。

来摆脱贫困进行了初步探索。

1951年初,热河省民政厅提出,要使贫困群众从根本上摆脱贫困,必须努力帮助他们发展生产、增加收入。根据热河省因遭受日寇及国民党多年的压榨、摧残,加之连年天灾,造成全省有45个贫困区、993个贫困村、40.5万贫困人口的情况,民政厅制定出扶助贫困户发展生产的办法,通过扶助贫困户发展农副业生产,解决生活上的困难。该省拿出中央下拨的25万元寒衣贷金,用来购买了3000余头耕畜,分别贷给隆化、宁城、平泉等11个县的贫困户,帮助他们解决缺少畜力的困难。合作贸易部门尽量帮助贫困户调剂种子和农具等物资。通过扶持,贫困户解决了生产困难,提高了生产收入。1951年5月,热河省民政厅向政务院、内务部写了《扶助困难户生产的报告》,得到有关领导的肯定。黄炎培在报告上批示:"扶助困难户生产,是值得努力的一件事。希望热河积累经验,使困难村户逐渐减少,做出一个典型来。"[1]此后,部分地区开展了用救济款对农村贫困户进行生产扶助的工作。

1953年,青海省根据"解决生产资料为主,生活资料为辅,密切配合各方面力量,逐步扶助贫苦牧民从事生产"的方针,给贫苦牧民购买牛羊,扶持其从事生产。据1954年的不完全统计,共发放救济款49.1万元,购买牛984头,羊1.2128万只,发给贫困户饲养。玉树自治州及同德等7个县,把救济款中的71%用于购买生产资料,扶持贫困牧民发展生产。1955年,全省需要救济的8万牧民中,已有2.8万人得到扶持。[2]

这种救济款扶贫做法,在当时是对社会救济款使用的一个重大突破。

三、对贫困户发展生产进行信贷扶持

新中国初期百废待兴,而国家经济基础薄弱,在经济极端困难的情况下,国家拿出的社会救济款、扶贫款等无偿财力有限,农业贷款便成为扶持农村贫困农户发展生产的主要途径之一。

土地改革后,很多地方的农村普遍缺乏耕畜、农具,阻碍着农业生产的迅速恢复和发展。各级人民政府在可能范围内给予农民一切帮助,提供农业贷款,帮助农民购买农具、耕畜等生产资料是其中一项重要措施。而在农业贷款中,又重点对贫困户和贫困地区进行扶持。

---

[1] 《当代中国的民政》(下),当代中国出版社、香港祖国出版社2009年版,第135-136页。
[2] 《当代中国的民政》(下),当代中国出版社、香港祖国出版社2009年版,第136页。

1950年，中共中央在《关于发放农业贷款的指示（草案）》中明确指出了农业贷款的主要目的是扶持贫困户和贫困地区发展生产，"人民银行在农村的主要任务之一，就是扶植贫困农民发展农业生产并和高利贷作经济斗争"。为此，农业贷款首先重点向贫困农户发放，"必须按照各地的生产季节及时发放，必须贷给生产生活上有困难而要求贷款的农民，在组织起来的农民和个体农民之间必须作合理分配，不得歧视个体农民，特别是未参加互助合作的新翻身的贫困农民。只给互助合作组织方面贷款，而不给或少给个体农民方面贷款，是不对的"。此外，农业贷款要重点照顾贫困地区，"农业贷款在地区间必须合理分配，对于灾区、贫苦山区和少数民族地区应适当予以照顾。对于受灾农民贷款的归还必须酌情延长。对沿海沿江和湖滨的盐民、渔民、船民，亦应给以适当的贷款扶助"。[①]

　　1953年8月31日，中央人民政府政务院发布《关于发放农业贷款的指示》，批评农业贷款不照顾贫困农民的缺点，指出："农业贷款是为了扶持生产，这一方针本来是对的，但由于有些同志对生产贷款的了解不够全面，或执行得过于机械，因而对贫困农民青黄不接时生活的困难和疾病死亡等紧急需要，照顾不够。"[②]该指示要求将农业贷款贷给那些生产生活均有困难需要贷款加以扶助的贫困农民，并对灾区、贫困山区和某些少数民族地区在贷款数额偿还期限等方面适当予以照顾，灾区、山区及老根据地的某些贫困农民多年所欠农贷确属困难偿还者，应分情况准予免息后缓期归还，或减免偿还。

　　按照中央精神，各地检查发放农业贷款中的错误，积极开展了对农村贫困户和贫困地区的农业贷款。中国人民银行除了贷给互助组和农业生产合作社外，还特别加强对个体贫困农民和老根据地等贫困地区的扶持。1953年，中国人民银行共发放农业贷款156655亿元，其中贷给农民的占89.56%。"得到贷款的农民中，贫雇农和有困难的中农获得贷款最多。"此外，人民银行除了继续对组织起来的农民贷款外，还特别加强了对单干农民、贫瘠山区和老根据地农民的帮助。"据山西省三十二个县支行贷款的统计，已组织起来的农民得到的贷款占贷款总额的百分之四十二；单干农民得到的贷款占贷款总额的百分之五十八。陕西省山区和老根据地区的农户大约占全省农户总数的百分之三十，耕地占百分之三十八。一九五二

[①]《中共中央关于发放农业贷款的指示（草案）〔节录〕》(1950)，《1949—1952中华人民共和国经济档案资料选编》金融卷，中国物资出版社1996年版，第603—605页。

[②]《中央人民政府政务院 关于发放农业贷款的指示》，《人民日报》1953年9月2日。

年这些地区的农民得到的贷款仅占全省贷款总额的百分之十四点四,一九五三年增加到了百分之二十七点一。云南、贵州等省有些过去从没有得到贷款的乡村,去年得到了贷款。"① 大量贫困农民在国家贷款的扶持下,发展了生产,改善了生活。

广西、贵州等地人民银行还在民族聚居地区积极发放农业贷款,帮助少数民族人民群众解决生产生活困难。例如,1950—1952 年,广西各地人民银行向少数民族发放农业贷款 400 亿元,帮助少数民族人民群众用以购买大量耕牛、农具、种子等生产资料,并兴修水利,提高生产条件,使很多农户从中受益。人民群众由衷地感叹说:"毛主席这样看重我们,让我们当家作主了,又贷给我们款,再不努力生产,就对不起毛主席。"②

随着农业合作化发展进入高潮,对农业生产合作社发放农业贷款、减少对个体贫困农民的贷款一度成为农业贷款的主要方向,还有的省份规定,对积欠贷款过多,长期不还的农民,不能再予贷款。③ 这样,很多贫困农民特别是灾区的贫困农民在生产、生活上的困难得不到解决。加上一些地方的农业生产合作社把劳动力集中在农业生产上,副业收入比过去减少,致使一部分农户因缺乏口粮而成为缺粮户。1956 年,根据中央农村工作部的统计,全国在一般地区各省均有 15% 左右的贫困户。④

在这样的情况下,自 1955 年起,国家设立贫农基金贷款,帮助贫农解决缺少耕牛、农具的困难。1956 年 8 月 22 日,国务院副总理邓子恢在全国农村金融先进工作者代表会议上指出:"在今后相当长的时期内,农业合作社和有困难的社员,都需要贷款扶持,如果贷款工作做不好,高利贷又会趁机活动",而做好贷款工作,"应该在工作中有明确的群众观点,要把资金真正用到扶持农业合作社生产和扶持贫苦农民的生产生活上";他强调在信贷工作中要实行群众路线,"首先就要有明确的阶级观点,及时贷款给贫困农民,帮助他们解决生产、生活的困难","其次,在进行工作时,必须深入群众、了解情况。坐在家里等人上门,就不会知道谁家有困难,谁家真正需要贷款。如果把款贷给了并不需要款的富裕户,就要脱离了广大农民。所以

---

① 《人民银行去年发放巨额农业贷款 有效地帮助农民提高生产和发展互助合作》,《人民日报》1954 年 1 月 26 日。
② 《广西省各地人民银行 积极解决少数民族生产困难》,《人民日报》1953 年 1 月 23 日;何家礼:《桂西僮族自治区一年来的成就》,《人民日报》1953 年 12 月 9 日。
③ 《及时地正确地发放农业贷款》,《人民日报》1955 年 4 月 12 日。
④ 中央农村工作部:《农村副业生产的若干情况简报(1956 年 7 月 26 日)》,《1953—1957 中华人民共和国经济档案资料选编》农业卷,中国物价出版社 1998 年版,第 994 页。

信贷工作者除了有为群众服务的阶级观点外,还必须具有深入群众、调查研究的工作作风,才能保证贷款真正贷给需要的人"。①

据中国人民银行统计,1956年发放的帮助贫困社员解决生产、生活困难的贷款增加很多。到10月,全国共发放社员(包括少数个体户)生产、生活贷款8.6亿多元(包括支持信用社的转贷部分7.2亿多元)。据山西、陕西、广西、贵州、四川等发放个人贷款5220万元的分析统计,支持了62.8万户贫困社员。这项贷款还特别注重扶持困难较大的极贫户,据青海全省和四川的15个县统计,发放极贫户贷款约190万元,扶持了75507户,平均每户贷款25.59元。② 这项措施解决了贫困社员缺少农具和生活口粮等困难,大大鼓舞了他们的生产热情。

第四节 对老根据地、少数民族地区进行扶助建设

新中国初期对于贫困地区的扶持,主要体现在为帮助贫困革命老根据地和少数民族地区发展生产而拨付国家财政专款上。尤其是对于贫困老根据地,除了前述所采取的减免农业税政策外,中共中央还成立专门工作机构,采取优惠政策,拨付专项财政资金,扶持老根据地建设。

一、新中国关于贫困地区最早的扶植建设方案

1952年1月28日,中央人民政府政务院发出《关于加强老根据地工作的指示》(以下简称《指示》),对扶植老根据地的建设工作进行全面部署。

第一,《指示》分析了革命老根据地由于战争等因素而极为贫困的状况,指出要对老根据地进行扶植建设。"解放后经过积极生产,部分地区已经恢复,有的地区甚至超过战前水平,但大部分老根据地因遭受战争创伤太重,且地处山区,交通不便,生产恢复很慢;其中若干地区又遭到水旱灾害的侵袭,特别是南方老根据地因重获解放为时较晚,荒芜现象仍多数存在,人民生活极为困难。因此,无论从政治上或经济上都必须十分重视加强老根据地的工作,大力领导与扶植老根据地人民恢复与发展经济建设与

---

① 《国务院邓子恢副总理在全国农村金融先进工作者代表会议上的发言[节录]》(1956年8月22日),《1953—1957中华人民共和国经济档案资料选编》金融卷,中国物价出版社1998年版,第466-468页。

② 《中国人民银行总行1956年农贷工作总结和1957年农贷工作意见(第二次稿)[节录]》(1957年3月15日),《1953—1957中华人民共和国经济档案资料选编》金融卷,中国物价出版社1998年版,第431页。

文化建设。"①

第二,《指示》提出了以经济建设为中心的扶植方针,并对如何扶植老根据地开展经济建设进行了具体规划。鉴于老根据地多处山区、生产条件比较落后的实际情况,《指示》强调因地制宜、有计划地、有重点地逐步恢复与发展农业、林业、畜牧业和副业生产。《指示》提出了五个方面的详细措施:一是恢复与发展农业生产。包括解决缺乏农具、耕畜和肥料的困难,修筑梯田、增加粮食产量,加强水利建设、扩大灌溉面积并做好水土保持,在粮食缺乏的地区增种多产作物、在不缺粮食的地区栽种经济作物以增加群众收入等。二是发展林业。进行封山育林、合理的砍伐,在有条件地区积极发展经济林木,发展采集药材及竹木编制等副业。三是发展畜牧业。大力增加家畜、家禽养殖,加强畜疫防治、畜种改良,并配套建立防疫组织与繁殖场、配种站。四是发展手工业与副业。因地制宜地恢复与发展老根据地农村多种多样的副业和手工业,由合作社和国营贸易机关帮助打开销路,使之成为增加老根据地人民收入的有效途径。五是开采矿产。在不破坏矿藏、不影响大规模开采的原则下,有计划地扶助当地群众进行小规模开采。

第三,为全面改变老根据地的贫穷面貌,《指示》从老根据地的交通基础设施、文化教育、医疗卫生等多方面部署建设规划。《指示》把恢复与开辟交通作为改善老根据地人民生活的关键进行谋划,要求"采取发动群众义务劳动为主、国家出资为辅的办法"②修建老区主要的交通干线,并扶助群众添置交通工具,发展运输业。在加强老根据地文化教育工作方面,《指示》强调文化下乡、电影上山、普及社会教育,为此采取增办中小学、工农速成中学和各种技术学校等措施,以培养各种专门人才。在医药卫生方面,《指示》要求在老根据地设立卫生站、医院和中药铺,通过大力开展卫生防疫、派遣医疗队巡回治疗、开办医疗人员培训班、帮助学习中医、预防地方病等举措,提高老根据地人民群众的健康水平。

第四,为保障老根据地建设经费,《指示》强调对老根据地建设实行优惠政策。一是优先贷款。《指示》要求"今后一般贷款应将老区列为重点之一",设立养牲畜、修水利、修梯田、购买农具等特殊贷款,贷款时应注意适当延长期限。二是从国家救济费中拿出一部分扶持生产建设,拨给老根据

---

① 《中央人民政府政务院关于加强老根据地工作的指示》,《人民日报》1952年2月1日。
② 《中央人民政府政务院关于加强老根据地工作的指示》,《人民日报》1952年2月1日。

地的特别救济费,应结合生产发出,或提出一部分作为建设基金。① 三是减免农业税收负担。由于老根据地遭受的战争创伤深重,生产水平较低,人民生活困难,《指示》要求适当减轻老区人民群众负担,特别困难的老区,可宣布免纳一定时间的公粮。②

此外,《指示》要求辖区内有老根据地的各级人民政府组织专门委员会,负责制订并组织实施老根据地工作计划,争取在三到五年内改变老根据地的经济面貌,在经济发展的基础之上提高老根据地人民的物质生活与文化生活的水平。③

由此可见,《指示》实质上对如何开展老根据地的扶植建设提出了完整的方案。这种扶植工作,区别于单纯救济,既着眼于解决老根据地当前的困难,又放眼于老根据地的长期建设;扶植建设目标是通过切实的扶助,帮助老根据地改变明显落后、极为贫困的经济面貌,最终使老区人民群众逐步走上人财两旺、文化发达的道路。可以说,这是新中国针对贫困地区谋划的最早的扶贫建设方案。

随后,中央人民政府政务院成立全国老根据地建设委员会,并设立办公室,由内务部负责主持工作。1952年2月1日、6月17日,内务部先后印发了《为贯彻政务院"关于加强老根据地工作指示"的通知》《为继续贯彻政务院"关于加强老根据地工作指示"的通知》,要求辖区内有老根据地的各级人民政府把老根据地的恢复和建设工作,作为1952年的工作重点之一。

辖区内有老根据地的20个省(区),相继成立了省(区)一级的老根据地建设委员会。各地也陆续发布相关指示,例如1952年4月下旬,西北军政委员会发布关于加强老根据地工作的指示,要求各级政府利用好该年度中央和西北区拨给老根据地的救济费、补助费、救灾款,共205亿元,迅速发展陕、甘、宁三省老根据地的农、林、畜牧等生产,改善老区人民的生活,并从长期建设着眼,建设老区农村。④

各级人民政府把恢复建设老根据地的工作作为重点工作来抓,制订了比较全面和长期的建设计划,召开老根据地人民代表会议,进一步讨论老

---

① 《中央人民政府政务院关于加强老根据地工作的指示》,《人民日报》1952年2月1日。
② 《中央人民政府政务院关于加强老根据地工作的指示》,《人民日报》1952年2月1日。
③ 《中央人民政府政务院关于加强老根据地工作的指示》,《人民日报》1952年2月1日。
④ 《西北军政委员会发布指示 加强老根据地工作改善老区人民生活》,《人民日报》1952年5月22日。

区建设的方针和任务,并组织大批干部和文教、技术人员,深入农村,具体领导老区的生产工作和文化生活,帮助群众解决困难。这些措施大大地鼓舞了老根据地人民的政治热情和生产热情。这样,在党和政府、人民群众的努力下,老根据地在艰苦的条件下开始了新的建设。

二、扶植老根据地建设的全面展开

加强老根据地建设,最重要的就是提供比较充足的建设资金。1952年,中央拨付老根据地1000亿元补助费(各项投资贷款为数更大)。① 辖区内有老根据地的各省人民政府,也筹集组织大批款项,将其投放到老根据地作为生产建设的资金。例如,华北区老根据地除了中央拨付的贷款和优抚救济款外,还从地方财政中抽出一笔资金,用于扶持老区建设。1952年,"全区用款共计一千多亿元。根据平原、河北、绥远三省统计,用在经济建设方面的约占百分之六十,用在交通建设方面的约占百分之九,用在文教卫生事业方面的约占百分之十一,用在优抚救济事业方面的约占百分之二十"②。

对老根据地进行重点经济扶持一直持续到20世纪50年代后期。据内务部统计,中央人民政府于1952年至1957年,拨给老根据地的特殊补助费有7494万元③④。各地持续对老根据地建设进行积极扶助,"江西省对遭受敌人严重破坏的地区进行了重点扶持,自1949年至1956年共发给老区生产生活补助款五百零二万元。……四川省银行系统从1953年到1955年发放老区的农贷款即达二千零三十五万元,贷款面较一般地区大一倍,而且规定的利息低,归还期较长"⑤。

利用扶助款项,老根据地首先解决生产资料困难,购买耕畜,兴建农田水利,改善农业生产条件,提高农业生产水平。经过1952年一年的建设,据江西、湖北、河南、广东等省95个县的不完全统计,共增加了耕牛13592

---

① 全国老根据地建设委员会办公室:《进一步加强老根据地建设工作》,《人民日报》1953年2月14日。
② 《华北老根据地建设工作走上了新阶段》,《人民日报》1952年8月14日。
③ 《过去在敌人摧残下疮痍满目 现在在政府帮助下欣欣向荣 老根据地经济面貌根本改变》,《人民日报》1957年7月7日。
④ 新中国成立后,旧人民币原来的面值较大,不便计算。从1955年3月1日起发行新人民币,单位为元,按1元折合人民币1万元进行兑换。此处所引数字是兑换过的数字——作者注。
⑤ 赵吉云:《国家努力扶助 群众积极参加 革命老根据地的恢复建设工作成绩巨大》,《人民日报》1957年2月5日。

头,水车585架,农具192859件;据河北、山西、原察哈尔等省80个县的统计,共扩大水田91万亩;原察哈尔省老区20%的农户有了余粮,60%的农户已经够吃。江西省80%的老区(包括90%的人口)的农作物产量大幅度提高。畜牧业也得到很大发展。原察哈尔省9个县共增加了耕牛12246头,羊68161只;每户平均已有耕牛1头,羊2只。各地在山区普遍设立了兽医站、配种站,扶助牲畜养殖的发展。例如,河北省在山区设立了33处畜牧兽医站。①"骡马成群,牛羊满山"的计划,在许多老根据地已经初步实现。

不少老根据地的林业建设取得显著成效。据华北区99个县统计,1952年共植树2530多万株;福建省在1952年春造林53万亩,封山育林258万亩。山东、陕西等省正在有计划地营造防沙林、水源林。②

各老根据地花大力气修筑公路,开发交通,以促进物资交流,改善人民的生活。四川省从1952年起三年内在川北老根据地修筑公路800公里(1公里＝1千米)、驿道1000公里、人行道2470公里;到1957年,四川省又在老根据地新修和恢复公路662公里,开辟航道382公里,完成大道、驮运道路共1805公里,配合着成渝、宝成路的通车,"蜀道难"的情况已有很大改变。③ 到1956年底,以延安为中心的陕北26个县,已县县通了汽车;江西省在省内老根据地修筑了25条公路,长达1387公里。④

老根据地公路的开发,促进了物资交流,推动了副业发展。许多老根据地人民长年吃不到盐的情况已经改变;福建省老根据地造纸事业由于销路畅通而得以恢复发展;川陕老根据地特产的银耳、木耳、药材等价格提高,农民收益大为增加。随着物资市场的活跃,老根据地普遍建立了贸易收购站,有力地推动了老根据地贸易的恢复与发展。

老根据地的文教卫生事业得到显著改善。许多老根据地乡乡有了小学,福建省老根据地于1952—1956年,增设小学361所,修建校舍221所,

---

① 全国老根据地建设委员会办公室:《进一步加强老根据地建设工作》,《人民日报》1953年2月14日。

② 全国老根据地建设委员会办公室:《进一步加强老根据地建设工作》,《人民日报》1953年2月14日。

③ 全国老根据地建设委员会办公室:《逐步恢复发展中的革命老根据地的生产建设》,《人民日报》1953年7月31日;赵吉云:《国家努力扶助 群众积极参加 革命老根据地的恢复建设工作成绩巨大》,《人民日报》1957年2月5日。

④ 《过去在敌人摧残下疮痍满目 现在在政府帮助下欣欣向荣 老根据地经济面貌根本改变》,《人民日报》1957年7月7日。

增加教员 1617 名,老根据地入学儿童已大大增多。原陕北绥德专区在 1948 年有中小学 206 所,1956 年增加到了 1439 所,学生由 7400 多人增加到了 86700 多人。① 各地电影放映队在"电影上山"的号召下,纷纷到山区为老根据地人民放映电影。在医疗卫生事业方面,多数老根据地每个县都拥有卫生院,着重开展对地方性传染病的防治工作。例如,江西省给省内各老根据地增派 520 多名医务人员,增添 890 多张病床,新建立 440 多个卫生所和 70 多个妇幼保健站,为老根据地人民服务。② 由于卫生状况的改善,各老根据地过去流行的几种严重传染病全部绝迹,老根据地人民的基本健康水平大为提高。

老根据地人民的衣、食、住基本生活已得到很大改善。例如,到 1953 年,福建省 53 个老根据地修盖房屋 77000 余间③;湖南省平江县老根据地人民的耕牛比解放前增加了两倍多,农具增加了 62%,房屋增加了 37% 以上,新添衣被 22%。④ 大部分群众已达到"囤里有余粮"和"冬有棉、夏有单"的生活水平。

历经几年的努力,到 1957 年,老根据地的恢复建设工作取得很大成就,老根据地的贫困面貌已经得到极大改善,不少地区出现了"粮食有余、牛羊成群、庄稼长得好、房子一片新"的欣欣向荣现象。

扶植老根据地建设的政策与实践,可以说是新中国历史上消除区域贫困的最早探索,从中所取得的成绩、所积累的经验,都难能可贵。

三、设立少数民族地区补助费解决生产困难

少数民族地区往往地处偏远,经济文化比较落后,基础比较薄弱,人民群众生产生活困难更为突出。新中国成立后,高度重视少数民族地区的经济发展,国家每年都给予少数民族地区以巨额的财政补助,设立发放少数民族教育事业补助费、医疗补助费;并且在广大的少数民族牧业区实行轻于农业区的税收政策,在一定时间内免去一部分生产发展特别落后的少数

---

① 《过去在敌人摧残下疮痍满目 现在在政府帮助下欣欣向荣 老根据地经济面貌根本改变》,《人民日报》1957 年 7 月 7 日;赵吉云:《国家努力扶助 群众积极参加 革命老根据地的恢复建设工作成绩巨大》,《人民日报》1957 年 2 月 5 日。
② 《过去在敌人摧残下疮痍满目 现在在政府帮助下欣欣向荣 老根据地经济面貌根本改变》,《人民日报》1957 年 7 月 7 日。
③ 全国老根据地建设委员会办公室:《逐步恢复发展中的革命老根据地的生产建设》,《人民日报》1953 年 7 月 31 日。
④ 皮质初:《湖南省平江县老根据地人民生活不断提高》,《人民日报》1954 年 4 月 28 日。

民族地区的税收,等等。

为了解决少数民族地区农业生产上的特殊困难,从 1957 年起,国家财政设立扶持少数民族地区经济发展的专款——少数民族地区补助费,补助费分配遵循"重点安排,照顾一般,专款专用"的原则,主要用于解决正常经费范围内无法解决的特殊困难,包括帮助少数民族地区困难户添置生产工具、生产资料(农药、化肥等),帮助少数民族学校添置教具、教学设备、修缮校舍,帮助缺水地区解决人畜饮水问题以及帮助修路等。这项经费年年拨付,对于解决少数民族贫困群众的生产生活困难,发挥了一定作用。[①]

[①] 人民公社时期,少数民族地区补助费面向有特殊困难的生产队进行救助,主要用于扶助穷队发展生产,适用于解决贫困农牧民的生活困难。1963 年,财政部、民族事务委员会联合下发《少数民族地区补助费管理试行办法(草案)》,规定少数民族地区补助费主要用于少数民族地区生产、生活、文教、卫生等方面的某些补助开支,主要包括社队农、林、牧、副业生产资料开支,文教、卫生和医疗事业方面的某些特殊困难补助以及困难群众生活方面的特殊补助。

第二章
人民公社时期农村扶贫的深入（1958—1978）

1958年，全国74万多个农业生产合作社改组为2.6万多个人民公社，参加公社的有1.2亿农户，占全国农户总数的99%以上①，从此中国农村进入人民公社集体经济时期。人民公社实行以生产队为基础的三级（公社、管理区或生产大队、生产队）所有制，社员收入实行按劳分配。在这样的制度之下，扶持穷社穷队发展生产，使广大贫困农民通过集体经济条件的改善来摆脱贫穷面貌，成为必然的政策抉择。于是，人民公社时期党和政府在农村开展的扶贫工作，主要以面向穷社穷队的财政无偿投资、农业贷款的形式呈现出来，彰显了人民公社时期农村扶贫工作鲜明的集体化特征。

第一节　国家财政扶持穷社穷队发展生产

人民公社时期，农民的收入主要来源于社队集体分配，经济水平高的社队，社员收入多一些；相反，经济水平低的社队，社员收入少一些。也就是说，生产队集体穷是造成社员贫困的主要原因之一，只有把集体生产搞好了，社员才能从根本上摆脱贫困。因此，这一时期国家解决贫困问题，是通过加强对穷社穷队的财政扶持，帮助其发展生产，提高收入水平，改善贫困面貌。

---

① 《关于人民公社若干问题的决议》，《建国以来重要文献选编》第十一册，中央文献出版社1994年版，第598页。

一、毛泽东和中共中央帮助穷社穷队发展生产的思想

在农业合作化过程中,由于自然条件和经济基础不同,各个农业社贫富差别很大,但是收入分配上允许差别存在。在1958年人民公社化过程中,一些地方在并社和分配社队收入时,出现了穷队、富队拉平的平均主义分配的现象。这种"共产风"引起广大农民恐慌,导致了瞒产私分风潮。

人民公社化过程中出现的平均主义倾向引起了中共中央的重视。在1959年2月27日至3月5日于郑州召开的中央政治局扩大会议和4月于上海召开的中共中央政治局会议上,毛泽东系统深入地分析了贫富拉平做法的错误所在,提出了由国家投资帮助穷社穷队发展生产,向富社富队看齐的意见。

第一,指出贫富拉平的平均主义倾向违反了按劳分配的原则。人民公社实行按劳分配、多劳多得的社会主义分配制度。而"穷队富队拉平的平均主义分配办法,是无偿占有别人的一部分劳动成果,是违反按劳分配原则的","所谓平均主义倾向,即是否认各个生产队和各个个人的收入应当有所差别。而否认这种差别,就是否认按劳分配,多劳多得的社会主义原则"。所以毛泽东指出,一些生产队、生产小队瞒产私分的做法情有可原。他进一步解释并指出:"无偿占有别人劳动成果,是不能被许可的。……我们对民族资产阶级的生产资料,采取了赎买政策。"①

第二,阐明公社在收入分配问题上要允许差别存在。人民公社存在公社、生产大队、生产队三级所有制,社队之间的自然条件、社员投入劳动的主观努力千差万别,所以生产队分为穷、富、中三等,这样分配也应有差别。"公社在统一决定分配的时候,要承认队和队、社员和社员的收入有合理的差别,穷队和富队的伙食和工资应当有所不同。"②"现在允许它,正是为了将来消灭它。人民公社发展生产,提高积累,应当对落后社有适当的照顾。但是如果在工资标准上一下拉平,就会减少较多生产水平的管理区的收入,就会减少积累,就会使落后的管理区不注意经济核算。抽多补少,抽肥补瘦不行;不是照顾富社,而是照顾穷社。暂时保存这种差别,才有利于增加公社积累,有利于穷、富社都发挥积极性。公社的积累增长得越快,这种

---

① 《在郑州会议上的讲话提纲》(1959年2月)、《在郑州会议上的讲话》(1959年2月27日),《建国以来毛泽东文稿》第8册,中央文献出版社1993年版,第62、70、63页。

② 《在郑州会议上的讲话》(1959年2月27日),《建国以来毛泽东文稿》第8册,中央文献出版社1993年版,第71页。

差别的消灭也会越快。"①

第三,提出消除贫富差别的正确做法,是国家投资帮助穷社穷队向富社富队看齐。允许穷富差别存在,并不是放任穷社穷队不管,而是要国家扶助穷社穷队发展生产,通过壮大集体经济改变贫穷面貌。毛泽东指出,这"是一个把较穷的生产队提高到较富的生产队的生产水平的过程,又是一个扩大公社的积累,发展公社的工业,实现农业机械化、电气化,实现公社工业化和国家工业化的过程",但是公社财力有限,"目前公社直接所有的东西还不多,如社办企业、社办事业、由社支配的公积金、公益金等",所以国家必须予以投资,对他们进行帮助扶持,"建议国家在十年内向公社投资几十亿到百多亿元人民币,帮助公社发展工业帮助穷队发展生产"。②

同时,毛泽东要求各级政府的工作重点都要转移到帮助穷队上来。1959年3月20日,毛泽东在同江西地方干部谈话时指出:"过去省委、地委、县委的重点都是在富队,现在要反过来,要以穷队为重点,帮助穷队搞好,使穷队逐渐变富。"③中共中央政治局1959年4月上海会议纪要即《关于人民公社的十八个问题》,强调把工作重点转移到穷社穷队上来,明确指出:"目前的工作重点要放在穷社、穷队","今后地方各级在工作上抓重点,应当首先抓穷社、穷队和工作较差的社、队,使他们的生产水平和生活水平早日得到提高。其次是抓中间状况的。中间状况的社、队是大量的,抓住了,搞好了,问题就解决了大半。当然富社、富队和工作较好的社和队也要抓,也不可以置之不理,否则,它又会变成落后的"。④

第四,要求穷队要有志气脱贫,以自力更生为主,国家支援为辅,实现脱贫致富。毛泽东强调,穷社、穷队、穷户要有脱贫的志气。"无论如何,较穷的社,较穷的队和较穷的户,依靠自己的努力,公社的照顾和国家的支持,自力更生为主,争取社和国家的帮助为辅,有个三、五、七年,就可以摆脱目前的比较困难的境地,完全用不着依靠占别人的便宜来解决问题。我们穷人,就是说,占农村人口大多数的贫农和下中农,应当有志气,如像河

---

① 《在郑州会议上的讲话》(1959年3月1日),《毛泽东思想万岁(1958—1960)》第213页,内部资料,1967年11月。
② 《在郑州会议上的讲话》(1959年2月27日),《建国以来毛泽东文稿》第8册,中央文献出版社1993年版,第68-69页。
③ 《同江西省委和部分地、市委负责人谈话提纲》(1959年3月),《建国以来毛泽东文稿》第8册,中央文献出版社1993年版,第140页。
④ 《关于人民公社的十八个问题》,《建国以来重要文献选编》第十二册,中央文献出版社1996年版,第177页。

北省遵化县鸡鸣村区的被人称为'穷棒子社'的王国藩社那样,站立起来,用我们的双手艰苦奋斗,改变我们的世界,将我们现在还很落后的乡村建设成为一个繁荣昌盛的乐园。这一天肯定会到来的,大家看吧。"①李先念也指出:"当然,国家拨给的资金是有限度的,人民公社发展经济主要还是依靠本身的积累,正如毛主席说过的,一切经济比较落后的公社和生产队,应当象河北省遵化县被人称为'穷棒子'社的王国藩社那样,自力更生,用自己的双手艰苦奋斗,改变现在经济上落后的面貌。"②

王国藩社是河北遵化县合作化运动中出现的一个合作社,1952年初建的时候,全社只有23户贫农,生产资料很缺乏,人们都叫这个社为"穷棒子社"。可是,在这样困难的条件下,他们不要国家贷款,不要救济,而是依靠自己的劳动,到离他们村35里的迁西县境内深山里去打柴,卖钱后添买生产资料。1952年冬到1953年春,他们先后打了价值400多元的山柴,除解决了一些社员的生活困难以外,还添买了1头牛、1头驴、30只羊、1辆铁轮车,另外还有牲口套、肥料等生产资料。以后又继续打柴,到1954年春季,他们社里已经有1头骡子、5头牛、2头驴、65只羊、12口猪、1辆铁轮车,还有喷雾器等生产工具。毛泽东对王国藩社这种自力更生改变贫穷面貌的做法非常赞赏,1955年在《中国农村的社会主义高潮》的按语中指出:"他们用自己的努力,在三年时间内,'从山上取来了'大批的生产资料,……我看这就是我们整个国家的形象。难道六万万穷棒子不能在几十年内,由于自己的努力,变成一个社会主义的又富又强的国家吗?社会的财富是工人、农民和劳动知识分子自己创造的。只要这些人掌握了自己的命运,又有一条马克思列宁主义的路线,不是回避问题,而是用积极的态度去解决问题,任何人间的困难总是可以解决的。"③

毛泽东对于穷社穷队摆脱贫困信心满满,"我认为,穷社、穷队,不要很久,就可以向富社、富队看齐,大大发展起来"④。

---

① 《在郑州会议上的讲话》(1959年2月27日),《建国以来毛泽东文稿》第8册,中央文献出版社1993年版,第72页。
② 李先念:《关于一九五八年国家决算和一九五九年国家预算草案的报告——一九五九年四月二十一日在第二届全国人民代表大会第一次会议上》,《人民日报》1959年4月22日。
③ 《中国农村的社会主义高潮》(1955年9月、12月),《建国以来毛泽东文稿》第5册,中央文献出版社1991年版,第490页。
④ 《在郑州会议上的讲话》(1959年2月27日),《建国以来毛泽东文稿》第8册,中央文献出版社1993年版,第69页。

二、支援人民公社投资的设立和使用中出现的问题

按照毛泽东在郑州会议上的指示精神,1959年国家财政拿出10亿元,帮助穷社穷队改善生产条件,在生产上早日赶上富社富队。当时中央就这笔资金的主要用途、分配方法进行了明确规定,指出:"在目前,这笔钱的大部分,不少于百分之七十,要保证用在穷队;一部分,不超过百分之三十,用在公社。公社不能把应当用在穷队的钱截留下来。这笔钱既然是投资性质,它的用途,应当主要用于生产性的基本建设,一部分可以作为生产周转金。一九五九年的十亿元投资,百分之九十按各省农业人口多少进行分配,百分之十调剂给某些人口少、土地多、劳动力不足、土地贫瘠、生产水平和群众收入水平较低的省份。"①

此后,国家支援人民公社投资年年增加,1959年至1961年三年共拨款42.09亿元②,占同期国家财政支援农业资金总额249.2亿的16.89%③。1962年,在国家财政经济相当困难的形势下,国家仍然对公社投资4亿元,帮助穷社穷队购买拖拉机、排灌机械等农业生产设备。由此可见中央对扶助穷社穷队的重视程度。

在中央的重视和动员之下,全国各地农村人民公社掀起了扶助穷队、猛赶富队的热潮。许多县委和公社党委对穷队贫困的原因进行全面研究,制定改变穷队面貌的规划,并派出有经验的干部或工作组加强这些队的领导,举行穷队赶富队的现场会,鼓舞穷队力争迅速改变面貌。为了帮助穷队摆脱穷困,各地人民公社还千方百计地帮助穷队广辟生产门路,使农、林、牧、副、渔和工业全面发展,增加收入。④ 一些地方还出台了穷队赶上富队的标准,例如,河南省制定的穷队赶上富队的标准大体有四个:一是水利和基本建设等生产条件基本上改变面貌;二是单位面积产量、社员平均收入和富队基本趋于平衡;三是生产稳定上升,并且有一定的粮食储备;四是

---

① 《关于人民公社的十八个问题》,《建国以来重要文献选编》第十二册,中央文献出版社1996年版,第176页。
② 《财政部农业财务司:历年来国家支援农业资金情况的说明》(1962年8月1日),《1958—1965中华人民共和国经济档案资料选编》财政卷,中国财政经济出版社2011年版,第611页。
③ 据《1953—1962年国家支援农业资金统计表》(1962年8月1日)计算。参见《1958—1965中华人民共和国经济档案资料选编》财政卷,中国财政经济出版社2011年版,第614页。
④ 《穷队变富队 公社万家春 上海甘肃广东一批原来比较贫困的生产队经济水平显著提高》,《人民日报》1960年1月3日。

落后队要加以改造,健全党、团组织,树立贫农、下中农的领导优势。①

对于支援人民公社投资的使用效果,国家非常关注。1960年初,财政部、农业部部署各省市检查1959年支援人民公社投资款的分配、使用、效果,要求各地将使用情况及时上报。从各地总结上报的情况看,公社投资资金的使用比较规范,一般采取从上而下分配指标,从下而上汇报使用计划,由财政部门组织安排,供销部门负责采购、供应生产资料,受补助单位凭发票报销的办法,所以投资资金的拨付使用速度快、效果好,很多穷社穷队在当年就赶上了富社富队的收入水平。例如,1959年北京支援人民公社投资460万元,补助穷队870个,当年收入水平赶上富队的穷队有196个,占补助穷队总数的22.5%;有381个穷队赶上一般队的水平,占补助穷队总数的43.8%;过去基础薄弱,尚未赶上一般收入水平的穷队还有293个,占补助穷队总数的33.7%,但是当年收入水平较上年有不同程度的增长。② 其他省市也十分关注扶持穷队发展生产,将其作为重点工作来抓,取得了明显成效。例如,上海1958年有穷队422个,占总队数的17.11%,到1959年底已经有310个队基本赶上了富队,占原有穷队数的73.5%。安徽1958年有穷队2932个,占总队数的23.8%。经过一年多的努力,已经有1232个穷队赶上了一般队或富队,占原有穷队数的42.0%。江苏1958年有穷队7192个,占总队数的28.7%,1959年已经有2881个穷队赶上了一般队,占原有穷队数的40.0%;有904个穷队赶上了富队,占原有穷队数的12.6%。③

与此同时,支援人民公社投资在分配使用上出现了一些问题。一是国家投资分配给穷队的比例不大。虽然中央规定用在穷队的投资不少于70%,但是随着公社管理权限的扩大,公社占用的投资资金增多,加上上级单位留用,使得直接用于穷队的资金减少。据统计,1960年支援公社投资的16亿元中,省、市、自治区级留用3%,县级留用3.5%,公社级留用35.3%,分配给穷队的只占58.2%。④ 有些地方公社留用部分占了相当大的比重,公社留用的资金,大部分搞了社办工业。例如,北京市1960年分

---

① 史向生:《关于巩固和发展人民公社的几个问题》,《人民日报》1960年3月14日。
② 《北京市财政局关于1959年国家支援人民公社投资使用情况的汇报》(1960年2月8日),北京市档案馆藏,档案号:005-002-00299。
③ 《关于人民公社过渡问题浙、皖、苏、沪四省市座谈会纪要》(1959年12月25日),《1958—1965中华人民共和国经济档案资料选编》农业卷,中国财政经济出版社2011年版,第88页。
④ 《财政部农业财务司:历年来国家支援农业资金情况的说明》(1962年8月1日),《1958—1965中华人民共和国经济档案资料选编》财政卷,中国财政经济出版社2011年版,第611页。

到支援人民公社投资1200万元,公社与生产队的分配比例各为50%,拨给公社使用的50%主要用于发展社有经济,包括建立机械修配厂、农具厂、化肥厂、养猪场、良种繁殖场、饲料加工厂等。① 由于经营管理不善,很多社办企业亏损,资金打了水漂。例如,湖北省襄阳县东津公社和程河公社创办的农具厂,除将全部支援款赔光以外,还欠银行贷款9万余元;石桥公社创办的两座水泥厂,产品全部报废,投资全部赔光。②

二是分配给生产队的投资款存在平均分配的做法。中央强调支援人民公社投资主要是帮助穷社穷队发展生产,一般穷社由县区委确定,穷队由公社党委确定。有些地方却不区分穷队富队,资金平均分配使用,从而使得需要资金的穷队没有钱用,不需要资金的富队资金积压。

三是直接用于农业生产的资金较少。不少地区把支援人民公社投资用于社员分配收入、平调退赔、购买口粮和发放工资。1960年,河南省新乡专区的12个县将投资款的70%买了口粮;湖南省衡阳专区的8个县、89个公社把投资款的38.9%用于购买口粮和发放工资。也有相当一部分资金用于修建楼堂馆所。例如,四川省简阳县用9000元支援公社投资修盖了职工宿舍。据财政部估计,在1959年至1961年国家用于支援人民公社投资的42.09亿元中,真正用到农业生产并且产生了效益的,不会超过50%。③

三、调整政策,改进支援穷队投资的使用

针对支援人民公社投资使用中存在的问题,1962年8月财政部提出了两点建议:一是必须有重点地使用资金,"资金的使用必须有重点,对灾区、商品粮基地有严重困难的生产队要特别照顾,切忌资金分配上的平均主义现象";二是压缩支援人民公社无偿投资,"国家财政支持农业的无偿投资形式今后还要继续采用,但比重不宜太大,范围要适当控制。对多数地区和生产队应当更多地采取长期无息贷款形式,以利于资金的合理分配和充

---

① 《北京市财政局关于1960年国家支援人民公社投资的分配和使用意见(草案)》(1960年1月6日),北京市档案馆藏,档案号:134-001-00413。
② 《财政部农业财务司:历年来国家支援农业资金情况的说明》(1962年8月1日),《1958—1965中华人民共和国经济档案资料选编》财政卷,中国财政经济出版社2011年版,第611页。
③ 《财政部农业财务司:历年来国家支援农业资金情况的说明》(1962年8月1日),《1958—1965中华人民共和国经济档案资料选编》财政卷,中国财政经济出版社2011年版,第612页。

分发挥资金的效益"。①

根据财政部的建议,1962年8月28日、12月25日,中共中央、国务院先后发出《关于农业生产资金问题的通知》《关于坚决执行国家计划和预算,严格管理资金和物资的指示》,1963年1月5日,《中共中央批转〈目前穷队的特点和支援办法〉》要求,及时调整支援人民公社投资的有关政策,压缩支援穷队无偿投资的数额。

一是把支援人民公社投资改称"支援穷队投资",明确其用途是专门扶持穷队进行生产。中央指出:支援穷队投资是"为了帮助一部分特殊困难确实没有偿还能力的生产队,能够在较快的时间内,恢复农业生产,由国家财政拿出一笔钱来,采取'无偿投资'的形式,给予支援。这项投资只限于交给生产队使用,任何部门任何单位不许挪用";并且严格限定了资金的使用范围,一是用于生产队购买耕畜、水车、大车、农船、渔网、排灌机械,二是用于生产队购买化肥、农药、农药器械、小农具,三是作为农村土特产品和副业生产所需要的短期周转资金。②

二是强调支援穷队投资的使用,要坚决纠正平均分配的做法,要集中使用,重点使用。中央强调:"把支援穷队投资和长期无息贷款平均分配了的,应当纠正过来。"③1963年,中央将支援穷队的资金分为无偿投资与长期无息农业贷款④两种,"一九六三年,国家支援穷队专款二亿元,另有长期无息农业贷款四亿元,主要也是支持穷队的。这六亿元应该适当地集中使用,采用打歼灭战的办法,按照先易后难的步骤,改变一批穷队的面貌。各地应有计划地争取在第三个五年计划期内,基本上解决穷队的问题"⑤。

三是进一步加强对支援穷队投资资金的管理。1963年3月28日,农

---

① 《财政部农业财务司:历年来国家支援农业资金情况的说明》(1962年8月1日),《1958—1965中华人民共和国经济档案资料选编》财政卷,中国财政经济出版社2011年版,第613页。
② 《中共中央、国务院关于农业生产资金问题的通知》(1962年8月28日),《1958—1965中华人民共和国经济档案资料选编》金融卷,中国财政经济出版社2011年版,第360页。
③ 《中共中央、国务院关于坚决执行国家计划和预算,严格管理资金和物资的指示》(1962年12月25日),《1958—1965中华人民共和国经济档案资料选编》财政卷,中国财政经济出版社2011年版,第485页。
④ 长期无息贷款只发放了一年。1963年11月15日,农业部、林业部、水利电力部、水产部、财政部颁发《关于农业资金的分配、使用和管理的暂行规定(草案)》,指出:"银行对社队发放的长期无息贷款,从一九六四年起,停止发放。"《1958—1965中华人民共和国经济档案资料选编》财政卷,中国财政经济出版社2011年版,第629页。
⑤ 《中共中央批转〈目前穷队的特点和支援办法〉》(1963年1月5日),《建国以来重要文献选编》第十六册,中央文献出版社1997年版,第79页。

业部、财政部、中国人民银行发布《关于支援穷队投资的分配、使用和管理的暂行规定》,对支援穷队投资的分配、使用和管理进行了详细全面的规定。其一,规定支援穷队投资的分配原则和分配对象,"应当有重点地发给农村人民公社中那些生产资金特殊困难,如果贷款又无偿还能力的生产队,决不能平均分配。支援穷队投资的发放面,一般应该控制在生产队总数的5%左右,经济条件差的地区,最高不得超过10%。准备在3~5年左右的时间内,分期分批地帮助那些最困难的生产队恢复和发展生产","支援穷队投资,不发给非基本核算单位,也不发给社员个人和单干户"。其二,规定投资资金的使用范围:"1.用于添置耕畜、大车、水车、排灌机械和其他生产性设备的购置(包括大型农具和农业机械的大修费用)以及打井、修渠、植树造林等基本建设。2.用于购买化肥、农药和其他农业生产费用的开支。3.用于支付机耕费和排灌费。4.用于农牧林渔业生产、土特产和副业生产短期周转资金的需要。支援穷队投资,一律不准用于非生产性的开支,更不能作为生产队的收益,分配给社员。"其三,加强资金使用管理,要求"支援穷队投资的指标,以农业部门为主,会同财政、银行部门,在批准的预算范围内审查分配,联合下达,并且逐级落实到生产队。必须保证专款专用,任何部门、任何单位不许截留和挪用。支援穷队投资的指标确定以后,生产队应该编制使用计划,经社员群众民主讨论,并报经县级农业部门审查批准后,将副本抄送县级财政、银行部门,由县级财政部门按照生产季节分期拨款,交由人民银行逐笔监督支付"。人民银行对投资使用有监督职能,"生产队如有不接受监督的,银行有权拒绝支付。财政不如期拨款,其他部门随意截留,挪用穷队投资的,银行应向上反映"。"支援穷队投资的发放数额和具体用途,各级人民银行应当按月统计,逐级上报,并抄送同级农业部门和财政部门"。由农业、财政、银行部门组成专门小组,对于支援穷队投资的分配、发放、使用情况和投资效果,进行季度检查报告和年度总结。①

四是进一步对穷队的标准作出明确规定。针对一些地方没有划清穷队和困难队的界限而使投资分散了力量,穷队主要问题得不到解决的状况,1963年11月15日,农业部、林业部、水利电力部、水产部、财政部发布《关于农业资金的分配、使用和管理的暂行规定(草案)》,再次对"支援穷队

---

① 《农业部、财政部、中国人民银行关于支援穷队投资的分配、使用和管理暂行规定》(1963年3月28日),《中国农业机械化财务管理文件汇编》,机械工业出版社1991年版,第85-86页。

投资使用和管理问题"进行申明,并统一规范了穷队的标准,指出:"穷队的标准应该是,基本生产资料(如耕畜、大车、水车、农渔船、大件农渔具、牧区的种畜等)严重不足,不能维持简单再生产,正常年景粮食不能自给,收入很少,在生产上、生活上十分困难的生产队。"要求各级政府"对于这类急需支持的穷队,应当根据国家财力的可能,分批分期帮助它们改变面貌"。这时"四清"运动已经进入高潮,支援穷队的工作强调坚持党的阶级路线,所以暂行规定(草案)强调,"支援穷队投资,应当尽先分配给经过整社和社会主义教育、贫下中农政治上的优势已经树立起来的穷队。凡是不具备这些条件的穷队,暂时不给予支援,待具备这些条件后,再给予支援"。①

明确穷队标准,使各地的支援穷队工作开展得更具有针对性、更有效。例如,1964年1月29日,山东省计划委员会、农业银行、农业厅、水产厅、财政厅发出《关于1964年支援穷队投资掌握使用的几点意见的通知》,对1964年山东省支援穷队工作进行部署。该通知要求:①1964年国家支援穷队投资,仍根据农业部、财政部、中国人民银行关于支援穷队投资的分配使用和管理的暂行规定的有关事项,掌握分配使用,把钱用在刀刃上,不得平均分配和挪作他用。支援穷队投资,应首先帮助困难最大的无畜队、一畜队购买耕畜和添置运输工具、中型农具等。②选择支援穷队的标准应该是:基本生产资料严重不足,不能维持简单再生产,正常年景不能自给,收入很少,生产上生活上十分困难的生产队。③支援穷队投资应尽先分配给已经过整社和社会主义教育、贫下中农在政治上占优势和自然条件比较好、受旱涝威胁比较小的粮食高产区或经济作物集中产区的穷队,以便保证更好地发挥投资效益。②

与此同时,中国农业银行山东省分行还对支援穷队工作提出了一些具体要求,包括成立专门机构负责支援穷队工作以及建立穷队卡片、摸清穷队底细等,对扶贫工作进行了可贵探索。"为了进一步做好今年的支援穷队工作和巩固已有的成果,第一,划清穷队和困难队的界限。为了有计划地做好支援穷队工作,各地应对原报穷队重新审查落实,根据两年内基本改变面貌的要求,作出规划报省农业银行备案,凡符合穷队标准的队就逐队进行卡片登记,建立档案,并逐级报省农业银行备查。凡不符合穷队标

---

① 《江西省人民委员会转发国务院农林办公室、财贸办公室批转"五个部'关于农业资金的分配、使用和管理的暂行规定(草案)'的通知"》,《江西政报》1964年第3期。
② 《山东省计划委员会、农业银行、农业厅、水产厅、财政厅关于1964年支援穷队投资掌握使用的几点意见的通知》(1964年1月29日),山东省档案馆藏,档案号A068-02-2399,第64-66页。

准的一般困难队,可作为困难队给予支持。第二,坚持集中力量打歼灭战的方法,重点使用国家的财力物力,做好经济支援工作。凡列入今年重点支援的穷队,用无偿投资给予支援,对不属于穷队的困难队的生产困难,可用农业设备贷款或短期农业贷款帮助解决。在支援工作中无论是穷队还是困难队都必须防止平均分配或过于集中的现象产生。关于支援穷队购买牲口的资金,不要挪用到其他项目,以防止牲口调来后无钱购买。第三,加强领导,巩固支援成果。根据各地经验,巩固穷队的措施,一是加强各级党委领导,把支援穷队和扶持困难队恢复发展生产的工作作为农业生产的一项重要任务,成立专门办事机构,确定专人负责。因此,未成立专门机构的地方应即成立起来,原来成立而又撤销的地方迅速恢复起来,以有利于恢复与发展生产任务的实现。二是帮助搞好牲口的饲养管理,建立六定一奖的管理制度(即定草、定料、定人、定使、定膘、定肥),使其把牲口真正喂养好,提高使役年限。三是用国家支援资金购买的牲口,原则上不能出卖,如有的地方习惯于家闲卖农业忙买的情况,必须经公社许可和市场交易所的证明,银行同意才能出卖,对出卖价款,凡是用无偿投资购买的,应将原价款如数存银行或信用社,待农忙再买时支取;凡是用国家银行贷款购买的应归还原贷款,农忙时需要再申请贷款。"①

根据这些要求,山东省各地对原有7万多个穷队进行了审查,"初步审掉1万多个队,确定为穷队5.15万个",各地区计划1964年重点支援2.1万个穷队,"上半年各地已经重点支援了1.89万个穷队,发放穷队投资和贷款1571万元(平均每队约为831元)。帮助这些队增添耕畜1.72万头,运输工具16358辆,中型农具1.4万件,渔船273只,渔网13800扣,建烤烟房546座。并帮助解决了部分生产费用不足的困难,对于支持春夏季生产起到重要作用。据各地报告,今年(指1964年——作者注)上半年重点支援的穷队中,有72%的队已经达到基本生产资料能够维持简单再生产、春季和口粮自给或有余"②。

四、支援穷队投资的演变

"文化大革命"时期,支援穷队投资得以保留并持续发放。1966年7

---

① 《中国农业银行山东省分行关于支援穷队情况和意见的报告》(1964年5月16日),山东省档案馆藏,档案号A068-02-2387,第9—13页。

② 《中国农业银行山东省分行1964年上半年支援穷队工作情况的报告》(1964年10月4日),山东省档案馆藏,档案号A068-02-2399,第91页。

月,全国农业机械化会议提出了"一九八〇年基本上实现农业机械化"的目标,全国迅速掀起了大办农业机械化的热潮。在这种形势下,国家增加对农业机械化的财政支持,直接影响到支援穷队投资的使用和发放。1967年以后,根据国务院指示,支援穷队投资改称"支援农村人民公社投资",由主要帮助穷队发展生产转变为"主要应用于农村人民公社发展农业机械化,帮助社队购买各种农业机械设备;其次可以酌情用于社队其他生产性基本建设支出"。资金投放要做到以下几个方面:①要真正投放到劳、畜力缺乏,收入水平较低的贫困社、队,不得挪用;②对革命形势好、有奋发图强精神的经济有困难的社、队,分配中要优先照顾;③分配时要注意钱物结合,把农业机械设备的供应工作同资金发放工作紧密结合;④这笔资金的发放采取财政无偿支援办法处理。1970年,山东得到2300万元,省分配重点是"小三线地区"、鲁北地区和菏泽地区,同时兼顾其他地区。使用范围严格控制在国务院指示范围内,主要是帮助社队购买耕作、排灌、捕捞、治虫、饲料粉碎、农副产品加工等农业机械,在安排好农机投资的情况下,如果资金许可,可以酌情搞些其他生产性基本建设,如大牲畜的购置等,但这些开支必须严格控制,不得转移资金使用重点,更要禁止用于非生产性支出。①

1973年4月18日,农林部、财政部下发《关于支援农村人民公社投资使用管理试行规定》,指出:支援农村人民公社投资,"是国家用于帮助资金困难较大的农村社队实现农业机械化、发展农业生产建设的一项无偿投资";资金使用的重点,"主要是帮助社队购买耕作、植保、收获、运输、牧业、渔业和农副产品加工等各种农机具及其必要的维修设备,其次也可以用于帮助少数资金特殊困难的社队购买耕畜和其他生产性设备"。② 这样,支援农村人民公社投资的分配就与当地农业机械化发展规划和农机产品的供应计划紧密结合。

实践证明,支援农村人民公社投资重点的转移没有收到很好的效果。首先,农业机械虽然也对农业的稳产增产发挥了作用,但除少数多种经营比较发达的社队之外,社员的实际收入并未因农业机械化的发展而有明显的增加。有的地方集体为筹措购买农业机械所需要的资金,采取多留公积

---

① 《山东省革命委员会生产指挥部关于分配1969年支援农村人民公社发展农业机械化资金的通知》(1969年7月18日),山东省档案馆藏,档案号A047-21-093,第27页;《山东省水利局、农业局关于1970年支援农村人民公社资金安排使用意见的报告》(1970年5月25日),山东省档案馆藏,档案号A119-04-006,第1页。

② 《农林部、财政部送发〈关于支援农村人民公社投资使用管理试行规定〉的通知》(1973年4月18日),《中国农业机械化财务管理文件汇编》,机械工业出版社1991年版,第91-92页。

金或减少社员分配额的办法,加重了农民的经济负担,有些农民的实际收入反而相对地减少了。其次,使用这笔资金的部门多,却没有一个专门的部门统筹制定改变穷社穷队面貌的具体规划,并对投资的分配和效果负责,造成资金分配"撒了胡椒面",没有集中使用;还有相当一部分资金被挪用。据20个省区的不完全统计,1976年至1977年,共安排支援农村人民公社投资14.5亿元,使用基本正当的12亿元,占83%;被挪用于搞国营拖拉机厂、化肥厂等基建的2亿元,占14%;被挪用于兴建楼堂馆所等非生产性建设的5000万元,占3%。①

基于此,"文化大革命"结束后,财政部、农业部总结"文化大革命"时期支援农村人民公社投资分配使用的经验教训,提出了"重申支援农村人民公社投资是国家安排用于扶持穷社穷队发展生产、增加收入,改变面貌的专项投资,任何部门和个人都不得截留挪用,对违犯者应以破坏财经纪律论处"②的建议。1979年5月3日,财政部、农业部又颁发《支援农村人民公社投资使用管理暂行规定》,在总结以往经验教训的基础上,为适应新的形势需要,对支援农村人民公社投资的使用和管理做了新的规定。

第一,重申支援人民公社投资的根本用途是扶持穷社穷队发展生产,即"支援农村人民公社投资是国家安排用于扶持穷社穷队发展生产、增加收入、改变面貌的专项投资,必须专款专用,任何部门和个人都不得截留挪用"。

第二,根据国家鼓励发展社队企业的精神,重新确定支援农村人民公社投资的使用范围。①扶持经济困难的公社、大队,按照党的方针政策和本地资源条件,发展社队企业。②扶持穷队(基本核算单位),因地制宜地解决促进增产增收、改变面貌的关键问题,如帮助开展多种经营,增添改善生产条件、提高生产能力所必需的小型农机具和耕畜等,同时规定,"用于社队企业的资金以不少于一半为宜。"

第三,重申支援农村人民公社投资的使用原则。一是贯彻集中力量打歼灭战的方针和讲求实效的原则,要求农业和财政部门对本地区穷社穷队的支援,"要作出全面规划,有计划、有重点、分期分批地扶持。在同等条件下,对那些领导有力、有奋发图强精神的穷社穷队,要优先支援。坚决纠正

---

① 《财政部、农业部关于改进支援农村人民公社投资使用管理问题的报告》(1979年3月17日),《中国农业机械化财务管理文件汇编》,机械工业出版社1991年版,第94页。
② 《财政部、农业部关于改进支援农村人民公社投资使用管理问题的报告》(1979年3月17日),《中国农业机械化财务管理文件汇编》,机械工业出版社1991年版,第94页。

那种撒胡椒面、平均分配资金和其他不讲实效的做法"。二是仍然实行无偿支援原则,但允许在扶持发展社队企业方面,对收益较快较大的项目试行有偿支持,"收回的投资,一定要作为扶持穷社、穷队办企业的专项资金,继续周转使用,不得挪作他用"。

第四,明确各部门对于支援农村人民公社投资的管理和监督责任,规定:"各级农业、社队企业部门是支援农村人民公社投资的主管部门,要对资金使用效果负主要责任。各级财政部门应发挥促进和监督作用,积极协助主管部门管好用好这项投资。"同时规定:必须严肃财经纪律,对于截留、挪用国家支援农村人民公社投资的,必须坚决制止,财政部门和有关主管部门应立即收回和扣回投资指标,银行应停止付款,并应追究责任,严肃处理;对于因管理不善造成严重损失浪费和贪污盗窃的,有关人员要负经济和法律责任。①

1959年到1978年,国家财政共安排支援穷社穷队投资125亿元。② 这笔资金,虽然被列入财政支援农业资金口径进行统计,但是专款专用,"不许用于其他非生产性的开支"。1966年以前,按中央规定,大部分用于帮助穷队发展生产,改变贫穷落后面貌;1967年后,根据国务院规定,主要用于帮助农村人民公社发展农业机械化,致力于通过农业机械化改变穷社穷队的贫穷面貌。无论从资金的设立还是从资金的管理使用来看,它的确是集体化时期的专项扶贫资金,发挥了扶持穷社穷队发展生产、改变贫穷面貌的作用。

尽管从20世纪50年代末开始,党和国家为改变穷队面貌尽了很大努力,但是直到1977年,全国28个省、市、自治区(西藏除外)人均分配收入50元以下的穷县数量为515个,占全国总县数的22.5%;人均分配收入50元以下的穷队180万个,占全国总队数的39%。1979年,穷队减少到137万个,占全国总队数的27.2%。③ 西北、西南等地区,由于自然条件和历史原因,生产条件很差;在人民公社时期分到的支援穷队投资又比较少,造成社会生产力发展缓慢,贫困状况更为突出。1977年至1979年连续3年人均分配收入都在50元以下的221个穷县主要分布在五大片,即冀鲁豫皖

---

① 《财政部、农业部关于颁发〈支援农村人民公社投资使用管理暂行规定〉的通知》(1979年5月21日),《中国农业机械化财务管理文件汇编》,机械工业出版社1991年版,第95-96页。
② 《财政部、农业部关于改进支援农村人民公社投资使用管理问题的报告》(1979年3月17日),《中国农业机械化财务管理文件汇编》,机械工业出版社1991年版,第94页。
③ 农业部人民公社管理局:《1977—1979年全国穷县情况》,《农业经济丛刊》1981年第1期。

接壤地带71个县,西南云南、贵州66个县,西北黄土高原干旱地区48个县,福建省11个县,新疆维吾尔自治区8个县。①

1979年9月28日,中共十一届四中全会正式通过《中共中央关于加快农业发展若干问题的决定》,确定对西北、西南一些地区以及其他老、少、边、穷地区实行扶贫开发政策。该决定同时强调:对其他地区的穷社穷队,也要帮助它们尽快改变面貌。国家支援穷队的资金,要保证用于生产建设。② 根据这一中央精神,1980年,中央财政设立支援经济不发达地区发展资金,作为集中投向经济不发达的革命老根据地、少数民族地区、边远地区以及穷困地区的专项扶贫资金,而支援农村人民公社投资则变为地方财政支出,来帮助各地"分散插花贫困乡村",改变贫穷落后面貌。③

第二节 对穷社穷队进行农贷扶持

自1959年以来,扶助穷队赶富队成为一项主要任务,农村金融工作自然予以配合。1959年12月6日召开的中国人民银行全国分行行长会议指出:1960年,要"大力帮助穷队赶富队。要深入农村,以社队为家,帮穷队制定发展生产的全面规划、安排劳动力、安排财务,帮助解决生产资金问题,优先贷款支持,贯彻始终,一定要帮助穷队尽快的赶上富队的水平,各县支行应制定帮助穷队赶富队的具体规划"④。此后,支援穷队成为银行农业贷款的重要任务之一。

一、扶持穷队的农业贷款及成效

各地金融部门积极贯彻中央扶持穷队赶富队的精神,其中四川省江油县(今四川省江油市)金融部门创立了扶助穷队赶富队的"江油经验"。1959年,江油县银行部门提出"以穷队为家,定把穷队变富队"的口号。县支行抽调了71名银行和信用社干部到穷队参加生产,帮助穷队筹划资金,抓生产关键,发展多种经营。他们通过试点工作和调查研究,根据"自力更

---

① 农业部人民公社管理局:《1977—1979年全国穷县情况》,《农业经济丛刊》1981年第1期。
② 《中共中央关于加快农业发展若干问题的决定》,《三中全会以来重要文献选编》(上),中央文献出版社2011年版,第167-168页。
③ 《国务院关于实行"划分收支、分级包干"财政管理体制的通知》,《中华人民共和国国务院公报》1980年第1期。
④ 《中国人民银行全国分行行长会议综合记录[节录]》(1959年12月6日),《1958—1965中华人民共和国经济档案资料选编》金融卷,中国财政经济出版社2011年版,第255页。

生为主,国家援助为辅"的原则,提出"三同、四包、一竿到底"的办法,扶助穷队赶富队,达到"四多、六好、两不缺"。三同:同吃,同住,同劳动。四包:包贷款发放好,包资金统筹安排使用好,包生产计划实现好,包收入赶上当地一般水平。一竿到底即自始至终扶持到底,直到赶上富队。四多:生产门路多,积肥造肥多,农业增产多,副业收入多。六好:政治思想教育好,贯彻勤俭办社方针好,改革工具提高劳动效率好,贯彻技术规格好,生猪饲养管理好,多种经营发展好。两不缺:主要生产资料不缺,日用生活费用基本不缺。这项经验经中共江油县委在全县推广后,立即得到了所有穷队社员的热情拥护。这样,在几个月中,通过穷队自己的努力,再加上国家的扶助,"全县一百零二个穷队,就有二十五个队基本上赶上了富队水平,有四十六个队提高到一般队的水平,有四十四个穷队被评为全县先进生产单位。由于穷队生产和收入增加,农贷资金周转更快,更充分发挥了农贷资金的作用。据五十八个穷队统计,去年得到银行和信用社贷款共一十七万七千九百元,秋后归还一十八万一千五百元(包括部分历年旧欠)以后,还留有存款二十九万元,平均每队五千元"①。1960 年,各地财政金融部门都学习贯彻了江油县创造的支援穷队赶富队的经验,不论供应生产资料、资金,还是发展多种经营,都以穷队为主要对象,有力地推动了穷队的经济发展。

历经连续三年困难时期,加上遭受特大旱涝灾害,20 世纪 60 年代初,各地又出现了一部分贫困的生产队,使得穷队数量增加。在国家财力有限的情况下,中央提出了集中使用资金,"采用打歼灭战的办法,按照先易后难的步骤,改变一批穷队的面貌"的要求。根据这一要求,各地有重点地开展了集中农贷扶持穷队的工作。例如,1963 年,山东省集中资金力量,重点支持了 3.9 万个穷队,发放穷队无偿投资和贷款 4191 万元(平均一个队 1074.6 元),帮助他们购买耕畜 4.6 万多头,中型农具 3.9 万多件,运输工具 3 万多辆,渔船 957 只,鱼网 1 万多扣,并帮助他们解决了生产费用的资金需要。其中帮助 4037 个无畜队和 14661 个一畜队配套成犋,帮助 15446 个无犁耙队和 13537 个无车子队,为他们增添了必要的生产运输工具。这对支援他们恢复发展生产、巩固集体经济起到很大作用。经过一年来的努力,在重点支援的穷队中,有 37% 的队赶上或超过了当地一般队或先进队

---

① 《支援公社大发展 扶助穷队赶富队 充当厂矿好参谋 江油财政金融部门一心为生产》,《人民日报》1960 年 1 月 8 日。

的水平,有26%的队接近一般队的水平。这些队扭转了几年来吃统销靠救济的局面,绝大多数变成了余粮队。他们十分感激党和国家的帮助,积极向国家交售了大量的粮食、棉花,支持社会主义建设。据德州专区统计,在重点支援的4208个穷队中,1963年,2014个队向国家交售粮食1185万斤,435个队达到自给,还有1759个队由于灾情严重仍然需要国家供应粮食160万斤。而1962年,3804个队吃统销粮2927万斤,404个队交售粮食223万斤。两年对比,为国家增产节约粮食3729万斤。①

由此可见,支援穷队的农业贷款适应、满足了穷队农业生产的资金需要,收到了比较显著的效果。

二、支援穷队长期无息农业贷款的设立与取消

各地在开展帮助穷队发展生产的过程中,积累了一些利用农贷帮助穷队的有益经验。例如,河北省栾城、赵县、元氏三县在支援穷队方面采取了几种好的办法,尤其是在农贷等方面尽最大可能给予支持,集中使用无息贷款,有计划地分批分期支援穷队,力争一批一批地改变面貌。1962年,栾城县以20万元支援了35个生产队,赵县以30万元支援了16个生产队,元氏县以50万元支援了44个生产队。重点支援的队,当年的生产情况很好,其中大部分队不再需要长期无息贷款支持,有的在1963年即可以超过1957年的生产水平。②

基于无息贷款扶助效果较好的实践,同时针对支援人民公社投资无偿使用中所存在的损失浪费严重、效果不佳的现象,1962年8月,财政部强调:国家财政支持农业的无偿投资形式今后还要继续采用,但比重不宜太大,范围要适当控制。对多数地区和生产队应当更多地采取长期无息贷款形式,以利于资金的合理分配和充分发挥资金的效益。③

在遭受连续三年的自然灾害以后,国家对农业的支援进一步加强。为适应这种情况,同时根据财政部的建议,中央在短期农业贷款之外,适当增加了长期无息农业贷款。1962年中央安排长期无息农业贷款6亿元,1963年安排长期无息农业贷款4亿元,主要用来支援穷队。1963年3月28日,

---

① 《中国农业银行山东省分行关于1963年支援穷队工作情况和意见的报告》(1964年3月27日),山东省档案馆藏,档案号A068-02-2399。
② 《中共中央批转〈目前穷队的特点和支援办法〉》(1963年1月5日),《建国以来重要文献选编》第十六册,中央文献出版社1997年版,第82页。
③ 财政部农业财务司:《历年来国家支援农业资金情况的说明》(1962年8月1日),《1958—1965中华人民共和国经济档案资料选编》财政卷,中国财政经济出版社2011年版,第613页。

农业部、财政部、人民银行制定了《发放长期农业贷款暂行办法》。该办法指出：长期农业贷款所需的资金，由国家财政拨给人民银行，作为专项贷款基金，周转使用；长期农业贷款发放的对象，限于农村人民公社生产资金确有困难的生产队（包括作为基本核算单位的生产大队和公社）。确实需要由生产大队或人民公社统一举办的独立核算的种畜场、排灌站的基建性投资，而又确有困难的，也可以给予适当的贷款。对社员个人和单干户，一律不发放长期农业贷款。长期农业贷款不搞平均分配，不许用于非生产性开支，更不许当作收益分配给社员。长期农业贷款，不计利息，其归还期限，一般分为两年、三年、四年、五年等四种，到期归还。①

长期无息贷款有重点地帮助困难较大的生产队和商品粮棉生产基地的生产队，解决增加设备和基本建设的资金困难。这样，短期农业贷款就能够集中用于帮助生产队解决当年生产费用的困难，能保证短期农贷有借有还，常年周转，不断帮助社队解决生产过程中暂时的资金困难，使社队的基本建设和当年的生产得以顺利进行。

然而，长期无息农业贷款发放使用中出现了一些消极现象。有的地区没有强调"自力更生为主、国家支援为辅"的精神，有一些生产队单纯依赖国家支援，出现了一些问题。如黑龙江省明水县树人公社，有的生产队听说国家要发放长期农业贷款，便卖掉了两匹马、四头牛，所得价款作了收益分配，每个社员分得 82 元。他们把生产资料吃掉，以后需耕畜时，准备再向国家申请贷款购买。此外，还有个别地方违反国家规定，擅自宣布长期农业贷款可以借了不还，也造成一些混乱现象。②

为了纠正这种现象，从 1964 年起，银行对社队发放的长期无息贷款停止发放，对穷队的信贷扶持用收息短期农贷来解决。"关于购买耕畜、农渔具等生产设备的资金，生产队确有需要而自己无法解决的，应当用国家分配的穷队投资帮助解决。一部分生产队确实需要购买耕畜、农渔具等生产设备，自己没有资金或者自己筹集的资金不足，而又没有条件使用穷队投资的，可以由农业银行酌量发放一部分贷款，给予支持。这种购买生产设

---

① 《农业部、财政部、人民银行：发放长期农业贷款暂行办法》（1963 年 3 月 2 8 日），《1958—1965 中华人民共和国经济档案资料选编》农业卷，中国财政经济出版社 2011 年版，第 28-29 页。

② 《财政部关于一九六二年国家财政支援农业资金使用情况的报告》（1962 年 11 月 25 日），《1958—1965 中华人民共和国经济档案资料选编》财政卷，中国财政经济出版社 2011 年版，第 619 页。

备的贷款,月息一厘八,期限不超过三至五年。"①

"文化大革命"时期,支援社队逐步实现农业机械化成为银行信贷的主要任务,但是对于穷社穷队,银行并不提倡向他们发放收息贷款,而是鼓励他们使用支援农村人民公社投资或无息贷款。例如,1967年4月8日,《中国人民银行关于支援社队逐步实现农业机械化的意见(草案)》明确指出:"对于目前资金困难比较大的贫困社、队,为了减轻他们的债务负担,凡是安排有国家无偿投资或补助费的地方,应尽先使用财政资金,实行拨款改贷款(有偿无息)的地方,也应优先照顾。"②

为了实现农村人民公社"1980年基本实现农业机械化"的目标,1978年,中国人民银行设立农村人民公社农业机械专项无息贷款,1978年至1980年按年分配,帮助购买农业机械有困难的社队解决资金困难,尤其是优先照顾穷社穷队。中国人民银行明确规定,贷款对象"只限于农村人民公社所属的购买农业机械资金有困难的基本核算单位和独立核算单位,在使用上应优先照顾贫困社队"③。

第三节 对农村贫下中农的扶持

在扶持穷社穷队发展集体经济的同时,对于农村的贫下中农缺粮户,一方面,由社队合理安排劳动力,使他们能常年挣工分;另一方面,国家千方百计地帮助贫困户发展养鸡养兔,编织果筐、草帘等家庭副业,使其通过生产自救增加收入。

一、20世纪60年代初农村贫困状况的加剧

人民公社时期,农业主要为国家工业化提供资金积累,公社分配给农民的收入主要保证农民基本生活需要,主要采取"保基本口粮和按劳动工分分粮加照顾的办法"。在这种情况下,有些社员一年的收入不足以支付基本口粮款而成为缺粮户。在人民公社体制下,缺粮户等贫困户的基本生

---

① 《江西省人民委员会转发国务院农林办公室、财贸办公室批转"五个部'关于农业资金的分配、使用和管理的暂行规定(草案)'的通知"》,《江西政报》1964年2月2日。
② 《中国人民银行关于支援社队逐步实现农业机械化的意见(草案)》(1967年4月8日),《中国农业机械化财务管理文件汇编》,机械工业出版社1991年版,第228页。
③ 《中国人民银行印发〈农村人民公社农业机械专项无息贷款办法(试行草案)〉的通知》(1978年9月23日),《中国农业机械化财务管理文件汇编》,机械工业出版社1991年版,第231页。

活困难主要由社队通过供给、补助解决;国家救济费重点使用在公益金不敷开支的穷社穷队,通过集体经济力量的改善来保障群众生活。尽管如此,也并不能全部解决缺粮户的困难。

历经三年困难时期,有一部分农民的生活困难相当突出,缺衣、少被、吃不饱现象严重。1962年,据吉林省对436个农户的调查,贫困户在全部农户中的比重占13.7%,几个人才有一床铺盖;据湖南省对500个农户的调查,贫困户占18.8%,有20%~25%的农户缺衣;宁夏西吉县西滩公社何家湾等三个生产队的49户中,有39%的农户缺铺盖,72%的人缺棉衣。① 在一些生产条件较差的贫困地区,贫困户贫困状况更为突出。据陕北、晋北32个贫瘠山区生产队的调查,1963年粮食平均亩产一般只有五六十斤,集体分配口粮每人平均200斤左右,集体分配收入每人平均20元左右,有56%的人全年劳动收入买不回基本口粮。江苏省建湖县高作公社1963年有64%的生产队集体分配收入每人平均在30元以下。这个公社劳动收入不够买回基本口粮的农户,占总户数的56.2%。②

人口多、劳力少、底子空的贫下中农,为维持生活而借高利贷的情况大量涌现,1964年达到比较严重的局面。根据山西、吉林、江苏、山东、湖南、河南、四川、贵州等8个省、65个县、1600多个生产队、5.3万多个农户在二、三两季的调查,借高利贷的一般占总农户的百分之十几到20%。③ 高利贷利息很高,使穷者愈穷,进一步加剧了贫下中农的生活困难。

在这种情况下,光靠社队难以全部解决农村贫下中农的各种困难,必须帮助他们发展农业和家庭副业生产,才能从根本上保证其生活。这样,民政、银行等有关部门积极开展了扶助农村贫下中农的工作。

二、扶助贫下中农生产自救

1961年6月,内务部四川工作组在《关于当前农村优抚和救济工作中几个问题》的调查研究报告中提出了扶持贫困户开展家庭副业生产自救的

---

① 《国家统计局:3907户农民的生活情况》(1962年12月25日),《1958—1965中华人民共和国经济档案资料选编》农业卷,中国财政经济出版社2011年版,第988—989页。

② 《内务部农村救济福利司关于五个省当前农村社会救济工作的调查报告》(1964年11月),《1958—1965中华人民共和国经济档案资料选编》劳动就业和收入分配卷,中国财政经济出版社2011年版,第648页。

③ 《中国农业银行:在农村社会主义教育运动中必须坚决打击高利贷活动[节录]》1964年11月20日,《1958—1965中华人民共和国经济档案资料选编》金融卷,中国财政经济出版社2011年版,第392页。

政策建议。报告指出：前两三年在没有认真实行按劳分配的情况下，遇到困难时，大家都困难，生产自救活动主要是通过集体进行的。现在认真地实行了按劳分配制度，优待、救济对象的困难，除去用集体力量优待烈军属和包五保户、照顾困难户的办法解决外，有些困难则需要帮助他们用生产自救的办法去解决。为此，报告提出两点建议：一是"很好地安排活路，充分发挥他们的劳动潜力"。这些劳动力虽然一般都比较弱，但如果在安排活路上加以适当照顾，他们就能够多挣一些工分，增加收入。二是"扶持他们开展家庭副业生产"。主要是由集体扶持，扶持的办法主要是：暂借给他们资金，赊售给他们家禽、家畜。① 1964年2月，内务部再次强调"生产队对五保户、困难户中有劳动能力的人，应当优先安排他们去做经常性的、收入较固定的生产活路，并且帮助他们搞好家庭副业，增加收入"②。

一些地区积极开展扶助贫下中农发展生产的工作，取得很好的效果。例如，河南林县、辉县等地采取多项扶助措施。一是因人因地制宜，安排各户各人力所能及的活路。强的、有手艺的安排，老的、弱的也安排，如拔草、间苗、看场、看水车、看家畜等。二是帮助购置生产工具。辉县于1963年帮助贫下中农购置小推车16561辆，林县购置小推车1167辆、小农具23848件。三是帮助贫农、中农搞生产需要的基本建设。例如，林县帮助修房5414间。四是帮助栽种果树、药材及用材树。例如，林县帮助贫下中农栽种了葡萄、瓜蒌、花椒等，共18100余棵。五是帮助发展家庭副业，特别是帮助发展养猪业。林县帮助贫下中农购买小猪6503头，辉县帮助购买5000余头。六是帮助解决当前生活中的困难，如治病，添补衣服、被子，添补口粮等。林县用救济粮12万斤。七是积极扶助生产后还不能解决的困难，依靠集体给予照顾。③

"文化大革命"前后，在贯彻阶级路线的形势下，关心贫下中农，帮助贫下中农困难户在经济上翻身，引起各级党组织、贫协组织和有关部门的重

---

① 《关于当前农村优抚和救济工作中几个问题：内务部四川工作组调查研究报告摘要》（1961年6月），《1958—1965中华人民共和国经济档案资料选编》劳动就业和收入分配卷，中国财政经济出版社2011年版，第638页。
② 《内务部农村救济福利司关于五个省当前农村社会救济工作的调查报告》（1964年11月），《1958—1965中华人民共和国经济档案资料选编》劳动就业和收入分配卷，中国财政经济出版社2011年版，第650页。
③ 《中南局提出在农业生产中也必须贯彻执行依靠贫农下中农的阶级路线》（1963年7月29日），《1958—1965中华人民共和国经济档案资料选编》综合卷，中国财政经济出版社2011年版，第724页。

视。例如,山东省荣成县院前大队对贫困户分别作出了如下安排:一是妥善安排活路,增加实际收入。从生产入手,安排力所能及的活路,增加收入,这是解决困难的根本途径。党支部和贫协根据贫下中农困难户的劳力情况、年龄大小,分别安排:饲养室7人,放牛1人,看鸡鸭2人,积肥2人,搞土保氮9人,粉坊4人,粉碎加工5人。对于6个缺少生产工具的农户,帮助他们购买小车6辆,买锨镢18把,这样就能做到多出勤,人人有活干。这些农户,全年能增加劳动日971个,可得粮1214斤,收入现金583元,每人增加口粮13.5斤,现金6.48元。二是积极帮助他们开展家庭副业生产,养猪积肥,饲养家禽和零星种植等,以增加现金收入。贫下中农困难户,在养猪方面的主要困难是"五缺""三怕"。"五缺",即缺圈、缺本、缺猪源、缺粗精饲料、缺饲养技术。"三怕",即怕死了猪丢了本,几年内再养不起猪;怕国家收购部门体察不到实际困难,拖延收购时间;怕生产队不能真正给予扶持。党支部针对他们的实际困难,具体确定了"四帮""两照顾"的办法来解决他们的困难。"四帮",即一帮思想,主要是加强教育,提高思想认识,帮助长志气;二帮打算,作出周密计划;三帮建圈,安排圈址、石料;四帮技术,指导喂养方法(开展养猪经验交流会)。"两照顾",即照顾猪源,集体繁殖的仔猪,要低于市场价格的10%～15%优先卖给他们;照顾猪本,生产队借钱买猪,粗精饲料可以提前预借,防疫免费注射,并建议上级、国家收购部门要优先收购和提前预借定金。这样措施到位之后,有5户养上了一大一小的套猪,有18户养上了一头大猪。当年年底17户重点户可增加现金收入639元,可多得土粪带粮729斤。他们反映:"养上了猪,多积肥,不仅可以增加粮食和现金收入,而且对集体生产有很大好处,真是一举三得的好事情。"另外,还帮助贫困户广开门路,利用宅旁、自留地等植树栽果和培植有经济收入的药材等。①

"文化大革命"结束后,1977年,广东、黑龙江等省在全省推广扶贫工作。广东省民政局与有关部门联合派出工作组,到揭阳县渔湖公社进行扶贫试点。与此同时,兴宁、开平、文昌、新丰以及汕头地区各县也相继开展了试点工作。1978年2月,广东省民政局会同银行、粮食局等10个单位联合向中共广东省委递交了《关于认真做好扶持贫下中农困难户的请示报告》,提出:第一,要大力宣传扶贫工作的意义,提高广大干部和群众对扶贫

---

① 《荣成县贫协筹委会关于院前大队党支部、贫协组织扶贫翻身的情况报告》(1966年4月12日),山东省档案馆藏,档案号A008-02-034,第164-165页。

工作的认识;第二,要在各级党委领导下,建立专门机构,加强领导;第三,要深入调查研究,广泛听取群众意见,准确地确定扶贫对象,积极做好扶持工作;第四,各部门应密切配合,共同帮助贫困户解决各种困难;第五,要积极扶持穷社穷队,使其迅速改变落后面貌;第六,为了使规划扶贫工作卓有成效地开展起来,各级党委必须认真加强领导,在一段时间内,将其作为一个突出问题,集中各方面的力量突击加以解决。中共广东省委转发报告,并批示指出:认真地做好扶持贫下中农困难户的工作,是贯彻党在农村的阶级路线,巩固农村社会主义阵地,加强无产阶级专政的一项重要工作。各级党委一定要把这项任务纳入党委的重要议事日程,认真抓紧抓好。省委文件下达后,各地相继成立了扶贫领导小组或办公室,并抽调干部组成工作组下乡搞试点。中共梅县地委6月中旬还在兴宁县召开全区扶贫工作经验交流会,研究部署全地区扶贫工作。据不完全统计,到1978年8月底,全省已有1592个公社、1.24万个大队开展了扶贫工作,分别占全省公社、大队总数的81%和50.3%。①

三、银行、信用社对贫下中农的信贷扶持

针对20世纪60年代初高利贷在农村的复苏,中央提出依靠农村信用社扶持贫困户的思路。1963年10月,中共中央、国务院批转《中国人民银行关于整顿信用社、打击高利贷的报告》,指出:高利贷在农村复苏的主要原因之一,是不少地区的农村信用合作社被削弱了。因此,打击高利贷最有效的办法,是在生产发展的基础上,依靠信用社,组织农村资金的余缺调剂,吸收闲散资金,帮助农民解决副业生产和生活上某些临时性的资金困难,信用合作社的主要任务,是解决农民特别是贫、下中农临时性的资金困难,坚决打击高利贷活动。② 这就为信贷扶持贫下中农指明了方向。

为了贯彻中央精神,1963年12月,中国人民银行、中国农业银行召开全国分行长会议,扶持贫下中农发展生产成为会议研究的主要内容之一。会议提出,扶持贫下中农,应当在有利于巩固集体经济的前提下,采取全面安排、积极扶持、从生产入手解决生活困难的方针。尤其是信用社应当把支持贫下中农、打击高利贷的任务担当起来,对贫下中农的生产生活困难

---

① 《当代中国的民政》(下),当代中国出版社、香港祖国出版社2009年版,第140页。
② 《中共中央、国务院批转中国人民银行关于整顿信用社、打击高利贷的报告[节录]》(1963年10月24日),《1958—1965中华人民共和国经济档案资料选编》金融卷,中国财政经济出版社2011年版,第387页。

必须给予积极支持,热情地帮助他们发展生产,克服困难。为此,信用社要大力开展储蓄存款,努力做到依靠本身的资金力量,发放社员副业生产贷款。

为了配合打击农村高利贷,解决部分信用社因资金不足无力发放贷款、无法支持贫下中农家庭副业生产的困难,1963年,中国人民银行从各省、市、自治区分行的短期农贷指标中划出5000万元,无息贷给这些信用社,作为扶持贫下中农的专款。信用社用这笔钱发放贷款,利息较低。贷款期限一年内确实还不起的,可以延到两年或三年。

1963年和1964年,中国农业银行也在生产费用贷款中各划出5000万元,两年共1亿元,无息支持资金困难的信用社,由信用社以低利发放给最困难的贫下中农。1963年,贵州省通过支持信用社对58.9万户社员发放了贷款,其中贫农占65.1%,下中农占27.4%,其他占7.5%。通过这些贷款帮助贫下中农养猪25万头,购买小农具75万件,购买口粮2154万斤。①

1965年,为了解决约占贫下中农总户数20%的困难户的生产困难,中国农业银行经报请国务院财贸办公室批准,由国家拨出一笔专项资金,作为支持贫下中农困难户的专项无息贷款。此项专款的资金来源于两处:一是1965年从全国各地现有生产费用贷款资金中划出5000万元,二是将1963年、1964年两年确定的全国范围内,从各地生产费用资金中划出的支援资金困难信用社的无息贷款共1亿元,划为这项专款。过去已经发放给信用社的部分,可作为信用社代银行发放的贫下中农困难户贷款;对于没有发放的部分,可划转为支持贫下中农困难户的贷款的可用资金使用。②这笔专项贷款资金,由中国农业银行委托信用社无息贷放给贫下中农困难户,解决急需的生产、生活资料问题,归还期限为1年至3年。支持贫下中农无息贷款专项资金从1965年起每年安排5000万元,到1970年为止总数达4亿元。

在中国人民银行、中国农业银行的领导之下,各地农村信用社从积极开展扶助贫困户发展生产入手,帮助他们从根本上解决困难。例如,1965年,山东省栖霞县信用社用于扶持贫下中农贷款390570元,帮助21648户

---

① 《中国农业银行关于一九六三年农业贷款工作总结报告[节录]》(1964年4月27日),《1958—1965中华人民共和国经济档案资料选编》金融卷,中国财政经济出版社2011年版,第304页。

② 《中国农业银行关于支持贫下中农设立无息贷款专项资金的通知[节录]》(1965年7月10日),《1958—1965中华人民共和国经济档案资料选编》金融卷,中国财政经济出版社2011年版,第295页。

贫下中农解决生产生活中的困难,其中101760元用于扶持贫下中农养猪,买猪7412头。信用社还帮助957户贫下中农困难户建立了登记卡片,将其列为全年扶持的对象,并有专人经常检查他们的生产、生活情况。该县在扶持贫下中农工作中主要贯彻了"两保证""五结合五为主""六落实"。"两保证",即保证有养猪条件的贫下中农养上猪,保证贫下中农占有锄、镰、锹、镢四大件工具。"五结合五为主",即思想教育与经济扶持结合,以思想教育为主;自力更生与国家、集体扶持结合,以自力更生为主;依靠集体收入与家庭副业结合,以依靠集体收入为主;生产队合理安排农活与贷款扶持结合,以生产队合理安排农活为主;帮助解决生产困难与帮助解决生活困难结合,以帮助解决生产困难为主。"六落实",即劳动出勤计划落实,生产队安排农活落实,照顾公益金落实,国家救济落实,信用社贷款落实,看病、子女上学照顾落实。①

第四节 人民公社时期农村扶贫工作成效

1958年至1979年人民公社时期,中国共产党开展的扶贫实践明显呈现出集体化特征,农村扶贫工作的重点转向穷社穷队,使贫困农民通过集体经济条件的改善来摆脱贫穷面貌;在此基础上再扶助特别困难的贫困户,从而形成支援扶持壮大集体经济为主、扶助贫困户发展家庭副业为辅的主要扶贫路径。更重要的是,在实践中探索农村扶贫工作的基本原则、方法,积累宝贵的农村扶贫工作经验,初步奠定了中国特色农村扶贫工作基础。

一、缓解了贫困,凝聚了人心

作为通过壮大集体经济来改变贫困农民生活面貌的主要扶贫方式,支援农村人民公社投资和对穷社穷队的农贷资金,对于改变穷社穷队面貌发挥了积极作用,使大量贫困农民通过集体生产条件的改善,提高了收入水平。

1959年,北京市顺义县李桥公社英各庄大队用支援农村人民公社投资款搞运输副业,增加收入,不仅解决了152户661人因受灾而缺的85000

---

① 《栖霞县贫协筹委会关于1965年工作情况总结报告》(1966年1月28日),山东省档案馆藏,档案号A008-02-034,第64-65页。

斤粮食,而且大队总收入增加了38%,社员收入增加20%。社员们反映"今年没有国家投资,就不能有这样的丰收"①。

1963年,据山东、贵州、广东等地的统计,占穷队总数30%左右的穷队,原来缺少耕畜、农具、车辆等基本生产资料,经过支持,开始改变面貌。山东省全省共有穷队71000个,1963年列为重点支援的有39138个。这些重点支援的穷队,平均每队得到国家支援1000多元。通过国家援助,原来的4631个无畜队中,已有87%的队变为有畜队;原来的18742个独畜队中,已有78%的队达到配套;原来的18253个无犁、无耧、无耙队中,已有85%的队添置了犁、耧、耙;原来的16653个无车队中,已有81%的队变成了有车队。据1963年11月底的统计,重点支援的39138个穷队中,已有37%的队赶上或超过当地一般队的生产收入水平,已有26%的队接近一般队的生产水平,还有37%的穷队虽然还未能改变面貌,但经济情况也有了改善。②

很多贫困户在国家和集体扶助下摆脱了困境,不仅生产积极性大为提高,而且对党和人民政府的爱戴与拥护也与日俱增。山东省栖霞县的贫下中农感动地说:"旧社会吃苦遭难,新社会生活改善,再不好好干活可真对不起共产党了!"③

二、确定"自力更生为主,国家支援为辅"的扶贫原则

扶贫与济贫的根本不同,就在于扶贫工作中贫困群众居主体地位,需要通过贫困群众努力发展生产来摆脱贫穷面貌,因此必须重视群众的自力更生精神。

如前所述,农村合作化之初,毛泽东就对"穷棒子社"王国藩社不要救济、自力更生致富的做法非常赞赏。1959年,在提出国家投资帮助穷队发展建议的同时,毛泽东鼓励穷队要有志气,要向王国藩社学习,以自力更生为主,国家支援为辅,实现脱贫致富。1963年1月5日,中央进一步强调,解决穷队的问题,"经济上的支援只能是补助的。只有调动穷队社员和干

---

① 《北京市财政局关于1959年国家支援人民公社投资使用情况的汇报》(1960年2月8日),北京市档案馆藏,档案号:005-002-00299。
② 《中国农业银行关于一九六三年农业贷款工作总结报告[节录]》(1964年4月27日),《1958—1965中华人民共和国经济档案资料选编》金融卷,中国财政经济出版社2011年版,第304页。
③ 《栖霞县贫协委员会关于1965年工作情况总结报告》(1966年1月28日),山东省档案馆藏,档案号A008-02-034,第65页。

部的积极性,再加上必需的经济支援,才能又快又好地改变穷队的面貌"①。

在扶贫实践中,社队"自力更生为主,国家支援为辅"一直是支援农村人民公社投资使用的基本要求。例如,1962年8月28日,《中共中央、国务院关于农业生产资金问题的通知》指出:支援穷队无偿投资等农业资金"必须贯彻执行'自力更生为主,国家支援为辅'的原则。今后生产队需要的生产费用,应当在收入分配中打够留足。应当先使用生产队自己的资金,后使用国家的资金;生产队有可以出售的产品,应当先出售自己的产品"②。1962年12月,财政部在安排1963年支援穷队投资时明确要求:生产队分配收益的时候,必须把国家支援穷队投资用在生产费用的部分,提留出来,作为来年的生产基金,继续周转使用,不能当作收益分掉。③ 1963年11月,农业部、财政部等部门要求,得到国家支援的穷队,要奋发图强,勤俭办社,主要依靠自己的力量和集体经济的优越性,同时要有效地使用国家支持的资金,尽快地改变贫穷面貌。④ 到1979年5月,为了充分体现社队"自力更生为主,国家支援为辅"的原则,农林部、财政部强调:"穷社穷队应当发扬自力更生精神,资金确有困难,要求国家支持时,必须自下而上申请,提出发展项目和措施,以及达到的经济目标,由公社审查汇总上报县级主管部门和财政部门审核批准。"⑤

财政信贷支持也贯彻执行了以集体经济自力更生为主、国家支援为辅的方针。1962年,许多地方对生产队普遍进行了自力更生、勤俭办社的宣传教育。生产队更加注意勤俭办社和自力更生,生产队一般是先用自己的钱,后用国家的钱,自己有钱不愿向国家贷款。许多地方的银行和信用社,还具体帮助生产队挖掘潜力,精打细算,帮助生产队发展副业,增加现金收入,并且在这个基础上合理分配国家支援社队的资金。

"自力更生为主,国家支援为辅"扶贫原则的确立,有利于防止贫困地

---

① 《中共中央批转〈目前穷队的特点和支援办法〉》(1963年1月5日),《建国以来重要文献选编》第十六册,中央文献出版社1997年版,第79页。
② 《中共中央、国务院关于农业生产资金问题的通知》(1962年8月28日),《1958—1965中华人民共和国经济档案资料选编》金融卷,中国财政经济出版社2011年版,第360页。
③ 《吴波副部长报告提纲(草稿)》(1962年12月3日),《1958—1965中华人民共和国经济档案资料选编》财政卷,中国财政经济出版社2011年版,第463页。
④ 《农业部、林业部、水利电力部、水产部、财政部关于农业资金的分配、使用和管理暂行规定(草案)》(1963年11月15日),《1958—1965中华人民共和国经济档案资料选编》财政卷,中国财政经济出版社2011年版,第629页。
⑤ 《财政部、农业部关于颁发〈支援农村人民公社投资使用管理暂行规定〉的通知》(1979年5月21日),《中国农业机械化财务管理文件汇编》,机械工业出版社1991年版,第96页。

区、贫困农户产生"等、靠、要"的依赖思想,对改革开放新时期倡导"扶贫先扶志"的精神具有重要启发意义。

三、探索集中使用、先易后难打歼灭战和立卡建档等扶贫方法

人民公社时期,国家财政比较困难,资金的投放必须有计划、有控制、有重点,有限的资金要使用在最需要、最有效的地方。支援穷队投资起初按农业人口多少分配到各省,各省再分配给穷社穷队使用。在这一过程中,不少地方将资金平均分配,没有真正将资金用到穷队,影响了资金使用效果。自1962年起,中央着手纠正扶贫资金分散使用、平均分配的问题,探索并提出了集中使用、先易后难打歼灭战的扶贫办法。中央申明,支援穷队投资"应该适当地集中使用,采用打歼灭战的办法,按照先易后难的步骤,改变一批穷队的面貌"①。财政部还就资金发放面进行了规定,提出"支援穷队投资的发放面,一般应该控制在生产队总数的5%左右,经济条件差的地区,最高不得超过10%"②。

1962年支援人民公社投资的划拨,改变了按农业人口多少进行分配的做法。1962年4月,在已经拨付的3.59438亿元支援人民公社投资中,东北区辽、吉、黑三省分到的投资最多,有1.61464亿元,约占全部投资的44.9%;其次是华东区苏、浙、皖、赣、闽、鲁、沪等六省一直辖市,分配到资金0.60711亿元,约占16.9%;再次是中南区粤、桂、鄂、湘、豫等五省、自治区,分配资金0.53996亿元,占15.0%;然后是华北区冀、晋、蒙、京等四个省、自治区、直辖市,得到资金0.52064亿元,约占14.5%;西南区云、贵、川、藏等四个省、自治区分配资金0.16457亿元,占4.6%;最少的是西北区陕、甘、宁、青、新等五个省、自治区,分配资金0.14746亿元,仅占4.1%。③这种分配充分体现了中央首先集中扶持东北地区脱贫的思路,西南、西北地区自然条件极为恶劣,脱贫难度大,排在了最后,如表2-1所示。

---

① 《中共中央批转〈目前穷队的特点和支援办法〉》(1963年1月5日),《建国以来重要文献选编》第十六册,中央文献出版社1997年版,第79页。
② 《农业部、财政部、中国人民银行关于支援穷队投资的分配、使用和管理的暂行规定》(1963年3月28日),《中国农业机械化财务管理文件汇编》,机械工业出版社1991年版,第85页。
③ 《财政部、农垦部、农业部分配1962年支援人民公社投资指标的通知》(1962年4月26日),北京市档案馆藏,档案号096-002-00023。

表 2-1　1962 年支援人民公社投资分配表①

地　　区	投资总计 /万元	拖拉机站投资 /万元	排灌机械投资 /万元	新增拖拉机 /台
全国	35943.8	29673.8	6270	10350
华北区	5206.4	4206.4	1000	1400
北京市	404.8	204.8	200	—
河北省	2452.4	2052.4	400	600
山西省	1086.4	786.4	300	200
内蒙古自治区	1262.8	1162.8	100	600
东北区	16146.4	15546.4	600	6570
辽宁省	4363.6	4063.6	300	1500
吉林省	3997.7	3797.7	200	1700
黑龙江省	7785.1	7685.1	100	3370
华东区	6071.1	4371.1	1700	1350
上海市	31.1	31.1	—	—
江苏省	1266.3	916.3	350	300
浙江省	270.0	70.0	200	—
安徽省	1201.2	951.2	250	300
江西省	845.2	495.2	350	150
福建省	399.1	149.1	250	—
山东省	2058.2	1758.2	300	600
中南区	5399.6	3849.6	1550	1000
广东省	762.5	562.5	200	150
广西壮族自治区	361.0	161.0	200	—
湖北省	1521.9	921.9	600	250
湖南省	506.5	256.5	250	—
河南省	2247.7	1947.7	300	600

---

① 此表根据《财政部党组和中国人民银行党组关于地方机动财力和支援农业资金情况的简报》(1962 年 5 月 22 日)(《1958—1965 中华人民共和国经济档案资料选编》财政卷,中国财政经济出版社 2011 年版,第 603-604 页),以及《财政部、农垦部、农业部分配 1962 年支援人民公社投资指标的通知(1962 年 4 月 26 日)》(北京市档案馆藏,档案号 096-002-00023)制成。

续表

地　　区	投资总计/万元	拖拉机站投资/万元	排灌机械投资/万元	新增拖拉机/台
西南区	**1645.7**	**625.7**	**1020**	—
四川省	1206.7	406.7	800	—
云南省	233.4	113.4	120	—
贵州省	189.2	89.2	100	—
西藏自治区	16.4	16.4	—	—
西北区	**1474.6**	**1074.6**	**400**	**30**
陕西省	594.3	344.3	250	—
甘肃省	306.7	206.7	100	—
青海省	128.9	128.9	—	—
新疆维吾尔自治区	325.6	325.6	—	30
宁夏回族自治区	119.1	69.1	50	—

为了把资金集中起来打歼灭战，国家还要求：支援穷队投资的分配和使用，应当同国家补助社队的小型农田水利费、造林费、水土保持费和银行发放的贷款等资金统筹安排，合理分配，计划使用，要有效地使用国家支持的资金，尽快地改变贫穷面貌。[①] 这与当前国家要求贫困县统筹整合使用财政涉农资金以实现脱贫效益最大化的精神是一致的。

一些地方在实际工作中采取了有益的工作办法。在扶持穷队工作中，为了提高资金效用，各地注意扶持的精准性，注意区别穷队与困难队。山东就采取了"凡符合穷队标准的队就逐队进行卡片登记，建立档案，并逐级报省农业银行备查"[②]的工作办法，对于准确识别穷队、更好地发挥有限的扶持资金的效用具有很大的帮助。这与当前精准扶贫工作开展的对贫困户、贫困村的建档立卡工作有相似之处，是极其可贵的探索。

---

① 《农业部、林业部、水利电力部、水产部、财政部关于农业资金的分配、使用和管理暂行规定（草案）》(1963年11月15日)，《1958—1965中华人民共和国经济档案资料选编》财政卷，中国财政经济出版社2011年版，第629页。

② 《中国农业银行山东省分行关于支援穷队情况和意见的报告》(1964年5月16日)，山东省档案馆藏，档案号A068-02-2387。

四、积累宝贵的农村扶贫工作经验和教训

一是扶贫先扶志。广东省扶助贫困户时,注意加强贫困户的政治思想工作,教育他们要树立自力更生、克服困难的勇气和信心,发扬艰苦奋斗、勤俭持家的精神。1966年,山东省荣成县在总结扶助贫困户工作经验时,明确提出了"扶贫先扶志,帮人先帮心"。他们总结指出:"扶贫先扶志,帮人先帮心。过去从上到下只知发救济,不知抓政治思想,结果是救济发的不少,问题也没解决。通过这一段工作,有个深刻的体会就是,首先要帮助贫下中农困难户解决思想,帮助长志气,树立奋发图强、自力更生的精神,与他们交知心朋友,树立感情,这才是真正的扶持。"①

二是各部门共同扶贫。1978年初,广东省在扶贫中认识到,要搞好扶贫工作,必须在各级党委的统一领导下,各有关部门密切配合和支持。各部门都把扶贫工作作为自己应尽的职责,建立扶持户花名册和登记簿,民政、银行、信用社在发放救济款、物和贷款时,重点照顾贫困户;粮食部门为扶持户提供猪饲料,畜牧部门解决良种猪苗,免收生猪诊疗费;卫生部门搞好合作医疗;教育部门减免学杂费;商业、供销、外贸部门,在农副产品收购、加工方面优先照顾;手工业部门登门帮助修理生产、生活用具,等等。同时,要注意做好扶持穷社穷队的工作,因为贫困户大部分是集中在集体经济力量薄弱的穷社穷队,要使贫困户迅速改变面貌,根本的办法是积极发展生产,增加集体分配。② 的确如此,扶贫立足于把生产搞上去,同时改善贫困地区基础设施、教育、卫生医疗条件,从根本上改变贫穷落后面貌,这就决定了扶贫是一项综合性工作,各部门必须协同进行才能取得比较好的效果。

此外,在支援人民公社投资使用的20年间,尽管国家一再强调专款专用扶持穷队生产并加强监管,但是资金总是被违规挪用的现象一直不能杜绝。人民公社时期,党和国家有关领导人高度关注这种现象,分析指出资金管理不好的原因。一方面,在于思想认识,有人认为"什么财政的钱、银行的钱,都是国家的钱,何必分得那么清楚呢";另一方面,有些社队干部对国家资金不负责,对群众也不负责,"他们敢借、敢用、敢不还"。因此,要求各级党政领导"要坚持按计划、按政策、按制度办事。国家支援农业的钱,

---

① 《荣成县贫协筹委会关于院前大队党支部、贫协组织扶贫翻身的情况报告》(1966年4月12日),山东省档案馆藏,档案号A008-02-034,第166页。

② 《当代中国的民政》(下),当代中国出版社、香港祖国出版社2009年版,第139页。

都是按照政策和计划安排的,各种钱各有特定的用途,必须分口管理,分别使用,不能混淆,不能互相挪用",并且要发动群众,依靠群众监督,要有严格的管理制度,还要有严格按制度办事的人;同时要求银行等资金管理部门"进一步改进作风,坚持原则,担负起管好、用好资金的光荣职责"。[①] 这种探索对于认识并纠正当今脱贫攻坚工作中存在的挤占挪用扶贫资金问题,也有一定的启发意义。

[①] 李先念:《管好用好国家支援农业的资金》(1963年3月14日),《1958—1965中华人民共和国经济档案资料选编》财政卷,中国财政经济出版社2011年版,第622-623页。

第三章
改革开放初期农村扶贫开发政策的确立及初步实施(1979—1985)

改革开放初期,在新中国农村扶贫工作实践基础上,中共中央和国务院确定新时期农村扶贫开发方针,设立专项中央财政"支援经济不发达地区发展资金"和专项低息贷款,在全国范围内扶持贫困地区、贫困人口发展经济,摆脱贫穷面貌;开展对"三西"地区重点区域专项扶贫开发、以工代赈扶贫工程等工作,并对科技扶贫、教育扶贫、对口扶贫等扶贫方式进行探索,使农村扶贫开发工作一开始就表现出适应改革开放新形势的新特点。

第一节 农村改革浪潮中扶贫开发政策的确立

1978年12月召开的中共十一届三中全会标志着改革开放政策开始实施,会议通过的《中共中央关于加快农业发展若干问题的决定(草案)》,初步总结近20年来中国农业发展的主要经验教训,提出了加快农业发展、减轻农民负担、增加农民收入等一系列农村经济政策和增产措施。1980年,在中央的肯定下,以包产到户、包干到户为主要特征的家庭联产承包责任制迅速推广,推动了农村改革浪潮的兴起,并由此形成一系列农村改革政策,采取提高农产品收购价格、调整农业生产结构、兴办乡镇企业、发展农村商品经济等措施,极大地调动了广大农民的生产积极性。在改革开放的推动下,农村经济和社会发生了翻天覆地的变化,农民生活显著提高,贫困人口大幅度下降。据国家统计局统计,1978年至1985年农村贫困发生率

第三章　改革开放初期农村扶贫开发政策的确立及初步实施(1979—1985)

由30.7%下降到14.8%,贫困人口由2.5亿人下降到1.25亿人。①

改革开放新时期确立的农村改革政策,为解决农村贫困人口的温饱问题创造了有利条件。然而,中国西北、西南一些地区以及其他一些革命老根据地、偏远山区、少数民族地区和边境地区,长期低产缺粮,群众生活贫困。在同等的改革政策条件下,这些地区很难依靠自身力量改变贫穷落后面貌。

一、改革开放前后的农村贫困状况

如前所述,新中国成立以来,为了扶助贫困地区和贫困农民改变贫困面貌、实现共同富裕,党和政府制定优惠政策,投入资金物资,对于改变一些地区的贫穷面貌发挥了一定作用。然而,从根本上看,在实现共同富裕的探索中,中国共产党人对社会主义初级阶段认识不足,不仅试图通过不断提高公有化程度来推动生产力发展,让农民在过于单一的集体经济形式下摆脱贫穷、实现共同富裕;而且把同等富裕和同步富裕等同于共同富裕,结果出现吃"大锅饭"等平均主义现象,导致了人们的普遍贫穷。正如邓小平后来所总结指出的:"我们坚持走社会主义道路,根本目标是实现共同富裕,然而平均发展是不可能的。过去搞平均主义,吃'大锅饭',实际上是共同落后,共同贫穷,我们就是吃了这个亏。"②

"文化大革命"结束后,全国人均分配收入在50元以下的穷队仍占全国总队数的39%。尤其是以前得到支援人民公社投资资金较少的西北、西南地区,由于自然条件和历史原因,生产条件很差,社会生产力发展缓慢,贫困面貌更为突出。1977年至1979年全国连续三年人均分配收入都在50元以下的穷县有221个,其中西南地区云南、贵州66个穷县,占连续三年穷县总数的29.9%;西北黄土高原干旱地区48个穷县,占连续三年穷县总数的21.7%。此外,冀、鲁、豫、皖接壤地带71个穷县,占连续三年穷县总数的32.1%;福建省11个穷县,占连续三年穷县总数的5.0%;新疆维吾尔自治区8个穷县,占连续三年穷县总数的3.6%。这5大片共有穷县204个,占连续三年穷县总数的92.3%。③

---

①　国务院扶贫开发领导小组办公室:《中国扶贫开发的伟大历史进程》,《人民日报》2000年10月16日。
②　《拿事实来说话》(1986年3月28日),《邓小平文选(第三卷)》,人民出版社1993年版,第155页。
③　农业部人民公社管理局:《1977—1979年全国穷县情况》,《农业经济丛刊》1981年第1期。

国以民为本,民以食为天。历史经验证明,贫困往往成为一个国家、一个地区政治动荡和社会不稳定的重要根源。上述这些地方多是为中国革命做出过重大贡献的山区革命老根据地和边疆少数民族地区,这些地区贫困问题的解决,不仅是事关全国人民能否实现共同富裕的经济问题,还是影响民心所向、社会稳定的政治问题。这样,把"老少边穷"地区、西部地区发展起来,成为关系到国家长治久安的大事。

然而,这些连成片的穷县,普遍存在生态环境恶劣、农业生产条件差、交通闭塞、信息不灵、工业基础薄弱、资金严重不足、科教文卫事业落后等状况,如果不给予专门的照顾和特殊的优惠,很难靠自身力量改变贫穷面貌。

二、邓小平和中共中央小康社会、共同富裕战略构想中的扶贫开发

改革开放之初,邓小平就提出了贫穷不是社会主义,社会主义首先要发展生产力,他说:"社会主义是一个很好的名词,但是如果搞不好,不能正确理解,不能采取正确的政策,那就体现不出社会主义的本质","经济长期处于停滞状态总不能叫社会主义。人民生活长期停止在很低的水平总不能叫社会主义"。① 改革开放就是要发展社会主义生产力,逐步增加人民的收入,使广大人民摆脱贫困。

1979年12月6日,邓小平在会见日本首相大平正芳时第一次明确提出了"小康"概念,他指出:"我们要实现的四个现代化,是中国式的四个现代化。我们的四个现代化的概念,不是像你们那样的现代化的概念,而是'小康之家'。到本世纪末,中国的四个现代化即使达到了某种目标,我们的国民生产总值人均水平也还是很低的。要达到第三世界中比较富裕一点的国家的水平,比如国民生产总值人均一千美元,也还得付出很大的努力。就算达到那样的水平,同西方来比,也还是落后的。所以,我只能说,中国到那时也还是一个小康的状态。"② 1982年9月,中共十二大把"小康"作为全党全国奋斗的主要目标以及国民经济和社会发展的阶段性标志,提出:从1981年到20世纪末的20年,中国经济建设总的奋斗目标是,在不断提高经济效益的前提下,力争使全国工农业的年总产值翻两番,实现了

---

① 《社会主义首先要发展生产力》(1980年4月至5月),《邓小平文选(第二卷)》,人民出版社1994年版,第313、312页。

② 《邓小平思想年编(一九七五——一九九七)》,中央文献出版社2011年版,第281页。

第三章　改革开放初期农村扶贫开发政策的确立及初步实施(1979—1985)

这个目标,城乡人民的收入将成倍增长,人民的物质生活可以达到小康水平。① 1982年11月16日,邓小平进一步指出:"中国是个大国,但又是个小国。大就是土地大,人口多,还有一个大就是中国是联合国五个常任理事国之一。小是指国民生产总值小,每人平均才二百五十到二百六十美元,经济很不发达。这方面对我们来说要有自知之明。我们现在就是做一件事情,使占人类四分之一的人口摆脱饥饿和贫困,达到小康状态。"②

邓小平设想的小康社会首先就是要消灭赤贫,搞现代化,搞的是富的社会主义,不是搞穷的社会主义③。此外,小康社会要共同富裕。改革开放之初,为了打破平均主义的桎梏,邓小平创造性地提出鼓励一部分地区一部分人先富起来,带动其他地区其他人都比较快地富裕起来;与此同时,邓小平始终强调共同富裕是社会主义的根本目标和根本原则,共同富裕是社会主义改革开放和现代化建设全过程的社会主义的内在属性,是小康社会的重要特征。1986年6月18日,他说:"所谓小康社会,就是虽不富裕,但日子好过。我们是社会主义国家,国民收入分配要使所有的人都得益,没有太富的人,也没有太穷的人,所以日子普遍好过。"④1987年4月16日,邓小平提出:"我们社会主义制度是以公有制为基础的,是共同富裕,那时候我们叫小康社会,是人民生活普遍提高的小康社会。"⑤

在邓小平和中共中央通过改革开放发展经济、鼓励先富带动后富最终实现共同富裕的战略构想中,帮助扶持贫困地区发展就是其中必不可少的有机构成部分。针对中国各地区发展不平衡的特点,1978年12月,邓小平在提出发展经济、鼓励先富带动后富最终实现共同富裕的战略构想时,强调要对贫困落后地区进行重点扶持和帮助。他说:"在经济政策上,我认为要允许一部分地区、一部分企业、一部分工人农民,由于辛勤努力成绩大而收入先多一些,生活先好起来。一部分人生活先好起来,就必然产生极大的示范力量,影响左邻右舍,带动其他地区、其他单位的人们向他们学习。这样,就会使整个国民经济不断地波浪式地向前发展,使全国各族人民都能比较快地富裕起来。当然,在西北、西南和其他一些地区,那里的生产和

---

① 胡耀邦:《全面开创社会主义现代化建设的新局面》(1982年9月1日),《十二大以来重要文献选编》(上),人民出版社1986年版,第14页。
② 《邓小平年谱(一九七五——九九七)》(下),中央文献出版社2004年版,第870页。
③ 《邓小平思想年编(一九七五——九九七)》,中央文献出版社2011年版,第252页。
④ 《邓小平思想年编(一九七五——九九七)》,中央文献出版社2011年版,第580页。
⑤ 《会见香港特别行政区基本法起草委员会委员时的讲话》(1987年4月16日),《邓小平文选(第三卷)》,人民出版社1993年版,第216页。

群众生活还很困难,国家应当从各方面给以帮助,特别要从物质上给以有力的支持。这是一个大政策,一个能够影响和带动整个国民经济的政策,建议同志们认真加以考虑和研究。"①

由此可见,国家通过扶贫开发,给西北、西南等贫困地区以各方面的帮助和支持,是走向共同富裕这个大政策的重要内容之一,是这个大政策的有机组成部分。也就是说,中国社会主义的根本目标是共同富裕,国家在促进富裕的同时也要扶助贫困。

三、农村扶贫开发确立为国家的一项大政方针

20世纪70年代末,中共中央把帮助贫困人口、贫困地区经济社会发展作为一项经济任务,更作为一项重要的政治责任提了出来。1978年12月,中共十一届三中全会通过《中共中央关于加快农业发展若干问题的决定(草案)》,提出了设立专门机构负责面向西北、西南一些地区以及其他一些革命老根据地、偏远山区、少数民族地区和边境地区开展扶贫开发工作的建议,1979年9月28日,中共十一届四中全会正式通过《中共中央关于加快农业发展若干问题的决定》,确定了发展农业生产力的25项政策措施,其中第23条指出:"我国西北、西南一些地区以及其他一些革命老根据地、偏远山区、少数民族地区和边境地区,长期低产缺粮,群众生活贫困。这些地方生产发展快慢,不但是个经济问题,而且是个政治问题。国务院要设立一个有有关部门负责同志参加的专门委员会,统筹规划和组织力量,从财政、物资和技术上给这些地区以重点扶持,帮助它们发展生产,摆脱贫困。对其它地区的穷社穷队,也要帮助他们尽快改变面貌。国家支援穷队的资金,要保证用于生产建设。"②

从这一决定来看,中央已经明确了农村扶贫开发的战略意义,对扶贫开发的组织机构和财政资金的安排做了重点考虑。除了原有全国性支援穷社穷队的做法外,还有专门重点支持西北、西南以及革命老根据地、偏远山区、少数民族地区和边境地区等特别贫困地区的规划。

20世纪80年代初,农村扶贫开发确立为国家的一项大政方针。1982年12月10日,第五届全国人民代表大会第五次会议批准的《中华人民共

---

① 《解放思想,实事求是,团结一致向前看》(1978年12月13日),《邓小平文选(第二卷)》,人民出版社1994年版,第152页。

② 《中共中央关于加快农业发展若干问题的决定》,《三中全会以来重要文献选编》(上),中央文献出版社2011年版,第167-168页。

第三章　改革开放初期农村扶贫开发政策的确立及初步实施(1979—1985)

和国国民经济和社会发展第六个五年计划(1981—1985)》规定:"帮助少数民族地区和经济不发达地区发展经济文化事业",为此,每年财政支出拨专款5亿元。① 1983年,中央"一号文件"《当前农村经济政策的若干问题》指出:"目前有些边远山区和少数民族地区,生产水平仍然很低,群众生活还有很多困难。必须给以高度关注,切实加强工作,力争尽快改变贫困面貌。对这些地区,在各项政策上,要比其他地区更加放宽;在生产上要发挥当地资源的优势,并有效地利用国家财政扶持,开展多种经营,以工代赈,改变单纯救济作法。注意改善交通条件,解决能源困难,防治地方病,办好教育。"②这实际上指出了新时期农村扶贫开发工作的原则和方向。

1984年9月29日,中共中央、国务院发出《关于帮助贫困地区尽快改变面貌的通知》(以下简称《通知》),明确了新时期农村扶贫开发工作的原则、重点、措施、机构等内容。《通知》强调农村扶贫开发的基本原则是"将国家扶持的资金重点用于因地制宜发展生产",而不是"单纯用于救济"。《通知》明确农村扶贫开发工作的重点,即"要突出重点,目前应集中力量解决十几个连片贫困地区的问题","不能采取'撒胡椒面'的办法平均使用,更要严禁挪作他用"。《通知》规定了贫困地区扶贫开发的政策措施,主要包括实行比一般地区更灵活、更开放的土地承包、经营政策,免征农业税、企业所得税等优惠政策以及修路、办教育、规划科技卫生工作等内容。最后,《通知》要求有关各省、自治区成立贫困山区工作领导小组,负责检查督促各项措施的落实,国家各有关部门也要指定专人负责扶贫开发工作。③

这是改革开放新时期中共中央、国务院发出的第一个农村扶贫开发文件,有效地指导、推动了全国的农村扶贫开发工作。一些省份开始召开全省范围内的扶贫开发工作会议,根据中央精神,部署省内扶贫开发工作。例如,1984年7月31日至8月3日,四川省召开盆周山区第一次扶贫开发会议,研究部署开发川东涪陵、万县、达县等地区的山区经济,以尽快摆脱山区贫困状态,拉开了四川盆周山区扶贫开发的序幕。1985年,山东省召开沂蒙山区第一次现场办公暨全省扶贫工作会议,确定因地制宜地从实际出发开展生产的方针,部署横向联合由城市对口支援贫困县人民脱贫致富

---

① 《中华人民共和国国民经济和社会发展第六个五年计划(1981—1985)(一九八二年十二月十日第五届全国人民代表大会第五次会议批准)(摘要)》,《人民日报》1982年12月13日。
② 《中共中央关于印发〈当前农村经济政策的若干问题〉的通知》(1983年1月2日),《十二大以来重要文献选编》(上),人民出版社1986年版,第266页。
③ 《中共中央、国务院关于帮助贫困地区尽快改变面貌的通知》,《中华人民共和国国务院公报》1984年第25号。

等政策措施。此后,这些省每年召开扶贫开发工作会议,总结过去一年中扶贫开发工作的经验教训,进一步完善有关政策,安排下个年度扶贫开发工作。

第二节 农村贫困地区扶贫开发工作的开展

20世纪80年代初,虽然国务院没有成立负责农村扶贫开发工作的专门机构,但是全国范围内的扶贫开发工作以财政扶贫资金为龙头,以信贷扶贫资金为辅助,在财政部、国家计委、国家经委、国家民委、民政部以及中国人民银行等部门协同合作推动下,蓬蓬勃勃地开展起来。

一、设立支援经济不发达地区发展资金,帮助"老少边穷"地区发展经济、解决温饱

改革开放以前,支援农村人民公社投资是国家安排用于扶持穷社穷队发展生产、增加收入、改变面貌的专项财政扶贫资金。按照集中使用资金、先易后难的步骤,资金重点投向东北、华北、华东等自然条件较好,通过生产条件的改进比较容易提高农业生产水平、改变贫穷面貌的省份;相对而言,自然条件恶劣的西南、西北各省得到的资金较少。

1980年,根据中央确定的对西北、西南一些地区以及其他一些革命老根据地、偏远山区、少数民族地区和边境地区进行扶贫开发的方针,根据"分灶吃饭"财政分权改革的要求,中央和国务院对扶贫资金进行了重新安排。一方面,对于边远地区、少数民族自治地方、革命老根据地和经济基础比较差的地区,为了帮助他们加快发展生产,中央财政根据国家财力的可能,设立支援经济不发达地区发展资金。此项资金占国家财政支出总额的比例,应当逐步达到百分之二,并由财政部掌握分配,实行专案拨款,有重点地使用。另一方面,原有的支援农村人民公社投资继续保留,但是归地方财政支出,用以扶持划定贫困地区之外的穷社穷队的发展,资金数额由地方根据财力而定。① 这样,支援经济不发达地区发展资金作为中央专项财政扶贫资金,每年8亿元,集中投向划定的"经济不发达的革命老根据地、少数民族地区、边远地区以及穷困地区"使用;此外,对于"分散插花贫困乡村"的扶贫开发,由各地运用支援农村人民公社投资这笔专项地方财

---

① 《国务院关于实行"划分收支、分级包干"财政管理体制的通知》,《中华人民共和国国务院公报》1980年第1号。

政支出来帮助贫困乡村改变贫穷落后面貌。①

在实际工作中,国家层面专门成立全国支援经济不发达地区发展资金管理委员会,受援省、自治区也成立各级发展资金管理机构,负责发展资金的使用管理。1980—1986年,中央财政预算共安排支援经济不发达地区发展资金40亿元,再加上其他方面资金的配合,促进了农村贫困地区各项建设事业的发展。1985年,全国各省、自治区的扶贫受援县已达到1230个,比1980年增加608个。几年来,发展资金用来建设小水库873座,增加蓄水量8亿立方米;修建人畜饮水工程20万处,解决了1328万人和598万头牲畜的饮水问题;增加茶叶种植面积311万亩,果树530万亩,桑田106万亩,草场1322万亩;造林5082万亩;发展养猪254万头,羊278万只,牛67万头;修建公路6.63万公里,架设桥梁5902座,修建小水电站4273座,架设输变电线路3.47万公里;支援乡镇企业1万多个。②

支援经济不发达地区发展资金在帮助"老少边穷"贫困地区解决群众温饱、脱贫致富方面发挥出积极作用,绝大多数受援的省、自治区都取得明显效果。

二、设立专项资金,帮助"三西"地区扶贫开发建设

"三西"地区是指甘肃的河西走廊、以定西为代表的中部干旱地区和宁夏的西海固地区,是西北黄土高原最大的集中连片贫困地区,共计47个县、区。因受自然条件及多种因素的限制,"三西"地区是历史上著名的干旱缺水、贫穷落后地区,"山是和尚头,沟里无水流,十年有九旱,岁岁发人愁"是其真实写照。改革开放初期,"三西"地区73％的农村人口温饱问题得不到解决,农民过着"全天两顿粥,三代一床被,草皮作燃料,浑水解饥渴"的日子,吃、穿、用无保证,长期依靠国家救济。

1982年7月,国务院负责人到甘肃河西、定西地区视察工作,了解到当地生态恶化,群众生活十分困难。为从根本上改变"三西"地区的贫困落后面貌,1982年12月10日,中央财经领导小组召开会议专题研究"三西"地区农业建设发展问题,决定从1983年开始,在拨付支援经济不发达地区发展资金援助"三西"建设的同时,用10年时间,每年增加拨款专项资金2亿

---

① 随着农村基层政权体制改革的推进,1985年以后,支援农村人民公社投资改称"支援农村合作生产组织资金",成为财政支援农村生产支出中的一个构成部分。
② 《总结经验 加强管理 提高发展资金使用效益——第二次全国支援经济不发达地区发展资金管理工作座谈会在京召开》,《财政》1987年第1期。

元,扶持开发自然条件较好的甘肃河西地区和宁夏河套地区,改造自然条件最差的甘肃中部干旱地区18个县和宁夏西海固干旱高寒山区的8个县,集中解决这一片的贫困问题。

1982年12月23日,国务院成立"三西"地区农业建设领导小组,正式启动对"三西"地区的扶贫开发工作。由农牧渔业部部长林乎加任组长,国家经委副主任李瑞山、水电部部长钱正英任副组长,财政部、林业部、商业部、民政部、国家科委、中国科学院、国家计委等有关部门负责同志参加,以加强对"三西"建设的领导,协同甘肃、宁夏做好规划,组织实施。

在中央的直接关怀和领导下,"三西"地区制定"兴河西之利,济中部之贫"的发展战略,确定"有水路走水路,水路不通走旱路,水旱路都不通另找出路"①和"大力种草、种树,兴牧促农,因地制宜,农林牧副全面发展"的扶贫开发思路,提出"三年停止生态破坏、五年解决群众温饱、十年二十年改变面貌"的奋斗目标。在实际工作中,采取一系列综合措施,从保护和恢复生态条件入手,着手退耕还林、种草种树、推广节能灶,妥善解决燃料和饲料等问题,发展畜牧业生产;以加强农业基础建设为重点,进行基本农田建设、水利建设、人畜饮水工程建设、林草建设、农电建设,增强抗御自然灾害的能力;与此同时,实施大规模的自愿移民搬迁。

到1985年,"三西"地区种草1000多万亩,种树600多万亩,其中退耕还草还林400多万亩。新植林草超过新中国成立以来保存面积的98%,大牲畜数量增长8%,羊只和生猪的商品率都有较大幅度的提高。与此同时,建设提灌工程2项,中小型水利工程79项,支干渠衬砌近2000公里,增加保灌面积82万亩,同时兴建农田117万亩。甘肃中部和宁夏西海固地区的26县,人均产粮达到600斤。对那些生产、生活条件特别恶劣,生存条件十分困难的地方,甘肃、宁夏共组织移民13万多人。与此同时,根据中央关于内地向沿海学习,沿海支持内地的精神,"三西"地区请发达地区派咨询组帮助"三西"地区进行建设,创新实践东、西部地区对口支援,"三西"地区派干部到沿海挂职学习,江苏、浙江、北京三省市本着互利互惠的原则,帮助"三西"地区上马建设项目100多个。②

"三西"地区扶贫开发建设,是改革开放新时期区域性扶贫开发工作的开端,为后来消除区域贫困的实践积累了一定经验。

---

① 即有条件的地区通过兴建水利工程解决生产生活用水问题(河西地区),干旱地区以梯田建设发展旱作农业(定西地区),水旱不通地区则开展劳动力转移或移民搬迁("三西"各地)。
② 张述圣、卢小飞:《"三西"地区农业建设有突破》,《人民日报》1985年10月22日。

三、设立专项低息贷款,支持"老少边穷"地区发展经济、脱贫致富

为帮助各少数民族地区加速发展经济建设,经国务院批准,从1983年开始,中国人民银行在信贷计划中专门安排专项"发展少数民族地区经济贷款",实行优惠利率,支持内蒙古、广西、宁夏、新疆等4个民族自治区和贵州、云南、甘肃、青海等4个边远贫困地区发展地方经济。1983年、1984年两年,每年安排发展少数民族地区经济贷款3亿元。从1985年开始,该项贷款扩大到全国范围内的贫困地区,改称"老少边穷地区发展经济贷款"(简称"老少边穷贷款"),在信贷资金和贷款利率等方面对"老少边穷"地区实行区别对待和优惠政策。贷款资金由每年3亿元增加到10亿元,分配的地区由原来的9个地区增加到17个地区。

作为用于脱贫致富的经济开发性专项低息贷款,"老少边穷地区发展经济贷款"重点面向"老少边穷"集中连片贫困地区,它不以贫困户为发放对象,也不限于新建、改造县办企业,主要用于能发挥"老少边穷"地区资源优势、增强经济实力的重点建设项目,强调重点扶持,讲求经济效益。中国人民银行要求各省、自治区一定要坚持以开发项目定贷款,"老少边穷"地区经济开发计划安排的项目,经过筛选、评估,确认符合贷款条件后,才能在人民银行总行下达的专项贷款限额之内批准发放贷款。

在发放"老少边穷"专项低息贷款的工作中,各地银行注意通过信贷的有偿周转,帮助贫困地区逐渐增强发展经济的内部活力,逐步形成自己独立发展的条件和能力,形成"造血"机制。例如,四川凉山州人民银行从1985年到1988年,对全州17个县(市)发放了"老少边穷"专项低息贷款7276万元,共建成投产的139个固定资产投资项目,占贷款金额的87%,其中发挥经济效益的占97.4%。按1988年的综合统计,新增工业产值14800万元,新增税利6612万元,为凉山州经济的发展增强了后劲,受到了人民群众的好评。[①]

此外,从1985年开始,中国农业银行设立发展贫困地区专项经济贷款,每年安排发放3亿元,执行基准利率,用于支持经济不发达地区发展生产。

[①] 唐登义:《老少边穷贷款管理之探索》,《四川金融》1989年第12期。

四、实施粮棉布以工代赈专项扶贫工程

交通、水利等基础设施落后,是影响贫困地区发展的重要因素之一,而搞好基础设施建设是贫困地区商品经济进一步发展的必由之路,否则脱贫致富就缺乏应有的后劲。在"三西"地区扶贫建设中,国家就采取以工代赈的方式在定西、西海固地区开展乡村道路和小型农田水利设施建设,将改善交通、水利等基础设施条件作为解决贫困地区问题的突破口。以工代赈,就是由政府在农村投资建设基础设施工程,贫困农民参加工程建设获得劳务报酬,以此取代直接救济的一种农村扶贫政策。这个办法,既能改善贫困地区农业生产条件,为贫困地区人民脱贫致富创造良好的条件,又能直接增加贫困农民收入,给贫困地区政治、经济、文化的发展带来生机和活力,因而受到贫困地区人民的欢迎。

1983年1月,中央1号文件《当前农村经济政策的若干问题》特别指出,帮助"边远山区和少数民族地区"尽快改变贫困面貌,要"有效地利用国家财政扶持,开展多种经营,以工代赈,改变单纯救济作法","注意改善交通条件"。[①] 1984年,根据党中央、国务院关于帮助贫困地区尽快改变面貌的通知精神,根据农业连续几年获得丰收、粮食储备比较充足的实际情况,国家计委决定从1984年冬到1987年3年内,从商业库存中拿出粮食100亿斤、棉花200万担、棉布5亿米(粮、棉、布折价27亿元),加上地方配套部分,总金额在50亿元左右,拨给贫困地区,重点投向严重缺粮、缺衣被和交通十分闭塞的县、乡,主要用于修筑由县到乡(区或公社)以及乡到农副产品集散地的道路,整修可以通航的河道,以及修建一些中、小型的农田水利工程。国家调拨给各贫困地区的粮、棉、布等物资,采取以工代赈的方式,作为参与上列工程的民工工资补助。实施范围重点是全国14个集中连片的贫困地区,特别是西南、西北贫困面较大的省、区及边远少数民族地区。这在当时是新中国建立以来投资最多、规模最大的一项对贫困地区公路、水利工程的基本建设,迅速收到良好成效。

水利工程建设方面,1985年,全国用于贫困地区修建水利工程的粮、棉、布中,有粮食4.8亿公斤,棉花1060万公斤,棉布4800万米,折价约2.6亿元;连同地方配套资金2.5亿元,共完成投资约5.1亿元。一年来,

---

① 《中共中央关于印发〈当前农村经济政策的若干问题〉的通知》(1983年1月2日),《十二大以来重要文献选编》(上),人民出版社1986年版,第266页。

以工代赈共解决了 408 万人、297 万头牲畜的饮水问题,新增灌溉面积 74 万亩,改善灌溉面积 492 万亩,完成除涝治理面积 238 万亩,水土保持治理面积 708 万亩,修复河堤 1080 公里,新增小水电装机 5 万千瓦。[1] 截至 1987 年底,水利工程方面共解决了 1440 万人、971 万头牲畜的饮水问题;新增灌溉面积 259 万亩,改善灌溉面积 1055 万亩;完成除涝治理面积 362 万亩,水土保持治理面积 1701 万亩;维修加固水库 558 座,新增小水电装机 15.6 万千瓦。[2] 这为解决贫困地区人民生产、生活困难,提高贫困地区自我发展能力,提供了有利条件。

"要想富,先修路",27 亿元粮棉布以工代赈专项资金中用于公路建设部分折合成人民币约 17 亿元。截至 1987 年底,共新建、改建公路、机耕道、驿道 12 万公里,其中新建等级公路 4.6 万多公里,新建大中桥梁 7200 座(16.3 万延米),整治航道 1800 多公里,新建码头 65 座。[3] 各贫困地区通过以工代赈建成大批公路,大大改善当地交通运输条件,增强"造血"功能,取得较好的经济效益和社会效益。

上述工程的建成,对开发贫困地区特别是集中连片贫困地区的资源,繁荣山区经济,改善群众生产生活条件,加快脱贫致富的步伐起到了积极的推动作用,并为这些地区经济开发和进一步发展打下基础、创造条件。正是由于以工代赈扶贫开发效果显著,这种方式得到广大群众的热烈欢迎和衷心拥护,作为农村扶贫开发的一项主要办法一直延续下来。

五、减免贫困地区农业税收负担

除了专项财政投入之外,国家还对贫困地区实行减轻税收负担的政策。自 1979 年开始,国家为减轻穷队负担,支持他们发展生产、改变穷困面貌,对农业税实行起征点办法,得到免税照顾的农业人口为 13292 万人,平均每人免税合人民币 4.06 元。1979 年,国家减免农业税即公粮(包括地方附加)达 473500 万斤,折合人民币 74600 万元,约占 1978 年全国农业税征收任务的 18%。这对于减轻贫困地区的负担,支持他们发展农业生产,

---

[1] 刘斌:《以工代赈帮助贫困地区修建水利工程》,《中国水利》1986 年第 12 期。
[2] 《国家计划委员会关于动用国家库存粮棉布以工代赈帮助贫困地区修建道路和水利工程的总结报告》(1988 年 5 月 17 日),江西省发展和改革委员会门户网站,http://www.jxdpc.gov.cn/departmentsite/dqcc/zcfb/bwzc/200603/t20060302_44241.htm 访问日期为 2017 年 5 月。
[3] 《国家计划委员会关于动用国家库存粮棉布以工代赈帮助贫困地区修建道路和水利工程的总结报告》(1988 年 5 月 17 日),江西省发展和改革委员会门户网站,http://www.jxdpc.gov.cn/departmentsite/dqcc/zcfb/bwzc/200603/t20060302_44241.htm 访问日期为 2017 年 5 月。

起到了很好的作用。例如,山东省枣庄市得到减免税照顾的 3300 多个生产队,用减免的 191 万元税款,发展多种经营和工副业,一年增加收入 600 万元。①

其中经济条件差的革命老根据地、少数民族地区、边疆地区和山区,得到的减免照顾更多。经国务院批准,财政部规定,对于确属自然条件差,长期低产缺粮,收入水平低,维持简单再生产和最低生活有困难,而且改变这种状况需要较长时间的生产队,凡符合起征点免税条件的,从 1980 年开始,实行免税一定 3 年的办法。到 1983 年停止执行农业税起征点办法,但是对于贫困地区极少数口粮和收入水平仍然很低、不能维持基本生活需要、纳税确有困难的队和户仍然予以减免。②

1984 年 9 月,中共中央、国务院在《关于帮助贫困地区尽快改变面貌的通知》中专门强调减轻贫困地区负担,给予贫困地区经济开发优惠。具体有五项内容:①对贫困地区从 1985 年起,分情况,减免农业税。最困难的免征农业税 5 年,困难较轻的酌量减征 1 至 3 年。②鼓励外地到贫困地区兴办开发性企业(林场、畜牧场、电站、采矿、工厂等),5 年内免交所得税。③乡镇企业、农民联办企业、家庭工厂、个体商贩的所得税可以减免,减免的幅度和时间由县人民政府自定。④一切农、林、牧、副、土特产品(包括粮食、木、竹),都不再实行统购、派购办法,改为自由购销,有关的国营部门和供销合作社应积极开展代购代销业务。⑤部分缺衣少被的严重困难户,可由商业部门赊销给适量的布匹(或成衣)和絮棉,需要蚊帐的赊销给蚊帐,赊销贷款免息。

这项政策在全国各贫困地区普遍得到贯彻落实。例如,1985 年 6 月 22 日,广西壮族自治区人民政府发出《关于对贫困地区减免农业税问题通知》,对广西境内贫困地区的 254 个乡镇,常年现金收入人均在 100 元以上的困难农户,免征农业税一年,一年一定。③

这项政策一直持续到 1990 年。1990 年,中央和国务院规定的免税期限已经到期,考虑到贫困地区经济已有较大发展,多数贫困地区人民温饱问题已基本解决,有的已经脱贫致富,因此从 1990 年起,对贫困地区原则上恢复了征税,但是对温饱问题尚未解决、纳税确有困难的农户,国家仍然

---

① 《帮助贫困社队尽快改变面貌 全国今年减免公粮 47 亿斤》,《人民日报》1980 年 7 月 3 日。
② 《财政部〈关于停止执行农业税起征点办法的通知〉》,《财政》1983 年第 10 期。
③ 《自治区人民政府关于对贫困地区减免农业税问题的通知》,《广西政报》1985 年第 8 期。

按农业税社会减免办法继续予以照顾。① 减免税收负担,不仅对帮助贫困地区改变面貌起到积极作用,而且产生了良好的政治影响。

第三节 扶助农村贫困户发展生产

中共十一届三中全会以后,农村改革调动了广大农民的生产积极性,农业生产水平大幅度提高,大部分农民的生活水平有了明显的改善,迅速摆脱贫困状态。但是,由于缺劳力、缺资金、缺技术以及天灾人祸等原因,仍然有一部分农户相当贫困。随着农村经济体制改革的深入发展,贫富悬殊的问题越来越突出。如不从根本上解决贫困户的困难,势必影响共同富裕目标的实现。

一、中共中央扶助贫困户的政策

1978年5月,民政部正式成立,当年民政部农救司先后派出了13个工作组,分赴广东、辽宁等14个省(区)调查扶助贫困户的情况,总结扶贫工作经验。1978年9月16日至27日召开全国民政工作会议,充分肯定了各地扶助贫困户工作。会议指出:近几年来,一些地方在党委统一领导下,组织各有关部门的力量,有计划地开展了对贫困户特别是常年贫困户的扶持工作,收到了良好的效果。实践证明,规划扶贫是帮助困难户改变贫困面貌的正确途径,应该努力做好这一工作,通过试点,取得经验,逐步推广。1978年底,中共中央批转《全国民政会议纪要》。全国民政工作会议的召开,标志着扶助贫困户工作进入了一个崭新的历史阶段。

为使贫困户摆脱贫困,走上劳动致富的道路,1979年以后,各地在鼓励一部分农民先富起来的同时,有计划地开展了扶助农村贫困户发展生产的工作。例如,1979年,河南信阳民政部门从社会救济款中拿出50万元,帮助贫困户发展家庭副业。1981年,黑龙江民政局从事业费中拿出300万元,作为贫困户发展家庭副业生产专款。安徽省来安县则把帮助贫困户解决生活、生产上的问题作为完善农业生产责任制的一个重要内容,对全县贫困户进行摸底登记,做到政治上帮助、生产上互助、经济上支持、技术上指导。在生产上做到"四包""五优先",即包耕、包种、包管、包收,优先供应

---

① 《财政部关于对贫困地区、国营华侨农场、劳改劳教单位征收农业税问题的通知》(1990年5月18日),法律教育网,http://www.chinalawedu.com/falvfagui/fg22016/182930.shtml。

优质化肥,优先解决良种,优先安排用水,优先帮助发展多种经营,优先帮助解决生活困难。同时实行包干到户、责任到人的办法,县、区、社、大队的领导干部和县各部、委、室、办、科、局、公司的负责人每人至少包1户,具体帮助贫困户安排生产,解决生产和生活上的各种困难。县委和县政府还把干部包户扶贫作为考核干部的一项重要内容。1981年7月,中共安徽省委转发来安县委做好扶贫工作的经验,要求各地重视扶贫工作。①

来安县扶助贫困户的经验受到中央有关部门的重视。1981年9月,国家农委、民政部联合向各省、市、自治区发出通知,转发《安徽省委关于做好扶贫工作的通知和来安县扶贫材料》,指出"满腔热情地扶助贫困户,使其逐步富裕起来,以体现社会主义的优越性,这既是一项长期任务,也是当前稳定和完善生产责任制,发展大好形势中一个不可忽视的问题"②,要求各地把扶贫工作列入议事日程,认真抓好。

1982年9月,中共十二大报告强调指出:"在农村中的一部分低产地区和受灾地区,农民还很贫困,要积极扶助他们发展生产,增加收入。"③根据这一精神,1982年12月15日,国家经委、民政部、财政部等九部门联合发出《关于认真做好扶助农村贫困户工作的通知》,指出扶助农村贫困户是党的一项重要政策,是政府各部门和各级干部义不容辞的责任。帮助贫困户摆脱贫困是关系全局的、具有战略意义的一件大事。各地要采取多方面的措施,有计划、有组织地从人力、物力、财力上积极帮助贫困户发展生产和解决生活困难,尤其着重"扶志"和"扶本",帮助贫困户树立摆脱贫困、奋发向上的志气,千方百计地帮助贫困户种好承包田、自留地,搞好多种经营,广开财路,增加收入,摆脱贫困。④

在中央的倡导鼓励之下,各地普遍开展了扶助贫困户的工作,取得了一定的成绩。到1982年底,全国开展扶助贫困户工作的县有1800多个,公社有31万个,分别占全国县数和公社数的84%和59%;累计扶持了327

---

① 《中共安徽省委关于转发来安县委关于做好扶贫工作的汇报材料的通知》,《中国农业年鉴(1982)》,中国农业出版社1983年版,第414-415页。
② 《国家农委和民政部联合通知各地 满腔热情地扶助贫困户》,《人民日报》1981年9月25日。
③ 胡耀邦:《全面开创社会主义现代化建设的新局面》(1982年9月1日),《十二大以来重要文献选编》(上),人民出版社1986年版,第19页。
④ 《国家经济委员会、民政部、财政部、中国农业银行、商业部、对外经济贸易部、农牧渔业部、教育部、国家物资局关于认真做好扶助农村贫困户工作的通知》,《中华人民共和国国务院公报》1983年第1号。

万多户,有 109 万户脱贫,部分贫困户开始富裕起来。①

二、多管齐下,全面开展扶助贫困户工作

到 1985 年初,据不完全统计,全国有贫困户 1400 万户,7000 多万人,约占全国农村人口的 9% 左右②,扶持贫困户形势依然很严峻。国家采取多种措施,多角度探索开展对贫困户的扶助工作。

一是减免贫困户税收负担。根据 1984 年 10 月 20 日中国共产党第十二届三中全会通过的《中共中央关于经济体制改革的决定》所提出的"对还没有富裕起来的人积极扶持,对经济还很落后的一部分革命老根据地、少数民族地区、边远地区和其他贫困地区实行特殊的优惠政策"③的精神,1985 年 3 月 18 日,民政部、国家经委、财政部、中国农业银行、农牧渔业部、商业部、国家物资局、劳动人事部、教育部等九个单位向国务院提出《关于扶持农村贫困户发展生产治穷致富的请示》,提出通过减轻贫困户的负担,对贫困户给予优惠,加大对贫困户的扶持力度。国务院同意了这一请示,规定对缴纳农业税确有困难的贫困户酌情减免,贫困户个人或集体兴办的工业、商业、运输业、建筑业和服务业,按规定减免税收,减免贫困户的义务工和各种公益事业的收费,并优先吸收贫困户青年到国营企业、乡镇企业就业,以此激发贫困户发展生产的积极性。④

二是对贫困户开展贷款扶贫工作。针对无偿扶贫容易搞平均主义、治标不治本,甚至扶出了好吃懒做的人的弊病,自 1981 年起,安徽省来安县、山西省曲沃县等地每年从一般农贷中安排部分扶贫贷款,戴帽下达指标,把贫困户中愿勤劳致富、有可行计划的户作为重点扶持对象,以最低利率优惠贷款,帮助他们发展畜牧业、加工业、养殖业等,找到生财之道。1985 年 3 月,民政部、中国农业银行总行转发安徽省来安县和山西省曲沃县农业银行的扶贫贷款工作经验,要求各地农业银行从 1985 年起增设"扶贫贷款",用于帮助贫困户开辟生产门路,发展商品生产,走勤劳致富的道路;对优抚对象中的贫困户和农村中的特别贫困户,在贷款的期限、自有资金比

---

① 《当代中国的民政》(下),当代中国出版社、香港祖国出版社 2009 年版,第 146 页。
② 《国务院批转民政部等部门关于扶持农村贫困户发展生产治穷致富的请示的通知》,《中华人民共和国国务院公报》1985 年第 14 号。
③ 《中共中央关于经济体制改革的决定》,《十二大以来重要文献选编》(中),人民出版社 1986 年版,第 578 页。
④ 《国务院批转民政部等部门关于扶持农村贫困户发展生产治穷致富的请示的通知》,《中华人民共和国国务院公报》1985 年第 14 号。

例等方面,可以适当放宽。要求民政部门在使用财政扶贫资金时,应与银行贷款紧密结合,统筹安排,合理使用;应根据扶持对象的不同情况,分别使用或结合使用不同性质的扶贫资金,采取不同的扶持方式。①

三是对贫困户开展科技扶贫工作。造成农民贫富差异的一个重要因素,是他们科学文化素质的悬殊。许多贫困户因为不懂技术,不会经营,不善管理,造成治穷无门,致富无路。为了改变这种状况,改革开放初期有关部门启动了科技扶贫工作。1985年8月30日,民政部、中国科协发出《关于开展科技扶贫工作的通知》,指出科技扶贫是把科学技术教给贫困户,依靠他们自己的力量,因地制宜发展商品生产;为此各地要建立和发展各种类型的专业科技群众组织和群众性的技术服务机构,为贫困户提出扶持技术项目建议,抓好对贫困户技术培训工作。② 1986年4月,民政部、中国科协在北京、河北、山西、内蒙古等15个省、自治区、直辖市启动了科技扶贫试点工作。

此后,各地积极开展科技扶贫实践。例如,1985年初,贵州省科委组织有关方面的30多个专家到晴隆、普定、玉屏、罗甸四个山区县进行综合技术开发调查、论证工作,帮助四个县选准突破口,理顺中、近期开发项目。首批开发的20多个项目,当年总产值达1240多万元,纯利润450多万元,税金6.5万元,而投资只有440多万元。③

四是救灾与扶贫结合,建立救灾扶贫基金。拿出部分救济款用来扶贫,是民政部门开展扶贫工作的重要途径。1983年4月召开的全国民政会议,又提出了建立救灾扶贫基金的方法,即"发给灾民的救济款,除紧急抢救灾民的费用按无偿救济外,有些救济款可以试行'有借有还'的办法,将收回的经费由地方建立救灾扶贫基金,以开展集资备荒活动"④。中共中央办公厅批转《全国民政会议纪要》,肯定了这一政策,并强调对于救灾款的有偿使用不得超过全年救灾款总额的30%。

救灾的对象多数是贫困户,在保证灾民基本生活的前提下,把生活救

---

① 《民政部、中国农业银行总行关于转发安徽省来安县和山西省曲沃县农业银行扶贫经验通知》(1985年3月5日),http://code.fabao365.com/law_263589.html。

② 民政部法规办公室:《中华人民共和国民政法规大全》(贰),中国法制出版社2002年版,第1265页。

③ 高新庆:《"济人以财,不如济人以艺" 贵州发动各方力量抓科技扶贫 万名科技扶贫服务团深入贫困地区开展工作》,《人民日报》1986年8月18日。

④ 《民政部关于不宜将救灾款、社会救济款和救灾扶贫周转金用于残疾人三项康复问题的复函》(1989年4月15日),http://code.fabao365.com/law_265802.html。

第三章 改革开放初期农村扶贫开发政策的确立及初步实施(1979—1985)

济后期的部分救灾款,用于扶持灾民发展家庭副业和恢复农业生产,既防止了灾民因灾致贫,又使灾区贫困户生产上的困难得到解决,为他们脱贫致富创造了条件。据不完全统计,仅1983年,全国用于扶持灾民生产的自然灾害救济款达4000多万元。①

1984年,救灾扶贫基金工作全面铺开。各省均按一定的比例,拨出一部分救济款作为救灾扶贫周转金,并在县、乡成立救灾扶贫周转金管理委员会。许多省、自治区、直辖市为了加强对这部分资金的管理,制定了周转金管理使用办法,规定建立扶贫周转金账户,加强发放、收回、核销的管理,严格发放对象和资金的使用范围;并且与被扶贫困户签订合同,约定扶持项目、扶持金额、脱贫时间和偿还时间等。例如,1984年至1985年,福建省各级民政部门共拨出扶贫资金2200万元,在各地建立地(市)级扶贫资金会6个,乡级扶贫资金会122个。福建省民政厅会同省财政、农行部门制定了《扶贫周转金管理使用试行办法》,明确规定扶贫资金一律实行有借有还、无息有偿的发放使用办法,各地、市分别制定回收细则。扶贫周转金的建立,吸收了其他渠道的资金加入周转。到1986年底,全省共吸收了地方财政、有关部门、集体、群众的资金2360多万元,促进了扶贫工作的发展。②

1985年3月18日,民政部、财政部等《关于扶持农村贫困户发展生产治穷致富的请示》再次确定了救灾和扶贫相结合的基本方针,提出:"要把扶贫和救灾结合起来。救灾款在保障灾民基本生活的前提下,可用于灾民生产自救,扶持贫困户发展生产。救灾款有偿收回的部分用于建立扶贫救灾基金,有灾救灾,无灾扶贫。"③此后,救灾扶贫周转金作为一项制度在扶贫工作中保留下来。

五是探索创建扶贫经济实体。扶贫经济实体最早是由山西省长治市潞城县东邑乡在扶贫工作中创建的。东邑乡共有2242户农民,1982年全乡有607户收入不足百元的困难户。1983年,乡政府创办扶贫服务中心经济实体,积极开展扶助困难户工作,当年就有452户摘掉了困难户的帽子。④

东邑乡的扶贫工作经验,引起了民政部领导的重视。1984年8月,民

---

① 《当代中国的民政》(下),当代中国出版社、香港祖国出版社2009年版,第152页。
② 《当代中国的民政》(下),当代中国出版社、香港祖国出版社2009年版,第153页。
③ 《国务院批转民政部等部门关于扶持农村贫困户发展生产治穷致富的请示的通知》,《中华人民共和国国务院公报》1985年第14号。
④ 池茂花:《东邑乡创建"双扶"经济实体帮助优抚对象致富》,《人民日报》1984年11月1日。

政部领导对东邑乡扶贫工作调查报告批示:"随着形势的发展,光是治穷就不够了,还得抓致富。民政工作对象不仅应当从贫穷中解脱出来,而且应当和全国人民一道,奔向致富之路。要做到这一点,就必须解放思想,积极服务,开辟新的生产门路。山西省长治市潞城县东邑乡的民政工作,提供了这方面的经验。现将反映他们经验和做法的一个简单调查报告送你们一读,希望引起重视。"①1984年10月,民政部在长治市召开了东邑乡现场经验交流会,推广他们的经验。

此后,全国办起大批各种形式的扶贫经济实体和经济联合体。这种把贫困对象联合起来进行集中扶持的形式,为缺乏独立生产经营能力的贫困户开辟了新的生产门路,使大批靠单一扶持难以奏效的贫困户有了较稳定的收入,取得良好的扶贫成效。例如,1985年,山西省创办了6100多个扶贫经济实体,从业人员有13.7万多人。②

六是建立农村救灾扶贫互助储金会。农村救灾扶贫互助储金会是1982年冬首先在江西省诞生的。江西省民政部门在波阳、临川、丰城三个县的7个易灾贫困村进行建立救灾扶贫互助储金会的试点,把群众集资作为救灾扶贫互助储金会主要来源,还有一小部分来自集体资助和国家救灾款的有偿部分。储金会是以救灾扶贫为宗旨、有着多方面功能的民间互助合作组织,它以"民办、民管、民用"为原则,起到了灾前防、灾后救,无灾扶贫、有难相帮的作用。储金会在江西农村深得人心,发展很快。到1987年上半年,江西省已建村级储金会15000多个,覆盖面占全省村委会的74%;入会农户近300万,入会率占全省总农户的70%;储金总额5000多万元,已投放资金3580万元,其中用于救灾扶贫的有2001万元,用于帮助群众解决生活困难的有1378万元。③

1986年,民政部派工作组到波阳县调查并推广他们兴办储金会的经验。在江西省的带动下,各地出现了兴办储金会的热潮。

在各地的努力下,扶持贫困户工作取得了比较突出的成绩。到1986年11月,全国累计扶贫1000万户,其中一半左右摆脱了贫困;全国共兴办各种扶贫经济实体7万多个,成立4200多个救灾扶贫基金会,1.7万多个

---

① 《当代中国的民政》(下),当代中国出版社、香港祖国出版社2009年版,第154页。
② 杜文峰:《山西省民政部门扶贫成绩良好》,《人民日报》1985年11月19日。
③ 李德金、杨运勇:《自我保障 便民利国——江西省农村救灾扶贫互助储金会纪事》,《人民日报》1987年6月10日。

群众互助储金会。① 1981年至1985年,山东省五年累计扶持贫困户746248户,占全省总贫困户的50%,脱贫399347户,占扶持户的53%,占贫困户总数的26.8%。五年来,为贫困户投入的各项费用达7910.55万元,其中减免税收3480.33万元,公益负担3048.47万元,医疗费用708.66万元,贫困户子女学费338.8万元,贫困户子女享受助学金334.29万元。②

第四节 改革开放初期农村扶贫开发的特点

改革开放以前新中国农村扶贫工作中,支援穷队投资资金的使用总的来说是有成效的,但也存在一些问题。一是资金分配至各地后存在平均使用的做法,影响了扶贫效果。二是支援农村人民公社投资一直是无偿性质的财政投资,经常出现资金被挪用的情况。虽然国家规定除省、自治区、直辖市可以在规定的范围内留出必要的机动数额外,区、县不得扣留;拨给生产队的,公社也不得扣留,但是仍然有些资金被挪用于搞工厂建设和楼堂馆所等非生产性建设。据20个省区不完全统计,1976年至1977年支援农村人民公社投资使用基本正当的占83%,被挪用的占17%③。此外,投资无偿使用导致花钱不问效果的现象比较普遍。无疑,这些都影响了扶贫资金效益的发挥。

改革开放新时期农村扶贫开发工作是对新中国农村扶贫工作的继承和发展,与过去的扶贫工作相比较,改革开放初期农村扶贫开发与以前的农村扶贫工作在设立中央财政扶贫专项资金、扶持贫困户发展生产等方面有共同点。更重要的是,在总结以往扶贫工作经验教训的基础上,新时期农村扶贫开发工作一开始就表现出改革开放新形势下的新特点。

一、农村扶贫开发瞄准连片贫困地区

在农村扶贫开发工作中,扶贫对象的选择以及扶贫资金的投放,直接关系到扶贫开发工作的成效。在资金有限的情况下,把有限的资金用在确实非常贫困的地区,瞄准目标集中使用,能够产生尽可能好的效益。早在

---

① 曾祥平、李德金:《我国五百万农户脱贫》,《人民日报》1986年11月19日。
② 《我省"六五"期间扶贫成果》,山东省民政厅编《山东民政信息》1986年5月16日,山东省档案馆藏,档案号A020-06-725。
③ 《财政部、农业部关于改进支援农村人民公社投资使用管理问题的报告》(1979年3月17日),《中国农业机械化财务管理文件汇编》,机械工业出版社1991年版,第94页。

1979年3月,财政部、农业部就改进支援农村人民公社投资使用管理向国务院提交报告,提出了"坚决纠正那种撒胡椒面、平均分配资金和其他不讲实效的做法","重点扶持长期低产缺粮的地区"的建议。① 1979年9月通过的《中共中央关于加快农业发展若干问题的决定》接受这一建议,确定对"长期低产缺粮,群众生活贫困"的西北、西南一些地区以及其他一些革命老根据地、偏远山区、少数民族地区和边境地区"以重点扶持"的政策。1984年9月,中共中央、国务院《关于帮助贫困地区尽快改变面貌的通知》进一步明确提出"解决贫困地区的问题要突出重点,目前应集中力量解决十几个连片贫困地区的问题"的指导原则。

从支援经济不发达地区发展资金的发放来看,从1980年资金开始设立就改变了原来支援穷队投资在全国各省(市)、自治区分配使用的做法,有重点地投向一些穷困突出的地区。1980年,全国13个省、自治区的贫困地区分配了这项资金,1983年,这项资金的使用范围扩大到全国18个省、自治区的贫困地区。② 1984年底,根据中央重点扶持集中连片贫困地区的指示,根据年人均纯收入200元以下的标准,全国确立14个大的集中连片贫困地区,所属共225个贫困县。③ 此后,中央财政拨出的支援经济不发达地区发展资金、以工代赈扶贫资金重点投放这14个集中连片贫困地区。例如,1984—1985年,中央分配给山东省支援经济不发达地区发展资金1350万元,山东省用这笔资金重点支援沂蒙山区革命老根据地13个县,安排资金1250万元;山东省没有少数民族县,只有少数民族聚居的乡镇,所以照顾287个乡镇,安排资金100万元,共支出1355万元。④

1983年开始的"三西"地区农业专项建设,是全国第一个区域性扶贫开发实验地,它本身就是中央瞄准重点区域开展重点扶贫的举措。为保证扶贫效果,国务院要求,"专项资金的使用一定要精心筹划,保证重点,讲求实效。要把资金真正用在为了制止植被破坏和解决群众温饱问题而必须国家扶持的建设项目上,绝不能投资十年,山河依旧,群众依然不得温饱,生

---

① 《财政部、农业部关于改进支援农村人民公社投资使用管理问题的报告》(1979年3月17日),《中国农业机械化财务管理文件汇编》,机械工业出版社1991年版,第95、94页。
② 李福玉、苗松浦:《加强支援经济不发达地区发展资金管理的几个问题》,《财政》1981年第12期;《支援经济不发达地区发展资金座谈会在北京召开》,《财政》1983年第11期。
③ 《我国贫困地区经济社会发展现状》,《农业经济丛刊》1986年第6期。
④ 《山东省财政厅关于报送发展资金管理经验座谈会材料的函》(1986年6月4日),山东省档案馆藏,档案号A128-03-0688。

态的恶性循环还在继续"①。在实际工作中,尽管甘肃其他几个困难县也要求按中部各县的办法给予补助,但是为了保证"力争三年停止破坏、五年基本解决温饱"这个目标的实现,专项资金的使用没有"撒胡椒面",也没有扩大使用范围,而是集中投向甘肃、宁夏最困难的26个县和河西河套地区。这一探索为1986年国家确定全国第一批重点贫困县进行集中扶助奠定了实践基础。

二、农村扶贫开发注重资金效益,确立有偿无偿相结合、以有偿为主的原则

1983年以前,基于"老少边穷"地区经济基础薄弱,人民群众尚未解决温饱的实际情况,支援经济不发达地区发展资金基本上是无偿使用,但是许多资金使用效果不够理想。由于资金是无偿的,一些受援对象和地区容易养成依赖思想,有些地区不考虑经济效益和社会效益,要么乱花挪用,要么平均分散使用;有些地区没有把无偿的受援资金投入开发性生产建设,而是当成"第二救济款"发放。

为了提高发展资金使用效益,结合一些地区经济发展的变化,1983年11月1日,财政部发布《关于支援经济不发达地区发展资金管理暂行办法》,规定发展资金的使用实行无偿和有偿两种办法。对没有直接经济收益的项目,实行无偿使用;对有经济收益的项目,原则上实行有偿使用,不计利息,定期收回;有偿支援项目到期收回的资金,留给受援县按照发展资金的分配使用原则周转使用;对长期穷困地区也可以在一定时期内,全部实行无偿使用的办法。②

随着"老少边穷"地区商品经济迅速发展,很多地区都具备了由无偿支援改为有偿支援的条件。1986年12月25日修订颁布的《支援经济不发达地区发展资金管理办法》规定:发展资金的使用实行有偿、无偿相结合,以有偿为主的原则。凡是有经济效益的项目或有偿还能力的受援对象,都应当实行有借有还、有偿使用的办法;对少数没有经济效益的项目或没有偿还能力的受援对象,可实行无偿使用。③

---

① 《"三西"地区农业建设领导小组第三次扩大会议的汇报提纲》,《中华人民共和国国务院公报》1983年第25号。
② 《关于支援经济不发达地区发展资金管理暂行办法(一九八三年十一月一日财政部发布)》http://www.pkulaw.cn/fulltext_form.aspx? Gid=093b40ac2ffba4dabdfb。
③ 《支援经济不发达地区发展资金管理办法》,《财政》1987年第2期。

三、农村扶贫开发成为各部门协同的一项综合性工作

新时期农村扶贫开发立足于以解决温饱为首要目标,同时全面改善贫困地区基础设施、教育、卫生医疗条件,从根本上改变贫穷落后面貌。在中共中央的视野中,扶贫开发不同于单纯救济贫困,也不是基本建设补充,而是着眼于帮助农村贫困地区改善生产生活条件,全面改变贫困面貌,最终摆脱贫困,实现与全国共同富裕。也就是说,帮助贫困地区进行经济开发,发展多种经营,把经济搞活是首要任务,同时贫困地区的基础设施、教育、科技、卫生都要相应地发展。1983年,中央"一号文件"在阐述扶助贫困地区发展生产改变贫困面貌的同时,强调"注意改善交通条件,解决能源困难,防治地方病,办好教育"①。1984年9月29日,中共中央、国务院在《关于帮助贫困地区尽快改变面貌的通知》中强调,"贫困地区要首先解决由县通到乡(区或公社)的道路。争取在五年内使大部分乡(区或公社)都能通汽车或马车","要重视贫困地区的教育,增加智力投资。有计划地发展和普及初等教育,重点发展农业职业教育,加速培养适应山区开发的各种人才。山区的科技、卫生工作也应有切实的规划,各有关部门均应围绕山区开发的目标,采取措施,逐步实现"。② 这样,扶贫开发就成为一项综合性工作。而之前民政部负责扶持贫困户、财政部负责支援人民公社投资的做法远远不能适应工作需要,必须由财政、民政、银行、科技、交通、文教各部门协同扶贫。

这一阶段一些重要的扶贫政策,也是由国家经委、民政部、财政部、农牧渔业部、教育部、对外经济贸易部、国家物资局等有关部门共同制定下发,强调各部门协同扶贫。例如,1982年12月15日,国家经委、民政部、财政部等下发《关于认真做好扶助农村贫困户工作的通知》,要求农业、财政、银行、商业、外贸、教育、物资、民政等各有关部门都要以扶贫为己任,协同做好农村扶贫工作。具体来说,财政部门在安排使用支持贫穷地区的各项资金和农业税减免上,对贫困户给以适当照顾,并督促社队落实。农村金融部门对缺乏农副业生产资金的贫困户积极给以贷款支持,并帮助他们安排好各项生产项目。商业、粮食、供销部门帮助贫困户开辟副业生产门路,

---

① 《中共中央关于印发〈当前农村经济政策的若干问题〉的通知》(1983年1月2日),《十二大以来重要文献选编》(上),人民出版社1986年版,第266页。
② 《中共中央、国务院关于帮助贫困地区尽快改变面貌的通知》,《中华人民共和国国务院公报》1984年第25号。

及时收购产品;在规定各地粮食征购基数比例包干的范围内,适当减免贫困户粮食征购任务;优先供应化肥、良种、牲畜、饲料,以及其他生产、生活急需的物资。外贸部门在安排出口产品的生产和收购时,要在国外市场销售可能和保证产品质量、规格符合出口标准的前提下,优先照顾贫困户。农业、畜牧业部门帮助社队搞好集体提留,落实对贫困户的补助,适当减免其提留任务、义务工和欠款;在生产技术上对贫困户给以指导,帮助他们做好家禽、家畜的疫病防治,并在收费上适当照顾。社队企业部门尽可能多地安排一些贫困户参加生产劳动。物资部门在供应农用和修建房屋的物资时,优先照顾贫困户。教育部门为贫困户子女减免学杂费,并在助学金使用上予以适当照顾。民政部门协助党政领导制定扶贫规划,进行调查研究,交流工作经验;加强与有关部门的联系,组织集体帮助和群众互助;拨出适当数额的农村救济经费,用于扶贫。在实际工作中,扶贫工作由财政部门牵头,有关部门参加。

四、对对口协作扶贫等进行探索

对口协作扶贫发端于20世纪70年代末国家组织经济发达地区对口支援少数民族地区。

新中国成立以来,党中央对少数民族地区十分关怀,给予相当的财力支援,使少数民族地区的经济、社会、文化建设等事业取得很大成就。但是与沿海、内地地区相比,差距仍然很大,部分少数民族地区群众在衣、食、住等基本生活条件方面还有许多困难。

为了使少数民族地区得到充足的物质资源、先进的生产技术、科学的经营管理方法,不断增强自身的致富能力,1979年4月在北京召开的全国边防工作会议,提出了组织内地发达省、市对口支援边境地区和少数民族地区建设的政策。针对边境地区多为经济欠发达的少数民族地区的现状,会议最终确定了内地发达省、市对口支援边境及少数民族地区的具体方案,确定北京支援内蒙古,河北支援贵州,江苏支援广西、新疆,山东支援青海,上海支援云南、宁夏,全国支援西藏。

此后,对口支援和经济技术协作逐步开展起来,在帮助少数民族地区的经济建设方面取得一些成效。据不完全统计,到1983年8月,对口支援省、自治区、直辖市之间商定的支援和协作项目已达1800多项①。

为了继续加强经济发达省、市同少数民族地区的对口支援和经济技术协作工作,国家计委、国家民委于1982年10月7日到14日,在宁夏银川召开了经济发达省、市同少数民族地区对口支援和经济技术协作工作座谈会,充分肯定了对口支援的重要意义:"事实说明,经济发达省、市同少数民族地区开展对口支援和经济技术协作,对于加速少数民族地区的经济文化建设,促进经济发达省、市经济的发展,是一条投资少、见效快、收益大的重要途径。"②大会进一步明确了对口支援工作的方向、重点、任务等问题。1983年1月11日,国务院批转了座谈会纪要。

此后,对口支援和经济协作扩展到农村扶贫开发工作中,很多地方开展了对口支援扶贫。例如,1984年,为了促进甘肃"两西"地区的经济发展,经国务院"三西"地区农业建设领导小组与江苏省、山西省协商,这两省选派了一批有丰富的经济工作经验的离休、退休老干部和水土保持、林业、畜牧等方面的工程技术人员到甘肃"两西"地区帮助开展工作,就发展当地乡镇企业、商品生产和小流域治理等开展咨询和技术指导。③ 有的地方还动员有技术专长的党员干部和农技员、能工巧匠、专业户组成科技扶贫组,与贫困户建立扶贫联系,并逐户签订扶贫协议,技术人员帮助制定科学致富方案,引进优良品种,传授农业技术。④ 1985年,河北省筹集资金1000万元用于支持山、老、边、穷地区办教育,并长期进行对口支援,从省直机关、科研单位抽调一批能胜任师资培训工作的同志,轮流到基层帮助搞培训工作。⑤ 为增强沂蒙山区的经济活力,济南市同蒙阴县、费县,青岛市同沂水县、沂南县,淄博市同沂源县,烟台市同平邑县结成"对子",展开了对口支援活动。这四个城市利用自己经济基础好、技术力量强、传递信息快等方面的优势,从资金到设备,从技术到人才,从生产到销售,全面帮助沂蒙山区6个县发展"起步产业",增强"造血"机能。⑥

---

① 伍精华:《开展对口支援帮助少数民族地区发展经济建设(摘要)》,《经济工作通讯》1984年第14期。
② 《国务院批转关于经济发达省、市同少数民族地区对口支援和经济技术协作工作座谈会纪要的通知》,《中华人民共和国国务院公报》1983年第2号。
③ 陈惠明:《江苏、山西咨询组到甘肃"两西"地区帮助工作》,《人民日报》1984年4月15日。
④ 姜圣瑜:《喜看农村形势好 引导农民科学种田 宗村乡最困难的68户一年致富》,《人民日报》1984年1月7日。
⑤ 杨振武、王庚南:《河北省筹集资金一千万元 支持山、老、边、穷地区办教育》,《人民日报》1985年7月23日。
⑥ 贾建舟:《山东省调动各方力量帮助沂蒙山区脱贫致富》,《人民日报》1985年10月12日。

第三章　改革开放初期农村扶贫开发政策的确立及初步实施(1979—1985)

改革开放初期,农村扶贫开发工作取得不小成绩的同时,也暴露出一些缺点和不足。例如,缺乏专门的工作机构,扶贫开发各项工作不能有效地协调,使得一些扶贫措施或者不准,或者不力;扶贫资金使用有些分散,有的使用范围不尽妥当,有的资金管理偏松,监督检查不严,少数地方甚至发生贪污挪用、损失浪费等现象。这种局面亟须在下一步扶贫开发工作中予以改进。

第四章

全国性大规模农村扶贫开发全面展开，解决贫困地区大多数群众温饱问题（1986—1993）

1986年5月16日，国务院发文宣布贫困地区经济开发领导小组成立，将农村扶贫开发工作推入新的阶段，全国范围内有计划、有组织、大规模的农村扶贫开发工作蓬勃开展起来。到1993年底，全国农村没有解决温饱的贫困人口由1985年的1.25亿人减少到8000万人，贫困发生率由14.8％下降到8.7％。①

第一节　农村扶贫开发纳入"七五"计划

一、国务院贫困地区经济开发领导小组成立

1986年，中央"一号文件"《中共中央、国务院关于一九八六年农村工作的部署》，专门就切实帮助贫困地区逐步改变面貌做出部署，提出了"国务院和有关省、自治区都要建立贫困地区领导小组，加强领导"②的建议。1986年4月，扶持"老少边穷"地区尽快摆脱经济文化落后状况作为一项重要内容，列入了《中华人民共和国国民经济和社会发展第七个五年计划（摘要）(1986—1990)》。该计划第十九章专门规划"老、少、边、穷地区的经济

---

① 国务院扶贫开发领导小组办公室：《中国扶贫开发的伟大历史进程》，《人民日报》2000年10月16日。

② 《中共中央、国务院关于一九八六年农村工作的部署》(1986年1月1日)，《十二大以来重要文献选编》（中），人民出版社1986年版，第878页。

第四章 全国性大规模农村扶贫开发全面展开,解决贫困地区大多数群众温饱问题(1986—1993)

发展",明确指出:"国家对老、少、边、穷地区继续在资金方面实行扶持政策;继续减轻老、少、边、穷地区的税收负担。进一步组织发达地区和城市对老、少、边、穷地区的对口支援工作。"[1]这对下一步农村扶贫开发工作提出了新的要求。

为了更好地完成农村扶贫开发任务,全国从上到下成立了专门的扶贫工作机构。1986年5月16日,国务院贫困地区经济开发领导小组成立,作为国务院关于扶贫开发工作的专门议事协调机构。领导小组由时任国务院秘书长陈俊生担任组长,成员由国家经委、国家计委、国家科委、国家教委、民政部、财政部、商业部、农牧渔业部、林业部、水电部、交通部、卫生部、中国农业银行、"三西"地区农业建设领导小组[2]等有关部门同志担任。其基本任务是组织调查研究,拟定贫困地区经济开发的方针、政策和规划,协调解决开发建设中的重要问题,督促、检查和总结交流经验。之后,相关省、自治区、直辖市和地(市)、县级政府也成立了相应的扶贫开发工作机构,负责协调组织开展本地的扶贫开发工作。

二、"七五"期间农村扶贫开发的基本目标和主要任务

新成立的国务院贫困地区经济开发领导小组立即着手制定"七五"期间的扶贫规划。1986年5月14日,国务院贫困地区经济开发领导小组召开第一次全体会议,讨论确定"七五"期间贫困地区经济开发的基本目标和主要任务。基本目标,就是争取用五年左右的时间,在"七五"期间解决大多数贫困地区人民的温饱问题;并使贫困地区初步形成依靠自身力量发展商品经济的能力,逐步摆脱贫困,走向富裕。为实现这一目标,会议提出十个方面的主要任务:①实行特殊政策和措施,集中力量,重点解决集中连片的最贫困地区的问题;②坚持因地制宜的原则,实事求是地确定贫困地区经济发展方针,扬长避短,发挥优势,增强自我发展能力;③加强智力开发,提高贫困地区劳动者的素质;④积极发展农产品加工业,在税收、信贷等方面要积极支持适当照顾贫困地区发展乡镇企业;⑤疏通流通渠道,改善交通条件,活跃商品经济;⑥积极发展和不断扩大贫困地区与经济发展地区的横向经济联系;⑦将"星火计划"引入贫困地区,充分发挥科学技术治穷致富的巨大作用;⑧改革国家用于贫困地区资金的使用方式,彻底改变过

---

[1] 《三、地区布局和地区经济发展政策》,《中华人民共和国国务院公报》1986年第11号。
[2] 根据国务院机构改革的要求,1988年7月,国务院将贫困地区经济开发领导小组与"三西"地区农业建设领导小组合并为国务院贫困地区经济开发领导小组。

去那种平均分散使用资金和单纯救济的办法;⑨加强领导班子建设,建立明确的目标责任制;⑩动员全社会的力量,采取不同形式,为贫困地区的经济开发做出贡献。①

三、确定贫困标准和 331 个全国重点贫困县

在广大的农村地区实施扶贫计划,首先要解决的是确定农村贫困标准。1986 年,国家统计局农调总队依据对全国 6.7 万户农村居民收支调查资料计算贫困标准。当时以国际上通用的生存绝对贫困概念作为计算农村贫困的基础,生存绝对贫困的核心是穷人不能满足在当时社会生产、生活方式下维持生命正常活动所必需的基本生存需求。基本生存包括两部分:一部分是满足最低营养标准(每天 2100 大卡)的基本食品需求,另一部分是最低限度的衣着、住房、交通、医疗及其他社会服务的非食品消费需求。前者为食物贫困线,后者为非食物贫困线,两者之和就是贫困标准。根据这种方法计算,1984 年中国农村贫困标准为年人均纯收入 200 元,1985 年农村贫困标准为年人均纯收入 205 元。② 按这一标准,1985 年农村贫困人口为 1.25 亿人,占农村总人口的 14.8%。

实施扶贫计划第二个要解决的是确定扶持对象。中国农村贫困人口相对集中在一些资源环境恶劣、地理位置偏远的贫困地区,因此改革开放初期主要采用以集中连片贫困地区为重点的区域开发式扶贫。支援经济不发达地区发展资金重点投向十几个集中连片贫困地区的贫困省份,由省里向集中连片贫困县发放扶贫资金。到"七五"期间,为了使区域性扶贫开发的瞄准对象更加精确,国家将扶贫开发的主要对象确定为贫困县。

第一批全国重点贫困县是 1986 年确定的。按国家统计局的统计数字,全国重点贫困县主要是 1985 年全县人均纯收入 150 元以下的县,对革命老区县、民族自治县放宽至 1985 年人均纯收入 150~200 元,对井冈山、太行山等对革命贡献大、影响大的一部分革命老区县再放宽至 1985 年人均纯收入 200~300 元,全国重点贫困县共 258 个。其中,河北 10 个,山西 13 个,内蒙古 7 个,辽宁 3 个,浙江 3 个,安徽 8 个,福建 14 个,江西 16 个,

---

① 《国务院贫困地区经济开发领导小组第一次全体会议纪要(摘要)》,《中华人民共和国国务院公报》1986 年第 16 号。

② 农村贫困标准根据物价指数变动逐年调整,到 1990 年这一标准调整为 300 元。参见国家统计局农村社会经济调查总队:《中国农村贫困监测报告 2000》,中国统计出版社 2000 年,第 132 页。

第四章　全国性大规模农村扶贫开发全面展开,解决贫困地区大多数群众温饱问题(1986—1993)

山东7个,河南15个,湖北9个,湖南8个,广东3个,广西22个,四川16个,贵州19个,云南26个,陕西32个,甘肃9个,青海7个,新疆11个。①这258个贫困县,基本分布于18个集中连片贫困地区,即秦岭大巴山区,武陵山区,乌蒙山区,大别山区,滇东南山区,横断山区,太行山区,吕梁山区,桂西北山区,九万大山区,努鲁儿虎山区,西海固地区,定西干旱地区,西藏自治区,陕北革命老根据地,闽西南、闽东北革命老根据地,井冈山和赣南根据地,以及沂蒙山区。1986年底,国家设立的贫困地区专项贴息贷款就是向这258个全国重点贫困县发放。1987年,又有15个县被列为专项贴息贷款扶持的全国重点贫困县,其中多数贫困县位于行洪区。1989年,海南建省,国家又在海南确定了3个专项贴息贷款扶持全国重点贫困县。这样,专项贴息贷款扶持的贫困县达到276个。

1987年6月4日至9日召开的全国牧区工作会议确定把牧区扶贫列入全国的扶贫计划,国家在"七五"期间每年拨出5000万元扶贫专项贴息贷款,集中用于牧区的贫困地区。牧区扶贫专项贴息贷款从1988年开始发放,扶持6个省区的27个牧区重点贫困县。②

除这两类全国重点贫困县之外,原来"三西"地区农业建设专项资金重点扶持的甘肃中部干旱地区20个县和宁夏西海固干旱高寒山区的8个贫困县,也列入全国重点贫困县予以扶持。

这样,三类全国重点贫困县到达331个,它们成为1986年至1993年国家扶贫的重点对象,俗称国家级贫困县。不符合上述标准的贫困县,则作为插花式贫困县由各省扶持,俗称省级贫困县。省级贫困县的确定,全国没有统一的标准,其标准和数量均由各省根据当地的经济发展情况和财政承受能力自行确定。有的省按农民人均纯收入一个指标来确定,有的省则按农民人均纯收入和人均占有粮食两个指标来确定。

全国重点贫困县的确定,使得扶贫开发工作对象更精确,扶贫资金投放更集中,扶贫开发工作整体更加有效。

---

① 《中国人民银行、中国农业银行关于印发〈中国人民银行、中国农业银行扶持贫困地区专项贴息贷款管理暂行办法〉的通知》(1986年11月17日),山东省档案馆藏,档案号A172-02-231。

② 牧区重点贫困县的标准是1984—1986年三年平均全县人均纯收入300元以下的纯牧区县(旗)和200元以下的半牧区县(旗)。

第二节 加大农村扶贫开发力度

"七五"时期,为了加大农村扶贫开发力度,党和政府既对支援经济不发达地区发展资金等财政扶贫资金的使用与管理进行改革,以提高资金效益,又逐步增加扶贫开发信贷资金的投入;并把广泛动员全社会力量积极参与扶贫,作为新时期扶贫工作的一条重要方针贯彻实施;与此同时,将少数民族贫困地区的扶贫开发作为重点,给予特殊的扶持优惠政策。

一、改革财政扶贫资金使用与管理

支援经济不发达地区发展资金是改革开放初期扶贫开发的主要财政资金。经过几年的使用,既探索了有偿与无偿相结合等有益做法,也出现了对资金的安排使用缺乏灵活性、管理监督工作不严、资金经济效益和社会效益不够理想等问题。

为了提高发展资金的使用效益,加强对发展资金的管理,1986年11月,全国支援经济不发达地区发展资金管理委员会召开第二次全国支援经济不发达地区发展资金管理工作座谈会,对1983年制定实施的《支援经济不发达地区发展资金管理暂行办法》提出四条修改意见:一是发展资金的使用应当坚持有偿与无偿结合,以有偿为主的原则,这有利于克服"等、靠、要"的依赖思想;二是进一步明确发展资金的使用方向和重点,即绝大部分地区应该主要发展投资少、见效快、好管理、能够解决群众温饱的小型项目;三是把发展资金的支援对象扩大到贫困户;四是发展资金的分配和使用要坚持经济责任制和合同制。①

根据会议精神,1986年12月25日,全国支援经济不发达地区发展资金管理委员会制定了新的发展资金管理办法。新办法落实上述修改意见,明确规定:发展资金是国家财政设立的专项资金,用于经济不发达的革命老根据地、少数民族地区、边远地区以及贫困地区。在资金分配时对于这些地区尚未解决温饱的要优先安排;发展资金按省、自治区进行分配。省、自治区要根据国务院的有关规定,确定经济不发达地区的标准和支援对象,并有计划、有重点、集中连片地分配使用,不能按部门或按地区平均

---

① 《总结经验 加强管理 提高发展资金使用效益——第二次全国支援经济不发达地区发展资金管理工作座谈会在京召开》,《财政》1987年第1期。

分配。①

随着中央和地方用于贫困地区经济开发各项资金的投入越来越多,提高资金使用效益迫在眉睫。1987年1月,国务院贫困地区经济开发领导小组、财政部、中国人民银行、中国农业银行联合制定了《全国贫困地区经济开发项目管理试行办法》。该办法强调,把有限的资金集中起来有选择地用到最需要的地方,按科学的管理程序投资,提高经济开发的效益。该办法规定,对贫困地区各种资金实行项目投资的主要方向是投资少、见效快、有市场,家家户户都能干、都有利,有助于贫困户劳动力就业,能尽快解决群众温饱的"短平快"项目。②

二、增加多种专项扶贫贷款

除了原有支援经济不发达地区发展资金、"三西"农业建设专项资金、以工代赈资金等财政扶贫资金和"老少边穷地区发展经济贷款"、"发展贫困地区经济贷款"之外,1986年以后,国家不断增加扶贫开发信贷资金的投入。

一是贫困地区专项贴息贷款。1986年6月,国务院决定在原来用于扶持贫困地区资金数量不变的基础上,新增加10亿元专项贴息贷款。这项贷款从1986年开始使用,连续5年,每年发放10亿元。贴息贷款投放的对象是258个全国重点贫困县,同原有的"老少边穷地区发展经济贷款"、"发展贫困地区经济贷款"和"支援经济不发达地区发展资金"等,一起由省、自治区统筹安排,重点用于有助于扩大就业、有助于尽快解决群众温饱的"短、平、快"生产项目,以及直接为开发项目服务的急需的商品生产基础设施建设。贴息贷款实行项目管理,以开发项目定贷款,贷款随着项目走。贷款期限一般为1~3年,最长不超过5年。当时专项贴息贷款的利率为月息6.1厘,对借款户收取2.1厘,中央财政补贴4厘。③

二是牧区扶贫专项贴息贷款。如前所述,牧区扶贫专项贴息贷款每年5000万元,从1988年开始发放,扶持27个牧区重点贫困县。这笔贷款利率为月息6.1厘,中央财政贴息4厘,贷款牧民和扶贫企业付2.1厘,贷款

---

① 《支援经济不发达地区发展资金管理办法》,《财政》1987年第2期。
② 《国务院有关部门联合制订管理试行办法 提高用于贫困地区资金使用效益》,《人民日报》1987年6月9日。
③ 《国务院办公厅转发国务院贫困地区经济开发领导小组第一次全体会议纪要的通知》,《吉林政报》1986年第14期。

期限一般为 4~5 年。①

牧区扶贫专项贴息贷款主要通过扶贫经济实体和牧区各种服务组织以及有生产、经营能力的牧民,重点用于建设冬春饲草基地,增强抗灾保畜能力;改良畜种,建立家畜育肥基地,推广效益显著的畜牧实用技术;开展畜产品初级加工业,提高产品质量和产值;发展产前、产中、产后的服务体系,增强牧业自身经济活力。

三是非国家重点扶持贫困县专项贷款。为扶持一部分非国家重点贫困县进行经济开发,自 1991 年起,国家每年新增 5 亿元扶贫贷款,投向经国务院贫困地区经济开发领导小组核定的 214 个非国家重点扶持的贫困县(经国务院贫困地区经济开发领导小组批准,后来又增加了 17 个贫困县,合计 231 个县),主要扶持人均纯收入低于 300 元的贫困户,重点支持发展种植业、养殖业、林果业、以农副产品为主要原料的加工业以及农业科技推广应用效益显著的项目。这笔贷款,借款期限一般为 5 年,借贷利率为月息 3.9 厘;与 10 亿专项贴息贷款收取借款户利率一致,贫困户和借款单位使用贷款所付利息为月息 2.4 厘,与前述利率(2.1 厘)之间的差额由省财政贴息补贴。②

四是贫困县办企业贷款。1988 年,国务院贫困地区经济开发领导小组第六次全体会议决定,从 1988 年起新增贫困县办企业贷款,主要用于帮助 331 个全国重点贫困县办企业,增强贫困县自力更生的经济能力,使千家万户的脱贫步伐与县财政状况的逐步好转相一致。这项贷款集中用于发达地区与贫困地区合办的项目,把贫困地区开发和发达地区发展结合起来。贫困县办企业贷款 1988 年投放 7 亿元,利率比普通贷款利率低 20%。③

到 1988 年底,各省、区扶持的贫困户中已有 60% 左右解决温饱问题,国家重点扶持的 331 个贫困县中有 1/4 越过温饱线。1989 年 2 月 1 日召开的国务院贫困地区经济开发领导小组第七次全体会议决定,继续扶持越过温饱线的贫困县,在巩固成果的基础上,实现从扶持千家万户解决温饱问题向发展连片支柱产业的战略转折,争取尽快使现在已经解决温饱的大多数贫困户年人均纯收入接近或达到本省、自治区平均水平。为此,会议

---

① 《国务院贫困地区经济开发领导小组第六次全体会议纪要》,《贫困地区经济开发十粹》,中国科学技术出版社 1993 年版,第 61 页。
② 《国务院决定"八五"期间 每年新增五亿元扶贫贷款》,《中国科技信息》1991 年第 11 期。
③ 赵明、陈健:《我国扶贫资金使用发生重大变化 将投放七亿元用于发达地区和贫困地区联合开发项目》,《人民日报》1988 年 5 月 19 日。

确定了"两不变,一优先"的方针,即扶持资金不变、优惠政策不变,使用县办企业贷款优先。① 按照这一精神,从1989年起,中国人民银行、中国工商银行把县办企业贷款重点用于已经解决温饱的贫困县,实现从扶持千家万户解决温饱问题向发展区域经济的战略转折,进入脱贫致富新阶段。此外,中国人民建设银行从1989年起增加设立县办企业贷款,每年发放1亿元。

此外,1992年,国家还新增了4亿元基本农田建设专项贴息贷款和1.5亿元恢复水毁扶贫项目贴息贷款,均由中国人民银行安排,中国农业银行放款。贷款利率为月息7厘,贷款单位付2.4厘,中央财政和省(自治区)财政各补贴2.3厘。其中,基本农田建设专项贴息贷款集中用于23个省(自治区)国家扶持的贫困县(不含甘肃"两西"地区的贫困县),主要用于贫困地区建设旱涝保收、稳产高产基本农田所需的施工材料费。

三、动员社会各界踊跃扶贫

帮助贫困地区群众解决温饱问题,是党和政府的重要任务,也是全社会的共同责任。广泛动员全社会力量积极参与扶贫,是改革开放新时期扶贫开发工作的一项重要方针。1985年9月23日,中国共产党全国代表大会通过的《中共中央关于制定国民经济和社会发展第七个五年计划的建议》明确提出,"要广泛动员社会力量,积极开展扶贫工作"②。1986年5月14日,国务院贫困地区经济开发领导小组第一次全体会议明确提出:动员全社会的力量,关心和支持贫困地区改变面貌。这是全党全国的一件大事。近几年,许多地区已经创造了不少好的经验,值得提倡。欢迎社会各界尽自己的力量,采取不同形式,为贫困地区的经济开发做出贡献。③ 在中央的号召之下,社会各界积极开展了扶贫工作。

(一) 党政国家机关、人民解放军扶贫

党政国家机关要带头帮助贫困地区搞好开发和建设。1986年6月,国务院贫困地区经济开发领导小组第二次全体会议要求国家机关把扶贫任

---

① 《国务院办公厅关于转发国务院贫困地区经济开发领导小组第七次会议纪要的通知》,《中华人民共和国国务院公报》1989年第4号。
② 《中共中央关于制定国民经济和社会发展第七个五年计划的建议》,《十二大以来重要文献选编》(中),人民出版社1986年版,第831页。
③ 《国务院贫困地区经济开发领导小组第一次全体会议纪要(摘要)》,《中华人民共和国国务院公报》1986年第16号。

务纳入日程,从实际出发,采取多种形式,支持和帮助贫困地区进行经济开发。中共中央和国务院所属各个部门积极响应号召,纷纷开展扶贫工作。

1986年3月,国家科委组织对大别山区进行考察,拟定了重点联系大别山区,帮助当地开发经济,争取在三五年内基本解决温饱问题、改变贫困面貌的计划。1986年7月,国家科委帮助开发大别山连片贫困区的计划开始实施,派出由67名干部(其中8名局级干部、15名处级干部)组成的首批贫困地区经济开发工作团,工作团参照了中央讲师团的做法,抽调年富力强的优秀干部分赴各县,时间暂定三年,人员一年一轮换,如三年内不能实现既定目标,则延长时间,直至达到目标为止。工作团的组建,受到了科委上下的关注,大家报名十分踊跃。工作团将在所在省统一领导下,与地、县同志一起,开展调查研究,制定或核定经济开发规划,选择近期开发项目,兴办科技示范点,大力推广科学技术,使科技在贫困地区开发中发挥重要作用。①

1986年9月,由14人组成的商业部扶贫工作组到革命老根据地沂蒙山区,深入沂水、蒙阴和平邑县的93个村庄,身体力行为老区人民办实事。他们请来工程师,采取开现场会、办培训班、放录像等形式,向农民传授活拔鹅鸭毛绒的技术,增加了农民的收入;会同有关单位研制成了以金银花保健为主的"双花"枕头,投放市场后,枕头深受消费者欢迎;帮助销售当地的由酸枣制成的酸枣酒、酸枣汁,与北京王府井百货大楼取得联系,使产品打开了销路,被当地群众称为"北京来的亲人"。②

除国家科委联系大别山区,商业部联系沂蒙山区外,其他各部门也都开展了定点扶贫工作。例如,农牧渔业部联系武陵山区,民政部联系井冈山区,林业部联系黔桂九万大山地区,中国科协联系吕梁山区,国家教委联系太行山区,水电部联系三峡地区等;地矿部、经贸部、中国人民银行和中国农业银行、国家气象局、建材局等结合本部门的业务向贫困地区提供多样化的服务;全国总工会、团中央等则在技术交流、信息和人才开发方面提供了服务;有6个部委组成了专职的扶贫工作团,常驻贫困地区工作。

党政国家机关扶助贫困地区注重发挥部门优势,开展智力扶贫、科技扶贫、人才扶贫,出主意、想办法,提供信息、"当红娘"帮助牵线搭桥,发展

---

① 陈健:《用科技开发大别山连片贫困区 国家科委首批工作团整装待发》,《人民日报》1986年7月4日。
② 张百新:《商业部扶贫工作组身体力行 为沂蒙山区人民办实事》,《人民日报》1987年2月3日。

横向联合,提高开发项目的成功率,提高资金使用效益。总体来说大致有三种形式:一是派出贫困地区经济开发工作团,有重点地帮助一片贫困地区脱贫致富;二是相对稳定地联系一片贫困地区,定期派人去考察、给予帮助;三是从本部门实际出发,有计划地为贫困地区办实事、办好事。对零星插花的贫困乡,一般由地县负责,国家机关和各省、市、自治区机关主要帮助集中连片的贫困地区。

到1993年,中央、国家机关定点联系帮助一片贫困地区的部门和单位已经达到81个。据不完全统计,仅1993年国务院系统参加定点挂钩扶贫的就有54个单位,帮助引进资金5亿多元,引进经济合作项目609个,扶持改造和扩建项目895个,引进技术和管理人才636名,办培训班733期,培训专业技术人才7万多人,委托大专院校定向招生200多名。① 这些部门艰苦细致、卓有成效的扶贫工作,受到了贫困地区广大干部、群众的热烈欢迎,为全社会扶贫做出了榜样。

人民解放军驻"老少边穷"地区的部队积极帮助穷困群众脱贫致富。到1992年,解放军挂钩扶助的698万余户贫困户,已有2/3以上甩掉了贫困帽子。在扶贫工作中,部队指战员大力支持驻地的基本建设,为群众发展生产创造条件。济南军区所属部队帮助5000多个扶贫点实现水、电、路三通。兰州、沈阳军区给水工程部队长年奋战在干旱荒漠山区,为驻地群众义务打井1025眼。驻西南、西北和内蒙古地区的部队出动大批人力与机械车辆,参加贫困地区100多条江河的治理,为农牧业丰收做出贡献。许多部队积极开展科技助民活动,为驻地群众培养实用技术人才,促进贫困地区经济的振兴。兰州军区先后为贫困地区举办1万多期科学知识讲座和致富学习班,培训各类技术人才15.6万人,帮助他们走上富裕之路。国防科技大学帮助湖南34个革命老区、山区贫困县制定了经济发展规划,取得了显著的经济效益。广大指战员满腔热情地为驻地传递经济信息,帮助群众因地制宜发展商品生产。四川省军区先后向107个乡提供经济信息1.2万多条,帮助引进1200多个扶贫项目和5000多万元资金,已使1891个村、12.7万农户摆脱了贫困。一些省军区、军分区组织干部轮流到扶贫点蹲点,为群众脱贫致富献计献策。宁夏军区先后派出500多名干部

---

① 焦然:《党中央国务院关怀贫困地区父老乡亲　中央国家机关召开扶贫工作会议　提出到本世纪末扶贫目标和三项具体要求》,《人民日报》1994年7月19日。

深入扶贫点工作,已使2万多贫困户脱贫。①

(二)民主党派、全国工商联智力支边扶贫

"老少边穷"地区自然资源丰富,发展潜力很大,但由于科学技术和文化落后,优势很难发挥甚至发挥不出来。民主党派团结了一大批各行各业的知识分子人才,可以利用自身优势,帮助贫困地区进行智力开发。1983年2月20日,中央统战部、国家民委邀请民盟、民进、农工党、九三学社、民革五个民主党派中央负责人和边疆、沿海地区统战、民族部门,举行民主党派为边疆和少数民族地区四化建设服务挂钩的会议,专门研究开展智力支边扶贫活动。4月13日,中央统战部、国家民委提交《关于民主党派为边疆地区建设服务挂钩会议的报告》,就民主党派如何做好智力支边的工作提出意见建议。1983年5月,中共中央办公厅、国务院办公厅转发了这一报告。

在中央支持下,民主党派智力支边扶贫活动很快开展起来。1983年,民盟、民进、农工党、九三学社和民革5个民主党派和9个边疆、少数民族地区就智力支边问题达成150项协议。根据协议,5个民主党派的2000多名专家学者陆续奔赴新疆、内蒙古、云南、贵州、甘肃、宁夏、吉林、黑龙江和四川,根据当地需要举办经济、科技、教育、文化等方面的专题学术讲座,开设短期培训班,培养医药卫生、企业管理、会计统计、中小学教育和行政管理等方面的专门人才,并为当地的资源开发、能源利用、建设规划等项目提供咨询服务。② 自1989年起,民革、民盟、民建、民进、农工党、致公党、九三学社、台盟8个民主党派中央和全国工商联,重点支持贵州毕节地区,协助毕节地区制定并论证《开发扶贫、生态建设试验区社会经济发展规划》,经国务院批准,该地区成为内陆石山地区开发的试验区。③

各民族地区的民主党派、工商联组织,更是把帮助当地贫困农民脱贫致富当作义不容辞的责任。1983年至1992年,四川省各民主党派、工商联共组织各类专家、教授和科技人员2000多名,深入凉山彝族自治州、甘孜藏族自治州、阿坝藏族羌族自治州等少数民族地区,实施支边项目980多

---

① 《解放军帮助老少边穷群众脱贫致富 挂钩扶助698万户已有2/3甩掉贫困帽子》,《人民日报》1992年2月11日。

② 何平:《专家学者实行"智力支边" 五民主党派与九省区达成150项协议》,《人民日报》1983年3月1日。

③ 《各民主党派工商联积极参政议政 开展多项活动服务建设成绩显著》,《人民日报》1992年3月17日。

项,进行各种咨询、论证 1000 多项,帮助引进了一批文化教育和科技项目,举办各种讲座 600 多次,听众达 15 万多人,培训各类师资人员和初中级专业技术人员 6000 多人,还为少数民族地区办了 2 所大学和 4 所中等职业学校。①

到 20 世纪 90 年代初,各民主党派、工商联各级组织已初步形成了一支专职、兼职相结合的智力支边扶贫干部队伍和专家队伍。他们帮助贫困地区的干部和群众学习市场经济知识,促进贫困地区各类商品市场的建立和发展,为贫困地区提供市场信息,帮助贫困地区逐步建立起能充分利用当地资源、有较好市场前景的支柱产业,不断改进产品质量,使资源优势转化成商品优势,在市场竞争中取得更好的效益。1993 年 12 月,中央统战部、国家民委对各民主党派、全国工商联的 63 个智力支边扶贫先进集体和 116 位先进个人进行了表彰。

(三) 民间公益组织扶贫

贫困地区人多面积广,仅靠国家扶贫是不够的。民间扶贫作为国家扶贫的一种补充,是完全必要的、不可缺少的。

1989 年 3 月 13 日,中国第一家筹集民间扶贫资金机构——中国贫困地区发展基金会经国务院批准在北京成立,其核心成员基本上是党和国家的离退休领导干部,他们不甘心贫困地区特别是革命老区仍处于贫困的境地,希望在扶贫方面发挥余热。中国贫困地区发展基金会 1990 年改称中国扶贫基金会,是对海内外捐赠基金进行管理的非营利性社会组织,其宗旨是:广泛争取国内外各方面力量支持中国贫困地区的发展,接受有益于中国贫困地区的各方面援助。这个基金会的成立,改变了过去单纯依靠国家财政拨款和银行贷款扶贫的传统方式,开辟了资金来源和资金使用的新渠道。到 1993 年,基金会共投入资金 6 亿多元,通过牵线搭桥、外引内联,直接资助或参与开发扶贫项目。由基金会发起的干部交流,从江苏、陕西两省开始,已发展到 24 个省、市、区。②

共青团中央、全国青联、全国学联、全国少工委共同创办的中国青少年发展基金会,于 1989 年 10 月设立救助贫困地区失学少年基金。这项被命名为"希望工程"的救助基金,具体资助方式有三项:一是设立助学金,长期

---

① 王文俊、陈华:《四川各民主党派工商联坚持智力支边 实施项目 980 多项,培训人员 6000 多人》,《人民日报》1992 年 6 月 9 日。
② 华克:《扶贫基金会开辟民间扶贫新路子》,《人民日报》1993 年 4 月 18 日。

资助我国贫困地区品学兼优而又因家庭困难失学的孩子重返校园;二是为一些贫困乡村新盖、修缮小学校舍;三是为一些贫困乡村小学购置教具、文具和书籍。"希望工程"本着取诸社会、建立基金、公诸社会、造福孩子的宗旨,为促进贫困地区的经济发展、提高贫困地区青少年的文化素质做出了贡献。

四、加强对少数民族地区扶贫

新中国成立以来,在党的民族政策正确指导下,少数民族地区发生了巨大而深刻的变化。但是,由于历史、地理、政治、经济等方面的原因,少数民族地区发展的整体水平依然很低。鉴于少数民族贫困地区扶贫开发的难度较大,改革开放新时期国家对少数民族贫困地区除实行一般贫困地区的优惠政策外,还采取了特殊的扶持优惠政策。

一是继续拨付少数民族地区补助费。1980年,国家实行"划分收支,分级包干"的财政体制以后,国家原来对少数民族地区的各项照顾继续保留。其中少数民族地区补助费,主要用于少数民族地区发展生产、文化教育和医疗卫生等方面的某些特殊开支,每年约5000万元。①

二是放宽对少数民族贫困县的扶持标准。如前所述,1986年,国务院确定国家重点扶持的贫困县的标准是:一般贫困地区1985年全县农民人均纯收入150元以下,但对民族自治地方县放宽到200元以下。1988年,又通过牧区专项扶贫贴息贷款将27个重点扶持的牧区贫困县(其中26个县是少数民族自治地方)纳入国家扶贫开发整体规划之中。到1989年,在国家重点扶持的331个贫困县中,少数民族贫困县有141个,占42.6%。

三是扶贫资源向少数民族贫困县倾斜。对少数民族贫困地区的银行贷款规模和农用生产资料的安排都优先给予照顾。1988年,在原有数量分配物资的基础上,向少数民族贫困地区专项增加20万吨化肥、0.83万吨地膜、3.1万吨钢材、29万立方米木材,并以70%的优惠价格供应了7845辆卡车。1989年,专项供应的地膜多达3万吨,化肥22万吨。②

经过特殊扶持,少数民族扶贫工作很快取得阶段性成绩。到1988年,国家扶持141个少数民族贫困县尚未解决温饱的贫困人口,由1985年的

---

① 《在财政经济上采取多种措施 国家对少数民族地区给予特殊照顾》,《人民日报》1984年5月23日。
② 柴克俭:《吹响扶贫攻坚战的号角——全国少数民族地区扶贫工作会议侧记》,《中国民族》1989年第11期。

第四章　全国性大规模农村扶贫开发全面展开,解决贫困地区大多数群众温饱问题(1986—1993)

2137万人减少到1518万人,约有620万人解决了温饱问题。① 此外,各省、自治区、直辖市扶持的少数民族贫困县、乡、村中,也有一大批群众摆脱了贫困。

在取得初步胜利的基础上,国家决定在1989年至1990年两年集中力量解决少数民族贫困县群众的温饱问题②。为此,国务院把少数民族地区的扶贫作为扶贫开发工作的重点来抓,主要采取大力发展优势产业、切实放开农副产品销售、减轻负担增强内部活力、设立少数民族贫困地区温饱基金等四项特殊扶贫政策。③

按照国务院部署,国家从1990年开始设立"少数民族贫困地区温饱基金"。温饱基金由国家财政和银行贷款组成。其中"温饱基金财政借款"每年安排2500万元预算。1990年至1992年,国家预算安排的7500万元全部投放到12个省区78个县(旗)的87个项目中。从资金使用情况来看,用温饱基金财政借款扶持的项目大部分都取得了很好的效果87个项目年新增产值5亿元,利税1.5亿元,解决了30万群众的温饱问题,约有50万农牧民人均纯收入不同程度地有所增加。④

"温饱基金人行贷款"从1990年开始设立,由中国人民银行每年从大跨度联合开发扶贫专项贷款中,安排部分"少数民族贫困地区温饱基金",集中用于少数民族贫困县解决群众温饱问题的项目。这笔贷款最初每年2000万元,到1998年增至8000万元,执行国家"老少边穷"地区发展经济贷款的优惠利率,贷款期限一般为一年至三年,特殊情况可四年至五年,个别建设周期长、社会经济效益好的项目最长不超过七年。"温饱基金人行贷款"主要用于四类带动千家万户贫困户解决温饱问题的生产性建设项目,包括种养业项目、加工采掘业项目、农牧业实用科技推广项目、小区域农业综合开发项目等。⑤

通过对少数民族贫困地区的重点扶持,少数民族贫困地区基本生产条

---

① 柴克俭:《吹响扶贫攻坚战的号角——全国少数民族地区扶贫工作会议侧记》,《中国民族》1989年第11期。
② 何砚平:《少数民族贫困地区:"七五"期间扶贫的主战场——陈俊生答本刊记者问》,《瞭望》1989年42期。
③ 《国务院批转国家民委、国务院贫困地区经济开发领导小组关于少数民族地区扶贫工作有关政策问题请示的通知》,《中华人民共和国国务院公报》1989年第21号。
④ 张秉国、王春平:《"温饱基金"使用管理效果良好》,《中国财政》1993年第2期。
⑤ 《国家民族事务委员会、中国人民银行关于印发少数民族贫困地区温饱基金人民银行专项贷款项目管理暂行办法的通知》(1990年9月21日),法律教育网,http://zhangfuheng.china-lawedu.com/falvfagui/fg22016/80683.shtml。

件和基础设施得到极大改善,有效推动了少数民族贫困地区群众温饱问题的解决。

第三节 综合性扶贫开发的开展

扶贫开发是一项综合治理工程,阻碍贫困地区发展的水电、公路等基础设施薄弱以及地方病、教育科技落后等突出问题,需要各有关部门采取有力的措施,协同解决。

一、把扶贫工作与计划生育相结合

1988年底,全国被扶持的贫困户中仍有40%未解决温饱问题,重要的原因之一在于贫困地区的人口增长过快,影响了人均生活水平的提高。20世纪80年代,绝大多数贫困地区的人口增长处于失控或半失控状态。1988年,全国生育节育抽样调查结果表明,"老少边穷"地区7个省、自治区的已婚妇女平均生育率在3.0以上,较全国平均值2.47多出0.53。多孩率在20%以上的主要也是一些经济不发达省份。[1] 在贫困户中,超生是造成贫困的主要原因之一。据四川省计生委调查,贫困户中有1/3以上是超生户。这些家庭往往是人多劳力少,支出大于收入,生活十分贫困。[2]

面对这种"越穷越生,越生越穷"的恶性循环,一些贫困地区的农村扶贫开发开始探索将扶贫工作与计划生育相结合,将生育指标落实到户到人,严格控制人口增长。例如,全国重点贫困县四川省旺苍县从1986年开始坚持脱贫致富和计划生育一起抓,全县层层签订计划生育目标和经济发展目标责任书,严格实行目标管理。对符合生育政策的贫困户,坚持"先脱贫、后生育",家庭人均占有粮食量和人均收入达到一定限额才给安排生育指标。"七五"期间,旺苍县年人口自然增长率控制在8‰以内,计划生育率达到99.8%,农民人均收入增长61.7%,提前两年跨越温饱线。[3] 脱贫致富和计划生育一起抓这种方式,在四川省高县、石柱、南川等县得到推广,也很快见到成效。石柱县原有2582户贫困的超生户,其中有2531户赶上

---

[1] 《国务院办公厅转发国家计生委、贫困地区开发领导小组关于扶贫工作与计划生育工作相结合报告的通知》(1989年12月18日),《中华人民共和国国务院公报》1989年第27号。

[2] 计情:《四川长宁等七县改变"越穷越生、越生越穷"状况 扶贫与计划生育相辅相成》,《人民日报》1989年2月12日。

[3] 何学元、蒋宪章、曹照琴:《旺苍县扶贫与计划生育结合经验好 人口自然增长率控制在8‰ 提前两年跨越温饱线》,《人民日报》1991年9月30日。

第四章 全国性大规模农村扶贫开发全面展开,解决贫困地区大多数群众温饱问题(1986—1993)

或超过了同村组群众的生活水平,个别还成了专业户、万元户;1988年1~9月全县仅超生21人,计划生育率达99.45%。①

四川省这种将扶贫与计划生育相结合的实践,得到国务院有关部门的肯定。1989年7月1日,国务院贫困地区经济开发领导小组第八次全体会议对这一问题进行研究,并于8月21日联合国家计划生育委员会向国务院提交了《关于扶贫工作与计划生育工作相结合的报告》,明确提出了扶贫工作应与计划生育工作相结合的建议。该报告指出:"计划生育是整个贫困地区经济开发工作中的一个不可分割的内容,是扶贫工作的一个重要条件,也是贫困地区群众脱贫致富的一条出路。因此,要把计划生育工作列入经济开发部门的议事日程,放在与资金物资分配、扶贫目标管理责任制同等重要的位置上,自觉地把扶贫工作与计划生育工作紧密结合起来。"该报告进一步提出了四个方面的措施:①对计划生育工作搞得好的贫困县,在扶贫贷款发放、扶贫项目安排、农用物资供应、致富技术培训、劳动力就业、产品销售安排等方面予以照顾;在同等条件下,对于自觉实行计划生育的贫困户,在扶贫措施方面予以优先。②对于目前尚未解决温饱的贫困户,即使符合照顾生育二胎条件的,也要动员他们暂缓安排生育;同时,积极扶助他们发展生产,在人均收入达到一定水平后,再安排他们生育。③对于已经超计划生育的贫困户,必须按当地规定落实有效的节育措施之后再予以扶持;对列为扶贫对象后又超计划生育的,如属有意违反规定,则停止一切优惠待遇;如属缺少实行计划生育基本条件而造成超生的,应帮助他们落实可靠措施后,再恢复其优惠待遇。④超计划生育的贫困户应按规定交纳超生子女费,并以此作为扶贫的条件。② 1989年12月18日,国务院同意了这一报告。

自此,扶贫开发与计划生育相结合的工作在全国比较普遍地开展起来。省、地、县各级经济开发领导小组都吸收了计划生育主管部门的负责同志参加,共同研究扶贫工作和计划生育工作,密切配合,统一行动。贫困地区各级干部的目标管理责任制,包括扶贫和计划生育相结合的内容,这两项工作的指标一起制定,一起承包,一起检查评比。

---

① 计情:《四川长宁等七县改变"越穷越生、越生越穷"状况 扶贫与计划生育相辅相成》,《人民日报》1989年2月12日。
② 《国务院办公厅转发国家计生委、贫困地区开发领导小组关于扶贫工作与计划生育工作相结合报告的通知》(1989年12月18日),《中华人民共和国国务院公报》1989年第27号。

二、把以工代赈扶贫工程与交通水电基础设施建设相结合

交通运输是对国民经济发展具有全局性、先导性影响的基础产业。"老少边穷"地区之所以贫困,其中一个重要原因是地域偏僻,交通闭塞。从改革开放初期扶贫开发工作的实践来看,搞好基础设施建设是商品经济进一步发展的必由之路,离开这一条,脱贫致富就缺乏应有的后劲。因此,只有搞好交通扶贫工作,大力改善贫困地区的交通落后状况,才能从根本上帮助这些地区的人民群众摆脱贫穷,走上致富之路。

"七五"计划建设开始以来,各级交通部门在各级人民政府和广大人民群众的大力支持下,积极开展了多形式、多方面的交通扶贫工作。到1992年底,利用多渠道的扶贫资金,共新建等级公路44800公里,新建机耕道42400公里,改建等外公路为等级公路64700公里。新建桥梁8250多座,25000余延米。同时,还整治了内河航道700余公里。这些项目的建成,使原来不通公路的1500多个乡镇和10000多个行政村通了公路,受益面达25个省、自治区的数千万人口。[①]

贫困地区交通建设,基本是通过以工代赈扶贫工程的方式开展的。从1984年冬至1987年,国家拿出了价值27亿元的库存粮食、棉花、棉布[②],采用以工代赈的办法,帮助贫困地区修建公路、航道、桥梁和人畜饮水工程,取得了显著的经济效益和社会效益,受到贫困地区人民衷心的拥护。一是基础设施的改善促进了贫困地区资源优势向商品优势的转化,加速了农村产业结构的调整,使部分群众的温饱问题得到了解决。例如,四川省沐川县新建、改建公路18条,共155公里,使当地盛产的竹木、茶叶、煤炭等资源得到了开发。1987年,全县生产机制草纸2360吨,比1984年增长近1倍,同时新增了打字纸、纸板纸的生产能力,农村家庭手工纸产量也增长了两倍,全县的造纸工业迈上了一个新台阶。煤炭和细茶产量也大幅度提高。与1984年相比,全县财政收入增长63%,农民纯收入增长31%。其中,火谷乡老林村和楼房村通过开发竹木和煤炭资源,使人均纯收入由1984年的136元增长到399元。[③] 二是运输网系统的改善提高了运输的

---

① 黄镇东:《交通扶贫任重道远》,《人民日报》1994年9月18日。
② 罗茂城:《国务院将提供六亿元工业品 帮助贫困地区修建基础设施》,《人民日报》1989年4月12日。
③ 四川省贫困地以工代赈办公室:《四川省粮棉布以工代赈文件资料汇编(1985—1988)》,内部资料,第411页。

第四章　全国性大规模农村扶贫开发全面展开,解决贫困地区大多数群众温饱问题(1986—1993)

总体效益,带动了贫困地区商品生产的发展,活跃了城乡之间、地区之间的物资交流,为经济的持续稳定发展创造了必要的条件。例如,陕西省先后修通了一批跨地区、跨县的"断头路",使物资运输更加经济合理。商县至柞水县公路的修建和改造,使两县间公路里程比原绕道西安缩短了130多公里,节省了大量的运输费用和燃料。三是随着交通和饮水条件的改善,贫困地区精神文明建设得到了加强,文化生活逐渐活跃起来,群众的精神面貌有了变化,人们的文化素质有了提高。儿童入学率上升,地方病发病率下降,许多地方涌现出一批能工巧匠。

中共中央、国务院决定把以工代赈开展交通、水电等基础设施建设继续坚持下去。1986年11月召开的中央农村工作会议对以工代赈给予了充分的肯定,并针对由于市场形势的变化,粮、棉、布已成紧俏物资,国家再用粮棉布以工代赈已有困难的形势,提出用中低档工业品以工代赈的建议。会议指出:"以工代赈用于搞基础设施,可能是个好办法,你们可以搞试点。如果成功,可以推广。农村购买力主要对象是中低档货,对市场冲击不会大,但是却可以支持社队企业和城市一般工业的发展,刺激中低档商品的生产。当然,数量也不能太多,关键是要细水长流,用这个办法坚持年年搞,几十年下来,就会有很大效益。在贫困地区首先是要解决修公路的问题,不通路,什么也说不上,不可能发展商品生产。"①

按照中央精神,国家计划委员会经过广泛调研,于1987年6月11日提出《关于用中低档工业品以工代赈继续帮助贫困地区修筑道路和水利工程的请示》。6月30日,国务院第143次常务会议同意这一请示,决定1987年在四川、江西、宁夏三省区试点,用中低档工业品搞以工代赈,帮助贫困地区修筑道路和水利工程。1987年10月30日,国务院在《关于加强贫困地区经济开发工作的通知》中进一步指出:"国家和地方要有计划地为贫困地区搞好能源、交通等基础设施建设,支持乡村工业、商品流通的发展。要利用贫困地区廉价劳务的优势,继续搞好以工代赈。用中低档工业品以工代赈的工作,今年开始试点,明年要逐步展开。"②

根据中央和国务院精神,从1987年下半年,先在四川、江西、宁夏三省区进行中低档工业品以工代赈试点,继续帮助贫困地区解决基础设施。这

---

① 四川省以工代赈办公室:《四川省以工代赈文件资料汇编(1987—1992)》第2辑,内部资料,第58页。
② 《国务院关于加强贫困地区经济开发工作的通知》,《中华人民共和国国务院公报》1987年第26号。

次以工代赈建设，总金额为2500万元，分配给四川省1500万元，江西省600万元，宁夏回族自治区400万元。经过一年多的试点，都取得良好效果。例如，四川省用1500万元中低档工业品，在贫困地区新建、改建公路192公里，桥梁64座，总长1802米，隧道工程总长407米。同时建成人畜饮水工程1395处，解决5.5万余人和6.4万多头牲畜的饮水困难，为改善贫困地区人民的生活、发展商品生产提供了便利条件。①

1988年，国家经济生活中出现过热和通货膨胀，在治理整顿中国家财力比较困难。尽管如此，国务院仍然决定于1989年至1991年拿出价值6亿元的中低档工业品以工代赈，继续帮助贫困地区修筑道路、桥梁和人畜饮水工程。1989年4月，国家计委、交通部、水利部在成都召开全国中低档工业品以工代赈会议，研究部署工业品以工代赈工作。会议决定，将6亿元进行分配，其中，1989年1亿元，1990年2亿元，1991年3亿元；地区分配则根据贫困人口分布主要分给18个集中连片的贫困地区以及边远少数民族地区，重点是西南、西北贫困面大的省区。在项目安排上，水利项目集中安排人畜饮水工程，交通项目用于重点贫困县修建县与县之间和县以下效益较好的"断头路"、联网路、商品集散地及通往边远地区、乡的道路和必要的内河航道。水利与交通项目的资金比例，由各省区根据实际情况自行确定。

经过贫困地区广大干部和群众的艰苦努力，这次中低档工业品以工代赈三年计划圆满完成，取得了较好的经济效益和社会效益。据全国26个省、自治区的统计，三年用于修建道路和水利工程的总投资为12.6亿元，其中国家安排中低档工业品金额为6亿元，地方配套资金为6.6亿元，配套比例为1:1.1；用于修建道路的总投资为82415万元，其中国家安排中低档工业品金额为38438万元，地方配套资金为44977万元。用于修建水利工程的总投资为50626.3万元，其中国家安排中低档工业品金额为19821.2万元，地方配套资金为21034.8万元。三年共新建、改建公路1.1万公里，其中等级路1.08万公里；新建桥梁772座、3.03万延米；修筑隧道5处、1710延米。水利建设方面，共建成各类人畜饮水工程6.3万处，其中打井2.4万眼、水窖1.9万人、水池1.8万个、提引水工程9436处，解决了646.8万人、388万头牲畜的饮水问题，同时还新增、改善和恢复灌溉面积

---

① 罗茂城：《国务院将提供六亿元工业品 帮助贫困地区修建基础设施》，《人民日报》1989年4月12日。

第四章 全国性大规模农村扶贫开发全面展开,解决贫困地区大多数群众温饱问题(1986—1993)

38万亩。交通基础设施的建设带动了农村各方面的建设和农村经济的发展。道路的建设,促进了城乡之间、地区之间的商品和物资交流。如四川省的永福公路建成后,不仅进一步加强了乐山市同宜宾地区屏山县的联系,而且使沿线大量竹木资源得到开发,为沐川县纸厂就近提供了新的原料基地,促进了纸厂的发展,增加了农民的收入。运输系统的改善,提高了运输的总体效益,带动了贫困地区商品生产的发展。如陕西省安(康)旬(阳)白(河)公路的改建,使行车里程缩短近100公里,行车时间缩短一半,太白、留坝两县"断头路"修建后,连接了太白金矿和留坝的粮食生产区,加快了经济发展,并使去汉中的运距缩短77公里,每年节约运费200多万元,节油527吨。①

1990年至1992年,结合农业生产建设,中央、国务院拿出价值15亿元的工业品开展以工代赈,其中1990年4亿元,1991年5亿元,1992年6亿元。这次以工代赈的目的是通过增加对贫困落后地区的投入,为发展农业和改善群众生产生活条件创造一个好的外部环境。尤其突出支持生产性建设设施,主要用于兴修水利、解决人畜饮水问题,修建公路和农田基本建设等劳动密集型项目,兼顾人民生活基本条件的改善,不搞非生产性项目。这次用工业品以工代赈的投向范围主要是中、西部地区和东部地区的部分山区,重点放在贫困落后地区,特别是少数民族聚居地区。②

1991年,中共中央、国务院又决定"八五"期间每年拿出20亿斤粮食(折合人民币10亿元)开展以工代赈,"以粮养粮"。在建设内容上,突出以"三保"(保肥、保水、保土)为重点的中低产田改造和农田基本建设,山区、石山地区以坡改梯建设为主,达到稳定提高粮食单产,逐步减少粮食调入,进而稳定地实现解决温饱问题的目的。在重点地区以每人0.5~1亩基本农田为目标,同时上马配套的水利、公路建设和人畜饮水工程等。粮食以工代赈工作的范围以西部地区、少数民族地区、深山区、高寒区和长期吃返销粮的贫困地区为主,重点放在西南、西北及广西、内蒙古等11个省区。

总之,1984年至1996年,全国先后在贫困地区实施7批以交通水电基础设施建设为重点的以工代赈计划,国家和地方用于扶贫的以工代赈资金

---

① 《国家计委关于利用中低档工业品以工代赈工作总结》(1992年7月15日),http://www.jxdpc.gov.cn/departmentsite/dqcc/zcfb/bwzc/200603/t20060302_44245.htm。
② 《国务院关于批转国家计委一九九〇年至一九九二年用工业品以工代赈安排意见的通知》,《四川政报》1990年6期。

达343.25亿元①,实施范围涉及除北京、天津、上海、江苏以外的各省、自治区,重点是西北、西南贫困面较大的省、自治区及边远少数民族地区。各贫困地区通过以工代赈大大改善了当地交通水电等生产条件,增强了脱贫致富"造血"功能。

三、把中西部扶贫开发与沿海地区经济发展相结合

改革开放新时期的扶贫开发,就是要打破就贫困地区解决贫困问题的单一做法,用多形式、多层次的东、西部联合,推进贫困地区的经济开发。1988年1月,中共中央正式提出的沿海经济发展战略,不仅仅是沿海地区的发展战略,实际上也是全国经济的发展战略。它不仅会大大推动沿海地区的经济发展,也必带动中、西部地区的经济发展。沿海地区在开放和发展过程中的产业调整和产业转移,必将给贫困地区带来新的发展机会。在这种情况下,1988年5月召开的全国东、西部联合开发贫困地区座谈会,提出"从宏观发展战略上把贫困地区经济开发和发达地区经济发展结合起来通盘考虑"②的主张,并从各地上报的大批项目中初步筛选出141个由发达地区和贫困地区联合开发的项目③。

东、西部联合开发项目的工作很快在贫困地区开展起来。为提高贫困地区发展大跨度横向联合的主动性,从1989年开始,国家把用于引导联合的大部分贫困县办企业贷款直接分配到有关省、自治区,其中70%的资金按贫困人口分配,30%的资金按县数分配,同时把发达地区劳力密集、收益相对较低的产业逐步移植到贫困地区。④

此后,东部经济比较发达地区与西部"老少边穷"地区之间横向经济联合步伐逐步加快,由零星对口协作发展到联合开发资源,由一般性技术支持发展到联合组建企业集团。到1991年,东部沿海地区与西部贫困地区经济技术合作项目有1.2万多个,人才交流1.4万人次,资金有20多

---

① 黄毅:《今年安排以工代赈资金40亿资金向中西部地区倾斜》,《人民日报》1996年2月17日。

② 赵明、陈健:《陈俊生在全国东西联合开发贫困地区座谈会上提出 开发贫困地区同沿海发展战略相结合》,《人民日报》1988年5月21日。

③ 赵明、陈健:《东西部联合开发贫困地区拉开序幕 初步确定联合开发项目一百四十一个》,《人民日报》1988年5月23日。

④ 《国务院办公厅关于转发国务院贫困地区经济开发领导小组第七次会议纪要的通知》,《中华人民共和国国务院公报》1989年第4号。

亿元。①

四、把劳务输出与贫困地区劳动力资源开发相结合

很多贫困地区自然条件差,土地贫瘠、交通不便、信息不灵,缺资金、无技术,短时间内脱贫致富很有难度。但是这些地方却有丰富的劳动力资源,加以充分利用组织劳务输出,投资省、见效快,既能治穷致富,又能推动智力开发,对于贫困地区脱贫致富、振兴经济具有重要的意义。

改革开放以后,一些贫困地区对劳务输出先行进行探索,取得良好的脱贫效果。1985年,地处太行深山区的河北省元氏县褚家庄,在县政府的帮助下,把劳动力输出到外地煤矿。两年间输向外地的劳动力近200人,占全庄劳动力的70%。他们靠劳务输出,使全庄总收入达23万元,输出的劳动力平均收入1000多元,穷山沟逐渐富了起来。靠劳务输出致富的褚家庄,被称为"劳务庄"。②

位于豫南大别山区的全国重点贫困区河南省信阳地区,把劳务输出当作起步产业来抓,有目的地输出高中、初中毕业生和退伍军人到外地学技术,并积极教育引导外出人员了解信息、钻研技术,"学成结业"回乡办企业。对回乡办企业的能人,政府当从场地、资金、用电等方面予以大力支持,并帮助联系销路。1986年至1988年,信阳向国内外输出22万多人,劳务输出人员从外地引进先进技术110多项,兴办350多个乡镇企业。通过输出和引进技术办企业,信阳有9万户近60万人脱贫,涌现出200多个致富典型。③

基于各地的成功实践,1988年7月15日,劳动部、国务院贫困地区经济开发领导小组发出《关于加强贫困地区劳动力资源开发工作的通知》,要求各贫困县的劳动部门把搞好劳动力资源开发工作当作一件大事来抓,有计划地建立健全乡镇劳动服务公司,大力组织劳务输出;尤其是按照"东西联合,城乡结合,定点挂钩,长期协作"的原则,组织劳动力跨地区流动,使贫困地区劳动力能够到沿海经济发达地区、大中城市就业;还要主动与对外经贸部门取得联系,争取派遣出国劳务的机会。该通知鼓励和支持大中

---

① 杨旭光、鲁牧:《对口协作 共同发展 我国加快东西部横向经济联合》,《人民日报》1991年10月16日。
② 李瑞发、张文光:《褚家庄靠"劳务输出"致富》,《人民日报》1985年8月10日。
③ 魏鑫:《信阳劳务输出人员返乡办企业 全地区有9万户近60万人脱贫》,《人民日报》1988年9月23日。

型企业与贫困地区建立挂钩联系,共同创办劳务基地,发展长期劳务合作。①

自此,劳务输出成为各地扶贫开发工作的主要措施之一。过去逃荒外流的队伍,变成了有组织劳务输出的队伍。外出劳动力不仅通过自己的努力养家糊口,而且学到本领,可进城市、可回农村,增强了从根源上改变贫困状况的能力。

五、把扶贫到户与兴办扶贫经济实体相结合

1987年,国务院总结几年来的扶贫开发工作,认为扶贫开发工作存在"扶贫没有完全落实到户,解决温饱不够稳定"的缺点。为纠正这种现象,国务院提出贫困县要对贫困户进行有效扶持,将扶贫工作切实落实到户。②

扶贫到户,首先就是区别贫困户与五保户、救济户,将贫困户中食不果腹、衣不蔽体、房不避风雨的"三不户",作为扶贫开发中扶持的重点。而五保户和没有生产能力的救济户的生活问题属于农村社会保障范围,主要依靠乡村五保办法和正常的救济去解决。扶贫到户,还要为贫困户建立档案,县建簿、乡造册、户立卡,优先扶持有志气、肯努力的贫困户,再带动其他贫困户,分年分批解决问题。

这一阶段的扶贫到户,不完全是把扶贫资金直接分配到贫困户,对那些素质低、缺乏经营能力的贫困户,主要是依靠能人兴办扶贫经济实体,把贫困户吸收到扶贫经济实体中来,实现工作到户、服务到户、效益到户、解决温饱到户,为贫困户脱贫铺平道路。20世纪80年代中后期,扶贫经济实体稳定发展,不少成长为龙头企业,"扶持一个点,安排一批人,带动一大片",成为带动大批贫困户脱贫的有效手段。例如,1987年至1988年一年多时间,四川省达县地区共投放贷款2272万元,兴办扶贫企业147个,其中138个扶贫企业共安排贫困户劳力3054人,年人均纯收入有900多元,一人就业,全家温饱。③

---

① 《劳动部、国务院贫困地区经济开发领导小组〈关于加强贫困地区劳动力资源开发工作的通知〉(摘录)》,《中国劳动科学》1989年第2期。

② 《国务院关于加强贫困地区经济开发工作的通知》,《中华人民共和国国务院公报》1987年第26号。

③ 袁定干:《依托经济实体 兴办扶贫企业 达县地区新法扶贫取得成效》,《人民日报》1988年9月30日。

第四章　全国性大规模农村扶贫开发全面展开,解决贫困地区大多数群众温饱问题(1986—1993)

六、把科技扶贫与稳定解决温饱相结合

为稳定解决温饱,国务院贫困地区经济开发领导小组和农业部在科技扶贫实践中确定了一项科技扶贫计划——"温饱工程",由国家在具备条件适宜发展玉米生产的贫困地区,采取资金、技术、地膜、化肥、良种等综合投入的办法,大力推广杂交玉米地膜覆盖栽培技术,提高玉米单位面积产量,使群众的口粮在一两年内迅速达到自给水平。"温饱工程"的实施,必须以没有解决温饱的贫困户为对象,资金和物资投入都要与贫困户挂钩,实行"包投入包产出、包解决温饱的贫困户数,包归还贷款"的办法。①

1989年,"温饱工程"项目首先在山西、内蒙古、陕西、甘肃、四川、云南、湖南、湖北、贵州、广西、河北、宁夏等省、自治区种植春玉米的335个贫困县展开。当年共种植地膜玉米447万亩,平均每亩比露地栽培玉米增产161.8公斤,共增产玉米7.2亿公斤,使115.3万贫困户、553.4万人当年的温饱问题得到解决。② 到1992年,"温饱工程"在全国15个省份的453个贫困县实施,累计增产玉米50多亿公斤,使1500多万农民的吃饭问题得到解决。③

玉米单位面积产量的提高,使这些地区的群众能腾出一部分耕地发展林果业、养殖业等多种经营。这样,"温饱工程"的实施,不但解决了贫困山区人民的温饱,又促使山区产业结构得到调整,多种经营迅速发展,使山区的潜在优势得到发挥。湖北省贫困山区推广实施"温饱工程",1990年比1985年少占耕地4.3%,粮食总产却增长22.5%,油料、烟叶、药材、茶叶、果树、蚕桑等相关产业得到迅速发展,山区农民人均纯收入由276元增至474元。

"温饱工程"治贫又治愚。各地农技推广人员不避艰苦深入山区搞培训,搞辅导,宣讲技术要点,1989年至1992年举办各种形式技术培训13.5万次,培训2127万人次,户均1.2人次,还利用报刊、广播、墙报、录像等多

---

① 《部分贫困区将实施"温饱工程"明年先在十多个省区推广七百万亩地膜覆盖杂交玉米》,《人民日报》1988年10月14日;《"温饱工程"简介》,《人民日报》1989年12月25日。
② 余富棠、李永生:《"温饱工程"初见成效　五百多万贫困农民解决吃饭问题》,《人民日报》1989年12月25日。
③ 鹿永建:《"温饱工程"惠及四百多贫困县增产粮食五十亿公斤　一千五百多万农民吃饭问题得到解决》,《人民日报》1992年5月15日。

种手段宣传普及科学技术,把科技送进了千家万户。①

全国性扶贫开发的大规模开展,几年间就取得显著成绩。国家重点扶持的331个贫困县,农民人均纯收入由1985年的208.6元增加到1991年的377.7元,近50%的县超过400元。从"三西"地区来看,农村没有解决温饱的贫困户,由原来占总农户的75%下降到10%。②到1991年,全国贫困地区基本实现了国家确定的"七五"末期解决贫困地区大多数群众温饱问题的目标,全国农村没有完全稳定解决温饱问题的贫困人口从1985年的1.25亿人减少到8000万人。

---

① 鹿永建:《"温饱工程"惠及四百多贫困县增产粮食五十亿公斤 一千五百多万农民吃饭问题得到解决》,《人民日报》1992年5月15日。

② 田纪云:《长期的艰巨任务 光荣的历史使命——在甘、青两省考察扶贫工作时的讲话》,《人民日报》1992年12月14日。

第五章

八七扶贫攻坚基本解决农村贫困人口温饱问题(1994—2000)

1994年八七扶贫攻坚计划(力争在20世纪最后7年集中力量,基本解决全国农村8000万贫困人口的温饱问题)的实施,标志着以解决农村温饱为目标的扶贫开发工作进入攻坚阶段。经过1994年至2000年7年艰苦努力,贫困地区的面貌发生深刻变化,科技、教育、文化、卫生等社会事业得到较快发展,贫困群众的生产生活条件得到明显改善,贫困人口数量逐年下降,全国农村没有解决温饱的贫困人口已减少到3000万人,沂蒙山区、井冈山区、大别山区、闽西南地区等集中连片的贫困地区整体解决温饱问题。

第一节 实现"三步走"发展战略第二步战略目标与八七扶贫攻坚的部署

按照1987年10月中共十三大提出的中国社会主义现代化建设的总体战略部署,第一步目标,从1981年到1990年,实现国民生产总值比1980年翻一番,这在20世纪80年代末已基本实现;第二步目标,从1991年到20世纪末,实现国民生产总值再增长一倍,人民生活达到小康水平;第三步目标,到21世纪中叶,人均国民生产总值达到中等发达国家水平,人民生活比较富裕,基本实现现代化。1992年中共十四大指出:"贫困地区尽快脱贫致富,是实现第二步战略目标的重要组成部分。"① 然而,到 1993 年,仍有 8000 万农村贫困人口,年人均纯收入仍然在温饱线以下,其中有一少部分处于极端贫困状态。这些贫困人口,大部分居住在耕地资源贫乏、水源困难的石山地区,地处边沿交通不便的深山区、大山区和荒漠地区。这些贫困地区是扶贫的难中之难,它们能否脱贫致富,直接关系党的第二步战略目标能否如期实现。

一、中共中央关于八七扶贫攻坚的战略认识

以江泽民为核心的第三代中央领导集体十分重视农村扶贫开发问题,他们继承邓小平关于消除贫困实现共同富裕的战略构想,在领导全国人民开展农村扶贫开发的实践中进一步丰富和发展这一理论。面对 20 世纪 90 年代的农村扶贫开发形势,江泽民等中央领导人系统阐述了扶贫攻坚的重要意义。

第一,扶贫攻坚是由党的宗旨和社会主义性质决定的。江泽民指出:"我们党的宗旨是全心全意为人民服务。我们搞社会主义是要解放和发展生产力,消灭剥削和贫穷,最终实现全体人民的共同富裕",然而,西南、西北一些地方"有些农户家徒四壁,连玉米糊糊都喝不饱,有的吃盐、喝水都相当困难","到本世纪末","如果还有几千万人吃不饱饭,无论如何是说不过去的。在全国五百九十二个贫困县中,有一百零五个革命老区县。老区人民为建立新中国作出了巨大的贡献和牺牲。如果到那时还不能帮助群众摆脱贫困,我们将愧对革命先烈,愧对老区人民"。②

第二,扶贫攻坚关系到能否实现"三步走"发展战略的第二步战略目标。按照中共中央部署,到 20 世纪末,人均国民生产总值要比 1980 年翻两番,要基本消除贫困现象,人民生活达到小康水平。"实现小康目标,不仅要看全国的人均收入,还要看是否基本消除了贫困现象。这就必须促进各个地区经济的协调发展。如果不能基本消除贫困现象,进一步拉大地区发展的差距,就会影响全国小康目标的实现,影响整个社会主义现代化建设的进程。"③

---

① 《加快改革开放和现代化建设步伐,夺取有中国特色社会主义事业的更大胜利》,《江泽民文选》第 1 卷,人民出版社 2006 年版,第 235 页。
② 江泽民:《全党全社会动员起来为实现八七扶贫攻坚计划而奋斗——在中央扶贫开发工作会议上的讲话》,《人民日报》1997 年 1 月 6 日。
③ 江泽民:《全党全社会动员起来为实现八七扶贫攻坚计划而奋斗——在中央扶贫开发工作会议上的讲话》,《人民日报》1997 年 1 月 6 日。

第五章　八七扶贫攻坚基本解决农村贫困人口温饱问题(1994—2000)

第三,扶贫攻坚关系到区域经济协调发展大局。改革开放以来,东部地区和中西部地区的经济都取得了前所未有的发展。东部地区发展得更快一些,对整个国民经济发展起了积极的带动作用。但是,东部地区和中西部地区的发展差距在不断扩大。这种趋势发展下去,不仅不利于资源优化配置和生产力合理布局,而且不利于社会稳定和国家振兴。在这种形势下,1995年9月中共十四届五中全会提出了坚持区域经济协调发展、逐步缩小地区发展差距的战略方针,决定从"九五"时期开始,更加重视支持中西部地区经济发展,逐步加大工作力度,积极朝着缩小地区发展差距的方向努力。"实施这一战略方针,必须切实解决贫困地区群众的温饱问题。这是逐步缩小地区发展差距,促进区域经济协调发展,实现本世纪末经济和社会发展奋斗目标的一个大的战役。"①

第四,扶贫攻坚关系到维护改革、发展、稳定的大局。越是贫困的地方,越容易积累矛盾。因为群众生活过得不好,心中有怨气,心情不舒畅。在具有重要战略地位的少数民族地区、边疆地区,如果温饱问题迟迟不能解决,势必会影响民族团结和边防巩固,以至影响全国的安定。因此,中央反复强调,加快贫困地区的发展,不仅是一个重大的经济问题,而且是一个重大的政治问题,就是因为它直接关系国家的安定团结和长治久安。江泽民指出:"在一些贫困地区,由于群众生活非常困苦,潜伏着不少不稳定的因素。如果社会秩序稳不住,就谈不上改革和发展。我们下去调查时看到,有些农村农民生活很困难,村里又没有集体经济收入,不能帮助农民解决实际问题,村级组织在群众中就没有威信。有的地方非法宗教势力乘虚而入,与我们争夺基层政权。如果这些贫困地区特别是少数民族地区和边疆地区贫困问题长期得不到解决,势必影响民族的团结、边疆的巩固,也会影响整个社会的稳定。……所以,加快贫困地区的发展步伐,不仅是一个经济问题,而且是关系国家长治久安的政治问题,是治国安邦的一件大事。"②

从扶贫攻坚的重大政治、经济、社会意义出发,中央把尽快解决这8000多万人的温饱问题记挂在心上,提出了八七扶贫攻坚的任务目标,即"从一九九四年到二〇〇〇年,集中人力、物力、财力,动员社会各界力量,力争用

---

① 江泽民:《全党全社会动员起来为实现八七扶贫攻坚计划而奋斗——在中央扶贫开发工作会议上的讲话》,《人民日报》1997年1月6日。

② 江泽民:《全党全社会动员起来为实现八七扶贫攻坚计划而奋斗——在中央扶贫开发工作会议上的讲话》,《人民日报》1997年1月6日。

七年左右的时间,基本解决目前全国农村八千万贫困人口的温饱问题"①。

二、确定592个全国重点贫困县

1993年9月17日,国务院决定,国务院贫困地区经济开发领导小组更名为国务院扶贫开发领导小组。9月22日,国务院扶贫开发领导小组召开第一次会议,提出了下一个阶段扶贫工作的主要任务。会议指出,今后一个时期扶贫工作的主要任务:一是做好8000万尚未脱离温饱线的贫困人口的扶贫工作。要在20世纪末,用七年时间,力争基本解决这部分人的温饱问题,这是一个难度很大的攻坚战。二是要巩固现有扶贫成果,在解决贫困地区人民温饱的基础上进一步脱贫致富。根据这个目标,制定并实施《国家八七扶贫攻坚计划(1994—2000年)》。

考虑到1986年确定贫困县以来贫困县和非贫困县在经济和社会发展方面的变化,国务院扶贫开发领导小组根据国情调整贫困标准,重新确定全国重点贫困县的数量和名单。国务院扶贫开发领导小组将1990年农民人均纯收入300元作为确定新贫困县的标准,调整后的全国重点贫困县从331个增加到592个。其中云南、贵州、内蒙古、河北调整后贫困县增加较多,贫困县的农村人口占全省农村人口的比例在这四个省区增加了20%(其中云南增加了40%)。福建、广东、山东、浙江在调整后贫困县减少,如福建贫困县农村人口的比例下降了11%。

列入《国家八七扶贫攻坚计划(1994—2000年)》的国家重点扶持的贫困县共有592个,分布在26个省、自治区,具体名单如表5-1所示。

表5-1 列入《国家八七扶贫攻坚计划》的592个贫困县②

省、自治区	名　单
河北(39)	青龙、魏县、献县、广宗、武强、涉县、涞源、蔚县、崇礼、万全、康保、尚义、张北、沽源、赞皇、临城、巨鹿、广平、灵寿、完县、平山、阜平、丰宁、围场、平泉、隆化、滦平、宽城、赤城、怀安、阳原、东光、南皮、孟村、易县、大名、海兴、盐山、武邑、(涿鹿县赵家蓬区)
山西(35)	右玉、岢岚、静乐、河曲、五寨、保德、岚县、榆社、柳林、方山、广灵、天镇、平陆、偏关、娄烦、中阳、沁源、五台、石楼、神池、临县、沁县、平顺、兴县、武乡、大宁、永和、灵丘、万荣、阳高、夏县、闻喜、离石、垣曲、繁峙

---

① 《国务院关于印发国家八七扶贫攻坚计划的通知》,《云南政报》1994年第7期。
② 《列入〈国家八七扶贫攻坚计划〉的592个贫困县》,《中国贫困地区》1995年第1期。此名单个别处有误,本书引用时略有修正。

第五章 八七扶贫攻坚基本解决农村贫困人口温饱问题(1994—2000)

续表

省、自治区	名　　单
内蒙古(31)	托克托、清水河、准格尔、奈曼、敖汉、乌审、武川、化德、商郁、达茂、固阳、宁城、察右中、多伦、林西、伊金霍洛、杭锦、鄂托克前、巴林左、巴林右、克什克腾、察右前、和林、太仆寺、扎赉特、喀喇沁、库伦、察右后、四子王、科右中、翁牛特
辽宁(9)	朝阳、建昌、建平、新宾、义县、喀左、康平、岫岩、桓仁
吉林(5)	汪清、镇赉、大安、通榆、靖宇
黑龙江(11)	明水、林甸、青冈、延寿、泰来、甘南、克东、抚远、同江、杜尔伯特、桦南
浙江(3)	文成、泰顺、景宁
安徽(17)	金寨、霍山、岳西、颍上、潜山、太湖、寿县、临泉、阜南、宿松、枞阳、舒城、利辛、无为、长丰、霍邱、六安
福建(8)	寿宁、屏南、柘荣、长汀、周宁、武平、连城、上杭
江西(18)	兴国、寻乌、会昌、于都、广昌、余干、宁冈、横峰、遂川、修水、宁都、上犹、赣县、上饶、波阳、永新、莲花、安远
山东(10)	沂南、平邑、沂水、蒙阴、费县、泗水、沾化、庆云、冠县、莘县
河南(28)	平舆、台前、新蔡、新县、商城、信阳、南召、确山、宜阳、洛宁、固始、卢氏、栾川、罗山、淮滨、宁陵、鲁山、睢县、虞城、伊川、上蔡、嵩县、淅川、光山、桐柏、汝阳、新安、渑池
湖北(25)	英山、红安、竹山、麻城、罗田、大悟、郧县、郧西、竹溪、来凤、恩施、阳新、秭归、蕲春、孝昌、长阳、建始、鹤峰、利川、咸丰、宣恩、巴东、房县、神农架林区、丹江口市
湖南(10)	永顺、保靖、平江、桑植、新化、沅陵、花垣、安化、隆回、新田
广东(3)	陆河、乳源、阳山
广西(28)	乐业、德保、那坡、凌云、巴马、龙州、平果、大化、马山、田林、忻城、隆安、田东、融水、南丹、三江、金秀、环江、东兰、西林、天等、都安、隆林、天峨、龙胜、罗城、靖西、凤山

续表

省、自治区	名　　单
海南(5)	通什、陵水、保亭、琼中、屯昌
四川(43)	酉阳、石柱、黔江、彭水、仪陇、阆中、渠县、雷波、普格、木里、喜德、古蔺、忠县、盐源、叙永、巫溪、黑水、苍溪、南部、广安、城口、旺苍、通江、南江、秀山、云阳、兴文、得荣、壤塘、武隆、巴塘、乡城、越西、宣汉、白玉、布拖、金阳、昭觉、美姑、朝天区、天城区、五桥区、嘉陵区
贵州(48)	从江、纳雍、沿河、织金、六枝、大方、务川、赫章、盘县、雷山、台江、丹寨、荔波、独山、息峰、天柱、习水、正安、普安、水城、兴仁、威宁、黄平、关岭、三都、印江、普定、德江、册亨、晴隆、贞丰、麻江、榕江、石阡、三穗、岑巩、罗甸、紫云、剑河、望谟、松桃、长顺、施秉、平塘、凤冈、安龙、黎平
云南(73)	镇雄、彝良、巧家、禄劝、红河、西盟、墨江、鲁甸、永善、会泽、寻甸、龙陵、云龙、剑川、镇沅、孟连、中甸、泸水、绿春、元阳、福贡、西畴、富宁、武定、贡山、双柏、云县、镇康、马关、永仁、盐津、金平、富源、腾冲、泸西、临沧、德钦、维西、宁蒗、江城、屏边、漾濞、南涧、大关、丘北、绥江、南华、砚山、大姚、弥渡、昭通、施甸、东川市辖区、广南、澜沧、双江、沧源、麻栗坡、巍山、祥云、永平、牟定、永德、凤庆、姚安、石屏、威信、景东、宾川、洱源、文山、昌宁、兰坪
西藏(5)	察雅、嘉黎、索县、南木林、定日
陕西(50)	清涧、府谷、紫阳、吴堡、丹凤、镇安、蓝田、宁强、西乡、绥德、镇坪、延川、洛南、宜君、长武、合阳、略阳、延安、延长、神木、安塞、子长、白河、岚皋、耀县、蒲城、旬邑、永寿、安康、铜川市郊区、宁陕、山阳、镇巴、榆林、商南、麟游、佳县、定边、汉阴、柞水、淳化、米脂、彬县、志丹、横山、商州、子洲、吴旗、靖边、宜川
甘肃(41)	宕昌、武都、舟曲、岷县、礼县、庆阳、陇西、渭源、西和、文县、甘谷、武山、清水、和政、静宁、平川区、东乡、积石山、张家川、卓尼、漳县、靖远、永登、临潭、临夏、康乐、天祝、广河、康县、景泰、榆中、定西、临洮、庄浪、秦安、通渭、永靖、会宁、华池、环县、古浪
青海(14)	化隆、循化、同仁、班玛、囊谦、民和、大通、达日、治多、平安、湟源、泽库、玉树、杂多

续表

省、自治区	名　　单
宁夏(8)	西吉、固原、海原、同心、隆德、泾源、盐池、彭阳
新疆(25)	柯坪、疏附、皮山、墨玉、托里、木垒、策勒、于田、巴里坤、疏勒、岳普湖、阿克陶、洛浦、塔什库尔干、阿图什市、英吉沙、尼勒克、福海、阿合奇、乌恰、民丰、和田县、和田市、叶城、乌什

三、制定国家八七扶贫攻坚计划

1994年2月28日,全国扶贫开发工作会议在北京举行,会议的主要任务是全面部署实施《国家八七扶贫攻坚计划(1994—2000年)》。该计划分析了扶贫工作的形势,提出了1994年至2000年这七年扶贫开发的总任务和奋斗目标,制定了扶贫开发的方针、途径和具体措施。

作为1994年至2000年这七年全国扶贫工作的纲领性文件,《国家八七扶贫攻坚计划(1994—2000年)》的主要奋斗目标:一是到20世纪末,使绝大多数贫困户年人均纯收入按1990年不变价格计算达到500元以上,并形成稳定解决温饱、减少返贫的基础条件;二是加强基础设施建设,基本解决人畜饮水困难,使绝大多数贫困乡和有农贸市场、商品基地的地方通路、通电;三是改变文化、教育、卫生的落后状态,基本普及初等教育,积极扫除青壮年文盲,大力发展职业教育和技术教育,防治和减少地方病,把人口自然增长率控制在国家规定的范围内。[①]

八七扶贫攻坚总的要求:坚持开发式扶贫的方针,努力提高扶贫开发效益,积极创造稳定解决贫困户温饱问题的基础条件。具体来说,主要措施有以下几点:

第一,集中力量,保证重点。一是在扶持范围上,以592个全国贫困县为重点。中央的财政、信贷和以工代赈等扶贫资金集中投放在592个贫困县,有关省、区政府和中央部门的资金与其配套使用,并以贫困县中的贫困乡作为资金投放和项目覆盖的目标。其他非贫困县中的零星分散的贫困乡村和贫困农户,由地方政府安排资金扶持。二是在扶持资金上,重点用于最困难的地区。国务院决定调整国家扶贫资金投放的地区结构,从1994年起分一年到两年把中央用于广东、福建、浙江、江苏、山东、辽宁6个沿海

---

① 《国务院关于印发国家八七扶贫攻坚计划的通知》,《云南政报》1994年第7期。

经济比较发达省的扶贫信贷资金调整出来,集中用于中西部贫困状况严重的省、区。中央支援经济不发达地区发展资金原来用于这6省的部分,留在当地继续使用,中央发展资金的增量不再向6省投放。中央过去投放6省的有偿使用扶贫资金到期回收后,仍留地方周转使用。这6省的贫困县继续列入八七扶贫攻坚计划的范围,并按期完成任务,但是对这些贫困县的资金投入,由所在省解决。①

第二,由政策性银行集中管理扶贫信贷资金。为了从根本上解决一些地方长期存在的资金捆不起来、使用分散、济富不济贫的问题,自1994年起,原来由人民银行和各专业银行分别管理的各项扶贫信贷资金,全部划归中国农业发展银行统一管理,彻底把商业贷款与政策性贷款分开。这一措施有利于集中使用资金,提高扶贫效益。

第三,以提高效益为核心,进一步改革扶贫资金的管理使用方式。扶贫资金的管理与使用坚持社会效益与经济效益相统一的原则,把解决贫困群众的温饱问题放在第一位,千方百计努力提高扶贫资金和项目的经济效益。

第四,变封闭式开发为开放式开发,把山里开发与山外开放结合起来,把贫困地区的开发与发达地区的发展结合起来,在更大的范围寻找脱贫致富的途径。一是异地开发。一方面把贫困地区举办企业的税收、利润返还贫困地区;另一方面努力扩大有组织、有计划的劳务输出,把贫困地区的劳动力引到山外就业。二是移民开发。为了解决少数贫困地区缺乏基本的生产生活条件、贫困户难以就地脱贫的问题,精心组织适度移民搬迁。

第五,抓好科技、教育扶贫,努力提高劳动者和管理者的素质,这是开发性扶贫的根本。大力开展智力开发,加强对农民的技术培训,提高贫困户掌握运用技术的能力,使扶贫工作转到依靠科学技术和提高农民素质的轨道上来。

第六,坚持分级负责、以省为主的省长(自治区主席、市长)负责制。要求各省、自治区、直辖市特别是贫困面较大的省、区,把扶贫开发列入重要日程,省长(自治区主席、市长)亲自抓、负总责,及时协调解决重要问题;所有的贫困县把扶贫开发、解决群众温饱作为中心任务,把计划的实施和解决群众温饱的成效作为衡量贫困县领导干部政绩和提拔重用的主要标准。

第七,发扬自力更生、艰苦创业的精神。在国家还不富裕的情况下,扶

---

① 《国务院关于印发国家八七扶贫攻坚计划的通知》,《云南政报》1994年第7期。

贫工作单靠物质支持是有限的,还要有自力更生、艰苦创业的精神。针对当时以当贫困县为荣的风气,《国家八七扶贫攻坚计划(1994—2000年)》要求贫困地区广大干部一如既往地发扬自力更生、艰苦奋斗、与群众同甘共苦的精神。在完成解决群众温饱的攻坚任务之前,贫困县不准购买小轿车,不准兴建宾馆和高级招待所,不准新盖办公楼,不准县改市。

第八,实行广泛的社会动员,积极争取国际合作,形成强大的扶贫攻坚支持力量。[①]

《国家八七扶贫攻坚计划(1994—2000年)》是新中国历史上第一个有明确目标、对象、措施和期限的扶贫开发行动纲领,它的实施,标志着我国以解决温饱为目标的农村扶贫开发工作进入攻坚阶段。

四、制定残疾人扶贫攻坚计划

在全国贫困人口中,残疾人占到一定比例。为解决农村贫困残疾人的温饱问题,1992年国家开始设立康复扶贫专项贴息贷款,五年内用于500个县,带动各地康复扶贫工作。康复扶贫,就是通过康复医疗、康复训练,使残疾人劳动能力得到提高和改善,然后对其进行生产技术培训,投入一定的专项扶持资金,利用农村已有的社会化生产服务网和专门的残疾人劳动服务机构,为他们提供优先和优惠的系列服务,组织他们通过生产劳动,逐步摆脱贫困。到1997年,康复扶贫专项贴息贷款累计投入5亿多元。1994年至1998年这五年间,通过开展"帮、包、带、扶",800万残疾人解决温饱;通过实行最低生活保障制度,"专项补助"、"统筹扶助",建立"扶贫解困基金"等社会保障措施,140万特困残疾人初步解决温饱。

到1998年,贫困残疾人仍有1700万,约占全国贫困人口的1/3,这部分人能否脱贫,事关国家扶贫攻坚的全局。在这1700万贫困残疾人中,有1400万人能参加生产劳动,可以通过扶贫开发解决温饱。由于残疾的影响和外界障碍,扶持残疾人脱贫难度更大,是扶贫攻坚的难点。而且70%的贫困残疾人生活在非国定贫困县,缺少国家的专项扶持。解决这近千万贫困残疾人的温饱问题,是扶贫攻坚的难点。

为切实做好残疾人扶贫工作,1998年4月10日,国务院扶贫开发领导小组、中国人民银行、财政部、中国农业银行、中国残疾人联合会共同制定发布《残疾人扶贫攻坚计划(1998—2000年)》。残疾人扶贫攻坚计划目标

---

① 李勤:《国务委员陈俊生谈我国"八七扶贫攻坚计划"》,《瞭望》1994年第14期。

是，经过三年左右的努力，争取通过扶贫开发，基本解决适合参加生产劳动的贫困残疾人的温饱；通过社会保障，基本解决缺乏劳动条件的特困残疾人的温饱；标准残疾人贫困户年人均纯收入达到政府确定的温饱线标准。

该计划强调，残疾人扶贫必须扶持到户到人。扶贫方式以直接扶贫为主，扶持农村贫困残疾人从事有助于直接解决温饱的种植业、养殖业、手工业和家庭副业。小额信贷对残疾人是直接扶贫到户的有效方式，要积极推行。发挥扶贫实体、基地的作用，辐射到户、带动到户。倡导机关、单位、城乡组织及党员、干部和各界人士"帮、包、带、扶"到户。优惠政策落实到户、科技推广到户、技术培训到户、生产服务到户。①

为推进残疾人扶贫攻坚，1998年到2000年，中央每年安排5亿元康复扶贫贷款，专项用于残疾人扶贫，贷款期限为5年，5年内可以滚动使用。接受中央康复扶贫贷款的省、自治区、直辖市人民政府，须按1∶1的比例安排地方配套资金与中央康复扶贫贷款及时同步到位，配套使用。康复扶贫贷款由中国农业银行统一发放和管理，执行贫困县办贷款优惠利率。

五、两次召开中央扶贫开发工作会议部署扶贫攻坚

八七扶贫攻坚时间紧，任务重，难度很大。为了进一步统一全党认识，动员全社会力量加大扶贫开发力度，坚决完成国家八七扶贫攻坚计划任务，1996年9月23日至25日，中共中央、国务院召开中央扶贫开发工作会议，作出《关于尽快解决农村贫困人口温饱问题的决定》。

会议认为，"今后五年扶贫任务不管多么艰巨，时间多么紧迫，也要下决心打赢这场攻坚战，到20世纪末基本解决贫困人口温饱问题的目标绝不能动摇"。这既是党的宗旨和社会主义的性质决定的，也是面临的历史任务决定的，是维护改革、发展、稳定的大局决定的。中央号召全党、全社会进一步动员起来，全体贫困地区的干部群众进一步动员起来，形成扶贫攻坚的强大合力，夺取扶贫攻坚的胜利。

会议就扶贫攻坚提出了明确要求，即扶贫攻坚要明确对象，扶到村、扶到户；扶贫开发要与发展集体经济相结合；国家建设项目要向贫困地区倾斜，支持贫困地区的经济和社会发展；依靠科教扶贫，实行计划生育，提高贫困地区的人口素质；实行精兵简政，提高工作效率，改善财政状况等。

会议强调要建立贫困县摘帽制度，指出："今后凡是农民人均年纯收入

---

① 《残疾人扶贫攻坚计划(1998—2000年)》，《人民日报》1998年4月27日。

超过国家温饱标准的县,都要摘掉贫困县的帽子,这要形成一个制度。对摘帽的贫困县,要大张旗鼓地表彰,现有的扶贫资金和优惠政策在一定时间内继续保持不变。要形成一个脱贫光荣、大家争先摘掉贫困帽子的激励机制。"①

到1999年,尚未解决温饱问题的农村贫困人口还有4200万,这些贫困人口大多数分布在地域偏远、交通闭塞、资源匮乏、生态环境恶劣的地方。解决这部分贫困人口的温饱问题,是八七扶贫攻坚中难啃的硬骨头。

在扶贫攻坚的关键时刻,1999年6月9日,中共中央、国务院再次召开中央扶贫开发工作会议,作出《关于进一步加强扶贫开发工作的决定》。江泽民在会上发表重要讲话,强调苦干实干夺取扶贫攻坚最后胜利。他说:"到2000年基本解决农村贫困人口的温饱问题,这是我们党和政府向全国人民作出的庄严承诺,并向世界作了宣告。……不论今后两年的扶贫攻坚任务有多么艰巨,全党全国都要同心协力啃下这块硬骨头。"②对于这两年扶贫攻坚工作的具体展开,江泽民提出了八点要求。最后,江泽民要求尽早筹划21世纪的扶贫开发。他说:"基本解决农村贫困人口的温饱问题这项任务完成以后,扶贫开发仍然不能放松,要继续抓下去。当然,这是在更进一个层次上的扶贫开发。……这项工作,必须同我们对下个世纪整个经济发展战略的考虑结合起来,同加快中西部地区建设、缩小东西部地区发展差距,实现共同富裕的目标结合起来。这是一个大战略,要早作筹划。"③

中共中央这种坚定不移的态度和始终不渝的努力,充分体现了中国政府和全国人民缓解和消除贫困的决心和信心,成为农村扶贫开发工作不断前进的保证。

第二节 国家八七扶贫攻坚的展开

根据中共中央、国务院的部署,贫困地区有关各省、自治区纷纷制定本地的八七扶贫攻坚计划,各级扶贫开发部门积极组织社会各界力量,带领贫困地区全体人民艰苦奋斗,采取各种措施,开展八七扶贫攻坚。

---

① 《统一全党认识动员全社会力量加大扶贫开发力度》,《人民日报》1996年9月24日。
② 江泽民:《全党全社会进一步动员起来 夺取八七扶贫攻坚决战阶段的胜利——在中央扶贫开发工作会议上的讲话(1999年6月9日)》,《人民日报》1999年7月21日。
③ 江泽民:《全党全社会进一步动员起来 夺取八七扶贫攻坚决战阶段的胜利——在中央扶贫开发工作会议上的讲话(1999年6月9日)》,《人民日报》1999年7月21日。

一、增加扶贫投入，提高扶贫资金效益

1994年2月，全国扶贫开发工作会议宣布，从1994年到2000年，国家每年增加10亿元以工代赈资金、10亿元扶贫专项贴息贷款。1996年9月，中央扶贫开发工作会议作出决定，增加八七扶贫资金投入，中央财政每年增加15亿元，重点用于最贫困的省、自治区的农田基本建设、修建乡村公路、解决人畜饮水、推广科学技术和农民技术培训；同时，每年再增加30亿元扶贫贷款，重点支持效益好、能还贷、能带动千家万户脱贫致富的种植业、养殖业、林果业和农产品加工业项目。同时要求地方各级政府加大扶贫投入，地方投入到国定贫困县的扶贫资金比例，要提高到中央扶贫投入的30%~50%。1999年6月，中央扶贫开发工作会议决定，再增加15亿元财政扶贫资金（含债券安排10亿元以工代赈扶贫资金）和50亿元扶贫贷款。从当年开始，新发放的扶贫贷款执行统一优惠利率，统一优惠利率与商业银行正常贷款基准利率之间的差额，由中央财政根据地方政府核准的贴息额度予以补贴。

这样，八七扶贫攻坚期间，国家逐年加大扶贫投入，由1994年的97.85亿元增加到2000年的248.15亿元，累计投入中央扶贫资金1127亿元，相当于1986年至1993年扶贫投入总量的3倍。①

为了提高扶贫资金使用效益，1997年8月1日，国务院发布《国家扶贫资金管理办法》，要求配套使用包括"支援经济不发达地区发展资金、'三西'农业建设专项补助资金、新增财政扶贫资金、以工代赈资金和扶贫专项贷款"在内的国家扶贫资金，形成合力，发挥整体效益。该办法还对每种资金的使用范围进行明确规定，从而有利于各种扶贫资金的准确投放。例如，支援经济不发达地区发展资金和新增财政扶贫资金，"重点用于改善贫困地区的农牧业生产条件，发展多种经营，修建乡村道路，普及义务教育和扫除文盲，开展农民实用技术培训，防治地方病等"；以工代赈资金，"重点用于修建县、乡公路（不含省道、国道）和为扶贫开发项目配套的道路，建设基本农田（含畜牧草场、果林地），兴修农田水利，解决人畜饮水问题等"；扶贫专项贷款，"重点支持有助于直接解决农村贫困人口温饱的种植业、养殖业和以当地农副产品为原料的加工业中效益好、有还贷能力的项目"。②

---

① 温家宝：《在中央扶贫开发工作会议上的讲话》（2001年5月24日），《人民日报》2001年9月21日。
② 《国家扶贫资金管理办法》，《人民日报》1997年8月13日。

二、加大优惠政策,坚持扶贫攻坚到村到户

扶贫攻坚的任务是解决贫困户的温饱问题。从各地实践看,凡是坚持扶贫攻坚进村入户的,解决温饱的进度就快,扶贫工作效果就好;相反,分散使用力量、不分贫富一起扶,扶贫进展就慢,效果就差。因此,中共中央将扶贫到村到户作为夺取扶贫攻坚最后胜利的关键。

1996年10月23日,中共中央、国务院下发《关于尽快解决农村贫困人口温饱问题的决定》,强调扶贫攻坚要坚持到村到户。"扶贫工作抓得实不实,效果好不好,关键在于能不能把扶贫工作做到贫困村、扶到贫困户。贫困县的农民收入也是有差别的,并不都是贫困户。必须把贫困乡、村作为扶贫攻坚的主战场,把贫困户作为扶持的对象,而不能不分贫富、平均扶持。一定要做到:领导联系到村,帮扶对口到村,计划分解到村,资金安排到村,扶持措施到户,项目覆盖到户,真正使贫困户受益。"[①]1999年6月28日,中共中央、国务院发出的《关于进一步加强扶贫开发工作的决定》再次强调:"扶贫攻坚必须落实到村、落实到户,这是基本解决农村贫困人口温饱问题的目标和现阶段我国农村基本经营制度决定的,也符合农村贫困人口分布的实际情况","扶贫攻坚到村到户的核心,是扶贫资金、干部帮扶和扶贫项目等各项措施真正落实到贫困村、贫困户。……各地要抽调专门人员,对本地区贫困人口的分布状况进行认真细致的调查摸底,建档立卡,明确扶持对象。谁来帮扶,采取什么措施,怎样使用资金,什么时候解决温饱,都要作出具体的安排。今明两年衡量一个地方扶贫工作成绩大小、效果好坏,主要是看有多少贫困村、贫困户解决了温饱问题"。[②]

扶贫攻坚到村到户,一方面,对贫困户进行多种照顾。一是对所有尚未解决温饱问题的贫困户,免除粮食定购任务。二是对贫困户适当延长扶贫贷款的使用期限,放宽抵押和担保条件。三是对所有尚未解决温饱问题的贫困户,按照农业税条例的有关规定,减免农业税和农业特产税。[③]

另一方面,各地对扶贫攻坚到村到户积极进行探索创新。例如,湖南省委、省政府把扶贫攻坚的重点集中在全省3500个特困村,各地对特困村

---

① 《中共中央国务院关于尽快解决农村贫困人口温饱问题的决定》(1996年10月23日),《人民日报》1997年1月8日。
② 《中共中央、国务院关于进一步加强扶贫开发工作的决定》(1999年6月28日),《十五大以来重要文献选编》(中),中央文献出版社2011年版,第67页。
③ 《国家税务总局关于做好贫困农户农业税减免工作的通知》,《中国贫困地区》1997年第3期。

实行扶贫规划、领导责任、资金安排、项目落实到村,扶持措施、效益落实到户。为了使扶贫攻坚真正落到实处,对 2000 多个贫困村的党支部、村委会进行整顿改选,还从机关选派 689 人到特困村任职,贫困村党支部和村级基层组织的战斗力、凝聚力明显增强。到 1997 年,3500 个特困村中有 2751 个办起了村集体企业,2000 多个村制定了村规民约,学科学、学文化、学技术蔚然成风,自力更生、艰苦奋斗、勤劳致富奔小康成为村民的自觉行动。①

各地在实践中探索出许多行之有效的扶贫到户方式,包括党员干部包扶到户,实体带动、效益到户,统一规划、项目到户,异地开发、移民到户,社会各界帮扶到户等。1998 年 2 月,全国扶贫到户工作座谈会召开,对这些方式给予了肯定。

江西省吉安县还采取有效措施,坚持扶贫攻坚"五到户":一是建档规划到户。县、乡、村三级对贫困户建档立卡,做到了县有档、乡有册、村有账、户有卡。对 3912 户贫困户采取"一户一策",制订脱贫计划。二是干部帮扶到户。1656 名县乡党政机关干部与贫困户攀穷亲、结对子,"1+1"帮扶,捐资 26.98 万元,帮助启动项目 571 个,使 70% 的帮扶贫困户摆脱贫困。三是资金扶持到户。在扶贫资金的安排上,优先安排那些投入少、见效快的到户项目,50% 以上坚持到户,用于扶助贫困户发展种养业,解决温饱。四是政策落实到户。县委、县政府认真落实扶贫优惠政策,为全县贫困乡镇贫困户减免农业税 32.1 万元。五是科技推广到户。多渠道、多层次举办农村科技培训班 30 多期,培训 2800 人次,招收贫困户农函大学员 130 多人,70% 以上的贫困户主要劳力掌握了 1~2 门农村实用技术。②

扶贫到户关键是资金到户。20 世纪 80 年代后期开始,联合国开发计划署、世界银行等国际组织在中国扶贫开发中进行不同类型小额信贷试验,把扶贫资金直接贷给最贫困的农户,这种方式到期还贷率较高,平均在 95% 以上。借鉴国际组织的经验,自 1994 年以来,全国有 10 多个省区的近百个县使用国内扶贫资金开展了小额信贷扶贫到户试点工作,到 1999 年,全国投入的资金总量达 30 亿元,覆盖 240 多万贫困农户。③

---

① 吴兴华:《湖南扶贫攻坚到村到户 今年全省九十万人脱贫》,《人民日报》1997 年 12 月 11 日。

② 李世穗:《吉安扶贫"五到户"有成效又有一万贫困人口越过温饱线》,《中国贫困地区》1999 年 01 期。

③ 中华人民共和国国务院新闻办公室:《中国的农村扶贫开发》,《人民日报》2001 年 10 月 16 日。

三、广泛动员社会各界参与扶贫攻坚

除了依靠政府扶贫这一主渠道之外,八七扶贫攻坚期间还广泛地动员社会力量来关心和参与扶贫开发工作。

第一,党政机关带头参与扶贫攻坚。在1996年9月召开的中央扶贫开发工作会议上,江泽民发出号召:"全社会扶贫,党政机关要带头。"①各机关立即纷纷行动起来,扶贫的队伍不断壮大,参与的单位扩大到138个,定点帮扶325个国家重点扶持的贫困县。实施八七扶贫攻坚计划的7年时间里,这些单位共派出蹲点扶贫干部3498名,到定点扶贫县考察的干部多达1.74万人次,直接向贫困县投入资金54.27亿元。②

各机关充分发挥各自优势,为贫困地区办实事。例如,交通部自1994年以来共投资3亿多元,先后帮助11个定点扶贫县新建、改建公路940多公里,改变了当地交通闭塞的状况。公安部为帮扶的两个贫困县的公安局捐助指挥通讯车、手持机、110联网设备等价值60多万元物资,提高他们的装备水平和快速反应能力。公安部还牵线搭桥,促成黑龙江省杜尔伯特蒙古族自治县与河北保定市结对子,在杜尔伯特建成鲜牛奶深加工项目。外交部先后为云南省金平、麻栗坡两个贫困县争取到外援捐款6000多万元,扶持160多个扶贫项目,同时利用联合国开发计划署的援款组织小额信贷试点,覆盖176个自然村,2400多个农户受益。中宣部在扶贫中注意把经济帮扶与文化帮扶结合起来,他们和青基会、江苏阳光集团、新闻出版总署共同集资105万元,帮助耀县新建了4所希望小学。③

第二,企业成为社会扶贫的主要力量之一。1993年6月9日,以一些企业为主组建的中国扶贫开发协会在北京成立。该协会把东西部地区之间的横向联合和兴办经济实体作为扶贫开发工作的重点,即面向地域辽阔的中西部地区,充分利用内陆的丰富资源,在东西部地区之间开展互利互惠的经济协作,以促进中西部地区的经济开发,并为东部沿海地区的高速发展增强活力。

1994年,以民营企业为主体发起实施了一项以开发资源、兴办企业、培

---

① 《为实现八七扶贫攻坚计划而奋斗》(1996年9月23日),《江泽民文选》第1卷,人民出版社2006年版,第555页。
② 夏珺:《为了父老乡亲——中央、国家机关定点扶贫15年记》,《人民日报》2002年1月20日。
③ 夏珺:《为了父老乡亲——中央、国家机关定点扶贫15年记》,《人民日报》2002年1月20日。

训人才为主要内容的扶贫事业,具体由中国光彩事业促进会开展工作,称为"光彩事业"。几年间光彩事业从无到有、从小到大,逐步形成以扶贫项目的选择、考察、论证、落实为主,以政策协调、资金支持和服务咨询为辅的实施方式,在全国初步形成"一线、一片、多点"的扶贫项目布局。到2000年,参与光彩事业重大项目的民营企业家已近4000人,实施光彩事业项目3160个,到位资金141.16亿元,帮助231.87万人解决了温饱问题。①

第三,民间扶贫成为国家扶贫不可或缺的补充。为配合国家八七扶贫攻坚计划实施,中国扶贫基金会于1994年7月和1995年1月两次召开扶贫行动大会,向社会发出《大家都来参加扶贫行动》的倡议。同时,中国扶贫基金会不断总结探索更加有效的扶贫模式。为了帮助贫困程度最深、脱贫难度最大的西南、西北贫困地区人口建立生产自立的基础条件,中国扶贫基金会自1996年起实施"贫困农户自立工程"项目,资助他们获得从根本上稳定脱贫的农业生产基础条件,增强他们自力更生脱贫致富的信心和能力。其中西南石山区项目主要是资助西南石山区的贫困农户通过工程方式,炸石垒埂,运土造地,在山上建造保水保土保肥的基本农田。实施一年多已经改造农田2万亩,使3万人人均增加粮食50公斤,增加收入44元。西北饮水项目主要是资助西北干旱地区的贫困农户建造家庭用小型蓄水设施,收集储存雨水,以解决人畜饮水问题。四川大凉山住房改造项目主要是资助四川大凉山彝族贫困农户改变人畜混居的状况。在中国扶贫基金会资助下,1997年有3万多贫困人口获得生产自立、发展农业生产的基础条件,6万多贫困人口受益。②

中国人口福利基金会、中国计划生育协会和中国人口报社共同创办的"幸福工程"组委会于1995年2月开始组织救助贫困母亲行动。作为非政府组织行动,"幸福工程"组委会从社会募集资金,以低息或无息贷款滚动投入的方式(即收回贷款后再资助其他贫困户)开展救助,即"小额贷款(2000元左右),直接到人,滚动运作,劳动脱贫"。并且在实行了计划生育的贫困母亲中优先实行,又与计划生育"三结合"(计划生育和发展经济相结合、和帮助农民勤劳致富奔小康相结合、和建立文明幸福家庭相结合)相辅相成。不到两年,仅组委会就募集资金1000多万元,加上地方政府和企事业单位提供的资金,总共已达2000多万元。这些钱直接投入到遍及19

---

① 曹虹冰:《光彩事业光彩人生》,《人民日报》2000年11月30日。
② 王尧:《贫困农户自立工程初见成效 中国扶贫基金会呼吁全社会继续关注支持扶贫事业》,《人民日报》1998年1月29日。

个省、市、区的38个项目点。经地方计生协会具体协调运作,除帮助受助者选择生产项目,提供产、供、销服务之外,还对其进行扫盲、生产科技知识和生殖健康、计划生育知识教育,并组织卫生部门和计生服务站对她们进行妇科病的义务检查和治疗。① 1997年3月,国务院扶贫开发领导小组发出《关于积极支持幸福工程——救助贫困母亲行动的通知》,要求各地政府要把"幸福工程"纳入当地扶贫攻坚计划统筹安排整体推动。②

希望工程是中国青少年发展基金会自1989年推出的大型公益项目,主要通过筹集社会财力,救助贫困地区失学儿童重返校园。到1999年,希望工程累计接受海内外捐款达17.82亿元人民币,在贫困地区捐建希望小学7549所,资助220.9万名贫困儿童重返校园。在全国几乎每一个贫困乡村,都有"希望小学"校牌。希望工程成为20世纪90年代社会参与最广泛、最具社会影响力的民间社会公益事业。③

与政府扶贫相比,民间扶贫的特点是规模较小,一般只覆盖一部分贫困地区。但是民间扶贫活动一般都比较专一,集中在民间机构有优势的专业领域,从而更具有效率,更具有创新性。如希望工程主要是支持贫困地区的小学教育,幸福工程主要是为妇女提供小额信贷。因此,作为国家扶贫的辅助,民间扶贫大有可为。

四、开展东西扶贫协作

1996年9月,中央扶贫开发工作会议决定在全国开展东西扶贫协作,由东部经济较发达的9个省市和4个计划单列市对口帮扶西部经济欠发达的10个省区。即北京市帮扶内蒙古自治区,天津市帮扶甘肃省,上海市帮扶云南省,广东省帮扶广西壮族自治区,江苏省帮扶陕西省,浙江省帮扶四川省,山东省帮扶新疆维吾尔自治区,辽宁省帮扶青海省,福建省帮扶宁夏回族自治区,大连、青岛、深圳、宁波四个计划单列市联合帮扶贵州省。在中央视野中,东西扶贫协作既是促进区域经济协调发展、缩小东西部差距的战略决策,也是扶贫攻坚、解决温饱的重要措施。④

---

① 艾笑:《让天下母亲都幸福——访"幸福工程"组委会主任王光美》,《人民日报》1997年4月27日。
② 《"幸福工程"纳入扶贫攻坚计划》,《山区开发》1997年第3期。
③ 胡晓梦、唐维红:《收获希望——写在希望工程实施十周年之际》,《人民日报》1999年11月4日。
④ 《中共中央、国务院关于进一步加强扶贫开发工作的决定》(1999年6月28日),《十五大以来重要文献选编》(中),中央文献出版社2011年版,第70页。

从具体措施来说,东西协作对口帮扶主要有以下几个方面:一是组织劳务输出。中西部的劳务向东流,东部的能工巧匠向西流,对经济发展、社会进步发挥着越来越大的作用。贫困地区缺的是钱,多的是人。把大批富余的青壮年输出到需要的地区,为贫困地区培养了人才。二是组织富裕县和贫困县结成对子,进行经济合作交流。三是东部无偿捐赠资金用于中西部贫困地区教育、卫生和其他基础设施建设,捐赠生产生活物资用于支持农户的农业生产和救济农民的日常生活。

在中共中央、国务院的统一部署和领导下,经过帮扶双方共同努力,东西扶贫协作几年内迅速取得可喜成绩。东部13个省市政府和社会各界累计捐款、捐物折款近21.4亿元,双方签订项目协议5745个,协议投资280多亿元,实现投资40多亿元,从贫困地区输出劳动力51.7万人。①

五、实施教育扶贫工程

要脱贫致富、振兴经济,首先要振兴教育。1992年10月,中共十四大强调"把教育摆在优先发展的战略地位",提出"到本世纪末,基本扫除青壮年文盲,基本实现九年制义务教育"(两基)的宏伟目标。1996年,八届全国人大第四次会议批准的《中华人民共和国国民经济和社会发展"九五"计划和2010年远景目标纲要》明确将"基本普及九年义务教育,基本扫除青壮年文盲"作为社会发展的主要目标之一,列入"九五"计划。

全国基本普及九年义务教育,难点在于贫困地区。发展教育事业、提高劳动者素质,是贫困地区发展经济、脱贫致富的根本途径。可是,这些地区经济不发达又使当地义务教育事业遇到财力不足的困难。这种局面只有通过国家的教育扶贫才能打破。1993年2月9日,国家教委、国务院贫困地区经济开发领导小组、财政部发出《关于印发〈关于大力改革与发展贫困地区教育,促进经济开发,加快脱贫致富步伐的意见〉的通知》,要求贫困地区的各级政府切实落实教育摆在优先发展的战略地位,大力改革与发展贫困地区的教育,走依靠科技进步和提高劳动者素质实现脱贫致富之路。到20世纪末,要力争基本扫除青壮年文盲,城镇和有条件的乡、村要基本普及九年义务教育,一般地区要普及小学阶段的义务教育。②

---

① 中华人民共和国国务院新闻办公室:《中国的农村扶贫开发》,《人民日报》2001年10月16日。

② 何东昌主编:《中华人民共和国重要教育文献(1991—1997)》,海南出版社1998年版,第3464页。

为支持贫困地区实现普及义务教育目标,1995年,国家教委、财政部联合组织实施"国家贫困地区义务教育工程",第一期工程从1995年到2000年,6年间中央财政增设贫困地区义务教育专款39亿元,地方配套资金87亿元,共计126亿元。① 按照"集中投入、重点突破、连片开发、保证效益,建一所,成一所"的原则,资金重点投向八七扶贫攻坚计划中的国家级贫困县,部分投向经济确有困难、基础教育发展薄弱的省级贫困县,优先投向革命老区和少数民族地区,重点改善这些地区小学、初中的办学条件,以使绝大多数项目县在2000年实现普及小学义务教育,大部分县基本普及九年义务教育。

1996年5月7日,一场声势浩大的教育扶贫攻坚战拉开了帷幕。国家教委、财政部在人民大会堂举行新闻发布会,与中部地区河北、山西等12个省主管教育的副省长签订了《"国家贫困地区义务教育工程"项目责任书》。教育扶贫工程正式实施,覆盖383个贫困县的1.5亿人口、4万多所学校。

1998年,国家贫困地区义务教育工程建设重点开始转移到实现全国"两基"工作难度最大的西部地区9个省、自治区。5月7日,教育部、财政部分别与新疆、内蒙古、青海、宁夏、甘肃、西藏、云南、广西、贵州及新疆生产建设兵团的负责人签订了"国家贫困地区义务教育工程"项目责任书,到2000年,在这些地区的469个贫困县修建14942所中小学。②

国家贫困地区义务教育工程,是新中国成立近半个世纪以来中央专项资金投入最多、规模最大的教育扶贫工程。这项工程的实施,对推动普及义务教育进程,改变贫困地区落后面貌,带动当地经济发展,具有十分重要的意义。到2000年,绝大多数项目县实现普及小学义务教育,大部分县基本普及九年义务教育。农村贫困地区义务教育办学条件明显改善,适龄儿童辍学率下降到6.5%。

六、开展与国际组织的合作扶贫

中国与国际社会在扶贫领域开展交流与合作,有助于借鉴国际社会多年积累的扶贫经验,提高中国扶贫开发的整体水平。

---

① 温红彦:《我国义务教育取得长足进展——教育部负责人就当前我国义务教育和教育经费投入等问题答记者问》,《人民日报》2003年11月3日。
② 《国家贫困地区义务教育工程向西部推进——教育部财政部同九省区政府签订项目责任书》,《光明日报》1998年5月8日。

在扶贫领域,世界银行与中国的合作最早,投入规模最大。中国政府实施八七扶贫攻坚的举措受到世界银行的重视和支持,世界银行贷款扶贫项目数量不断增加,资金规模不断扩大,项目区域不断拓展。到2000年,世界银行开展的西南、秦巴、西部三期扶贫贷款项目,援助总规模达6.1亿美元,覆盖9个省区、91个贫困县、800多万贫困人口。①

世界银行西南扶贫项目是中国政府自1980年与世界银行合作15年来第一个规模最大的直接扶贫项目,也是当时所有国际组织直接援助中国扶贫的最大项目之一。该项目于1995年7月开始在云南、贵州、广西三省(自治区)最贫困的35个全国重点贫困县实施,项目区内有350万贫困人口。项目总投资42.3亿元,其中利用世界银行贷款2.475亿美元,国内相应的配套资金为21.8亿元。项目建设主要包括大农业、基础设施建设、第二第三产业开发、劳务输出、教育卫生和贫困监测等。

世界银行秦巴山区扶贫贷款项目于1995年10月开始准备,在四川、陕西、宁夏三省、区26个全国重点贫困县实施。1997年1月,项目通过世界银行评估团的评估,并在1997年7月获得世界银行执行董事会的批准正式开始实施。项目确定扶贫、还贷和持续发展三大目标,扶贫目标以解决230万贫困人口温饱问题为重点,还贷目标以确保世界银行贷款安全归还为前提,持续发展目标以改善基本条件和提高农户自我发展能力为基础。项目包括土地与农户开发、基础设施、农村企业、劳务输出、小额信贷、机构建设与监测等,总投资29.88亿元,其中世界银行贷款1.8亿美元。

世界银行西部扶贫项目从1999年开始实施,对象是内蒙古、甘肃两省、区最贫困的27个全国重点贫困县。该项目为偏远农村的贫困人口提供大量卫生、教育、就业和农业生产方面的服务。该项目的世界银行贷款额为1.6亿美元,总投资26.56亿元,用于帮助200万贫困人口脱贫。②

自改革开放之初,中国一直与联合国有关机构开展合作扶贫。联合国世界粮食计划署是联合国负责粮食援助的国际机构,其提供援助的基本原则是帮助发展中国家消除饥饿和贫困。中国从1979年开始接受世界粮食计划署的粮食援助,从20世纪80年代中期开始,世界粮食计划署的援助重点从中国较富裕的东部地区转向中西部地区,用以粮代教项目、以工代赈项目帮助贫困人口实现自助。在边远干旱地区通过以工代赈形式修建

---

① 中华人民共和国国务院新闻办公室:《中国的农村扶贫开发》,《人民日报》2001年10月16日。

② 段巧、李慧:《中国与世界银行在扶贫领域的合作》,《世界农业》2001年第2期。

起灌溉系统,增强贫困地区粮食生产能力,提高农民的生活水平;以粮代教项目则是通过提供免费餐饮的形式,吸引小孩到学校来读书,吸引成人参加各种各样的农业技术培训班,以更多技能帮助贫困人口自食其力。从1979年到2005年,中国获得世界粮食计划署价值10亿美元的援助,约3000万人获得400万吨的粮食援助。①

此外,一些国家、国际组织和非政府组织也与中国在扶贫领域开展了广泛的合作。欧盟、英国政府、荷兰政府、日本政府、德国技术合作公司、亚洲开发银行、福特基金会等都在中国开展扶贫开发项目,并取得了较好的成效。

第三节 国家八七扶贫攻坚计划基本实现

有耕耘必有收获。1994年至2000年这7年间,全党动手、全社会动员,各方支持、合力攻坚,农村扶贫开发取得显著成效,贫困地区的面貌发生巨大变化。在世界贫困人口每年增加1000万人的大背景下,中国的反贫困壮举备受瞩目。联合国开发计划署认为,中国扶贫攻坚的成就"为发展中国家,甚至整个世界提供了一种模式"②。

一、全国农村贫困人口的温饱问题基本解决

经过7年扶贫攻坚,到2000年,按照农民年人均纯收入625元为解决温饱的标准,全国农村没有解决温饱的贫困人口减少到3000万人,占农村人口的比重下降到3%左右。其中,国家重点扶持贫困县的贫困人口从1994年的5858万人减少到2000年的1710万人。③一些集中连片的贫困地区,包括沂蒙山区、井冈山区、大别山区和闽西南地区等革命老区,整体解决温饱,经济社会面貌发生深刻变化。其他重点贫困地区包括部分偏远山区、少数民族地区,面貌也有了很大改变。历史上"苦瘠甲天下"的甘肃以定西为代表的中部地区和宁夏的西海固地区,经过多年的开发建设,基础设施和基本生产条件明显改善,贫困状况大为缓解。除了少数社会保障

---

① 张梦旭:《与联合国世界粮食计划署密切合作——消除全球饥饿 中国给出答案》,《人民日报》2010年12月22日。
② 彭俊:《扶贫攻坚计划基本实现》,《人民日报》2000年9月23日。
③ 中华人民共和国国务院新闻办公室:《中国的农村扶贫开发》,《人民日报》2001年10月16日。

对象和生活在自然条件恶劣地区的特困人口以及部分残疾人以外,全国农村贫困人口的温饱问题已经基本解决。中共中央确定的在20世纪末基本解决农村贫困人口温饱问题的战略目标已基本实现。

八七扶贫攻坚期间,贫困地区经济发展速度明显加快。592个国家重点贫困县农业增加值增长54%,年均增长7.5%;工业增加值增长99.3%,年均增长12.2%;地方财政收入增加近1倍,年均增长12.9%;粮食产量增长12.3%,年均增长1.9%;农民人均纯收入从648元增长到1337元,年均增长12.8%。所有这些指标都高于全国平均水平。①

二、贫困地区的基础设施和生产生活条件明显改善

1994年,全国还有1700多个乡镇和1.7万多个行政村不通公路和汽车,这些不通公路的乡、村,绝大部分都在中西部贫困地区。因此,八七扶贫攻坚七年间,国家每年投入10亿元以工代赈资金,重点支持中西部21个省、区的交通建设,以改变贫困地区的落后面貌。实施八七扶贫攻坚计划期间,592个国家重点贫困县累计新增公路32万公里,架设输变电线路36万公里,通电、通路、通邮、通电话的行政村分别达到95.5%、89%、69%、67.7%,其中部分指标已接近或达到全国平均水平。② 基础设施建设为贫困地区的发展增强了后劲。

农村饮水困难是历史遗留的严重问题之一。1993年,国家将解决饮水困难作为扶贫攻坚的一项重要内容列入国家八七扶贫攻坚计划。各级水利部门因地制宜地采取各种措施,拦蓄地表水,开采地下水,改良劣质水,兴建了大批饮水工程。据统计,截至1999年底,全国农村累计投入资金300多亿元,修建各类饮水工程300多万处,形成日供水能力2000万吨,解决了2.16亿人的饮水困难,占1992年底统计饮水困难总人数的90%,未解决人数还有2400万。在乡镇供水方面,全国累计完成投资400亿元,共建成不同规模的乡镇供水工程约3万处,日供水能力约5000万吨,解决和改善了近1.5亿乡镇人口和大量企事业单位的生活和生产用水。③ 其中592个国家重点贫困县5351万人和4836万头牲畜的饮水问题得到

---

① 温家宝:《在中央扶贫开发工作会议上的讲话》,《人民日报》2001年9月21日。
② 温家宝:《在中央扶贫开发工作会议上的讲话》,《人民日报》2001年9月21日。
③ 江夏:《两亿人饮水不再难,水利部将在今后3年基本解决农村人口饮水困难》,《人民日报》2000年6月13日。

解决。①

20世纪90年代初,中西部不少边远、贫困、少数民族地区没有电。截止1992年底,全国还有28个无电县,其中西藏21个,新疆6个,青海1个。有1453个乡、63120个村约1.2亿农村人口没有用上电。这1.2亿农民主要集中在内蒙古东部、陕甘宁、豫东皖西、三峡、贵州、滇桂、川青、西部边疆等"八大片"。到1992年底,"八大片"中贫困县通电率为72%,低于全国平均水平15.4个百分点。为落实八七扶贫攻坚计划,1994年电力工业部针对上述情况提出实施"电力扶贫共富工程"。其目标是,到20世纪末用七年时间,消灭28个无电县;基本消灭无电乡和无电村,解决"八大片"无电人口集中区无电问题,使全国农村户通电率达到95%。②

根据国务院安排,西藏的21个无电县,水利部负责有小水电资源的9个县;电力部负责12个县,其中9个县利用太阳能发电解决,3个县采用电网延伸的方式解决。新疆的6个无电县,由新疆维吾尔自治区政府落实解决。青海的1个无电县,通过开发当地小水电资源解决。对"八大片"地区和国家确定的592个贫困县的无电乡、村、户的扶贫通电,由有关省(区)政府组织,集中扶持解决。

经过各方历经近10年的不懈努力,电力扶贫共富工程圆满完成。从无电到有电,从有电但无用电保障到安全优质充足的用电,贫困地区生活用电发生了质的变化。

三、贫困地区科教文卫等社会事业发展较快

为激励广大科技人员积极投身扶贫攻坚,充分发挥科学技术第一生产力的作用,加快扶贫攻坚进程,1997年4月25日,国家科委、中科院、中国科协联合下发《关于依靠科技进步加速扶贫攻坚进程的意见》,提出要大力推广普及先进实用技术,努力促进科技成果向贫困地区转化。国家科委筛选确定了种植业、养殖业、农副产品加工业、资源开发利用等方面的200项先进适用技术,有针对性地向贫困地区推广。国家科委扶贫办公室还把十年来各地科技扶贫经验汇编成《科技扶贫100例》,供贫困地区借鉴。③

---

① 温家宝:《在中央扶贫开发工作会议上的讲话》(2001年5月24日),《人民日报》2001年9月21日。

② 闫琳琳:《和谐之路——电力扶贫共富工程回顾》,《农村电气化》2009年第10期。

③ 《国家科委等三部门联合提出意见 依靠科技进步加速扶贫攻坚进程》,《人民日报》1997年6月17日。

各地积极组织科技扶贫行动,用科技改变贫困地区落后面貌。例如,1994年,河南省组织100多个"科技兵团"进驻大别山革命老区,播撒科技火种,帮助老区人民发展生产,脱贫致富。各贫困县普遍成立了科技扶贫机构,建立科技示范乡、村、户15.5万个,发展各类科技组织11845个,每年下拨智力开发培训经费450万元,帮助农民掌握了1~2项实用技术。① 1994年至1998年,山西农科院科技扶贫取得突出成绩,150名科技人员扎根农村,在贫困地区组装推广了126项综合配套农业技术,树立了35个高产高效农业示范典型。这些典型经验辐射推广到1000个村庄,创造间接经济效益24.9亿元。②

文化教育落后与经济落后相互影响,严重制约着中西部贫困地区、少数民族地区农村经济发展和社会进步。如前所述,第一期"国家贫困地区义务教育工程"的大力实施,有力地推动贫困地区教育事业的发展。基本普及九年义务教育和基本扫除青壮年文盲成绩显著,592个国家重点扶持贫困县中有318个实现了"两基"目标③。由此,贫困地区提高了义务教育普及程度,小学入学率、初中入学率大为提高,辍学率有一定程度的降低;贫困地区办学条件得到改善,教学设备也有所加强。

1995年12月,中宣部、文化部、农业部等联合发起了文化下乡活动,收到很好效果。从1998年开始,中西部贫困地区和少数民族地区启动"百县千乡宣传文化工程"。这一工程,经中央精神文明建设指导委员会决定,由中宣部、中央文明办和文化部联合组织,在中西部21个省、直辖市、自治区的500多个国家级贫困县和新疆生产建设兵团中同时展开,采取中央和地方各出资50%的办法共同实施。到2000年一共资助建设1212个乡镇宣传文化站、110个县级宣传文化中心,设有图书室、多功能教室、展览室、文化活动室等,成为丰富农民群众精神文化生活的重要场所。④ "百县千乡宣传文化工程"造福于欠发达地区和少数民族地区,群众的文化生活得到改善。

贫困地区医疗卫生条件普遍比较落后,农民因病致贫、因病返贫的现

---

① 闻有成、王锦鹄:《河南百余科技兵团挺进大别山》,《人民日报》1994年1月4日。
② 惠金义、程春生:《山西农科院扶贫树样板 四年培育出三十五个高效农业典型》,《人民日报》1998年10月15日。
③ 中华人民共和国国务院新闻办公室:《中国的农村扶贫开发》,《人民日报》2001年10月16日。
④ 罗昌爱、庞革平:《一项造福中西部地区的伟大工程——实施"百县千乡宣传文化工程"综述》,《人民日报》2001年12月4日。

象时常发生。因此,八七扶贫攻坚高度重视贫困地区的卫生工作,把提高贫困人口的健康水平作为扶贫工作的一项重要内容。各级政府都把卫生扶贫纳入当地扶贫计划,安排必要的扶贫资金,重点解决基础卫生设施、改善饮水条件和防治地方病、传染病。经过努力,大多数贫困地区乡镇卫生院得到改造或重新建设,缺医少药的状况得到缓解。

四、残疾人扶贫取得显著进展

八七扶贫攻坚期间,残疾人扶贫作为一项重要内容列入国家扶贫计划同步实施。1998年10月,国务院扶贫办等六部门还制定了《农村残疾人扶贫开发实施办法(1998—2000年)》,按年度分解任务指标,以保证残疾人扶贫攻坚目标如期实现。

从1992年起,国家设立康复扶贫专项贷款,对贫困残疾人予以扶持。到2000年,累计投放贷款26亿元[①]。主要以小额贷款的方式,扶持有助于直接解决农村贫困残疾人温饱问题的种植业、养殖业、手工业和家庭副业等,使有劳动能力的残疾人很快解决温饱问题。同时,还加强基层残联扶贫服务体系建设,为农村残疾人提供及时、有效的服务。经过几年的努力,到2000年底,全国已建立县级残疾人服务社2238个,占县(市、区)总数的80.2%;乡镇残疾人服务社28427个,占乡镇总数的60%,初步形成农村基层残疾人扶贫服务体系,为残疾人扶贫攻坚提供了重要的组织保障。

经过八七扶贫攻坚,全国有606万适合参加生产劳动的贫困残疾人解决了温饱难题,另有334万不适合参加生产劳动的贫困残疾人也得到了救济和社会保障。到2000年底,贫困残疾人口下降到979万人。[②]

[①] 中华人民共和国国务院新闻办公室:《中国的农村扶贫开发》,《人民日报》2001年10月16日。

[②] 中华人民共和国国务院新闻办公室:《中国的农村扶贫开发》,《人民日报》2001年10月16日;徐宜军:《扶贫工作一项重大成果 全国九百万贫困残疾人解决温饱》,《人民日报》1999年9月13日。

第六章

全面建设小康社会进程中的农村扶贫开发(2001—2011)

2000年,中国实现了现代化建设"三步走"发展战略的第二步战略目标,人均国内生产总值为854美元,全国农村贫困人口的温饱问题基本解决,人民生活总体上实现了由温饱到小康的历史性跨越。鉴于新世纪之初中国社会达到的小康还是低水平、发展很不平衡的小康,2002年11月召开的中共十六大,进一步提出全面建设小康社会的奋斗目标,使国内生产总值到2020年比2000年翻两番。全面建设小康社会,重点和难点都在农村贫困地区。因此,在全面建设小康社会的进程中坚定不移地加大扶贫开发力度,成为新世纪新阶段农村扶贫开发的主要任务。

第一节 中共中央关于新世纪新阶段农村扶贫开发的部署

21世纪初,全国没有解决温饱的贫困人口还有3000万人,主要分布在中西部的少数民族地区、革命老区、边疆地区和特困地区,特别是集中在这些地区的贫困乡村。此外,已初步解决温饱的贫困人口,由于生产生活条件还没有从根本上得到改善,抵御自然灾害的能力很弱,同样需要继续扶持。

一、全国建设小康社会奋斗目标对农村扶贫开发提出新要求

2002年中共十六大指出:"经过全党和全国各族人民的共同努力,我们

第六章　全面建设小康社会进程中的农村扶贫开发(2001—2011)

胜利实现了现代化建设'三步走'战略的第一步、第二步目标,人民生活总体上达到小康水平。这是社会主义制度的伟大胜利,是中华民族发展史上一个新的里程碑。必须看到,我国正处于并将长期处于社会主义初级阶段,现在达到的小康还是低水平的、不全面的、发展很不平衡的小康,……巩固和提高目前达到的小康水平,还需要进行长时期的艰苦奋斗。"[①]

中共中央之所以强调"现在达到的小康还是低水平的、不全面的、发展很不平衡的小康",是因为:①小康社会是从温饱到现代化之间长达几十年的发展阶段,小康水平有一个从低到高的发展过程,世纪之交中国刚刚迈入小康社会的门槛,同全面建设小康社会的目标相比,所达到的小康还是低水平的。②即使是低水平的小康,全国也还没有全面达到,农村还有3000多万贫困人口的温饱问题没有完全解决,城镇有将近2000万人口的收入在最低生活保障线以下,还有更多的人口虽然温饱问题得到解决但尚未达到小康。③在经济发达地区和贫困落后地区之间、城乡之间以及在不同的社会阶层之间,收入和生活水平还存在着比较大的差距;在人民物质生活和精神生活的诸多方面,以及小康社会建设的各个领域,进展状况和达到的水平是不平衡的。

为此,十六大提出"在本世纪头二十年,集中力量,全面建设惠及十几亿人口的更高水平的小康社会,使经济更加发展、民主更加健全、科教更加进步、文化更加繁荣、社会更加和谐、人民生活更加殷实"[②]的目标。

全面建设小康社会,最困难之处在广大农村特别是贫困地区的农村,在广大中西部地区特别是西部地区。为此,十六大强调积极推进西部大开发,支持贫困地区、革命老区和少数民族地区加快发展。

2003年1月,中央农村工作会议在北京召开。胡锦涛在会上指出:从未来发展看,实现全面建设小康社会的宏伟目标,最繁重、最艰巨的任务在农村。没有农民的小康就没有全国人民的小康,没有农村的现代化就没有国家的现代化。因此,要自觉把全面建设小康社会的工作重点放在农村。"要加大扶贫开发力度,提高扶贫开发成效,以改善生产生活条件和增加农民收入为核心,加快贫困地区脱贫步伐。"[③]也就是说,在全面建设小康社会

---

① 江泽民:《全面建设小康社会,开创中国特色社会主义事业新局面——在中国共产党第十六次全国代表大会上的报告》,《求是》2002年第22期。

② 江泽民:《全面建设小康社会,开创中国特色社会主义事业新局面——在中国共产党第十六次全国代表大会上的报告》,《求是》2002年第22期。

③ 胡锦涛:《在中央农村工作会议上的讲话》,《十六大以来重要文献选编》(上),中央文献出版社2005年版,第113-114、122页。

的进程中,要继续大力推进扶贫开发,尽快使尚未脱贫的人口解决温饱问题,巩固扶贫成果,并逐步使贫困地区人民过上小康生活。

二、西部大开发战略为西部地区摆脱贫困提供新机遇

西部地区是中国贫困人口最集中、贫困程度最深的地区。与其他地区相比,西部贫困问题具有"一多三性"的特点。"一多"是指西部部分地区基础设施欠账较多,"三性"是指环境条件的严酷性、主导产业的脆弱性和劳务经济的局限性。西部地区致贫原因复杂,贫困问题与自然、地理、气候、民族、宗教、边境等诸多问题交织在一起,解决起来难度大,成本高。

为了把东部沿海地区的剩余经济发展能力,用以提高西部地区的经济和社会发展水平并巩固国防,1999年9月,中共十五届四中全会明确提出实施西部大开发战略。2000年10月,中共十五届五中全会通过的《中共中央关于制定国民经济和社会发展第十个五年计划的建议》,把实施西部大开发、促进地区协调发展作为一项战略任务,强调:"实施西部大开发战略,加快中西部地区发展,关系经济发展、民族团结、社会稳定,关系地区协调发展和最终实现共同富裕,是实现第三步战略目标的重大举措。"①

西部大开发为西部地区摆脱贫困提供新的机遇。在部署西部大开发战略的贯彻实施时,国务院明确将扶贫开发作为西部大开发一个很重要的内容。例如,2000年10月国务院提出:"逐步加大中央对西部地区一般性转移支付的规模。在农业、社会保障、教育、科技、卫生、计划生育、文化、环保等专项补助资金的分配方面,向西部地区倾斜。中央财政扶贫资金的安排,重点用于西部贫困地区";"动员社会各方面力量加强东西对口支援,进一步加大对西部贫困地区、少数民族地区的支援力度,继续推进'兴边富民'行动";"继续实施贫困地区义务教育工程,加大国家对西部地区义务教育的支持力度,增加资金投入,努力加快实现九年义务教育。……加大实施东部地区学校对口支援西部贫困地区学校工程以及西部地区大中城市学校对口支援农村贫困地区学校工程的力度"。②

---

① 《中共中央关于制定国民经济和社会发展第十个五年计划的建议》,《十五大以来重要文献选编》(中),中央文献出版社2011年版,第496页。
② 《国务院关于实施西部大开发若干政策措施的通知》(2000年10月26日),《十五大以来重要文献选编》(中),中央文献出版社2011年版,第528、532—533、534页。

三、中共中央对新世纪新阶段农村扶贫开发的认识

2001年5月24日至25日,中央扶贫开发工作会议在北京召开,会议总结《国家八七扶贫攻坚计划(1994—2000年)》实施以来的成就和经验,全面分析扶贫开发面临的新形势,研究部署新世纪头十年扶贫开发的主要任务。

第一,正确分析贫困地区和贫困人口的状况。会议指出:扶贫开发的目标主要是解决温饱问题,解决绝对贫困问题。按照2000年农民人均纯收入625元解决温饱的标准,全国没有解决温饱的贫困人口还有3000万人,这是需要党和政府及全社会特别关注、重点扶持的特困群体,是新阶段扶贫开发的首要对象。已经解决温饱问题的群众中,一部分生产和生活条件仍较差,巩固扶贫成果、防止返贫的任务仍很繁重。这些初步解决温饱但还不巩固、在温饱线上徘徊的贫困人口,同样需要继续扶持。帮助这两类人口尽快解决温饱并稳定脱贫,是新阶段扶贫开发的主要任务。

第二,从全面建设小康社会的全局阐述扶贫开发工作的紧迫性。会议指出,完成八七扶贫攻坚计划,基本解决农村贫困人口的温饱问题,为实现人民生活总体上达到小康水平做出了重要贡献。中国已经进入全面建设小康社会的新的发展阶段。为适应这一总体任务的要求,贫困地区要加快发展步伐,在实现温饱的基础上,为达到小康创造条件。如果到2010年,农村还有几千万人没有解决温饱,或者还在温饱线上徘徊,就没有完成全面建设小康社会的任务。西部贫困地区,相当一部分是少数民族地区和边疆地区。如果不加大扶贫开发力度,加快西部地区特别是少数民族地区和边疆地区的发展,地区差距、贫富差距继续扩大,就会直接影响社会稳定和社会主义现代化建设的进程。从这一角度来说,扶贫开发是实现各地区协调发展,全面建设小康社会,进而实现第三步战略目标的必然要求,是逐步实现各族人民共同富裕的重大战略措施,也是维护国家改革、发展、稳定大局的需要。[①]

第三,强调扶贫开发要抓住西部大开发的良好机遇。西部大开发是2000年中共中央、国务院为缩小地区之间的发展差距、最终实现共同富裕作出的一项重大战略决策,对西部地区乃至全国的发展都有重大意义。中

[①] 江泽民:《在中央扶贫开发工作会议上的讲话》(2001年5月25日),《十五大以来重要文献选编》(下),中央文献出版社2011年版,第85页。

国贫困地区、贫困人口主要分布在西部,从这个意义上说,西部大开发也是一项宏大的扶贫开发工程,是通过加快西部地区的发展推动扶贫开发。西部大开发的几项重点工作,包括加快交通、通信、能源和水利等基础设施建设,退耕还林还草、加强生态环境建设,调整产业结构、发展优势产业,优先发展科技教育、培养人才,都有利于贫困地区的发展。西部大开发战略的逐步展开,必将对西部贫困地区发挥越来越大的带动作用。扶贫开发要与西部大开发紧密结合起来,扶贫开发的具体措施与西部大开发的重大项目相互衔接和配合,能够发挥综合效益,加快贫困地区脱贫致富、改变面貌的步伐。①

第四,确定新世纪头十年扶贫开发工作的目标和重点。中共中央、国务院决定:从2001年到2010年,尽快解决极少数贫困人口温饱问题,进一步改善贫困地区的基本生产生活条件,巩固温饱成果,提高贫困人口的生活质量和综合素质,加强贫困乡村的基础设施建设,改善生态环境,逐步改变贫困地区社会、经济、文化的落后状态,为达到小康水平创造条件。根据这个奋斗目标,新阶段扶贫开发的主要任务:一是尽快解决3000万贫困人口的温饱问题,这是新阶段扶贫开发的首要对象;二是帮助初步解决温饱、但还不巩固的贫困人口增加经济收入,改善生产生活条件,实现稳定脱贫。

新阶段扶贫开发工作扶持的重点,放在中西部的少数民族地区、革命老区、边疆地区和一些特困地区,国家级贫困县从这四类地区产生。会议指出:"现在贫困人口主要集中在这些地区。中西部各省、自治区、直辖市的经济实力又比较弱,仅靠自身的力量很难解决贫困问题,国家必须给予重点扶持。……本着集中连片的原则,在中西部的上述四类地区内,综合考虑全县农民的收入水平、贫困人口数量、基本生产生活条件等因素,确定一批扶贫任务大的县,作为扶贫开发工作重点县,中央予以重点支持。这样做,重点更加突出,大多数贫困人口基本上得到覆盖。"②

四、确定592个国家扶贫开发工作重点县和14.8万个贫困村

过去的国家级贫困县,经过八七扶贫攻坚已经有了较快发展,多数实现了脱贫目标。为了适应扶贫开发的新形势,2001年,我国根据农村贫困人口的分布状况和特点,重新确定592个国家扶贫开发工作重点县,作为

---

① 温家宝:《在中央扶贫开发工作会议上的讲话》,《人民日报》2001年9月21日。
② 温家宝:《在中央扶贫开发工作会议上的讲话》,《人民日报》2001年9月21日。

扶贫开发的重点对象。这次贫困县的调整主要是取消沿海发达地区的所有国家级贫困县,同时增加中西部地区的贫困县数量并保持总数不变。国家在中西部21个省(区、市)的少数民族地区、革命老区、边疆地区和特困地区重新确定了592个县,作为新阶段国家扶贫开发工作重点县。辽宁、山东、江苏、浙江、福建、广东六省的33个贫困县调出。西藏作为一个重点扶持单元,其原有的5个贫困县调出。这些指标划分给其他中西部省份,其中湖南、四川增加数量较多。从绝对数来看,云南、贵州、陕西的贫困县有50个或超过50个,从重点县占全省总县数比重看,贵州、云南、甘肃都超过50%,如表6-1所示。

表6-1　新时期592个国家扶贫开发工作重点县名单①

省、自治区	数量	名　　单
河北	39	阳原县、崇礼县、赤城县、尚义县、万全县、怀安县、张北县、康保县、沽源县、蔚县、涞源县、阜平县、顺平县、南皮县、盐山县、东光县、海兴县、孟村县、献县、大名县、丰宁县、广平县、广宗县、巨鹿县、宽城县、临城县、灵寿县、隆化县、滦平县、平泉县、平山县、青龙县、涉县、围场县、魏县、武强县、武邑县、赞皇县、唐县、(涿鹿县赵家蓬区)
山西	35	临县、石楼县、方山县、中阳县、兴县、岚县、大宁县、永和县、隰县、汾西县、吉县、天镇县、广灵县、灵丘县、浑源县、阳高县、左权县、和顺县、武乡县、壶关县、平顺县、平陆县、娄烦县、右玉县、神池县、宁武县、五台县、河曲县、静乐县、偏关县、五寨县、保德县、繁峙县、代县、岢岚县
内蒙古	31	托克托县、和林县、清水河县、武川县、固阳县、达茂旗、巴林左旗、巴林右旗、林西县、克什克腾旗、翁牛特旗、喀喇沁旗、宁城县、敖汉旗、库伦旗、奈曼旗、准格尔旗、鄂托克前旗、杭锦旗、乌审旗、伊金霍洛旗、科右中旗、扎赉特旗、太仆寺旗、多伦县、化德县、商都县、察右前旗、察右中旗、察右后旗、四子王旗
黑龙江	14	绥滨县、甘南县、同江市、桦南县、延寿县、林甸县、饶河县、泰来县、杜蒙县、汤原县、抚远县、兰西县、桦川县、拜泉县

① 《新时期592个国家扶贫开发工作重点县名单》(国务院扶贫办信息网2006年11月19日发布),中国扶贫开发协会网站,http://www.zgfpkf.org.cn/w/279.html,访问日期为2017年5月。

续表

省、自治区	数量	名　　单
吉林	8	大安市、通榆县、镇赉县、靖宇县、汪清县、安图县、龙井市、和龙市
安徽	19	临泉县、阜南县、颍上县、利辛县、霍邱县、寿县、霍山县、舒城县、裕安区、金寨县、岳西县、太湖县、宿松县、枞阳县、潜山县、长丰县、无为县、石台县、泾县
江西	21	兴国县、宁都县、于都县、寻乌县、会昌县、安远县、上犹县、赣县、井冈山市、永新县、遂川县、吉安县、万安县、上饶县、横峰县、波阳县、余干县、广昌县、乐安县、修水县、莲花县
河南	31	嵩县、汝阳县、宜阳县、洛宁县、栾川县、新县、固始县、商城县、淮滨县、光山县、虞城县、睢县、宁陵县、民权县、新蔡县、确山县、平舆县、上蔡县、淅川县、桐柏县、南召县、社旗县、台前县、范县、沈丘县、淮阳县、鲁山县、封丘县、兰考县、滑县、卢氏县
湖北	25	利川市、建始县、巴东县、恩施市、宣恩县、来凤县、咸丰县、鹤峰县、郧西县、竹山县、竹溪县、郧县、房县、丹江口市、英山县、罗田县、麻城市、红安县、蕲春县、长阳县、秭归县、孝昌县、大悟县、阳新县、神农架林区
湖南	20	古丈县、泸溪县、保靖县、永顺县、凤凰县、花垣县、龙山县、桑植县、平江县、新化县、安化县、新田县、隆回县、沅陵县、桂东县、通道县、城步县、邵阳县、江华县、汝城县
广西	28	环江县、罗城县、南丹县、天峨县、凤山县、东兰县、巴马县、都安县、大化县、田东县、平果县、德保县、靖西县、那坡县、凌云县、乐业县、田林县、隆林县、西林县、马山县、隆安县、天等县、龙州县、三江县、融水县、金秀县、忻城县、龙胜县
海南	5	保亭县、琼中县、五指山市、陵水县、白沙县
重庆	14	城口县、巫溪县、巫山县、奉节县、云阳县、开县、万州区、秀山县、黔江县、酉阳县、彭水县、石柱县、武隆县、丰都县

续表

省、自治区	数量	名单
四川	36	古蔺县、叙永县、苍溪县、朝天区、旺苍县、马边县、仪陇县、嘉陵区、阆中市、南部县、屏山县、广安区、宣汉县、万源市、通江县、南江县、平昌县、壤塘县、黑水县、小金县、石渠县、理塘县、新龙县、色达县、雅江县、昭觉县、布拖县、美姑县、金阳县、雷波县、普格县、喜德县、盐源县、木里县、越西县、甘洛县
贵州	50	雷山县、望谟县、纳雍县、晴隆县、沿河县、三都县、水城县、册亨县、赫章县、松桃县、从江县、黄平县、平塘县、大方县、剑河县、紫云县、榕江县、织金县、思南县、长顺县、罗甸县、威宁县、石阡县、印江县、贞丰县、黎平县、普安县、道真县、麻江县、丹寨县、关岭县、台江县、江口县、德江县、兴仁县、岑巩县、锦屏县、务川县、正安县、习水县、六枝特区、普定县、三穗县、荔波县、天柱县、镇宁县、盘县、施秉县、独山县、安龙县
云南	73	宁蒗县、永胜县、泸水县、兰坪县、贡山县、福贡县、广南县、马关县、砚山县、丘北县、文山县、富宁县、西畴县、麻栗坡县、梁河县、维西县、中甸县、德钦县、东川区、禄劝县、寻甸县、永仁县、双柏县、南华县、大姚县、姚安县、昭阳区、武定县、富源县、会泽县、威信县、绥江县、盐津县、彝良县、大关县、鲁甸县、巧家县、永善县、镇雄县、施甸县、龙陵县、昌宁县、绿春县、红河县、元阳县、屏边县、金平县、泸西县、永德县、凤庆县、沧源县、镇康县、云县、临沧县、双江县、墨江县、澜沧县、镇沅县、孟连县、景东县、江城县、普洱县、西盟县、弥渡县、洱源县、南涧县、永平县、巍山县、漾濞县、鹤庆县、剑川县、云龙县、勐腊县
陕西	50	延长县、延川县、子长县、安塞县、吴旗县、宜川县、府谷县、横山县、靖边县、定边县、绥德县、米脂县、佳县、吴堡县、清涧县、子洲县、洋县、西乡县、宁强县、略阳县、镇巴县、汉滨区、汉阴县、宁陕县、紫阳县、岚皋县、镇坪县、旬阳县、白河县、商州区、洛南县、丹凤县、商南县、山阳县、镇安县、柞水县、印台区、耀县、宜君县、合阳县、蒲城县、白水县、永寿县、彬县、长武县、旬邑县、淳化县、麟游县、太白县、陇县

续表

省、自治区	数量	名　　单
甘肃	43	武都县、宕昌县、礼县、西和县、文县、康县、两当县、临潭县、舟曲县、卓尼县、夏河县、合作市、临夏县、和政县、积石山县、广河县、康乐县、东乡县、永靖县、张家川县、武山县、清水县、甘谷县、秦安县、北道区、庄浪县、静宁县、华池县、环县、合水县、宁县、镇原县、定西县、通渭县、临洮县、陇西县、渭源县、漳县、岷县、榆中县、会宁县、天祝县、古浪县
青海	15	大通县、湟中县、平安县、乐都县、民和县、循化县、化隆县、尖扎县、泽库县、达日县、甘德县、玉树县、囊谦县、杂多县、治多县
宁夏	8	西吉县、海原县、固原县、隆德县、泾原县、彭阳县、盐池县、同心县
新疆	27	墨玉县、塔什库尔干县、皮山县、于田县、英吉沙县、洛浦县、疏附县、策勒县、和田县、阿克陶县、叶城县、柯坪县、伽师县、阿合奇县、岳普湖县、莎车县、民丰县、疏勒县、乌恰县、托里县、尼勒克县、乌什县、阿图什市、巴里坤县、察布查尔县、青河县、吉木乃县

在国家扶贫开发工作重点县的确定工作中，国务院扶贫开发领导小组负责确定重点县的原则、标准和各省（自治区、直辖市）重点县的数量，各省（自治区、直辖市）确定具体重点县名单并报国务院扶贫开发领导小组办公室审核备案。确定重点县的主要依据是：贫困人口数量、农民收入水平、基本生产生活条件以及扶贫开发工作情况，适当兼顾人均国内生产总值、人均财政收入等综合指标。例如，2001年，国务院扶贫开发领导小组审核确定云南省73个国家扶贫开发工作重点县，具体名单由云南省研究提出并报经国务院批准。云南省根据"大稳定，小调整"，覆盖大多数贫困地区和贫困人口，突出重点、集中力量扶持少数民族地区、边疆地区和革命老区这三条原则，依据1997年至1999年各县（市、区）贫困人口数量、农民人均纯收入水平和人均国民生产总值、人均财政收入的状况，在云南省已经取得的农村住户调查、贫困监测调查和全省相关统计等资料的基础上，运用国际通用的统计软件SAS及多维统计分析法对全省分县的人均国民生产总

值、人均财政收入、极端贫困发生率、不稳定温饱贫困人口比重、恩格尔系数、农民人均纯收入、少数民族地区、边疆地区和革命老区等9个量化指标进行统计测定,对云南省126个农业县(市、区)打分,并按分数由低到高进行排列,按排列顺序确定出73个国家扶贫开发工作重点县。①

在20世纪,国家下达的各项扶贫资金必须全部用于国家重点扶持的贫困县,并以这些县中的贫困乡、村、户为资金投放、项目实施的受益对象。这样的政策给国家重点贫困县带来了很多好处,但是对其他非国家重点贫困县的贫困人口而言,这种瞄准机制往往将非重点县的贫困人口排除在外。非国家重点贫困县中零星分散的贫困乡、村、户和省级贫困县,由地方各级政府自筹资金进行扶持。这样,非重点贫困县的贫困户不能享受国家的扶贫政策好处。2000年全国3000万绝对贫困人口中,60%左右分布在国家重点贫困县,还有40%左右生活在非国家重点贫困县。新世纪新阶段的扶贫开发,不能不考虑重点贫困县之外40%的贫困人口。在这样的情况下,仅依靠县级瞄准机制不能适应新的工作需要。

为了解决这一问题,扶贫瞄准方法开始向村级瞄准调整。2001年,在国务院扶贫开发领导小组办公室的指导下,全国开展了确定贫困村的工作。贫困村的确定,原则上是根据亚洲开发银行专家组提出的参与式贫困指数(PPI)来进行的。该指数用三类八个指标加权计算,即生活状况(年人均粮食产量、年人均现金收入、土坯房农户的比重),生产生活条件(人畜饮水条件、农户通电率、机动车通路率),卫生教育状况(女性长期患病率、中小学女生辍学率)。参与式贫困指数越高,村庄越穷,优先列入扶贫开发的重点贫困村序列。

按照上述方法,截至2002年,全国共确定了14.8万个贫困村。其中,西部约占50%,中部约占40%,东部约占10%,可见国家扶贫开发的重点进一步向中西部转移。全国除北京、上海和天津三个直辖市外,其余省、自治区都有贫困村分布。山西、河南、湖北、四川、贵州、云南、陕西、甘肃等省贫困村的绝对数量较大,占全国总贫困村的比例都超过5%。全国的贫困村占总行政村的比例为20%,山西、内蒙古、吉林、贵州、云南、陕西、甘肃、青海、宁夏和新疆等省、自治区贫困村的相对数较大,占本省、自治区行政村的比例都超过30%,其中云南贫困村的比例高达85%,如表6-2所示。

---

① 《云南省人民政府关于确定我省73个国家扶贫开发工作重点县的通知》,《云南政报》2002年第4期。

表 6-2　全国贫困村在各省的分布①

省、自治区	贫困村（个）	行政村（个）	占全国贫困村的比例	占本省行政村的比例
北京	0	4156	0.00%	0%
天津	0	3872	0.00%	0%
上海	0	2967	0.00%	0%
河北	7102	50214	4.79%	14%
山西	10510	32363	7.10%	32%
内蒙古	5000	14153	3.38%	35%
辽宁	2330	16297	1.57%	14%
吉林	3800	10366	2.57%	37%
黑龙江	3052	14918	2.06%	20%
江苏	1025	37231	0.69%	3%
浙江	2982	44463	2.01%	7%
安徽	5000	31031	3.38%	16%
福建	207	15087	0.14%	1.3%
江西	5000	20899	3.38%	24%
山东	4576	88619	3.09%	5%
河南	10449	48275	7.05%	22%
湖北	7519	33341	5.08%	23%
湖南	5472	48576	3.69%	11%
广东	4086	23618	2.76%	17%
广西	4060	14962	2.74%	27%
海南	720	2655	0.49%	27%
重庆	3270	21728	2.21%	15%
四川	10000	55970	6.75%	18%
贵州	13973	26007	9.43%	54%

---

① 张磊主编：《中国扶贫开发政策演变（1949—2005 年）》，中国财政经济出版社 2007 年版，第 174-175 页。

续表

省、自治区	贫困村（个）	行政村（个）	占全国贫困村的比例	占本省行政村的比例
云南	11344	13374	7.66%	85%
西藏	0	7198	0.00%	0%
陕西	10700	32561	7.22%	33%
甘肃	8790	17750	5.93%	50%
青海	2453	4109	1.66%	60%
宁夏	1105	2633	0.75%	42%
新疆	3606	8927	2.43%	40%
全国	148131	748320	100%	20%

随着贫困村的确定,扶贫资金的分配进行了改革。2002年2月9日,国务院扶贫开发领导小组印发《国家扶贫开发工作重点县管理办法》,规定:"国家下达的各项扶贫资金全部由省(自治区、直辖市)扶贫开发领导小组统筹安排使用,主要用于重点县的贫困乡村,适当用于重点县之外的贫困乡村。"[①]这就改变了以往在贫困县以外的贫困人口享受不到扶贫政策和资金的状况。

为了防止有些重点县实际已经脱贫但是仍不愿摘帽,为了防止戴"重点县"帽子的县产生惰性、主动脱贫的积极性不高,《国家扶贫开发工作重点县管理办法》(以下简称《办法》)加强了对扶贫开发工作重点县的管理、考核和监督。《办法》规定对重点县实行定期确认、适时调整制,尤其是对扶贫开发工作中出现重大问题的,可提出取消其重点县资格的建议,报国务院扶贫开发领导小组审批,国家级贫困县不再是"终身制"。《办法》规定省(自治区、直辖市)扶贫开发领导小组办公室每年组织一次对全省重点县扶贫开发工作的全面检查,重点检查扶贫开发规划的落实情况,项目的实施情况和扶贫资金的管理使用情况。在此基础上,建立激励机制,完善奖惩措施,对扶贫开发规划落实、措施到位、扶贫成效明显的重点县,在资金分配、试点项目、政策优惠等方面予以奖励。对扶贫工作领导不力、进展缓慢的重点县,酌情调减扶贫资金,并通报批评。[②]

---

① 《国家扶贫开发工作重点县管理办法》,《河南省人民政府公报》2002年第3号。
② 《国家扶贫开发工作重点县管理办法》,《河南省人民政府公报》2002年第3号。

五、公布《中国农村扶贫开发纲要(2001—2010年)》

2001年6月13日,国务院发出《关于印发〈中国农村扶贫开发纲要(2001—2010年)〉的通知》,要求各地结合实际认真贯彻执行《中国农村扶贫开发纲要(2001—2010年)》(以下简称《纲要》)。

《纲要》提出2001—2010年扶贫开发总的奋斗目标,这就是:"尽快解决极少数贫困人口温饱问题,进一步改善贫困地区的基本生产生活条件,巩固温饱成果,提高贫困人口的生活质量和综合素质,加强贫困乡村的基础设施建设,改善生态环境,逐步改变贫困地区社会、经济、文化的落后状态,为达到小康水平创造条件。"[1]

《纲要》确定了2001—2010年扶贫开发的五条基本方针,即①坚持开发式扶贫方针,这是贫困地区脱贫致富的根本出路,也是扶贫工作必须长期坚持的基本方针。②坚持综合开发、全面发展,促进贫困地区经济、社会的协调发展和全面进步。③坚持可持续发展。扶贫开发与资源保护、生态建设相结合,与计划生育相结合,实现贫困地区资源、人口和环境的良性循环。④坚持自力更生、艰苦奋斗,主要依靠贫困地区自身的力量改变贫穷落后面貌。⑤坚持政府主导、全社会共同参与。

根据新世纪之初农村贫困人口的分布状况和特点,《纲要》确定了新世纪新阶段扶贫开发工作的对象与重点。扶贫开发的对象,"要把贫困地区尚未解决温饱问题的贫困人口作为扶贫开发的首要对象;同时,继续帮助初步解决温饱问题的贫困人口增加收入,进一步改善生产生活条件,巩固扶贫成果";扶贫开发的重点,"按照集中连片的原则,国家把贫困人口集中的中西部少数民族地区、革命老区、边疆地区和特困地区作为扶贫开发的重点,并在上述四类地区确定扶贫开发工作重点县。东部以及中西部其他地区的贫困乡、村,主要由地方政府负责扶持。要重视做好残疾人扶贫工作,把残疾人扶贫纳入扶持范围,统一组织,同步实施"。[2]

《纲要》规划了扶贫开发的主要内容和途径,主要有:继续把发展种养业作为扶贫开发的重点,积极推进农业产业化经营,进一步改善贫困地区的基本生产生活条件,加大科技扶贫力度,努力提高贫困地区群众的科技

---

[1] 《国务院关于印发中国农村扶贫开发纲要(2001—2010年)的通知》,《河南省人民政府公报》2001年第8号。

[2] 《国务院关于印发中国农村扶贫开发纲要(2001—2010年)的通知》,《河南省人民政府公报》2001年第8号。

文化素质,积极稳妥地扩大贫困地区劳务输出,稳步推进自愿移民搬迁,鼓励多种所有制经济组织参与扶贫开发等。

在扶贫开发的政策保障上,除了增加扶贫资金、开展定点扶贫、东西协作扶贫、社会扶贫及国际合作扶贫外,《纲要》尤其强调实施西部大开发与扶贫开发相结合,要求西部大开发安排的水利、退耕还林、资源开发项目,在同等条件下要优先在贫困地区布局;公路建设项目要适当向贫困地区延伸,把贫困地区的县城与国道、省道干线连接起来;西部基础设施建设项目,要尽量使用贫困地区的劳动力,增加贫困人口的现金收入。①

依据《纲要》基本精神,各省、自治区纷纷制定实施本省、自治区2001—2010年农村扶贫开发计划,对新世纪农村扶贫开发工作进行精心筹划。

新世纪扶贫开发的形势、任务、政策、措施都发生了很大变化。同时,随着经济一体化速度的加快、科学技术发展的突飞猛进和中国加入世界贸易组织,贫困地区发展既面临着难得机遇,也面临着严峻挑战。这就要求扶贫开发必须有新思路、新观念,要开拓创新、与时俱进。为了全面提高扶贫开发工作重点县领导干部的理论素养、知识水平、业务本领和领导能力,国务院扶贫办与中组部、财政部于2002年4月至6月在北京连续举办了六期国家扶贫开发工作重点县党政干部培训班。中西部592个国家扶贫开发工作重点县党(政)一把手和部分扶贫工作任务较重的地、市、州分管扶贫工作的党政主要负责同志和扶贫办主任,以及东部省区部分贫困县的领导干部,共1479人参加了培训。这种大规模贫困地区干部培训工作,对于新世纪扶贫开发工作的开展大有裨益。

六、部署解决特困少数民族群众温饱问题

在592个国家扶贫开发工作重点县中,有265个少数民族扶贫开发工作重点县。少数民族贫困县的贫困程度比扶贫开发工作重点县的平均水平更为严重,贫困发生率更高。2007年底,民族自治地方有绝对贫困人口774万人,占全国的52.3%。② 这些特困少数民族,普遍存在生产生活条件恶劣、基础设施状况差、社会服务水平低、增收门路少、因灾因病返贫程度高等问题。

进入新世纪,党和政府把加快发展少数民族事业摆到更加重要的位

---

① 《国务院关于印发中国农村扶贫开发纲要(2001—2010年)的通知》,《河南省人民政府公报》2001年第8号。
② 《中国民族统计年鉴(2009)》,民族出版社2010年版,第28页。

置,将之作为构建社会主义和谐社会的重要任务、全面建设小康社会的重要内容、推进西部大开发战略的重要举措。2007年3月29日,国务院办公厅印发《少数民族事业"十一五"规划》,这是中国首个专门就少数民族事业制定的规划。该规划以解决少数民族和民族自治地方经济社会发展中的突出问题和特殊困难为切入点,以实现基本公共服务均等化为目标,提出要实现少数民族事业又好又快发展的总体目标。具体来说,2010年主要预期指标有:①民族自治地方城镇居民人均可支配收入和农村居民人均纯收入年均增长速度高于全国平均水平1个百分点,城乡居民收入之比保持现有水平。②民族自治地方"普九"人口覆盖率达到95%以上,实现全面普及九年义务教育的目标。③少数民族婴儿死亡率比2005年下降5‰。④少数民族文字出版物种数比2005年增长20%,少数民族文字出版物印数比2005年增长25%。⑤少数民族各类人才占在业人口比重比2005年提高0.5%,基本接近少数民族人口占全国总人口的比重。⑥民族自治地方城镇化率比2005年提高5%。①

为实现这一总体目标和主要预期指标,该规划提出了大力改善民族自治地方经济发展基础条件、着力解决少数民族群众特困和特需问题、努力提高少数民族教育科技水平、扎实推进少数民族医疗卫生事业、大力发展少数民族文化事业、稳步提升少数民族社会福利水平、切实加强少数民族人才队伍建设、继续扩大少数民族和民族自治地方对外开放、逐步健全民族法制体系、不断完善民族理论政策体系和继续营造各民族和谐发展社会环境等方面的11项主要任务。为了完成这11项任务,"十一五"期间少数民族事业将重点建设11项重点工程,即特困少数民族群众解困工程,民族基础教育帮扶工程,民族高等院校建设工程,少数民族传统医药发展工程,少数民族文化发展工程,少数民族人才队伍培养工程,民族法制体系建设工程,少数民族对外交流合作工程,民族事务管理信息化建设工程,少数民族现状调查工程,民族事务服务体系建设工程。

特困少数民族群众解困工程,就是优先将尚未纳入国家扶贫开发整村推进规划的特困村,全部纳入整村推进规划实施范围,基本实现具备条件的特困村通路、通电、通电话、通广播电视,有学校、有卫生室、有安全的人畜饮用水、有安居房、有稳定解决温饱的基本农田或草场的目标。扶持少数民族特困县发展支柱产业和开展劳动力培训。对生态环境恶劣、自然资

---

① 《少数民族事业"十一五"规划》,《人民日报》2007年3月29日。

源缺乏地区、自然保护区及重要生态功能保护区、地方病高发区的少数民族特困群众,具备搬迁或安置条件的,按照统筹考虑、积极稳妥的原则,稳步推进生态移民和易地扶贫。对因生态保护失去生存资源或失去劳动能力,无法通过扶贫措施解决温饱的少数民族困难群众,通过社会救助等方式解决温饱问题。①

按照这一部署,国家从项目、资金、政策等多方面加大了对少数民族贫困地区的扶持力度。

第二节 强农惠农富农政策下加大财政扶贫力度

进入新世纪,国家实行统筹城乡经济社会发展的基本方略,坚持工业反哺农业、城市支持农村和多予少取放活的方针,出台一系列强农惠农富农政策。例如,2006年起全面取消除烟叶以外的农业特产税和牧业税,在中国存在2600多年的农业税走进了历史;全面实行种粮农民直接补贴、良种补贴、农机具购置补贴、农资综合补贴和农业保险保费补贴;减轻农村教育负担,全面推行农村最低生活保障、新型农村合作医疗和新型农村养老保险,逐步建立和完善农村社会保障体系;推进农村水电、道路等基础设施建设和农村危房改造。这些政策措施全面促进农村经济社会的发展,使贫困地区和农村贫困人口普遍受益。在强农惠农富农的视野下,扶贫开发的投入力度显著加大。

一、提高国家扶贫标准

中国农村在2008年前有两个贫困标准:第一个标准制定于1986年,称作农村绝对贫困标准或贫困线,凡是1984年人均纯收入低于200元的农民即定为贫困人口,1985年贫困人口为1.25亿人,占农村总人口的14.8%。后来此标准随物价调整,2000年为625元,贫困人口3209万人;到2008年为895元,贫困人口减少到1004万人,占农村总人口的1%(见表6-3)。2008年以前,中央政府一直采用绝对贫困标准作为扶贫标准。第二个标准出台于2000年,一般称为农村低收入标准,对应的是低收入群体。低收入标准在一些较发达地区作为地区扶贫工作的参考依据,该标准每年根据中国居民消费价格指数(CPI)有所调整。2000年,农村低收入标

---

① 《少数民族事业"十一五"规划》,《人民日报》2007年3月29日。

准为年人均纯收入865元，低收入人口为9422万人；到2008年，低收入标准调整为1196元，低收入人口减少到4007万人。①

表6-3 2000—2010年贫困人口规模及贫困发生率②

年 份	按低收入标准衡量			按绝对贫困标准衡量		
	标准/（元/人）	规模/万人	发生率/(%)	标准/（元/人）	规模/万人	发生率/(%)
2000	865	9422	10.2	625	3209	3.5
2001	872	9029	9.8	630	2927	3.2
2002	869	8645	9.2	627	2820	3.0
2003	882	8517	9.1	637	2900	3.1
2004	924	7587	8.1	668	2610	2.8
2005	944	6432	6.8	683	2365	2.5
2006	958	5698	6.0	693	2148	2.3
2007	1067	4320	4.6	785	1479	1.6
2008	1196	4007	4.2	895	1004	1.0
2009	1196	3597	3.8			
2010	1274	2688	2.8			

2008年中国农村年人均纯收入895元的绝对贫困标准，远远低于2008年世界银行确定的每人每日平均1.25美元的国际贫困标准。过去扶贫起点低、扶贫任务重，因而扶贫标准也相对较低。随着中国经济实力的不断增强和全国人民生活水平的大幅提高，国家有能力惠及更多贫困人口，这样，解决农村贫困标准偏低的问题，提高扶贫标准，提上中共中央的工作日程。

2008年10月9日至12日召开的中国共产党第十七届中央委员会第三次全体会议决定提高扶贫标准，对农村低收入人口全面实施扶贫政策，把尽快稳定解决扶贫对象温饱并实现脱贫致富作为新阶段扶贫开发的首

---

① 国家统计局住户调查办公室：《中国农村贫困监测报告2011》，中国统计出版社2012年版，第11-12页。

② 国家统计局住户调查办公室：《中国农村贫困监测报告2011》，中国统计出版社2012年版，第12页。

要任务。① 按照这一精神,扶贫开发的对象从没有解决温饱的绝对贫困人口调整为低收入标准以下的全部人口,并对其全面实施扶贫政策;扶贫开发的任务,也不仅限于解决绝对贫困人口的温饱,而是尽快稳定解决扶贫对象温饱并实现脱贫致富。这样,从2009年起,农村绝对贫困标准和低收入标准合一,统一以年人均纯收入1196元作为国家扶贫标准,2009年的贫困人口相应调整为3597万。

扶贫标准的提高,不仅意味着扶贫开发的目标人群的增加,更意味着扶贫投入的增加。

二、加大财政扶贫资金投入,探索资金使用新机制

资金短缺一直是制约贫困人口生存和发展的重要因素,新世纪以来,中央政府和地方政府采取多项措施,加大扶贫资金投入。

财政扶贫方面,新世纪头十年中,中央和地方各级政府不断调整财政支出结构,逐步加大对扶贫的财政投入,从2001年的127.5亿元增加到2010年的349.3亿元,年均增长11.9%,十年累计投入2043.8亿元。其中中央财政安排的扶贫资金投入,从100.02亿元增加到222.7亿元,年均增长9.3%,十年累计投入1440.4亿元。② 财政扶贫资金分配体现了重点倾斜原则,十年累计投向国家扶贫开发工作重点县和各省自行确定的扶贫开发工作重点县1457.2亿元,占总投入的71.3%,县均投入1.36亿元;十年共在22个省(区、市)安排发展资金、以工代赈资金、少数民族发展资金、"三西"农业建设专项补助资金、国有贫困农场扶贫资金、国有贫困林场扶贫资金等中央财政扶贫资金1356.2亿元,其中西部12个省(区、市)达到877亿元。③

在增加财政扶贫资金的同时,新世纪新阶段积极探索财政扶贫资金使用新机制、新途径,为持续推进扶贫开发提供了新的方式方法。扶贫互助就是把一部分财政扶贫资金交由社区,加上农户的部分资金,由社区以有偿使用的方式借给贫困户使用,社区通过民主选举的管理机构自主管理资金,这属于政府扶贫资金使用机制的重大创新。2005年,国务院扶贫开发

---

① 《中共中央关于推进农村改革发展若干重大问题的决定》,《十七大以来重要文献选编》(上),中央文献出版社2013年版,第686—687页。
② 中华人民共和国国务院新闻办公室:《中国农村扶贫开发的新进展》(2011年11月),《人民日报》2011年11月17日。
③ 中华人民共和国国务院新闻办公室:《中国农村扶贫开发的新进展》(2011年11月),《人民日报》2011年11月17日。

领导小组办公室等单位在仪陇县开展"搞好扶贫开发,构建社会主义和谐社会"试点,依托仪陇县乡村发展协会开展贫困村村级发展互助资金试点。仪陇扶贫互助社,采取"由富裕户购股、为贫困户配股、给特困户赠股"的方式,建立起扶贫互助基金,社员通过"整借零还"的方式借钱发展,扶贫互助社定期举行生产交流、技术培训,解决农户个体发展中的资金、技术和市场难题。2006年5月18日,财政部、国务院扶贫开发领导小组办公室确定在河北、山西、内蒙古等14个省(自治区)的28个国家扶贫开发工作重点县进行"贫困村村级发展互助资金"试点工作,按照平均每个试点村15万元的额度,专项安排各省(区、市)中央财政扶贫资金150万元,在实施整村推进的部分贫困村内建立互助资金;同时,鼓励贫困村村内农户以自有资金入股等方式扩大互助资金的规模,贫困农户可采取赠股的办法,村民以借用方式周转使用互助资金发展生产。这种做法缓解了贫困户生产资金短缺难题,激发了农民群众的生产积极性。2007年4月,国务院扶贫开发领导小组办公室、财政部决定将互助资金试点范围扩大到27个省(区、市)的274个村。到2010年,在全国1.36万个贫困村每村安排财政扶贫资金15万元,作为扶贫互助资金周转使用,滚动发展,支持贫困农户发展生产。

此外,从2001年至2010年,中央财政累计安排扶贫贷款财政贴息资金54.15亿元,引导金融机构发放近2000亿元扶贫贷款,有效改善了贫困群众贷款难的问题。[①] 为了提高扶贫贴息贷款的使用效率,自2006年起扶贫贴息贷款分为"到户贷款"和"项目贷款"两部分进行操作。到户贷款的对象是592个国家扶贫开发工作重点县建档立卡的贫困户,该贷款主要用于扶持其发展生产,中央财政在贴息期内按年利率5%的标准予以贴息。项目贷款集中用于国家扶贫开发工作重点县和贫困村,重点支持对解决贫困户温饱、增加收入有带动和扶持作用的产业化扶贫龙头企业,贷款执行年利率3%的优惠利率,优惠利率与央行公布的一年期贷款利率之间的利差,由省政府贴息。[②]

2008年4月,国务院扶贫开发领导小组办公室决定全面改革扶贫贴息贷款管理体制,将扶贫贷款用于国家和省扶贫开发工作重点县及非重点县的贫困村;并下放管理权限,将扶贫贷款和贴息资金直接管理权限由中央

---

① 顾仲阳:《大扶贫 大变化——新世纪以来我国扶贫开发工作综述》,《人民日报》2011年11月29日。
② 《国务院扶贫开发领导小组办公室关于深化扶贫贴息贷款管理体制改革的通知》(2006年7月11日),http://china.findlaw.cn/fagui/p_1/173504.html。

下放到省,其中发放到贫困户的贷款(即"到户贷款")和贴息资金管理权限下放到县。同时,地方可自主选择金融机构,金融机构由过去独家承担扶贫贷款任务的中国农业银行,扩大到所有自愿参与扶贫工作的银行业金融机构,贷款利率由承贷金融机构根据央行的利率管理规定和其贷款利率定价要求自主决定。中央财政在贴息期内,对到户贷款按年利率5%、项目贷款按年利率3%的标准给予贴息。[1]

三、"低保兜底维持生存,扶贫开发促进发展"两轮驱动

党和政府在农村实施的一系列扶贫攻坚计划和农村五保供养、自然灾害救助等制度,使农村贫困人口大幅减少。但由于疾病、残疾、年老体弱以及自然条件恶劣等原因,仍有部分农村困难群众尚未解决温饱问题。建立农村最低生活保障制度,由政府直接对困难群众给予"兜底"式定期定量救助,为贫困人口提供基本的社会保障,是稳定解决贫困人口温饱问题的最基础手段。

2007年7月11日,国务院发出通知,明确要求在全国范围建立农村最低生活保障制度,将"家庭年人均纯收入低于当地最低生活保障标准的农村居民,主要是因病残、年老体弱、丧失劳动能力以及生存条件恶劣等原因造成生活常年困难的农村居民"[2]纳入保障范围,稳定、持久、有效地解决农村贫困人口温饱问题。2007年底,全国31个省区市都已经建立了农村最低生活保障制度,覆盖2908万农村贫困人口。截至2010年底,全国农村低保覆盖2528.7万户、5214万人;2010年全年共发放农村低保资金445亿元,其中中央补助资金269亿元。[3] 这样,中国农村解决绝对贫困进入"低保兜底维持生存,扶贫开发促进发展"两轮驱动新阶段。

为了促使农村低保制度与扶贫开发政策衔接,形成政策合力,实现对农村贫困人口的全面扶持,2010年5月,国务院扶贫办、民政部等部门决定在中西部地区80%以上的国家扶贫开发工作重点县试点推进"农村最低生活保障制度和扶贫开发政策有效衔接"。两项制度衔接,首先是合理确定农村低保和扶贫对象。农村低保对象,是指家庭年人均纯收入低于当地最

---

[1] 《关于全面改革扶贫贴息贷款管理体制的通知》,《宁夏回族自治区人民政府公报》2008年第20期。

[2] 《国务院关于在全国建立农村最低生活保障制度的通知》,《中华人民共和国国务院公报》2007年第24号。

[3] 中华人民共和国国务院新闻办公室:《中国农村扶贫开发的新进展》(2011年11月),《人民日报》2011年11月17日。

低生活保障标准的农村居民,主要是因病残、年老体弱、丧失劳动能力以及生存条件恶劣等原因造成生活常年困难的农村居民;扶贫对象,是指家庭年人均纯收入低于农村扶贫标准、有劳动能力或劳动意愿的农村居民,包括有劳动能力和劳动意愿的农村低保对象。其次是政策衔接。对农村低保对象,要力争做到应保尽保,按照政策规定发放最低生活保障金;对扶贫对象,要根据不同情况,享受专项扶贫和行业扶贫等方面的扶持政策,采取产业开发、扶贫易地搬迁、雨露计划培训、危房改造、扶贫经济实体股份分红等形式,确保扶贫对象受益。最后是管理的衔接。对农村低保和扶贫对象实行动态管理,对收入达到或超过农村低保标准的,要按照规定办理退保手续;对已实现脱贫致富的,要停止相关到户扶贫开发政策;对收入下降到农村低保标准以下的,要将其纳入低保范围;对返贫的,要将其吸纳为扶贫对象。①

四、把农村贫困地区作为国家财政优先扶持领域

新世纪新阶段,国家财政覆盖农村步伐明显加快,国家的强农惠农富农政策率先在贫困地区尤其是在国家扶贫开发工作重点县实行。

为了减轻农民负担、增加农民收入,2004 年国家开始进行减免农业税试点,并确定从 2006 年起全部免征农业税。这项政策,优先在 592 个国家扶贫开发工作重点县推开,2005 年全国 592 个国家扶贫开发工作重点县实现全部免征农业税,一些省份还同时将这项政策扩大到省级扶贫开发工作重点县。例如,云南省从 2005 年 1 月 1 日起,对省内 73 个国家扶贫开发工作重点县、7 个省级扶贫开发工作重点县和不在扶贫开发工作重点县范围的 8 个边境县,共 88 个县(市、区)全面实行免征农业税政策。② 湖北省从 2005 年起,对 29 个国家扶贫开发工作重点县和省级扶贫开发工作重点县免征农业税。③

2005 年起,国家在中西部地区实行农村义务教育"两免一补"政策,中央财政负责提供免费教科书,地方财政负责免杂费和补助寄宿生生活费。仅 2005 年一年,各级财政为中西部地区"两免一补"积极筹措资金 72 亿

---

① 《国务院办公厅转发扶贫办等部门关于做好农村最低生活保障制度和扶贫开发政策有效衔接扩大试点工作意见的通知》,《江西省人民政府公报》2010 年第 12 期。
② 《云南省人民政府关于对国家和省级扶贫开发工作重点县及边境县实行免征农业税试点的通知》,《云南政报》2005 年第 3 期。
③ 张志峰:《湖北 29 个贫困县市将免征农业税》,《人民日报》2005 年 1 月 8 日。

元,其中免费教科书资金30.4亿元,免杂费资金30.6亿元,寄宿生生活补助资金近11亿元。这一政策,直接减轻农民经济负担70多亿元,中西部农村地区共有35万名因贫辍学学生重返校园。①

新农合、新农保等惠农政策也向贫困地区和贫困人口倾斜。20世纪80年代,由于失去集体经济的支撑,加之存在统筹规模小、筹资水平低、管理不规范等缺陷,农村合作医疗大面积解体。到2000年末,全国农村合作医疗覆盖率不足10%。合作医疗解体直接损害到农村公共卫生体系和三级卫生服务网络建设,也是使农户陷入贫困的一个主要因素,每年大约有1000余万的农村人口因病致贫或因病返贫。为缓解农村"因病致贫、因病返贫"问题,中共中央、国务院于2002年10月下发《关于进一步加强农村卫生工作的决定》,确定2003年开展建立新型农村合作医疗制度试点,计划到2010年实现基本覆盖农村居民。试点工作从国家扶贫开发工作重点县推开,到2008年新农合制度覆盖了592个国家扶贫开发工作重点县的1.98亿农业人口,实现了全体覆盖。新农合制度的一个显著特点就是政府承担了更大的筹资责任,部分省份对重点县实施了倾斜性政策,其政府投入主要来自中央和省级财政。经过几年的努力,新农合制度框架和运行机制趋于稳定与完备,受益人次和保障水平逐年提高。据统计分析,2004年至2008年国家扶贫开发工作重点县新农合累计受益26675.65万人次,其中住院补偿2371.21万人次。同时,国家扶贫开发工作重点县新农合住院补偿水平逐年提高,2008年住院受益面为6.78%,次均住院费用为2011.01元,实际住院补偿比为43.74%,高于全国38.09%的平均水平。②这对于平均收入不足千元,且现金收入更少的贫困人口来说,新农合补偿确实减轻了他们就医的经济负担。更重要的是,农村医疗救助制度也同步建立起来,资助农村五保户和贫困农民家庭参加新农合,并对新农合补偿后仍有困难的贫困人口进行医疗救助。至此,覆盖全体贫困人口的基本医疗保障体系初步建立。

自2009年以来,国家开始在农村建立社会养老保险制度,有关省区纷纷将国家扶贫开发工作重点县纳入试点范围。例如,贵州50个国家扶贫开发工作重点县实现新型农村社会养老保险试点全覆盖,60岁以上农村贫

---

① 董洪亮:《实施"两免一补"去年减轻农民负担70多亿元 中西部农村35万名因贫辍学学生重返校园》,《人民日报》2006年4月26日。
② 任钢、付晓光、汪早立:《关于国家扶贫开发工作重点县新型农村合作医疗制度建设的几点思考》,《中国卫生经济》2010年第2期。

困人口每人每月可领取55元养老保险金。到2011年7月,新型农村社会养老保险试点工作已覆盖全国60%的农村地区,共有493个国家扶贫开发工作重点县纳入试点,覆盖率达到83%。新型农村社会养老保险实行个人缴费、集体补助、政府补贴相结合的筹资方式,基础养老金和个人账户养老金相结合的待遇支付方式,中央财政对中西部地区按中央确定的基础养老金给予全额补助,对东部地区给予50%的补助。2010年,中央财政对新型农村社会养老保险基础养老金补贴111亿元,地方财政补助资金116亿元。①

第三节 专项扶贫与行业扶贫、社会扶贫相结合

新世纪新阶段,扶贫开发坚持专项扶贫与行业扶贫、社会扶贫相结合。专项扶贫,即以贫困人口和贫困地区为工作对象,以财政专项扶贫资金为主要资源,以实现贫困人口基本生存和发展为目标,编制专项扶贫开发规划,分年实施。行业扶贫,即充分发挥各行业部门职责,将贫困地区作为本部门本行业发展重点,积极促进贫困地区水利、交通、电力、国土资源、教育、卫生、科技、文化、人口和计划生育等各项事业的发展。社会扶贫,即动员和组织社会各界,通过多种方式支持贫困地区开发建设,党政机关和企事业单位定点扶贫,东西扶贫协作,军队和武警部队支援,社会各界参与,形成有中国特色的社会扶贫方式,推动贫困地区发展,增加贫困农民收入。②

一、以整村推进、劳动力转移培训和产业化扶贫为重点,推进专项扶贫

由于解决剩余贫困人口温饱问题难度明显增大,初步解决温饱问题的贫困人口每年都有部分人因灾返贫,进入新世纪以来,全国贫困人口下降速度明显趋缓。为了改变这种局面,2005年3月,国务院扶贫开发领导小组全体会议提出,围绕减少贫困人口这个目标,突出整村推进、劳动力转移培训和产业化扶贫三个重点,加大扶贫开发力度,加快贫困地区经济社会

---

① 中华人民共和国国务院新闻办公室:《中国农村扶贫开发的新进展》(2011年11月),《人民日报》2011年11月17日。

② 中华人民共和国国务院新闻办公室:《中国农村扶贫开发的新进展》(2011年11月),《人民日报》2011年11月17日。

发展。这样,在实践中,实施了整村推进、劳动力转移培训和产业化扶贫"一体两翼"扶贫开发战略。

(一) 整村推进扶贫开发

如前所述,《中国农村扶贫开发纲要(2001—2010年)》实施之初,全国确定了14.8万个贫困村作为扶贫工作的重点,采取"整村推进"扶贫开发的战略措施,即以贫困村为单元,统一规划、综合建设、分批实施,以有利于扶贫资金进村入户、提高使用效益,增强贫困村可持续发展能力。

2005年8月4日,国务院扶贫办等十部门联合发出《关于共同做好整村推进扶贫开发构建和谐文明新村工作的意见》,要求各有关部门发挥部门优势,形成合力共同促进"整村推进扶贫开发构建和谐文明新村"工作。其中,精神文明建设部门负责加强贫困村精神文明建设,将"西部开发助学工程""百县千乡宣传文化工程"惠及更多农村贫困人口。教育部门加大"两基"攻坚力度,建设一批寄宿制学校,满足重点县和贫困村"普九"需要;在592个国家扶贫开发工作重点县全面实施"两免一补"。科技部门创新科技扶贫机制和手段,促进先进适用技术进村入户;在重点县和贫困村深入实施"星火富民科技工程"。交通部门重点支持中西部地区的乡村道路建设,优先将"整村推进"的贫困村列入建设范围。水利部门支持贫困地区的农村饮水安全工程、水土保持工程和农田水利工程建设,优先把项目安排到贫困村。农业部门将符合条件的国家扶贫开发工作重点县和贫困村纳入农村沼气建设项目规划和退牧还草项目规划。卫生部门做好国家扶贫开发工作重点县的疾病控制体系、医疗救治体系和农村卫生服务体系建设工作,逐步把国家扶贫开发工作重点县纳入新型农村合作医疗试点范围。广播影视部门继续推进农村广播影视服务体系建设,继续实施广播电视村村通工程和电影"2131工程"。林业部门在林业重点工程的实施过程中,将贫困村作为建设的重点。[①]

整村推进扶贫开发还被纳入了2006年3月十届全国人大四次会议批准通过的《中华人民共和国国民经济和社会发展第十一个五年规划纲要》。该纲要明确提出,整村推进不仅是扶贫开发的好形式,同样是贫困地区新农村建设的好形式、好抓手、好平台。"十一五"扶贫工作的目标是:着力解

---

① 《国务院扶贫开发领导小组办公室 中央精神文明建设指导委员会办公室 教育部 科技部 交通部 水利部 农业部 卫生部 国家广电总局 国家林业局关于共同做好整村推进扶贫开发构建和谐文明新村工作的意见》,《中华人民共和国教育部公报》2005年第10号。

决农村贫困人口的温饱问题,并逐步增加他们的收入;按照建设社会主义新农村的要求,着力完成14.81万个贫困村的整村推进扶贫规划,即实现人均南方0.5亩以上、北方1~2亩基本农田;每个贫困户有1个以上劳动力接受劳务输出技能或农业实用技术培训,并有一项稳定的增收项目;基本实现行政村通广播电视,自然村通电,具备条件的建制村通公路;继续解决人畜饮水困难,努力提高饮水安全水平;基本实现行政村有卫生室;全面普及九年义务制教育。

实践证明,整村推进扶贫开发是一种效果显著的扶贫方式,完成整村推进的贫困村,生产生活条件大为改观,人民群众收入明显增加。2008年,还有7万多个村没有实施整村推进扶贫开发。2008年5月13日,国务院扶贫办、教育部、科技部等13个部门决定加大对以下三类地区贫困村的整村推进工作力度,并确保在2010年底前完成其规划实施。一是人口较少民族中尚未实施整村推进的209个贫困村;二是内陆边境48个国家扶贫开发工作重点县中尚未实施整村推进的432个贫困村;三是重点县中307个革命老区县尚未实施整村推进的24008个贫困村。[1] 截至2010年底,已在12.6万个贫困村实施整村推进,其中,国家扶贫开发工作重点县中的革命老区、人口较少民族聚居区和边境一线地区贫困村的整村推进已基本完成。[2]

(二)劳动力转移培训

扶贫开发要巩固温饱成果,更加注重增强扶贫对象的自我发展能力。加强人力资源开发,是提高贫困人口发展能力的有效手段。自2003年起,全国实施农村劳动力转移培训阳光工程。该工程以粮食主产区、劳动力主要输出地区、贫困地区和革命老区为重点,坚持跨地区流动和就地转移相结合,通过订单培训形式,对农民进行职业技能培训,培训重点集中在家政服务、餐饮、酒店、保健、建筑、制造等用工量大的行业,培训单位要保证受训农民转移到非农领域就业。[3]

与"阳光工程"相呼应,自2005年起,国务院扶贫办启动了专门针对贫困家庭劳动力转移的培训、帮助贫困地区青壮年农民解决就业的"雨露计

---

[1] 《关于共同促进整村推进扶贫开发工作的意见》,《宁夏回族自治区人民政府公报》2008年第20期。

[2] 中华人民共和国国务院新闻办公室:《中国农村扶贫开发的新进展》(2011年11月),《人民日报》2011年11月17日。

[3] 朱隽:《6部委组织实施农村劳动力转移培训阳光工程》,《人民日报》2004年4月1日。

划"。2006年,全国各类扶贫培训基地已发展到2323个。① 2006—2010年("十一五"时期),为实施"雨露计划",中央和地方共投入培训资金46亿元,其中用于劳动力转移培训34亿元,641万人受训;用于农业实用技术培训6.8亿元,700多万人受训。②抽样调查显示,接受培训的劳动力比没有接受培训的劳动力月工资高300~400元。"雨露计划"使贫困劳动力学到新技术,接触新观念,开阔了视野,增强了发展能力。

(三) 产业化扶贫

脱贫致富,最终要靠强有力的扶贫产业带动。新世纪新阶段,各地着重在贫困地区建设产业基地,在劣势中寻找优势,不断壮大特色产业,使产业扶贫成为扶贫开发的突破口。实践证明,产业化扶贫有效带动贫困农户实现了脱贫致富。例如,在固原扶贫开发中,宁夏回族自治区确定以草畜、马铃薯、劳务输出和旅游为主导支柱产业,组织实施了"10万贫困户养羊工程"、"百万亩人工种草工程"和菌草产业扶贫工程、小额贷款扶贫工程等一系列行之有效的扶贫项目,使固原市四大支柱产业快速发展。家家种草、户户养畜,固原饲草种植面积达到100万亩,牛羊饲养量分别达到50万头和120万只。马铃薯产业基地、市场建设和企业技改齐头并进,种植面积200万亩,总产300万吨。通过实行政府有组织输出、技能培训鉴定、劳务市场开拓以及信息网络建设,固原劳务产业有了大发展,2005年有25万农民走出大山,创收8亿元。以六盘山红色旅游为龙头的旅游产业规模效应日渐显现,2005年全市预计接待游客27.5万人次,门票收入235万元,综合收益达到6835万元,增长20%。③ 一向"贫瘠甲天下"的宁夏固原市,走上了一条适合山区实际的发展道路,呈现出经济较快发展、社会保持稳定、人民安居乐业的良好局面。

从2005年开始,国务院扶贫办在全国认定一批扶贫龙头企业,重点支持他们在贫困地区建立原材料生产基地,为贫困农户提供产前、产中、产后系列化服务,形成贸工农一体化、产供销一条龙的产业化经营,提高贫困地区农民组织化程度,引导贫困农户有序进入市场,有效增加贫困农户收入。④

---

① 高保生:《我国扶贫培训基地已达2323个 2006年安置126.7万人就业》,《人民日报》2007年4月24日。
② 陈伟光:《"十一五"期间 国家投入46亿元实施雨露计划》,《人民日报》2011年1月17日。
③ 周志忠:《固原扶贫开发初见成效》,《人民日报》2005年12月24日。
④ 彭俊:《国务院扶贫办表示 将重点扶持一批扶贫龙头企业》,《人民日报》2004年9月7日。

二、发挥各部门优势,积极开展行业扶贫

贫困问题是由经济、文化、教育、地理等诸多因素造成的,要解决贫困问题就必须从多方面入手进行综合治理。发挥各部门优势开展行业扶贫,这是改革开放以来农村扶贫开发的一贯做法,新世纪也不例外。

农村公路对带动地方经济发展、农民致富、促进就业的作用非常大。为使中西部贫困地区交通基础设施条件得到较好改善,1998年以来,国家计委安排国债资金98亿元(另有中央专项基金5亿元),专门用于贫困县与国道的连接公路建设。这些项目总建设规模2.2万公里,项目总投资300亿元。到2002年底,中西部贫困县与国道的连接公路全部完成,有效解决了国家扶贫开发工作重点贫困县出口不畅的问题。同时,项目建设总里程2.57万公里的西部通县公路建设也全面竣工,西部地区所有目前不通沥青道路的州和县,都有一条省区所在地到地州、地州所在地到县城常年畅通的沥青道路。"十一五"期间我国加快农村公路建设,5年间中央对农村公路建设投资达1978亿元,并极大地带动地方对农村公路建设的投入,全社会共计完成投资9500亿元;新改建农村公路186.8万公里,其中新增农村公路52.7万公里。① 农村公路通达水平和通畅程度大幅提高,全国乡镇通沥青(水泥)路率达到92.7%,建制村通公路率、通沥青(水泥)路率分别达到96.3%、76.9%。② 从2009年开始,交通运输部对西部"少边穷"地区建制村通公路的补助标准,由每公里10万元提高到每公里20万元,使贫困地区农村公路养护有了保障。路通则百通,贫困地区交通条件的改善,不仅满足贫困群众的基本出行需求,而且带动广大贫困农民走向致富之路。

水利设施建设是改善贫困地区群众生产生活条件、生态环境和实现脱贫致富的重要基础。新世纪之初,贫困地区剩余2400特困人口饮水困难问题没有解决。2001年,水利部制定《全国水利扶贫规划纲要(2001—2010年)》,确定了新阶段水利扶贫以解决人畜饮水困难、发展小型农田水利、建设中小型水电、改善生态环境为重点的基本思路。按照规划,2000年至2004年,国家共安排国债资金98亿元,建设农村饮水解困工程项目,加

---

① 陆娅楠:《"十二五"期间 中央对农村公路投资将超2000亿元》,《人民日报》2011年2月11日。

② 朱隽:《住上安全房 喝上干净水 用上新能源 农村民生工程建设步伐加快》,《人民日报》2010年9月14日。

上各级地方政府的配套资金和群众自筹,总投入约180亿元,共建成各类农村饮水解困工程80多万处,受益农户达1400多万户。① 2005年至2010年,中央财政累计投入590亿元建设农村饮水安全工程,加上地方政府和群众投资443亿元,社会融资12.2亿元,农村饮水安全工程总投入达到1045.2亿元,全国累计解决了2.1亿农村人口的饮水安全问题。② 农村饮水安全工程,不仅使贫困地区农民喝上了放心水,还极大地提高了抗旱减灾能力。

由于受地理环境、自然条件和经济发展水平的制约,一些贫困农村、少数民族地区仍是无电地区。"十一五"期间,国家下大力气补短板,安排中央预算内资金323亿元,总投资1455亿元,用于中西部农网完善工程和无电地区电力建设工程,每年减轻农民用电负担约350亿元,解决了3000多万无电人口用电问题。③ 其中,从2006年3月起,国家电网公司全面启动"农村户户通电工程",在"十一五"期间解决了农村地区134万无电户、509万人口的用电问题④,使他们彻底告别点油灯的历史。尤其是西藏雪域高原克服一系列地质灾害、气候难题,32个县、17万户、76万人的用电问题全部得到解决。

选派科技人员到贫困地区出任科技副县长,派遣有实践经验的专家和中青年知识分子组成科技开发团,帮助基层研究制定科技扶贫规划进行资源开发,推广实用技术,是自20世纪80年代末农村扶贫开发以来广泛实行的一项科技扶贫举措。新世纪新阶段除了继续实行这种科技扶贫方式外,还在贫困地区推进了科技特派员农村科技创业行动。科技特派员制度在1999年首创于福建南平,通过科技特派员帮助农户引进农业新品种、新技术、新设备,引导农民走上科学种田道路。从2002年在全国开展科技特派员试点工作,到2005年,科技特派员为各试点地区引进新品种11885个,推广新技术、新产品12109个,实施科技开发项目7435个,项目年新增投资54.24亿元,实现年利润29.79亿元,科技特派员派驻点的农民人均收入增幅平均超过15%,安置农村劳动力、大中专毕业生、复转军人296万

---

① 赵永平:《农村饮水解困目标提前实现》,《人民日报》2004年11月29日。
② 赵永平:《"十一五"农村饮水安全任务超额完成 两亿农村人口喝上放心水》,《人民日报》2010年12月22日。
③ 鲍丹:《"十一五"期间,我国能源发展成就举世瞩目 绿色能源,在转型中跨越》,《人民日报》2011年1月24日。
④ 《国家电网公司16日在京发布〈2010社会责任报告〉》,中央政府门户网站2011年2月16日,http://www.gov.cn/jrzg/2011-02/16/content_1804514.htm。

余人。①

科技特派员制度引起国际机构和组织的极大关注。2006年4月,科技部与联合国开发计划署正式启动"农村科技扶贫创新及长效机制建设"项目,在15个省份实施。740万美元项目资金中,148万美元来自联合国开发计划署,52万美元由总部设在欧洲的斯道拉恩索林业公司赞助,中国科技部出资540万美元。这种科技扶贫鼓励科技人员与农民结成利益共同体,引导科技、信息、资本、管理等现代生产要素向贫困地区集聚,促进当地经济社会发展和农民增收致富。

到2009年,已有7.2万余名科技特派员长期活跃在农村基层、农业一线,并在实践中创造了各具特色的科技特派员创业与服务模式。2009年5月,科技部、农业部等有关部门在全国发起深入开展科技特派员农村科技创业行动,进一步推动依靠科技创新发展现代农业,建设社会主义新农村。

为了保障农村困难群众基本住房安全,自2008年起,农村危房改造试点在贵州省率先启动,2009年试点范围进一步扩大,覆盖陆地边境县、西部地区民族自治地方的县、国家扶贫开发工作重点县、贵州省全部县和新疆生产建设兵团边境一线团场。三年间,国家累计安排补助资金117亿元,支持共约203.4万贫困农户开展危房改造。②

贫困和生态环境退化的恶性循环是造成贫困落后地区经济社会不可持续发展的重要原因。为了推动贫困地区可持续发展,国家在加强贫困地区生态建设、改善贫困地区生态环境方面作出一系列努力。2005年启动的青海三江源保护和建设工程,是西部生态建设的标志性工程,推进退牧还草、封山育林育草、沙漠化土地防治、湿地生态保护、水土保持等工程,并确保工程质量,努力使工程区内草地退化、沙化得到有效治理;同时把工程建设与脱贫致富、生态移民结合起来,帮助农牧民改变落后的生产方式,积极培育生态畜牧、藏医藏药、旅游等具有高原特色的绿色产业,不断提高农牧民的收入。2008年,国务院批复《岩溶地区石漠化综合治理工程规划大纲》,在西南八省(区、市)100个试点县启动岩溶地区石漠化综合治理工程,实现石漠化综合治理与产业发展、扶贫开发相结合。2009年、2010年在西藏开展草原生态保护奖励机制试点工作,改善西藏草原生态环境,遏制草原退化,实现草原永续利用和畜牧业可持续发展,促进牧民增收。

---

① 蒋建科:《科技特派员 有啥不一样》,《人民日报》2006年7月13日。
② 中华人民共和国国务院新闻办公室:《中国农村扶贫开发的新进展》(2011年11月),《人民日报》2011年11月17日。

国家还把对少数民族、妇女、残疾人的扶贫开发纳入规划同步实施,同等条件下优先安排,加大支持力度。尤其是对全国人口在10万人以下的22个人口较少民族投入各项扶持资金37.51亿元,实行专项扶持,集中力量帮助他们加快发展步伐。同时加大对贫困妇女扶持力度,在2009年至2010年组织实施小额担保贴息贷款项目中,累计发放贷款409.93亿元,其中农村妇女获得贷款259.23亿元,使贫困妇女成为扶贫资源的获得者和扶贫成果的直接受益者。① 农村残疾人扶贫方面,组织实施《农村残疾人扶贫开发计划(2001—2010年)》,到2010年,约有1000万贫困残疾人解决温饱,脱离贫困。②

三、社会扶贫稳步推进

"众人拾柴火焰高",社会力量参与扶贫是中国农村扶贫开发的重要特征。新世纪新阶段,社会扶贫已初步形成了以定点扶贫、东西扶贫协作、军队和武警部队挂钩扶贫为引领,民营企业、社会组织和公民个人广泛参与的工作体系。

党政机关定点扶贫是自1986年就坚持的一项扶贫工作,在新世纪这项工作得到大力加强。除中央和国家机关各部门各单位以外,人民团体、事业单位,大型国有企业、金融机构,科研院校等都加入到对国家扶贫开发工作重点县定点扶贫行列中来。各扶贫单位充分利用部门和系统的优势,各尽所能,努力为贫困地区办实事;采取多种形式,为贫困地区培训各类人才,帮助广大干部群众解放思想、更新观念、提高素质,进一步增强依靠自身力量解决温饱、脱贫致富的能力。自2002年新一轮定点扶贫启动,到2011年,参与此项工作的单位达到272个,受到帮扶的国家扶贫开发工作重点县达到481个,占国家扶贫开发工作重点县总数的81.25%。2002年至2010年,定点帮扶单位派出挂职干部3559人次,直接投入资金(含物资折款)90.9亿元,帮助引进资金339.1亿元,培训各类人员168.4万人次。③

东部发达省市与西部贫困地区结对开展扶贫协作,是国家为实现共同

---

① 中华人民共和国国务院新闻办公室:《中国农村扶贫开发的新进展》(2011年11月),《人民日报》2011年11月17日。
② 潘跃:《邓朴方强调 让更多农村残疾人共享改革发展成果》,《人民日报》2010年5月16日。
③ 中华人民共和国国务院新闻办公室:《中国农村扶贫开发的新进展》(2011年11月),《人民日报》2011年11月17日。

富裕目标做出的一项制度性安排。这项工作自1996年开始,起初是东部13个省市对口帮扶经济欠发达的西部10个省区,到2002年,国务院又决定让珠海市、厦门市对口帮扶重庆市。至此,东部共有15个发达省市对口帮扶西部11个省(区、市),东西扶贫协作已涉及26个省(区、市)。① 2000年4月,国家又启动了学校对口支援工作,实施"东部地区学校对口支援西部贫困地区学校工程"和"西部大中城市学校对口支援本省贫困地区学校工程"②,东部省份各选100所中小学,计划单列市各选25所学校,与西部相应学校"一帮一",使对口支援从小学到大学形成前所未有的规模。

新世纪新阶段的东西扶贫协作,仍然以东部地区无偿援助西部地区为主。例如,2003年到2010年,东部地区向西部地区提供政府援助资金44.4亿元、协作企业5684个、实际投资2497.6亿元、社会捐助14.2亿元、培训专业技术人才22.6万人次、组织劳务输出467.2万人次,实施了一大批包括学校、公路、水利、农田等在内的扶贫项目。与此同时,东西扶贫协作由起步时东部单向帮扶西部,拓展为在对口帮扶框架下东西部双向互动、共同发展。例如,2003年到2010年,新一轮东西扶贫协作中,东部到西部挂职的干部2592人次,西部到东部挂职的干部3610人次。③ 双方干部在交流中都得到锻炼和成长。

军队和武警部队是社会扶贫的一支重要力量。新世纪新阶段,在国务院扶贫办与解放军总政治部推动下,军队和武警部队扶贫工作得到进一步加强,部队定点挂钩扶贫被纳入地方整村扶贫计划,贫困地区部队就地就近与扶贫开发工作重点县建立挂钩关系,发挥部队院校、科研单位优势,向贫困地区群众传授科普知识、转让科技成果、推广适用技术等。2001年至2010年,军队和武警部队在全国47个扶贫开发工作重点县、215个贫困乡镇、1470个贫困村开展定点扶贫,帮助210多万名贫困群众摆脱贫困。支持农田水利、乡村道路、小流域治理等小型工程建设10万多个,为群众找水打井1119眼,植树造林3561万多亩。建立科技示范点240多个,扶持发展当地优势特色产业7.3万多项,开展劳动技能和劳动力转移培训600

---

① 2010年6月,国家部分调整东西扶贫协作结对关系,其中,山东省帮扶重庆市、福建省厦门市帮扶甘肃省临夏回族自治州、广东省珠海市帮扶四川省凉山彝族自治州。
② 2001年6月,国务院又决定将"西部大中城市学校对口支援本省(自治区、直辖市)贫困地区学校工程"扩展为"大中城市学校对口支援本省(自治区、直辖市)贫困地区学校工程",从而使学校对口支援工作覆盖全国。
③ 中华人民共和国国务院新闻办公室:《中国农村扶贫开发的新进展》(2011年11月),《人民日报》2011年11月17日。

多万人次。①

"穷则独善其身,达则兼济天下。"随着民营经济的迅猛发展,积极参与到扶贫事业、用这种方式承担社会责任的民营企业越来越多。例如,2003年1月4日,浙江省乐清市成立全国首家民营企业扶贫济困总会,当地56家明星企业踊跃报名,两天内就募集资金2.6亿元,主要用于援助当地革命老区生活困难群众和公共福利事业。② 自1994年发起,参加光彩事业的民营企业家们交出了一份优异的扶贫成绩单。截至2009年底,光彩事业累计实施项目19969个,到位资金2047.86亿元,培训人员524.42万人,安排就业592.85万人,带动1334.9万人摆脱了贫困。③

此外,新世纪新阶段在利用外资扶贫开发方面成绩显著。到2005年,有近50个国际机构参与了中国的扶贫事业。1995年至2010年,扶贫领域直接引进利用外资近14亿美元,加上国内配套资金,投资总额达到198.2亿元,共实施了107个外资扶贫项目,中西部18个省(区、市)近2000万贫困人口从中受益。④

第四节 把西部贫困地区作为扶贫开发主战场

按照把农村扶贫开发与西部大开发战略相结合的中央精神,新世纪新阶段,党和政府把西部地区作为主战场,不断加大对西部地区扶贫投入和工作力度,促进西部贫困地区经济社会的发展,改善和提高人民生活水平,同时对于民族团结、边疆巩固也发挥了积极促进作用。

一、西部地区的扶贫开发努力

第一,中央各项扶贫政策措施、社会各界对贫困地区的支持,都向西部倾斜。从2001年到2009年,中央投入西部地区的财政扶贫资金累计达720.1939亿元,占中央分配到省、区、市财政扶贫资金总量的63.28%。⑤

---

① 中华人民共和国国务院新闻办公室:《中国农村扶贫开发的新进展》(2011年11月),《人民日报》2011年11月17日。
② 袁亚平:《乐清企业捐资扶贫 募集资金已达2.6亿元》,《人民日报》2003年1月7日。
③ 潘跃:《"光彩"来自哪里——记我国蓬勃发展的光彩事业》,《人民日报》2010年8月30日。
④ 顾仲阳:《扶贫领域直接引进利用外资近14亿美元 2000万贫困人口受益外资扶贫》,《人民日报》2010年11月19日。
⑤ 顾仲阳:《西部贫困人口十年减少3300多万 到2020年基本消除绝对贫困现象》,《人民日报》2010年7月9日。

全国有272个中央国家机关和企事业单位定点帮扶481个国家扶贫开发工作重点县,其中285个重点县在西部地区。在全国帮扶西藏的同时,东部15个省市及计划单列市对口帮扶11个西部省区市。扶贫领域开展的国际交流与合作,民营经济、社会组织等社会力量参与的扶贫项目和活动,也主要集中在西部地区。到2003年,有1.1万多名企业家到西部投资,投资项目有7377个,投资到位总金额314亿元,给地方捐赠是47亿元,并且解决了约150万人的培训和130万人的就业,同时帮助了350万人脱贫。①

第二,随着西部大开发的实施,各项扶贫重点工作稳步推进。截至2009年底,西部地区5万个贫困村实施了整村推进扶贫规划,其中人口较少民族、内陆重点县、边境一线和革命老区贫困村3.8万个。2004年至2009年,共为西部地区劳动力转移培训了100多万贫困劳动力。产业化扶贫带动了贫困农户增收,截至2009年,国务院扶贫办共认定625家国家扶贫龙头企业,其中西部地区有293家。到2008年底,扶贫系统在132个县开展了连片开发试点,其中西部试点县占总数的71%,每个试点县投入1000万元财政扶贫资金作为引导,有力促进了贫困地区经济发展和贫困农户稳定增收。为缓解贫困地区农户贷款难问题,扶贫系统在8009个贫困村建立了村级互助资金,其中西部4498个。②

2000年,我国虽然整体上实现了基本普及九年义务教育、基本扫除青壮年文盲("两基")的历史性任务,但西部地区"两基"任务仍然十分艰巨,截至2002年底,西部地区"两基"人口覆盖率仅为77%,还有372个县以及新疆生产建设兵团的38个团场仍然没有实现"两基"目标。2003年12月30日召开的国家科教领导小组会议,审议通过了教育部、国家发改委、财政部和国务院西部开发办公室制定的《国家西部地区"两基"攻坚计划(2004—2007年)》,力争到2007年西部地区整体上实现"两基"目标。为解决制约西部农村地区实现"两基"的"瓶颈"问题,中央投入100亿元,用于实施农村寄宿制学校建设工程,从2004年起,用4年左右时间,新建、改扩建一批以农村初中为主的寄宿制学校。寄宿制工程共覆盖中西部地区953个县,建设了7651所学校,极大地改善了农村学校的办学条件。寄宿制工程的实施基本解决了西部农村地区学生"进得来"的问题,满足了195.3万新增学生的就学需求和207.3万新增寄宿生的寄宿需求。为解决

---

① 李斌、张景勇、张玫:《全国政协十届一次会议举行记者招待会 五位政协委员共话扶贫与西部开发》,《人民日报》2003年3月9日。

② 顾仲阳:《扶贫——始终把西部作为主战场》,《人民日报》2009年11月28日。

好西部农村孩子"留得住"的问题,从 2006 年春季学期开始,免除西部地区农村义务教育阶段学生学杂费。从 2003 年开始,教育部、国家发改委、财政部共同实施农村中小学现代远程教育工程,覆盖中西部 36 万所农村中小学,1 亿多中小学生共享优质教育资源,为西部农村孩子"学得好"奠定基础。2006 年,中央财政设立专项资金,招募高校毕业生到西部"两基"攻坚县农村学校任教,及时缓解"两基"攻坚县教师不足、素质不高的问题,到 2007 年共招聘特岗教师 3.3 万名,覆盖 13 个省、395 个县、4074 所农村中小学。经过四年努力,到 2007 年底,"两基"攻坚的目标如期实现。410 个攻坚县中,368 个实现了"两基"目标,其余 42 个达到了"普六"标准;西部地区"两基"人口覆盖率达到 98%,比 2003 年初的 77% 提高了 21 个百分点,超出计划目标(85%)13 个百分点;各省初中毛入学率超过规划提出的 90%;到 2007 年底,西部地区累计扫除 600 多万文盲,青壮年文盲率降到 5% 以下。[①]

二、实施兴边富民专项行动

中国陆地边境线长达 2.2 万公里,共有 135 个边境县;其中有 1.9 万公里在少数民族地区,107 个是民族自治地方。改革开放以来,边疆地区的建设步伐大大加快,但是由于地处边陲,自然环境恶劣;贫困人口比例高、脱贫难度大;基础设施薄弱,教育、医疗、文化、卫生条件落后,边境地区与全国的发展差距越拉越大。1999 年,国家民委倡议发起"兴边富民行动",作为实施西部大开发战略的一个配套性的工作,得到中共中央、国务院的高度重视和充分肯定。

自 2000 年以来,国家启动实施兴边富民专项行动,中央财政在少数民族发展资金中设立了兴边富民行动资金,吸引和带动大量其他各类资金投向边境地区,争取用 10 年左右的时间,使边境地区尽快发展起来,边境人民尽早富裕起来,最终实现富民、兴边、强国、睦邻。兴边富民行动主要围绕三个方面开展工作,打好七个战役。三个方面的工作:一是切实把基础设施建设搞上去,二是着力培育县域经济增长机制和增强自我发展能力,三是下大力气提高人民群众的生活水平。七个战役:一是以解决温饱为中心的扶贫攻坚,二是以水、电、路、通信为主的基础设施建设,三是以培育新

---

① 国家"两基"攻坚办:《国家西部地区"两基"攻坚计划完成情况》(2007 年 11 月 22 日),中华人民共和国教育部网站 2007 年 11 月 30 日, http://www.moe.gov.cn/jyb_xwfb/xw_fbh/moe_2069/moe_2095/moe_2100/moe_1851/tnull_29182.html。

增长点和形成特色经济为目的的产业结构调整,四是以加快周边区域经济合作和发展边境贸易为重点的对外开放,五是以普及九年义务教育、扫除青壮年文盲和推广先进适用科技为主的社会进步,六是以繁荣少数民族文化为宗旨的文化设施建设,七是以退耕还林还草为重点的生态环境保护建设。①

2000年到2006年,是兴边富民行动的重点推进阶段,由国家民委和财政部选定在46个边境县进行试点探索和重点推进,兴建了2万多个项目。2007年以后,兴边富民行动转入全面推进阶段。2007年6月,国务院制定实施《兴边富民行动"十一五"规划》,提出重点解决边境地区发展和边民生产生活面临的特殊困难和问题,不断增强自我发展能力,促进经济加快发展、社会事业明显进步、人民生活水平较大提高,使大多数边境县和兵团边境团场经济社会发展总体上达到所在省、自治区和新疆生产建设兵团中等以上水平。②

兴边富民行动是新中国历史上首个"振兴边境、富裕边民"的重大举措,2000年至2010年,中央财政共投入兴边富民资金22.1亿元③。在这一行动的推动下,边境地区综合经济实力明显增强,基础设施和基本公共服务体系不断健全,边民生产生活条件大幅度改善。与2000年相比,2009年边境地区农牧民人均纯收入增长117.5%。136个边境县全部建立了新型农村合作医疗制度和农村最低生活保障制度,解决了340万人的安全饮水问题和172万人的用电问题,建设和改造寄宿制学校757所,满足了21万中小学生的寄宿要求。2009年,所有陆地边境县和新疆生产建设兵团边境团场被纳入农村危房改造试点范围,共补助资金17亿元,支持33.5万户完成了危房改造。④ 而且,兴边富民行动的民族团结和边防巩固效果突出,各族群众凝聚力和向心力显著增强,为边境地区全面建设小康社会奠定了坚实基础。

---

① 李德洙:《兴边富民行动——实施西部大开发战略的必然选择》,《人民日报》2000年3月30日。
② 《国务院办公厅关于印发兴边富民行动"十一五"规划的通知》,《青海政报》2007年第12期。
③ 中华人民共和国国务院新闻办公室:《中国农村扶贫开发的新进展》(2011年11月),《人民日报》2011年11月17日。
④ 周皓、胡洪江:《兴边富民 十年有成》,《人民日报》2010年11月21日。

三、加强对贫困农场、贫困林场的扶持

新世纪新阶段,国家还加强对农垦国有贫困农场、国有贫困林场的扶贫力度。

全国农垦有国有农场1893个,其中668个贫困农场,主要集中在中西部垦区,人口376万人。国有农场大多建在位置偏僻、土地贫瘠、自然环境恶劣的地方,还有些农场是为了完成屯垦戍边、移民安置等政治任务在边境线及少数民族地区建立的,农场区位和自然条件比贫困县还要恶劣。改革开放以来,很多国有农场经济发展落后,经济效益不高,人均收入水平低。1991年,为了改善贫困农场的贫困状态,促进贫困农场经济发展,国务院将新疆、黑龙江、内蒙古、云南、广西等边境五省、自治区的138个边境贫困农场纳入国家扶贫开发计划,每年安排1亿元以工代赈资金和1亿元专项贴息贷款实施扶贫开发。贫困农场的面貌很快发生明显变化。1994年,138个贫困农场新增耕地24万亩;改造中低产田246万亩;更新、购置各类农机具7286台;农业生产基础设施大大加强。①

自2002年起,中央财政又将支援经济不发达地区发展资金用于农垦扶贫,用于支持贫困农场改善生产生活条件,利用当地资源发展生产。资金使用范围主要包括:①基础设施建设,包括农场道路、桥涵、基本农田(含草场)、小型农田水利、危旧房改造、人畜饮水、通水通电等方面建设。②生产发展,包括种植业、养殖业、农副产品加工业等方面的发展,具体包括新品种引进、良种繁育、实用技术(技能)培训和技术推广等。通过农垦扶贫资金的投入,部分重点贫困农场的生产条件得到了改善,贫困农场职工群众的生活水平得到了提高。到2005年,国家财政对农垦系统的扶贫累计投入资金、贷款167.3亿元。垦区的发展能力得到增强,31个贫困农场实现了整体脱贫。②

20世纪90年代,全国有4466个国有林场,在3800多个生态贫困型林场中,西部地区有1800多个。国有贫困林场职工总人数近66万,其中在职职工48万。这些林场地处偏远、自然条件恶劣、生态脆弱的地区,主要以保护生态公益林为主,因其培育的森林资源限制采伐,没有稳定的经济来源。1998年,为帮助国有贫困林场脱贫致富,中央财政设立国有贫困林

---

① 宋兴华:《农垦扶贫工作成效显著》,《人民日报》1994年1月17日。
② 张毅:《三十一个贫困农场整体脱贫》,《人民日报》2005年7月28日。

场扶贫资金,专项用于改善国有贫困林场生产生活设施,利用自身资源优势发展生产,推广科技项目和开展技术培训。1998年到2006年底的9年间,中央财政累计投入扶贫资金8.2亿元,扶持国有贫困林场的建设和发展。中央扶贫资金使800多个国有贫困林场生产生活条件得到改善,400多个国有贫困林场发展了以种植山野菜、经济林等林下资源开发为主的林业生产。2006年,全国国有林场资产总额达到582.3亿元,其中林木资产339.8亿元,职工年人均工资达到7800元。① 国有贫困林场利用扶贫资金发展项目,增强了发展后劲,分流和安置了大量富余职工,大大缓解了贫困状况,有的脱贫致富,实现了由"输血"到"造血"的转变。

第五节 新世纪新阶段农村扶贫开发的成就

新世纪新阶段,各种惠农政策共同作用、各方力量合力攻坚的大扶贫工作格局逐步形成,农村扶贫开发事业取得新成就。

一、农村贫困人口比重大幅度下降

新世纪头十年,全国农村贫困人口从2000年底的9422万人减少到2010年底的2688万人;农村贫困人口占农村人口的比重从2000年的10.2%下降到2010年的2.8%。②

2001年至2010年,592个国家扶贫开发工作重点县人均地区生产总值、人均地方财政一般预算收入和农民人均纯收入年均增幅均高于全国平均水平,其中农民年人均纯收入从1276元增加到3273元。其中,西部地区低收入以下贫困人口从2000年的5731.2万人减少到2009年的2373万人,10年减少3358.2万人,西部地区贫困发生率从2000年的20.4%下降到2009年的8.3%。③ 西部国家扶贫开发工作重点县农民年人均纯收入有了显著提高,从2001年的1197.6元增加到2008年的2482.4元,增

---

① 高保生:《中央累计投入八亿多元扶持国有贫困林场 八百多个林场生产生活条件得到改善》,《人民日报》2007年2月15日。
② 中华人民共和国国务院新闻办公室:《中国农村扶贫开发的新进展》(2011年11月),《人民日报》2011年11月17日。
③ 顾仲阳:《西部贫困人口十年减少3300多万 到2020年基本消除绝对贫困现象》,《人民日报》2010年7月9日。

长107.3%,比全国重点县的增长幅度高2.9个百分点。①

此外,少数民族地区的贫困状况得到明显缓解。2000年至2010年,8个民族省区的贫困人口从3144.1万人减少到1034万人,贫困发生率从23.01%下降到7%。少数民族重点贫困县农民人均纯收入从2001年的1219元增加到2010年的3131元,不考虑物价影响,年均递增12.5%,增幅高于全国重点县和全国的水平。② 2005年至2010年,内蒙古、广西、西藏、宁夏、新疆五个自治区和贵州、云南、青海三个少数民族人口较多省份,贫困人口从2338.4万人减少到1034万人,减少了1304.4万人,贫困发生率从16.5%下降到7%,比全国同期贫困发生率下降幅度快了近5.5个百分点。③

二、贫困地区经济社会全面发展

贫困地区生产生活条件明显改善。到2010年底,国家扶贫开发工作重点县农村饮用自来水、深水井农户达到60.9%,自然村通公路比例为88.1%、通电比例为98%。④

农村饮水困难是多年遗留下来的老问题,而且随着气候条件、水源条件等方面情况的变化,困难人数也在增加。2000年至2004年,实施全国饮水解困工程,5年间国家共安排国债资金98亿元,加上各级地方政府的配套资金和群众自筹,总投入约180亿元,共建成各类农村饮水工程80多万处,国家八七扶贫攻坚计划剩余的2423万人的饮水困难问题已基本解决。同时,农村饮水解困工程带来巨大的经济、社会和生态效益。据调查,吃上洁净水后,饮水解困项目区农民肠道传染病等发病率降低47%;自来水到户的地方,46%的农户购置了洗衣机,90%以上的农户生活用水量增加,农民的生活质量有了显著提高。⑤

自2005年起,国家又启动了农村饮水安全工程。"十一五"期间,农村

---

① 《扶贫办:西部大开发期间农村贫困人口大幅减少》,中央政府门户网站2009年11月27日,http://www.gov.cn/jrzg/2009-11/27/content_1474870.htm。
② 司马义·铁力瓦尔地:《党的民族政策永放光芒——写在中国共产党成立90周年之际》,《人民日报》2011年7月6日。
③ 《2012年中国人权事业的进展》,新华网,2013年5月14日。
④ 中华人民共和国国务院新闻办公室:《中国农村扶贫开发的新进展》(2011年11月),《人民日报》2011年11月17日。
⑤ 朱隽:《到二〇〇二年底,"国家八七扶贫攻坚计划"剩余的二千四百二十三万人的饮水困难问题已基本解决,但我国农村尚有缺水人口二千多万》,《人民日报》2003年3月22日;赵永平:《农村饮水解困目标提前实现 农村饮水安全工程明年正式启动》,《人民日报》2004年11月29日。

饮水安全工程总投入达到1045亿元,累计解决了2.1亿农村人口的饮水安全问题。其中优先解决了少数民族地区、贫困地区近300万人饮水不安全问题,极大地提高贫困山区抗旱减灾能力,促进当地经济社会的发展。农村饮水安全工程深受农民的欢迎,被誉为"德政工程""民心工程"。①

贫困地区农村义务教育得到加强,扫除青壮年文盲工作取得积极进展,到2010年底,国家扶贫开发工作重点县7岁至15岁学龄儿童入学率达到97.7%,接近全国平均水平;青壮年文盲率为7%,比2002年下降5.4个百分点,青壮年劳动力平均受教育年限达到8年。

贫困地区新型农村合作医疗实现全覆盖,到2010年底,国家扶贫开发工作重点县参加新农合的农户比例达到93.3%,有病能及时就医的比重达到91.4%,乡乡建有卫生院,绝大多数行政村设有卫生室。

贫困地区生态恶化趋势初步得到遏制。2002年至2010年,国家扶贫开发工作重点县实施退耕还林还草14923.5万亩,新增经济林22643.4万亩。国家扶贫开发工作重点县饮用水水源受污染的农户比例从2002年的15.5%下降到2010年的5.1%,获取燃料困难的农户比例从45%下降到31.4%。②

三、提前实现联合国千年发展目标中贫困人口减半目标

联合国千年发展目标是联合国190多个成员一致通过的一项旨在将全球贫困水平在2015年之前降低一半(以1990年的水平为标准)的行动计划,在2000年9月召开的联合国千年首脑会议上,由189个国家签署《联合国千年宣言》,正式做出此项承诺。

2004年3月,联合国驻华机构在北京发表了《中国实施千年发展目标进展情况》报告。这是联合国发布的第一个有关实施千年发展目标进展情况的国别报告。报告认为,中国在实施千年发展目标方面取得了巨大进展。报告指出,自1980年以来,中国就制定了自己实现小康社会的发展目标和指标。在这方面,中国走在了《联合国千年宣言》的前面。报告对中国千年发展目标的8项指标的实施情况做了详细的描述和评估。报告认为,在消除极端贫困和饥饿方面,中国已将1990年的8500万贫困人口减少了

---

① 赵永平:《"十一五"农村饮水安全任务超额完成 两亿农村人口喝上放心水》,《人民日报》2010年12月22日。
② 中华人民共和国国务院新闻办公室:《中国农村扶贫开发的新进展》(2011年11月),《人民日报》2011年11月17日。

一半,实现了千年目标中的减贫目标;基础教育的目标已提前实现,小学净入学率从1990年的96.3%上升为2002年的98.6%,初中毛入学率从1990年的66.7%上升到2002年的90%;中国在降低婴儿和5岁以下儿童死亡率、改善产妇保健等方面的进展顺利。①

2008年9月,联合国负责发展事务的助理秘书长兼联合国开发计划署亚太局局长阿贾伊·奇贝尔对中国减贫成就给予高度评价。他说:"中国政府在完成扶贫等千年发展目标方面做了许多有益的工作,中国从2006年开始就已经不再接受联合国的粮食援助。2007年中国农村绝对贫困人口由2.5亿减少到1479万,按照世界银行的评估,中国减少的贫困人口占全球减贫人数的55%,占发展中国家的75%,中国提前完成了联合国千年发展目标中使贫困人口比例减半的目标。中国在第一阶段'消灭贫困与饥饿'以及第二阶段'普及初等教育'方面,早已达到并超过国际社会在总体上要到2015年才有可能实现的目标。现在中国正在采取更加积极的措施,普及初级中学教育、提高国内贫困线和建设其他社会公共事业,中国还在向千年发展目标第三阶段'促进两性平等'、第六阶段'与艾滋病及其他疾病作斗争'及第七阶段'环境可持续力'继续迈进。"他进一步指出:"从实现目标的指标上来看,中国贫困人口从46%减少到2005年的10.4%,远远超过联合国确定的23%的目标。这表明,中国使3.9亿的人口在15年的时间里实现脱贫。饥饿人口比例由17%降到2002年的7%,超过联合国确定的8.5%的目标。影响5岁以下儿童成长的流行病由33%降低到2005年的9%。九年义务教育实现率为99.3%。15—24岁年轻人的识字率由94%上升到2006年的99%。能够饮用清洁用水者由67%达到2006年的88%,超过了联合国规定的83.5%的标准。"②

中国是第一个实现联合国千年发展目标、使贫困人口比例减半的国家,为全球减贫事业做出了重大贡献。正如阿贾伊·奇贝尔所说:"中国所取得的成就在全球实现千年发展目标方面具有至关重要的意义。"③中国作为最大的发展中国家,在减贫实践中起到示范带头作用,中国的扶贫经验及与联合国合作的经验,既给广大发展中国家提供宝贵的经验,也为联合

---

① 吴志华、任彦:《联合国千年发展目标国际研讨会在京开幕 联合国发表中国实施千年发展目标进展情况的报告》,《人民日报》2004年3月26日。
② 席来旺:《瞩目千年发展目标(下)——"中国是实现千年发展目标的典范"》,《人民日报》2008年9月25日。
③ 席来旺:《瞩目千年发展目标(下)——"中国是实现千年发展目标的典范"》,《人民日报》2008年9月25日。

国加强与发展中国家合作提供借鉴。

第六节　全面建成小康社会目标下新一轮农村扶贫开发的调整

虽然新世纪头十年农村扶贫开发工作取得了显著成就,但扶贫开发工作任务依旧十分艰巨。其一,虽然我国贫困人口在持续减少,但是扶贫对象规模依然庞大,返贫压力很大。到2010年底,扶贫对象2688万,占农村总人口的2.8%。贫困人口当中,有2/3属于返贫性质,他们相当一部分处在自然灾害相当严重、生态非常脆弱的地方,加上遭受金融危机的冲击,这些人经济状况极不稳定,很容易返贫。其二,虽然部分贫困地区已经实现整体脱贫,但特殊类型贫困地区积重难返。特殊类型贫困地区是指因自然、历史、政治等原因一般经济增长不能带动、常规扶贫手段难以奏效的集中连片贫困地区,这些地区贫困问题依然非常突出,是扶贫开发任务最艰巨的地方。"在14.8万个整村推进扶贫村中,绝对和低收入贫困人口占农村总人口的33%;在石山区、荒漠区、高寒山区、黄土高原区、地方病高发区、人口较少民族地区、'直过区'(从原始社会直接过渡到社会主义社会地区)和42个沿边境的扶贫重点县,这一数字超过40%。"①其三,虽然贫困地区农民收入增长较快,但收入差距仍在扩大。2010年城乡居民收入水平差距扩大到3.23:1,农村内部收入差距也在扩大,2010年农村内部最高收入家庭的人均收入是最低收入家庭的7.5倍。② 还有些贫困生态环境保护区,虽然生态环境恶化趋势总体得到初步遏制,但是农民的生计问题还没有稳定解决。

与此同时,在中共中央全面建成小康社会目标之下,农村扶贫开发工作本身面临的要求在提高。2007年10月召开的中共十七大提出:"我们已经朝着十六大确立的全面建设小康社会的目标迈出了坚实步伐,今后要继续努力奋斗,确保到二〇二〇年实现全面建成小康社会的奋斗目标。"③过去扶贫开发工作着力解决生存绝对贫困、极端贫困带来的低层次的基本衣

---

① 顾仲阳:《国务院扶贫开发领导小组联合调研显示 我国特殊类型贫困问题仍然突出》,《人民日报》2007年11月23日。
② 顾仲阳:《贫困人口十年减少6734万》,《人民日报》2011年11月17日。
③ 胡锦涛:《高举中国特色社会主义伟大旗帜 为夺取全面建设小康社会新胜利而奋斗——在中国共产党第十七次全国代表大会上的报告(2007年10月15日)》,《人民日报》2007年10月25日。

食问题,而面对到2020年全面建成小康社会的目标要求,新一轮扶贫开发则要以提高发展能力、缩小发展差距等更高的标准来解决贫困问题,农村扶贫开发工作难度加大。

在这种形势下,2011年,中共中央对于下一步如何展开农村扶贫开发,促进共同富裕,实现到2020年全面建成小康社会奋斗目标进行规划与指导。

一、中共中央对新一轮农村扶贫开发的认识

2011年,中共中央连续召开会议,研究部署新一轮农村扶贫开发工作。4月26日,中共中央政治局召开会议,审议《中国农村扶贫开发纲要(2011—2020年)》,强调经过30多年改革开放,农村扶贫开发已经从以解决温饱为主要任务的阶段转入巩固温饱成果、提高发展能力、加快脱贫致富、缩小发展差距的新阶段;以更大的决心、更强的力度、更有效的举措,打好新一轮扶贫开发攻坚战,确保全国人民共同进入全面小康。11月29日至30日,中央扶贫开发工作会议召开,全面部署《中国农村扶贫开发纲要(2011—2020年)》贯彻落实工作,动员全党全社会力量,坚决打好新一轮扶贫开发攻坚战。胡锦涛出席会议并发表重要讲话,指出:做好新阶段扶贫开发工作,必须"提高扶贫标准,加大投入力度,把连片特困地区作为主战场,把稳定解决扶贫对象温饱、尽快实现脱贫致富作为首要任务,坚持政府主导,坚持统筹发展,更加注重转变经济发展方式,更加注重增强扶贫对象自我发展能力,更加注重基本公共服务均等化,更加注重解决制约发展的突出问题,努力推动贫困地区经济社会更好更快发展"①。

2011年12月1日,中共中央、国务院印发《中国农村扶贫开发纲要(2011—2020年)》(以下简称《纲要》)。《纲要》提出了"两不愁、三保障"的扶贫开发总体目标,即"到2020年,稳定实现扶贫对象不愁吃、不愁穿,保障其义务教育、基本医疗和住房。贫困地区农民人均纯收入增长幅度高于全国平均水平,基本公共服务主要领域指标接近全国平均水平,扭转发展差距扩大趋势"。

为实现这一目标,《纲要》明确了新一轮扶贫开发的对象和范围。《纲要》指出:"在扶贫标准以下具备劳动能力的农村人口为扶贫工作主要对

---

① 《新阶段扶贫开发的总体要求和重点工作》(2011年11月29日),《胡锦涛文选》第3卷,人民出版社2016年版,第567-568页。

象";中央重点支持的连片特困地区"是扶贫攻坚主战场",中央财政扶贫资金的新增部分主要用于连片特困地区,主要包括"六盘山区、秦巴山区、武陵山区、乌蒙山区、滇桂黔石漠化区、滇西边境山区、大兴安岭南麓山区、燕山-太行山区、吕梁山区、大别山区、罗霄山区等区域的连片特困地区和已明确实施特殊政策的西藏、四省藏区、新疆南疆三地州";同时,要做好连片特困地区以外重点县和贫困村的扶贫工作。

新一轮的扶贫开发进一步强化专项扶贫、行业扶贫、社会扶贫"三位一体"的工作格局。专项扶贫包括易地扶贫搬迁、整村推进、以工代赈、产业扶贫、就业促进,对贫困地区的革命老区县给予重点扶持;行业扶贫根据部门职责,帮助贫困地区发展特色产业、完善基础设施、发展教育文化事业、改善公共卫生和人口服务管理、完善社会保障制度、重视能源和生态环境建设,为扶贫对象创造更好的发展条件;社会扶贫将进一步加强定点扶贫工作、推进东西扶贫协作、发挥军队和武警部队的作用、动员企业和社会各界参与扶贫。①

二、大幅度提高国家扶贫标准

根据到2020年全面建成小康社会目标的要求,适应农村扶贫开发"从以解决温饱为主要任务的阶段转入巩固温饱成果、加快脱贫致富、改善生态环境、提高发展能力、缩小发展差距的新阶段"的实践需求,2011年11月,中央扶贫开发工作会议宣布,中央决定将农民年人均纯收入2300元(2010年不变价)作为新的国家扶贫标准,这个标准比2009年1196元的标准提高了92%。

扶贫标准上调,把更多低收入人口纳入了扶贫范围。按新的扶贫标准计算,2010年全国贫困人口数量和覆盖面由原来的2688万人扩大至1.65亿人,占农村人口的17.2%。② 这也意味着,中国仍然属于发展中国家,人均发展水平偏低。

扶贫标准的提高,贫困人口的增加,对新一轮扶贫开发工作形成更严峻的挑战。全党全社会必须以更大的决心、更强的力度、更有效的举措,推进消除绝对贫困的步伐,才能坚决打赢新一轮扶贫攻坚战。

---

① 《中共中央国务院印发〈中国农村扶贫开发纲要(2011—2020年)〉》,《人民日报》2011年12月2日。
② 国家统计局住户调查办公室:《扶贫开发成就举世瞩目 脱贫攻坚取得决定性进展》,《中国信息报》2018年9月4日。

三、调整国家扶贫开发工作重点县,确定集中连片特殊困难地区贫困县

新一轮扶贫开发,中央对国家扶贫开发工作重点县的支持政策不变。《中国农村扶贫开发纲要(2011—2020年)》规定:"原定重点县支持政策不变。各省(区、市)要制定办法,采取措施,根据实际情况进行调整,实现重点县数量逐步减少。重点县减少的省份,国家的支持力度不减。"根据这一要求,国务院扶贫办对国家重点扶持的国家级贫困县进行调整。这次调整的最大特点是权力下放到省,即允许各省根据实际情况,按"高出低进,出一进一,严格程序,总量不变"的原则进行调整,但不得将连片特困地区内重点县指标调到片区外使用。这次调整,各省原来的重点县共调出38个,原来的非重点县调进38个,全国重点县总数仍为592个。14个连片特困地区内的重点县数量,由调整前的431个增至440个,共增加9个;连片特困地区以外的重点县数量,由调整前的161个减至152个,共减少9个。①

2012年3月,国务院扶贫办公布国家扶贫开发工作重点县名单,全国共有592个县被列入如表6-3所示。

表6-3 国家扶贫开发工作重点县名单②

省份	数量	名　单
全国	592	
中部	217	
西部	375	
民族八省区	232	
河北	39	行唐县、灵寿县、赞皇县、平山县、青龙县、大名县、魏县、临城县、巨鹿县、新河县、广宗县、平乡县、威县、**阜平县**、**唐县**、**涞源县**、**顺平县**、**张北县**、**康保县**、**沽源县**、**尚义县**、**蔚县**、**阳原县**、**怀安县**、**万全县**、赤城县、崇礼县、**平泉县**、**滦平县**、**隆化县**、**丰宁县**、**围场县**、海兴县、盐山县、南皮县、武邑县、武强县、饶阳县、阜城县、(涿鹿县赵家蓬区)

---

① 李凤桃:《专访国务院扶贫办主任范小建 扶贫重点县调整:权力下放到省》,《中国经济周刊》2012年14期。
② 《国家扶贫开发工作重点县名单》,国务院扶贫开发领导小组办公室网站2012年3月19日,http://www.cpad.gov.cn/art/2012/3/19/art_343_42.html。

续表

省份	数量	名　　单
山西	35	娄烦县、**阳高县**、**天镇县**、**广灵县**、**灵丘县**、**浑源县**、平顺县、壶关县、武乡县、右玉县、左权县、和顺县、平陆县、**五台县**、代县、**繁峙县**、宁武县、**静乐县**、神池县、五寨县、岢岚县、河曲县、保德县、偏关县、**吉县**、**大宁县**、**隰县**、**永和县**、**汾西县**、**兴县**、**临县**、**石楼县**、**岚县**、方山县、中阳县
内蒙古	31	武川县、阿鲁科尔沁旗、巴林左旗、巴林右旗、林西县、翁牛特旗、喀喇沁旗、宁城县、敖汉旗、科尔沁左翼中旗、科尔沁左翼后旗、库伦旗、奈曼旗、莫力达瓦达斡尔族自治旗、鄂伦春自治旗、卓资县、**化德县**、**商都县**、**兴和县**、察哈尔右翼前旗、察哈尔右翼中旗、察哈尔右翼后旗、四子王旗、**阿尔山市**、**科尔沁右翼前旗**、**科尔沁右翼中旗**、**扎赉特旗**、**突泉县**、苏尼特右旗、太仆寺旗、正镶白旗
吉林	8	靖宇县、**镇赉县**、**通榆县**、**大安市**、龙井市、和龙市、汪清县、安图县
黑龙江	14	延寿县、**泰来县**、**甘南县**、**拜泉县**、绥滨县、饶河县、**林甸县**、桦南县、桦川县、汤原县、抚远县、同江市、**兰西县**、海伦市
安徽	19	**潜山县**、**太湖县**、**宿松县**、**岳西县**、颍东区、**临泉县**、**阜南县**、**颍上县**、砀山县、萧县、灵璧县、泗县、裕安区、**寿县**、**霍邱县**、舒城县、**金寨县**、利辛县、石台县
江西	21	莲花县、修水县、**赣县**、上犹县、**安远县**、宁都县、于都县、兴国县、会昌县、寻乌县、吉安县、遂川县、万安县、永新县、井冈山市、乐安县、广昌县、上饶县、横峰县、余干县、鄱阳县
河南	31	兰考县、栾川县、嵩县、汝阳县、宜阳县、洛宁县、鲁山县、滑县、封丘县、范县、台前县、**卢氏县**、南召县、淅川县、社旗县、桐柏县、**民权县**、睢县、宁陵县、虞城县、光山县、新县、商城县、固始县、淮滨县、**沈丘县**、淮阳县、上蔡县、平舆县、确山县、新蔡县

续表

省份	数量	名单
湖北	25	阳新县、郧县、郧西县、竹山县、竹溪县、房县、丹江口市、秭归县、长阳县、孝昌县、大悟县、红安县、罗田县、英山县、蕲春县、麻城市、恩施市、利川市、建始县、巴东县、宣恩县、咸丰县、来凤县、鹤峰县、神农架林区
湖南	20	邵阳县、隆回县、城步县、平江县、桑植县、安化县、汝城县、桂东县、新田县、江华县、沅陵县、通道县、新化县、泸溪县、凤凰县、花垣县、保靖县、古丈县、永顺县、龙山县
广西	28	隆安县、马山县、上林县、融水县、三江县、龙胜县、田东县、德保县、靖西县、那坡县、凌云县、乐业县、田林县、西林县、隆林县、昭平县、富川县、凤山县、东兰县、罗城县、环江县、巴马县、都安县、大化县、忻城县、金秀县、龙州县、天等县
海南	5	五指山市、临高县、白沙县、保亭县、琼中县
重庆	14	万州区、黔江区、城口县、丰都县、武隆县、开县、云阳县、奉节县、巫山县、巫溪县、石柱县、秀山县、酉阳县、彭水县
四川	36	叙永县、古蔺县、朝天区、旺苍县、苍溪县、马边县、嘉陵区、南部县、仪陇县、阆中市、屏山县、广安区、宣汉县、万源市、通江县、南江县、平昌县、小金县、黑水县、壤塘县、甘孜县、德格县、石渠县、色达县、理塘县、木里县、盐源县、普格县、布拖县、金阳县、昭觉县、喜德县、越西县、甘洛县、美姑县、雷波县

续表

省份	数量	名　单
贵州	50	六枝特区、水城县、盘县、正安县、道真县、务川县、习水县、普定县、镇宁县、关岭县、紫云县、江口县、石阡县、思南县、印江县、德江县、沿河县、松桃县、兴仁县、普安县、晴隆县、贞丰县、望谟县、册亨县、安龙县、大方县、织金县、纳雍县、威宁县、赫章县、黄平县、施秉县、三穗县、岑巩县、天柱县、锦屏县、剑河县、台江县、黎平县、榕江县、从江县、雷山县、麻江县、丹寨县、荔波县、独山县、平塘县、罗甸县、长顺县、三都县
云南	73	东川区、禄劝县、寻甸县、富源县、会泽县、施甸县、龙陵县、昌宁县、昭阳区、鲁甸县、巧家县、盐津县、大关县、永善县、绥江县、镇雄县、彝良县、威信县、永胜县、宁蒗县、宁洱县、墨江县、景东县、镇沅县、江城县、孟连县、澜沧县、西盟县、临翔区、凤庆县、云县、永德县、镇康县、双江县、沧源县、双柏县、南华县、姚安县、大姚县、永仁县、武定县、屏边县、泸西县、元阳县、红河县、金平县、绿春县、文山市、砚山县、西畴县、麻栗坡县、马关县、丘北县、广南县、富宁县、勐腊县、漾濞县、弥渡县、南涧县、巍山县、永平县、云龙县、洱源县、剑川县、鹤庆县、梁河县、泸水县、福贡县、贡山县、兰坪县、香格里拉县、德钦县、维西县
陕西	50	印台区、耀州区、宜君县、陇县、麟游县、太白县、永寿县、长武县、旬邑县、淳化县、合阳县、澄城县、蒲城县、白水县、富平县、延长县、延川县、宜川县、洋县、西乡县、勉县、宁强县、略阳县、镇巴县、留坝县、佛坪县、横山县、定边县、绥德县、米脂县、佳县、吴堡县、清涧县、子洲县、汉滨区、汉阴县、石泉县、宁陕县、紫阳县、岚皋县、镇坪县、旬阳县、白河县、商州区、洛南县、丹凤县、商南县、山阳县、镇安县、柞水县

续表

省份	数量	名单
甘肃	43	榆中县、会宁县、麦积区、清水县、秦安县、甘谷县、武山县、张家川县、古浪县、天祝县、庄浪县、静宁县、环县、华池县、合水县、宁县、镇原县、安定区、通渭县、陇西县、渭源县、临洮县、漳县、岷县、武都区、文县、宕昌县、康县、西和县、礼县、两当县、临夏县、康乐县、永靖县、广河县、和政县、东乡县、积石山县、合作市、临潭县、卓尼县、舟曲县、夏河县
青海	15	大通县、湟中县、平安县、民和县、乐都县、化隆县、循化县、泽库县、甘德县、达日县、玛多县、杂多县、治多县、囊谦县、曲麻莱县
宁夏	8	盐池县、同心县、原州区、西吉县、隆德县、泾源县、彭阳县、海原县
新疆	27	巴里坤哈萨克自治县、乌什县、柯坪县、阿图什市、阿克陶县、阿合奇县、乌恰县、疏附县、疏勒县、英吉沙县、莎车县、叶城县、岳普湖县、伽师县、塔什库尔干塔吉克自治县、和田县、墨玉县、皮山县、洛浦县、策勒县、于田县、民丰县、察布查尔锡伯自治县、尼勒克县、托里县、青河县、吉木乃县

注：字体加粗者为集中连片特殊困难地区范围内的国家扶贫开发工作重点县。

新一轮扶贫开发将集中连片特殊困难地区作为主战场，是党中央、国务院作出的重大决策。2012年6月，国务院扶贫办公布了全国连片特困地区分县名单。按照集中连片、突出重点、全国统筹、区划完整的原则，扶贫办以2007年至2009年的人均县域国内生产总值、人均县域财政一般预算性收入、县域农民人均纯收入等与贫困程度高度相关的指标为标准，这3项指标均低于同期西部平均水平的县(市、区)，以及自然地理相连、气候环境相似、传统产业相同、文化习俗相通、致贫因素相近的县划分为连片特困地区。在划分过程中，对少数民族县、革命老区县和边境县采用了增加权重的办法予以倾斜照顾，在全国共划分出11个连片特困地区(见表6-4)，加上已经实施特殊扶持政策的西藏、四省藏区、新疆南疆三地州(见表6-5)，共14个片区，680个县，其中国家扶贫开发工作重点县有440个。[①]

[①] 《关于公布全国连片特困地区分县名单的说明》，国务院扶贫开发领导小组办公室网站2012年6月14日，http://www.cpad.gov.cn/art/2012/6/14/art_343_41.html。

表 6-4　六盘山区等 11 个集中连片特殊困难地区分县名单①

片区	省、区	名　单
六盘山区（61）	陕西(7)	扶风县、陇县、千阳县、麟游县、永寿县、长武县、淳化县
	甘肃(40)	永登县、皋兰县、榆中县、靖远县、会宁县、景泰县、清水县、秦安县、甘谷县、武山县、张家川回族自治县、麦积区、古浪县、崆峒区、泾川县、灵台县、庄浪县、静宁县、庆城县、环县、华池县、合水县、正宁县、宁县、镇原县、安定区、通渭县、陇西县、渭源县、临洮县、漳县、岷县、临夏市、临夏县、康乐县、永靖县、广河县、和政县、东乡族自治县、积石山自治县
	青海(7)	湟中县、湟源县、民和回族土族自治县、乐都县、互助土族自治县、化隆回族自治县、循化撒拉族自治县
	宁夏(7)	同心县、原州区、西吉县、隆德县、泾源县、彭阳县、海原县
秦巴山区（75）	河南(10)	嵩县、汝阳县、洛宁县、栾川县、鲁山县、卢氏县、南召县、内乡县、镇平县、淅川县
	湖北(7)	郧县、郧西县、竹山县、竹溪县、房县、丹江口市、保康县
	重庆(5)	城口县、云阳县、奉节县、巫山县、巫溪县
	四川(15)	北川羌族自治县、平武县、元坝区、朝天区、旺苍县、青川县、剑阁县、苍溪县、仪陇县、宣汉县、万源市、巴州区、通江县、南江县、平昌县
	陕西(29)	周至县、太白县、南郑县、城固县、洋县、西乡县、勉县、宁强县、略阳县、镇巴县、留坝县、佛坪县、汉滨区、汉阴县、石泉县、宁陕县、紫阳县、岚皋县、平利县、镇坪县、旬阳县、白河县、商州区、洛南县、丹凤县、商南县、山阳县、镇安县、柞水县
	甘肃(9)	武都区、成县、文县、宕昌县、康县、西和县、礼县、徽县、两当县

① 《关于公布全国连片特困地区分县名单的说明》，国务院扶贫开发领导小组办公室网站 2012 年 6 月 14 日, http://www.cpad.gov.cn/art/2012/6/14/art_343_41.html.

续表

片区	省、区	名单
武陵山区(64)	湖北(11)	秭归县、长阳土家族自治县、五峰土家族自治县、恩施市、利川市、建始县、巴东县、宣恩县、咸丰县、来凤县、鹤峰县
	湖南(31)	新邵县、邵阳县、隆回县、洞口县、绥宁县、新宁县、城步苗族自治县、武冈市、石门县、慈利县、桑植县、安化县、中方县、沅陵县、辰溪县、溆浦县、会同县、麻阳苗族自治县、新晃侗族自治县、芷江侗族自治县、靖州苗族侗族自治县、通道侗族自治县、新化县、涟源市、泸溪县、凤凰县、保靖县、古丈县、永顺县、龙山县、花垣县
	重庆(7)	丰都县、石柱土家族自治县、秀山土家族苗族自治县、酉阳土家族苗族自治县、彭水苗族土家族自治县、黔江区、武隆县
	贵州(15)	正安县、道真仡佬族苗族自治县、务川仡佬族苗族自治县、凤冈县、湄潭县、铜仁市、江口县、玉屏侗族自治县、石阡县、思南县、印江土家族苗族自治县、德江县、沿河土家族自治县、松桃苗族自治县、万山特区
乌蒙山区(38)	四川(13)	叙永县、古蔺县、沐川县、马边彝族自治县、屏山县、普格县、布拖县、金阳县、昭觉县、喜德县、越西县、美姑县、雷波县
	贵州(10)	桐梓县、习水县、赤水市、毕节市、大方县、黔西县、织金县、纳雍县、威宁彝族回族苗族自治县、赫章县
	云南(15)	禄劝彝族苗族自治县、寻甸回族彝族自治县、会泽县、宣威市、昭阳区、鲁甸县、巧家县、盐津县、大关县、永善县、绥江县、镇雄县、彝良县、威信县、武定县

续表

片区	省、区	名单
滇桂黔石漠化区(80)	广西(29)	融安县、融水苗族自治县、三江侗族自治县、龙胜各族自治县、资源县、隆安县、马山县、上林县、田阳县、德保县、靖西县、那坡县、凌云县、乐业县、田林县、西林县、隆林各族自治县、凤山县、东兰县、罗城仫佬族自治县、环江毛南族自治县、巴马瑶族自治县、都安瑶族自治县、大化瑶族自治县、忻城县、宁明县、龙州县、大新县、天等县
	贵州(40)	六枝特区、水城县、西秀区、平坝县、普定县、镇宁布依族苗族自治县、关岭布依族苗族自治县、紫云苗族布依族自治县、兴仁县、普安县、晴隆县、贞丰县、望谟县、册亨县、安龙县、黄平县、施秉县、三穗县、镇远县、岑巩县、天柱县、锦屏县、剑河县、台江县、黎平县、榕江县、从江县、雷山县、麻江县、丹寨县、荔波县、贵定县、独山县、平塘县、罗甸县、长顺县、龙里县、惠水县、三都水族自治县、瓮安县
	云南(11)	师宗县、罗平县、屏边苗族自治县、泸西县、砚山县、西畴县、麻栗坡县、马关县、丘北县、广南县、富宁县
滇西边境山区(56)	云南(56)	隆阳区、施甸县、龙陵县、昌宁县、玉龙纳西族自治县、永胜县、宁蒗彝族自治县、宁洱哈尼族彝族自治县、墨江哈尼族自治县、景东彝族自治县、景谷傣族彝族自治县、镇沅彝族哈尼族拉祜族自治县、江城哈尼族彝族自治县、孟连傣族拉祜族佤族自治县、澜沧拉祜族自治县、西盟佤族自治县、临翔区、凤庆县、云县、永德县、镇康县、双江拉祜族佤族布朗族傣族自治县、耿马傣族佤族自治县、沧源佤族自治县、双柏县、牟定县、南华县、姚安县、大姚县、永仁县、石屏县、元阳县、红河县、金平苗族瑶族傣族自治县、绿春县、勐海县、勐腊县、漾濞彝族自治县、祥云县、宾川县、弥渡县、南涧彝族自治县、巍山彝族回族自治县、永平县、云龙县、洱源县、剑川县、鹤庆县、潞西市、梁河县、盈江县、陇川县、泸水县、福贡县、贡山独龙族怒族自治县、兰坪白族普米族自治县

续表

片区	省、区	名　单
大兴安岭南麓山区(19)	内蒙古(5)	阿尔山市、科尔沁右翼前旗、科尔沁右翼中旗、扎赉特旗、突泉县
	吉林(3)	镇赉县、通榆县、大安市
	黑龙江(11)	龙江县、泰来县、甘南县、富裕县、林甸县、克东县、拜泉县、明水县、青冈县、望奎县、兰西县
燕山-太行山区(33)	河北(22)	涞水县、阜平县、唐县、涞源县、望都县、易县、曲阳县、顺平县、宣化县、张北县、康保县、沽源县、尚义县、蔚县、阳原县、怀安县、万全县、承德县、平泉县、隆化县、丰宁满族自治县、围场满族蒙古族自治县
	山西(8)	阳高县、天镇县、广灵县、灵丘县、浑源县、大同县、五台县、繁峙县
	内蒙古(3)	化德县、商都县、兴和县
吕梁山区(20)	山西(13)	静乐县、神池县、五寨县、岢岚县、吉县、大宁县、隰县、永和县、汾西县、兴县、临县、石楼县、岚县
	陕西(7)	横山县、绥德县、米脂县、佳县、吴堡县、清涧县、子洲县
大别山区(36)	安徽(12)	潜山县、太湖县、宿松县、望江县、岳西县、临泉县、阜南县、颍上县、寿县、霍邱县、金寨县、利辛县
	河南(16)	光山县、新县、固始县、淮滨县、商城县、潢川县、新蔡县、兰考县、民权县、宁陵县、柘城县、商水县、沈丘县、郸城县、淮阳县、太康县
	湖北(8)	孝昌县、大悟县、团风县、红安县、罗田县、英山县、蕲春县、麻城市

续表

片区	省、区	名单
罗霄山区（23）	江西（17）	莲花县、赣县、上犹县、安远县、宁都县、于都县、兴国县、会昌县、寻乌县、石城县、瑞金市、南康市、遂川县、万安县、永新县、井冈山市、乐安县
	湖南（6）	茶陵县、炎陵县、宜章县、汝城县、桂东县、安仁县

表6-5 已明确实施特殊扶持政策的西藏、四省藏区、新疆南疆三地州分县名单①

分区	省、自治区	名单
西藏（74）	西藏（74）	城关区、林周县、当雄县、尼木县、曲水县、堆龙德庆县、达孜县、墨竹工卡县、昌都县、江达县、贡觉县、类乌齐县、丁青县、察雅县、八宿县、左贡县、芒康县、洛隆县、边坝县、乃东县、扎囊县、贡嘎县、桑日县、琼结县、曲松县、措美县、洛扎县、加查县、隆子县、错那县、浪卡子县、日喀则市、南木林县、江孜县、定日县、萨迦县、拉孜县、昂仁县、谢通门县、白朗县、仁布县、康马县、定结县、仲巴县、亚东县、吉隆县、聂拉木县、萨嘎县、岗巴县、那曲县、嘉黎县、比如县、聂荣县、安多县、申扎县、索县、班戈县、巴青县、尼玛县、双湖办事处、普兰县、札达县、噶尔县、日土县、革吉县、改则县、措勤县、林芝县、工布江达县、米林县、墨脱县、波密县、察隅县、朗县
四省藏区（77）	云南（3）	香格里拉县、德钦县、维西傈僳族自治县

---

① 《关于公布全国连片特困地区分县名单的说明》，国务院扶贫开发领导小组办公室网站2012年6月14日，http://www.cpad.gov.cn/art/2012/6/14/art_343_41.html。

续表

分区	省、自治区	名　单
四省藏区(77)	四川(32)	汶川县、理县、茂县、松潘县、九寨沟县、金川县、小金县、黑水县、马尔康县、壤塘县、阿坝县、若尔盖县、红原县、康定县、泸定县、丹巴县、九龙县、雅江县、道孚县、炉霍县、甘孜县、新龙县、德格县、白玉县、石渠县、色达县、理塘县、巴塘县、乡城县、稻城县、得荣县、木里藏族自治县
	甘肃(9)	天祝藏族自治县、合作市、临潭县、卓尼县、舟曲县、迭部县、玛曲县、碌曲县、夏河县
	青海(33)	门源回族自治县、祁连县、海晏县、刚察县、同仁县、尖扎县、泽库县、河南蒙古族自治县、共和县、同德县、贵德县、兴海县、贵南县、玛沁县、班玛县、甘德县、达日县、久治县、玛多县、玉树县、杂多县、称多县、治多县、囊谦县、曲麻莱县、格尔木市、德令哈市、乌兰县、都兰县、天峻县、冷湖行委、大柴旦行委、茫崖行委
新疆南疆三地州(24)	新疆(24)	阿图什市、阿克陶县、阿合奇县、乌恰县、喀什市、疏附县、疏勒县、英吉沙县、泽普县、莎车县、叶城县、麦盖提县、岳普湖县、伽师县、巴楚县、塔什库尔干塔吉克自治县、和田市、和田县、墨玉县、皮山县、洛浦县、策勒县、于田县、民丰县

这样，新一轮扶贫开发工作确定的国家级贫困县，包括国家扶贫开发工作重点县和集中连片特殊困难地区贫困县，一共达到832个。

《中国农村扶贫开发纲要(2011—2020年)》颁布后，各省(自治区、直辖市)全面贯彻落实中央精神，出台省级扶贫开发纲要、规划或实施意见，确定本地区扶贫标准并开展贫困识别。执行国家扶贫标准的有17个省(自治区、直辖市)，执行标准高于国家扶贫标准的有14个省(自治区)，其中广东省、重庆市实行相对贫困标准。① 按照"区域发展带动扶贫开发、扶贫开发促进区域发展"的思路,2012年底,国务院已全部批复11个集中连片特殊困难地区区域发展和扶贫攻坚规划,同时批准"十二五"支持西藏、新疆、新疆生产建设兵团以及四川、云南、甘肃、青海四省藏区经济社会发展规划建设项目方案,全面启动了连片特困地区扶贫攻坚。

---

① 刘永富:《国务院关于农村扶贫开发工作情况的报告——2013年12月25日在第十二届全国人民代表大会常务委员会第六次会议上》,《中华人民共和国全国人民代表大会常务委员会公报》2014年第1号。

第七章
十八大以来农村扶贫开发的历史性跨越(2012—)

2012年11月召开的中共十八大明确提出"确保到二〇二〇年实现全面建成小康社会宏伟目标",这也是这次大会首次提出"两个一百年"奋斗目标(第一个一百年,是到中国共产党成立100年时全面建成小康社会;第二个一百年,是到新中国成立100年时建成富强、民主、文明、和谐的社会主义现代化国家)中的第一个目标。2012年12月,习近平指出:"到二〇二〇年全面建成小康社会,自然包括农村的全面小康,也必须包括革命老区、贫困地区的全面小康。"①在2017年10月召开的中共十九大上,习近平再次申明:"让贫困人口和贫困地区同全国一道进入全面小康社会是我们党的庄严承诺。"②

中共十八大以后,以习近平同志为核心的党中央把农村扶贫开发摆到治国理政的突出位置,提升到事关全面建成小康社会、实现第一个百年奋斗目标的新高度,纳入"五位一体"总体布局和"四个全面"战略布局进行决策部署,加大扶贫投入,创新扶贫方式,出台系列重大政策措施,全面打响脱贫攻坚战,迎来了农村扶贫开发的历史性跨越和巨变。

第一节 习近平关于农村扶贫开发的重要论述

2012年11月,中共十八大召开,选举了新一届中央委员会,习近平担

---

① 《在河北省阜平县考察扶贫开发工作时的讲话》(2012年12月29日、30日),习近平:《做焦裕禄式的县委书记》,中央文献出版社2015年版,第15、16页。
② 习近平:《决胜全面建成小康社会 夺取新时代中国特色社会主义伟大胜利——在中国共产党第十九次全国代表大会上的报告(2017年10月18日)》,人民出版社2017年版,第47-48页。

任总书记。十八大确定"到二〇二〇年实现全面建成小康社会宏伟目标",其中最难实现的就是农村贫困人口脱贫、消除绝对贫困,贫困县摘帽、消除区域性整体贫困。

习近平自 1969 年到延安农村插队、1982 年担任河北正定县委书记、1989 年担任中共宁德地委书记一直到担任最高领导人,始终牵挂着贫困群众,关注扶贫工作。在 2015 减贫与发展高层论坛上,习近平总结自己走过的扶贫路时指出:"四十多年来,我先后在中国的县、市、省、中央工作,扶贫始终是我工作的一个重要内容,我花的精力最多。"①

十八大到十九大召开前夕,习近平先后 30 多次国内考察都涉及扶贫,连续 5 年新年国内首次考察都调研扶贫,走遍了全国 14 个连片特困地区。习近平总书记先后在部分省区市扶贫攻坚与"十三五"时期经济社会发展座谈会、陕甘宁革命老区脱贫致富座谈会、2015 年减贫与发展高层论坛、中央扶贫开发工作会议、集中连片特困地区扶贫攻坚座谈会、东西部扶贫协作座谈会、中央政治局第 39 次集体学习、深度贫困地区脱贫攻坚座谈会等场合发表长篇重要讲话,全面部署脱贫攻坚。多次主持召开中央政治局会议、政治局常委会议、中央全面深化改革领导小组会议、中央财经领导小组会议,研究作出重大决策。在每年中央经济工作会议和全国"两会"上,都对做好脱贫攻坚工作作出重要指示。他走遍中国最贫困的地区,对如何打赢脱贫攻坚战、全面建成小康社会进行深入思考,就农村扶贫开发的战略地位(是什么)、农村扶贫开发如何开展(谁来扶、怎么扶)、农村扶贫开发具体内容(扶什么)等问题提出了一系列深刻观点,形成以精准扶贫、精准脱贫为主要特征的农村扶贫开发战略思想,对中国特色农村扶贫开发理论作出新的贡献。

一、立足全面建成小康社会,深刻阐述农村扶贫开发重要性

按照农民年人均纯收入 2300 元的扶贫标准,2012 年底中国贫困人口还有近 1 亿人。这些贫困人口主要分布在全国 14 个集中连片特困地区,片区生存环境恶劣、生态脆弱、基础设施薄弱、公共服务滞后,片区贫困发生率比全国平均水平高 15.7%,已经解决温饱的群众因灾、因病返贫现象突出。距离全面建成小康社会只有几年时间,扶贫开发任务艰巨而繁重。

---

① 习近平:《携手消除贫困 促进共同发展》(2015 年 10 月 16 日),《十八大以来重要文献选编》(中),中央文献出版社 2016 年版,第 719 页。

为了提高党内外对农村扶贫开发工作重要性的认识,习近平立足于全面建成小康社会,从新的战略高度对农村扶贫开发的重要性进行充分阐述。

首先,习近平指出农村扶贫开发是社会主义本质要求。自新中国成立,毛泽东等第一代中央领导人提出农村共同富裕思想以来,消除贫困、实现共同富裕一直是中国共产党的重要使命。新中国进行社会主义建设实践的历史,本质上就是努力消除贫困的奋斗史。尤其是改革开放40年来,中国经济社会发展取得巨大成就,人民生活水平总体上发生很大变化。然而,我国还处于社会主义初级阶段,各地发展条件不同,还有相当一部分人口生活比较困难,地区之间贫富差距比较明显。

习近平担任中共中央总书记之初,就明确强调"消除贫困、改善民生、逐步实现共同富裕,是社会主义的本质要求"①,他指出,党的责任,就是要团结带领全党全国各族人民,继续解放思想,坚持改革开放,不断解放和发展社会生产力,努力解决群众的生产生活困难,坚定不移走共同富裕的道路。②

其次,习近平明确脱贫攻坚在全面建成小康社会全局中的重要地位。在习近平的视野中,农村贫困人口脱贫是全面建成小康社会中的短板,因此他给予高度重视。在2015年10月26日至29日召开的十八届五中全会上,习近平指出:"'十三五'规划作为全面建成小康社会的收官规划,必须紧紧扭住全面建成小康社会存在的短板,在补齐短板上多用力。比如,农村贫困人口脱贫,就是一个突出短板。"③

2012年12月29日,习近平到革命老区、国家扶贫开发工作重点县河北省阜平县,进村入户看真贫,专门考察指导农村扶贫开发工作。他在考察中提出了"全面建成小康社会,最艰巨最繁重的任务在农村、特别是在贫困地区。没有农村的小康,特别是没有贫困地区的小康,就没有全面建成小康社会"的重要论断。④

习近平对贫困群众格外关注、格外关爱、格外关心,时刻把他们的冷暖放在心上,时常考虑如何支持和帮助这部分低收入群体改善生活,过上好

---

① 《习近平论扶贫工作——十八大以来重要论述摘编》,《党建》2015年12期。
② 习近平:《人民对美好生活的向往,就是我们的奋斗目标》(2012年11月15日),《十八大以来重要文献选编》(上),中央文献出版社2014年版,第70页。
③ 习近平:《关于〈中共中央关于制定国民经济和社会发展第十三个五年规划的建议〉的说明》,《人民日报》2015年11月4日。
④ 《习近平论扶贫工作——十八大以来重要论述摘编》,《党建》2015年12期。

日子。① 在他看来,改革开放新时代中国全面建成小康社会,任何人、任何地区、任何民族都不能落下。2016年春节前夕,习近平在江西考察时说:"在扶贫的路上,不能落下一个贫困家庭,丢下一个贫困群众。"2016年7月18日至20日,习近平在宁夏考察时再次申明:"到2020年全面建成小康社会,任何一个地区、任何一个民族都不能落下。"②

最后,习近平强调农村扶贫开发工作是"重中之重"。2012年12月,习近平在河北省阜平县考察扶贫开发工作时指出:"'三农'工作是重中之重,革命老区、民族地区、边疆地区、贫困地区在'三农'工作中要把扶贫开发作为重中之重,这样才有重点。"③2015年初,习近平在云南考察时再次强调:"扶贫开发是我们第一个百年奋斗目标的重点工作,是最艰巨的任务。现在距实现全面建成小康社会只有五、六年时间了,时不我待,扶贫开发要增强紧迫感,真抓实干,不能光喊口号,决不能让困难地区和困难群众掉队。"④

二、明确农村扶贫开发坚持党的领导,坚持群众主体,全党全社会合力扶贫

2014年10月17日,在中国设立第一个"扶贫日"之际,习近平作出重要批示,提出了农村扶贫开发工作坚持党的领导,坚持群众主体,全党全社会合力扶贫的思想。指出:"全面建成小康社会,最艰巨最繁重的任务在贫困地区。全党全社会要继续共同努力,形成扶贫开发工作强大合力。各级党委、政府和领导干部对贫困地区和贫困群众要格外关注、格外关爱,履行领导职责,创新思路方法,加大扶持力度,善于因地制宜,注重精准发力,充分发挥贫困地区广大干部群众能动作用,扎扎实实做好新形势下扶贫开发工作,推动贫困地区和贫困群众加快脱贫致富奔小康的步伐。"⑤2015年11月27日至28日召开的中央扶贫开发工作会议上,习近平进一步论述农村扶贫"谁来扶"的问题,尤其明确了各级党委政府的责任,要求加快形成

---

① 《在河北省阜平县考察扶贫开发工作时的讲话》(2012年12月29日、30日),习近平:《做焦裕禄式的县委书记》,中央文献出版社2015年版,第15-16页。
② 《习近平在宁夏考察时强调:解放思想真抓实干奋力前进 确保与全国同步建成全面小康社会》,新华社2016年7月20日,http://www.xinhuanet.com/politics/2016-07/20/c_1119252332.htm。
③ 《习近平论扶贫工作——十八大以来重要论述摘编》,《党建》2015年12期。
④ 《习近平在云南考察工作时强调:坚决打好扶贫开发攻坚战 加快民族地区经济社会发展》,《人民日报》2015年1月22日。
⑤ 《习近平论扶贫工作——十八大以来重要论述摘编》,《党建》2015年12期。

中央统筹、省(自治区、直辖市)负总责、市(地)县抓落实的扶贫开发工作机制,做到分工明确、责任清晰、任务到人、考核到位。

首先,切实落实农村扶贫开发领导责任。打赢脱贫攻坚战,关键在党,在党的各级干部。习近平认为,扶贫开发工作中坚持党的领导,就是要强化扶贫开发工作领导责任制,把中央统筹、省负总责、市(地)县抓落实的管理体制,片为重点、工作到村、扶贫到户的工作机制,党政一把手负总责的扶贫开发工作责任制,真正落到实处。具体来说,中央要抓好统筹,做好政策制定、项目规划、资金筹备、考核评价、总体运筹等工作;省级要负起总责,做好目标确定、项目下达、资金投放、组织动员、检查指导等工作;市(地)县要抓好落实,做好进度安排、项目落地、资金使用、人力调配、推进实施等工作。①

2015年11月,在中央扶贫开发工作会议上,中西部22个省区市的党政主要负责同志向党中央签署了脱贫攻坚责任书。在此基础上,省、市、县、乡、村层层签订脱贫攻坚责任书,从而形成"五级书记抓扶贫"的机制。

打赢脱贫攻坚战,坚强而稳定的组织保证是关键。为此,2016年4月,中央组织部、国务院扶贫办印发《关于脱贫攻坚期内保持贫困县党政正职稳定的通知》,明确贫困县党政正职在完成脱贫任务前原则上不得调离。脱贫摘帽后,仍要保持稳定一段时间。

其次,切实加强基层组织在农村扶贫开发中的作用。做好扶贫开发工作,基层是基础。习近平非常重视基层干部在扶贫开发工作中的作用,指出:要把扶贫开发同基层组织建设有机结合起来,抓好以村党组织为核心的村级组织配套建设,鼓励和选派思想好、作风正、能力强、愿意为群众服务的优秀年轻干部、退伍军人、高校毕业生到贫困村工作,真正把基层党组织建设成带领群众脱贫致富的坚强战斗堡垒。选派扶贫工作队是加强基层扶贫工作的有效组织措施,要做到每个贫困村都有驻村工作队、每个贫困户都有帮扶责任人。工作队和驻村干部要一心扑在扶贫开发工作上,有效发挥作用。②

按照中央要求,全国扶贫攻坚阵地上,每个贫困村都有驻村工作队(组),每个贫困户都有帮扶责任人。截至2016年末,全国共选派77.5万名干部驻村帮扶,选派18.8万名优秀干部到贫困村和基层党组织软弱涣

---

① 《习近平论扶贫工作——十八大以来重要论述摘编》,《党建》2015年12期。
② 《习近平论扶贫工作——十八大以来重要论述摘编》,《党建》2015年12期。

散村担任第一书记。①

最后,强化社会合力扶贫。脱贫致富不仅仅是贫困地区的事,也是全社会的事,"万夫一力,天下无敌"。习近平强调:"扶贫开发是全党全社会的共同责任,要动员和凝聚全社会力量广泛参与。要坚持专项扶贫、行业扶贫、社会扶贫等多方力量、多种举措有机结合和互为支撑的'三位一体'大扶贫格局,健全东西部协作、党政机关定点扶贫机制,广泛调动社会各界参与扶贫开发积极性。"②

十八大以来,全党全社会共同努力,不断创新完善人人皆愿为、人人皆可为、人人皆能为的社会扶贫参与机制,形成政府、市场、社会协同推进的大扶贫格局。

三、脱贫攻坚战的制胜之道在于精准扶贫、精准脱贫

习近平首次提出"精准扶贫"主张,是在2013年11月湖南湘西考察时。他说:扶贫要实事求是,因地制宜。要精准扶贫,切忌喊口号,不能好高骛远。2014年,习近平进一步论述"精准扶贫"的内容,指出:"精准扶贫,就是要对扶贫对象实行精细化管理,对扶贫资源实行精确化配置,对扶贫对象实行精准化扶持,确保扶贫资源真正用到扶贫对象身上,真正用在贫困地区。"③

在精准扶贫的基础上,习近平又提出了精准脱贫。2015年1月,习近平在考察云南省昭通市时提到,深入实施精准扶贫、精准脱贫,项目安排和资金使用都要提高精准度,扶到点上、根上,让贫困群众真正得到实惠。2015年6月,习近平在贵州召开部分省区市党委主要负责同志座谈会上深刻论述了精准扶贫、精准脱贫总体思路和基本要求。他说:"扶贫开发贵在精准,重在精准,成败之举在于精准。各地都要在扶持对象精准、项目安排精准、资金使用精准、措施到户精准、因村派人(第一书记)精准、脱贫成效精准上想办法、出实招、见真效。要坚持因人因地施策,因贫困原因施策,因贫困类型施策,区别不同情况,做到对症下药、精准滴灌、靶向治疗,不搞大水漫灌、走马观花、大而化之。"④

---

① 陈二厚、董峻、侯雪静:《庄严的承诺 历史的跨越(砥砺奋进的五年)——党的十八大以来以习近平同志为核心的党中央引领脱贫攻坚纪实》,《人民日报》2017年5月22日。
② 《习近平论扶贫工作——十八大以来重要论述摘编》,《党建》2015年12期。
③ 《在参加十二届全国人大二次会议贵州代表团审议时的讲话》(2014年3月7日),《习近平扶贫论述摘编》,中央文献出版社2018年版,第58页。
④ 《习近平论扶贫工作——十八大以来重要论述摘编》,《党建》2015年12期。

为什么要讲精准扶贫？习近平形象地指出："'手榴弹炸跳蚤'是不行的。新中国成立以后，50年代剿匪，派大兵团去效果不好，那就是'手榴弹炸跳蚤'，得派《林海雪原》里的小分队去。扶贫也要精准，否则钱用不到刀刃上。抓扶贫切忌喊大口号，也不要定那些好高骛远的目标，要一件事一件事做。不要因为总书记去过了，就搞得和别处不一样了，搞成一个不可推广的盆景。钱也不能被吃喝挪用了，那是不行的。"①精准扶贫作为打赢脱贫攻坚战的基本方略，对新时代农村扶贫开发的瞄准机制、扶贫手段、组织体制等都产生了决定性影响。

扶贫必先识贫。精准扶贫，扶持对象要精准。习近平极为重视解决好"扶持谁"的问题，指出：必须把真正的贫困人口弄清楚，把贫困人口、贫困程度、致贫原因等搞清楚，才能做到因户施策、因人施策。②按照这一要求，自2014年开始，全国扶贫系统进村入户，组织开展了对贫困户、贫困村、贫困县和连片特困地区贫困人口的建档立卡工作，识别出12.8万个贫困村、2948万贫困户、8962万贫困人口，建档立卡、录入信息，实行有进有出的动态管理，把真正需要扶贫的人扶起来。在对贫困人口的识别工作中，各地还总结出诸如"先看房，次看粮，再看学生郎，四看技能强不强，五看有没有残疾重病躺在床"等评定程序，让扶贫工作更具操作性。

开对"药方子"，才能拔掉"穷根子"。各地情况千差万别，扶贫开发不能一刀切。习近平在指导、部署精准扶贫的过程中，逐步形成了"五个一批"的工作思路。2015年6月，习近平在贵州召开部分省区市党委主要负责同志座谈会上首先提出"四个一批"的扶贫攻坚思路，指出："要因地制宜研究实施'四个一批'的扶贫攻坚行动计划，即通过扶持生产和就业发展一批，通过移民搬迁安置一批，通过低保政策兜底一批，通过医疗救助扶持一批，实现贫困人口精准脱贫。"③2015年10月16日，习近平在2015减贫与发展高层论坛的演讲中，将"四个一批"发展为"五个一批"。他说："我们坚持分类施策，因人因地施策，因贫困原因施策，因贫困类型施策，通过扶持生产和就业发展一批，通过易地搬迁安置一批，通过生态保护脱贫一批，通过教育扶贫脱贫一批，通过低保政策兜底一批。"④2015年11月27日，习

---

① 《习近平自述：我的扶贫故事》，中央网络安全和信息化领导小组办公室网站2017年5月23日，http://www.cac.gov.cn/2017-05/23/m_1121017623.htm。
② 《习近平论扶贫工作——十八大以来重要论述摘编》，《党建》2015年12期。
③ 《习近平论扶贫工作——十八大以来重要论述摘编》，《党建》2015年12期。
④ 《携手消除贫困，促进共同发展》(2015年10月16日)，《十八大以来重要文献选编》(中)，中央文献出版社2016年版，第720页。

近平在中央扶贫开发工作会议上系统论述了实施"五个一批"(即发展生产脱贫一批、易地搬迁脱贫一批、生态补偿脱贫一批、发展教育脱贫一批、社会保障兜底一批)的主要内容,其精准扶贫的工作思路越来越清晰。

为什么要讲精准脱贫?习近平在提出精准扶贫思想的过程中就强调精准扶贫是为了精准脱贫,要设定时间表,实现有序退出,既要防止拖延病,又要防止急躁症。他强调,贫困退出要依据标准进行,到了标准就应该脱贫,没有达到标准不能硬脱贫。习近平还就脱贫标准进行了分析说明,肯定了中国现行的农民年人均纯收入按 2010 年不变价计算的 2300 元,这一标准"若按每年 6% 的增长率调整,2020 年全国脱贫标准约为人均纯收入 4000 元","所代表的实际生活水平,大致能够达到 2020 年全面建成小康社会所要求的基本水平"①。

精准脱贫能不能实现?让几千万农村贫困人口如期脱贫确实面临很多困难,任务十分艰巨,有人据此提出:贫困是人类社会一直存在的现象,消除贫困在当今中国是一个不现实的目标,让所有贫困人口如期脱贫仅仅是政治口号而已。针对这种疑虑,习近平给出了精准的肯定答案:"通过实施脱贫攻坚工程,实施精准扶贫、精准脱贫,7017 万农村贫困人口脱贫目标是可以实现的。……今后每年减贫 1000 万人的任务是可以完成的。具体讲,到 2020 年,通过产业扶持,可以解决 3000 万人脱贫;通过转移就业,可以解决 1000 万人脱贫;通过易地搬迁,可以解决 1000 万人脱贫,总计 5000 万人左右。还有 2000 多万完全或部分丧失劳动能力的贫困人口,可以通过全部纳入低保覆盖范围,实现社保政策兜底脱贫。"②

习近平关于农村扶贫开发的系列重要论述,是对新时代中国特色农村扶贫开发实践的最新认识和理论升华,它们一经提出,就有力指导了新时代农村扶贫开发工作不断创新机制、开辟脱贫攻坚战的全新局面。

第二节 推进六项改革,构建创新精准扶贫机制

新的时代条件下,农村扶贫开发工作必须进一步解放思想、开拓思路、深化改革、创新机制,才能保障脱贫攻坚扎实取得实效,如期实现中共中央

---

① 习近平:《关于〈中共中央关于制定国民经济和社会发展第十三个五年规划的建议〉的说明》,《人民日报》2015 年 11 月 4 日。
② 习近平:《关于〈中共中央关于制定国民经济和社会发展第十三个五年规划的建议〉的说明》,《人民日报》2015 年 11 月 4 日。

提出的消除绝对贫困、消除区域性整体贫困的目标。

2014年是新时代精准扶贫的启动之年。2014年1月,中共中央办公厅、国务院办公厅发布《关于创新机制扎实推进农村扶贫开发工作的意见》,针对扶贫开发工作和贫困地区存在的主要问题,提出了六项改革措施,即改进贫困县考核机制、建立重点县退出机制,建立精准扶贫工作机制,健全干部驻村帮扶机制,改革财政扶贫资金管理机制,完善金融扶贫机制,创新社会参与机制。这是中共十八大以来指导全国农村扶贫开发工作的一个纲领性文件。

2014年5月12日,国务院扶贫开发领导小组办公室、中央农办、民政部、人力资源和社会保障部、国家统计局、共青团中央、中国残联等七部门联合印发《建立精准扶贫工作机制实施方案》,要求通过对贫困户和贫困村精准识别、精准帮扶、精准管理和精准考核,引导各类扶贫资源优化配置,实现扶贫到村到户,逐步构建精准扶贫工作长效机制,为科学扶贫奠定坚实基础。① 为实现这一目标,该实施方案要求开展建档立卡与信息化建设、建立干部驻村帮扶工作制度、培育扶贫开发品牌项目、建立精准扶贫考核机制等重点工作。

各地、各有关部门将上述意见和实施方案进一步细化,努力构建创新扶贫机制,全面推进各项扶贫开发工作。

一、推进贫困县三项机制改革

贫困县三项机制改革,是指贫困县考核机制、贫困县约束机制和贫困县退出机制的改革。

过去对贫困县的考核办法,基本上是以国民生产总值论英雄,农村扶贫开发工作基本没有进入考核体系。针对这一情况,中共中央办公厅、国务院办公厅在《关于创新机制扎实推进农村扶贫开发工作的意见》中明确要求改进贫困县考核机制,"由主要考核地区生产总值向主要考核扶贫开发工作成效转变,对限制开发区域和生态脆弱的国家扶贫开发工作重点县取消地区生产总值考核,把提高贫困人口生活水平和减少贫困人口数量作为主要指标,引导贫困地区党政领导班子和领导干部把工作重点放在扶贫开发上"②。2014年12月,中组部、国务院扶贫办印发《关于改进贫困县党

---

① 《关于印发〈建立精准扶贫工作机制实施方案〉的通知》,国务院扶贫开发领导小组办公室网站2014年5月26日,http://www.cpad.gov.cn/art/2014/5/26/art_50_23765.html。
② 《关于创新机制扎实推进农村扶贫开发工作的意见》,《老区建设》2014年第1期。

政领导班子和领导干部经济社会发展实绩考核工作的意见》,安排部署改进贫困县考核机制和领导干部政绩考核工作,要求把农村扶贫开发作为经济社会发展实绩考核的主要内容,着力考核通过精准扶贫、扶贫资金的使用、扶贫项目实施、扶贫产业发展,增强贫困地区发展内生动力和活力,带动贫困群众持续稳定增收的情况。① 2016年2月,中共中央办公厅、国务院办公厅又印发《省级党委和政府扶贫开发工作成效考核办法》,围绕落实精准扶贫、精准脱贫基本方略,设置减贫成效、精准识别、精准帮扶、扶贫资金四大项考核指标,再细化为若干子项目,并引入第三方评估,对中西部22个省区市党委和政府扶贫开发工作成效进行年度考核。② 至此,从省到县有关精准扶贫工作的精准考核网络体系已经形成。

以前由于没有明确的约束机制,一些贫困县超标准修建办公楼,超能力举办庆典,超水平建设标志性建筑,甚至公款吃喝、铺张浪费,一边享受贫困县政策一边过富裕县日子,在社会上造成不良影响。为了纠正这种不良风气,2014年底,国务院扶贫开发领导小组发出《关于建立贫困县约束机制的通知》,明确贫困县必须作为、提倡作为和禁止作为的事项,对贫困县的行为做出限制,确保贫困县把更多资源投入扶贫开发。该通知要求贫困县党政领导班子和领导干部把更多精力放在扶贫上,财政投入更多用于扶贫,科学开展贫困识别建档立卡、确保每个贫困村都有驻村工作队等,这些是必须作为的事项;明确党政领导干部任期内扶贫开发的责任,作出承诺完成减贫任务,这是提倡作为的事项;不准搞华而不实的标志性建筑、形象工程、景观景点,兴建楼堂馆所,搞各种奢华铺张的庆典、会展等活动,这是禁止作为的事项。③ 贫困县约束机制的建立,为贫困县戴上了"紧箍咒",有效引导了贫困县把工作重点放到扶贫开发上来。

针对一些国家扶贫开发工作重点县不愿"摘帽"的问题,同时为了保障脱贫攻坚脱真贫、真脱贫,自2014年,国务院扶贫开发领导小组会同有关部门研究制定贫困县退出机制。河北、贵州、甘肃、四川等省制定了贫困县退出标准、程序、奖励办法和脱贫时间表。2016年4月,中共中央办公厅、

---

① 《中共中央组织部、国务院扶贫办印发〈关于改进贫困县党政领导班子和领导干部经济社会发展实绩考核工作的意见〉》,国务院扶贫开发领导小组办公室网站2014年12月17日,http://www.cpad.gov.cn/art/2014/12/17/art_624_13389.html。

② 《中共中央办公厅 国务院办公厅印发〈省级党委和政府扶贫开发工作成效考核办法〉》,《中华人民共和国国务院公报》2016年第7号。

③ 《国务院扶贫开发领导小组关于建立贫困县约束机制的通知》,http://www.qhgc.gov.cn/html/4729/208975.html。

国务院办公厅印发《关于建立贫困退出机制的意见》,指出贫困退出要全面考虑收入和"两不愁、三保障",即贫困人口退出以户为单位,主要衡量标准是该户年人均纯收入稳定超过国家扶贫标准且吃穿不愁,义务教育、基本医疗、住房安全有保障。贫困村退出以贫困发生率为主要衡量标准,原则上贫困村贫困发生率降至2%以下(西部地区降至3%以下)。贫困县退出以贫困发生率为主要衡量标准,原则上贫困县贫困发生率降至2%以下(西部地区降至3%以下)。"贫困人口、贫困村、贫困县退出后,在一定时期内国家原有扶贫政策保持不变,支持力度不减,留出缓冲期,确保实现稳定脱贫。对提前退出的贫困县,各省(自治区、直辖市)可制定相应奖励政策,鼓励脱贫摘帽。"[1]贫困退出机制的确立,对于保证扶贫脱贫有序化和精准性,防止出现不脱贫、假脱贫、被脱贫、数字脱贫等消极现象,具有一定积极作用。

二、开展建档立卡,建立精准扶贫工作机制

要提高农村扶贫开发工作的精准性和有效性,首要工作就是建档立卡。2014年4月2日,国务院扶贫办发出《关于印发〈扶贫开发建档立卡工作方案〉的通知》,部署对贫困户、贫困村、贫困县和连片特困地区的建档立卡工作,提出:通过建档立卡,对贫困户和贫困村进行精准识别,了解贫困状况,分析致贫原因,摸清帮扶需求,明确帮扶主体,落实帮扶措施,开展考核问效,实施动态管理;对贫困县和连片特困地区进行监测和评估,分析掌握扶贫开发工作情况,为扶贫开发决策和考核提供依据。该通知要求2014年年底前,在全国范围内建立贫困户、贫困村、贫困县和连片特困地区电子信息档案,并向贫困户发放《扶贫手册》。以此为基础,构建全国扶贫信息网络系统,为精准扶贫工作奠定基础。[2] 2014年7月,中国残联、国务院扶贫办等五部门联合下发《关于创新农村残疾人扶贫开发工作的实施意见》,强调将农村残疾人扶贫对象全部纳入建档立卡范围,确保不漏掉一个符合条件的贫困残疾人。[3]

2014年4月至10月,国务院扶贫办全面开展对贫困户、贫困村、贫困

---

[1] 《中共中央办公厅、国务院办公厅印发〈关于建立贫困退出机制的意见〉》,《中华人民共和国国务院公报》2016年第14号。

[2] 《国务院扶贫办关于印发〈扶贫开发建档立卡工作方案〉的通知》,国务院扶贫开发领导小组办公室网站2014年4月11日,http://www.cpad.gov.cn/art/2014/4/11/art_624_14224.html。

[3] 《中国残联、财政部等联合下发意见 农村残疾人扶贫对象要全部建档立卡》,《人民日报》2014年7月4日。

县和连片特困地区的建档立卡工作,原则上以国家统计局发布的2013年底全国农村贫困人口规模8249万人为基数,以2013年农民人均纯收入2736元的国家农村扶贫标准为识别标准。各省将贫困人口识别规模逐级分解到行政村,贫困户识别以农户收入为基本依据,综合考虑住房、教育、健康等情况,通过农户申请、民主评议、公示公告和逐级审核的方式,整户识别。所登记的《扶贫手册》包括家庭基本情况、致贫原因、帮扶责任人、帮扶计划、帮扶措施和帮扶成效等六个方面内容。

2014年,全国扶贫系统共识别出12.8万个贫困村、2948万贫困户、8962万贫困人口,基本摸清了中国贫困人口分布、致贫原因、脱贫需求等信息,建立起了全国统一的扶贫开发信息系统。2015年8月至2016年6月,全国扶贫系统又开展建档立卡"回头看"工作,补录了贫困人口807万,剔除识别不准人口929万,进一步提高了识别精准度,精确锁定了脱贫攻坚的主战场。① 2017年2月,国务院扶贫办组织各地对2016年脱贫真实性开展自查自纠,245万标注脱贫人口重新回退为贫困人口。②

建档立卡在中国农村扶贫开发历史上第一次全面实现贫困信息精准到户到人,第一次逐村逐户分析致贫原因和脱贫需求,第一次构建起全国统一的扶贫开发信息系统,为实施精准扶贫精准脱贫基本方略、出台"五个一批"精准扶贫政策措施提供了数据支撑,扣好了新时代脱贫攻坚工作的"第一颗扣子"。

三、健全干部驻村帮扶机制

打脱贫攻坚战的关键是人。干部驻村帮扶既是有效的扶贫机制,又是带动群众脱贫的关键抓手。2014年1月25日,中共中央办公厅、国务院办公厅在《关于创新机制扎实推进农村扶贫开发工作的意见》中要求健全干部驻村帮扶机制,在各省(自治区、直辖市)现有工作基础上,普遍建立驻村工作队(组)制度。可分期分批安排,确保每个贫困村都有驻村工作队(组),每个贫困户都有帮扶责任人。③ 根据这一要求,2014年5月12日,国务院扶贫开发领导小组办公室等七部门联合印发的《建立精准扶贫工作

---

① 《对十二届全国人大五次会议第5431号建议的答复》,国务院扶贫开发领导小组办公室网站2017年11月29日,http://www.cpad.gov.cn/art/2017/11/29/art_2365_74164.html。
② 陈二厚、董峻、侯雪静:《庄严的承诺 历史的跨越(砥砺奋进的五年)——党的十八大以来以习近平同志为核心的党中央引领脱贫攻坚纪实》,《人民日报》2017年5月22日。
③ 《关于创新机制扎实推进农村扶贫开发工作的意见》,《老区建设》2014年第1期。

机制实施方案》提出:"各省(区、市)普遍建立干部驻村工作制度,做到每个贫困村都有驻村帮扶工作队,每个贫困户都有帮扶责任人,并建立驻村帮扶工作队、贫困户帮扶责任人数据库。此项工作由各省(区、市)负责,2014年6月底前派驻到位。"①

据此,各地全面部署干部驻村帮扶工作。截至2014年,已向贫困村派出12.5万个工作队,派驻干部43万人,基本实现了对贫困村的全覆盖。这些来自党政机关、人民团体、民主党派、企事业单位的驻村干部,负责协助村两委摸清贫困底数,分析致贫原因,制定帮扶脱贫计划;宣传党的扶贫开发和强农惠农富农政策,组织落实扶贫项目,参与整合涉农资金,积极引导社会资金,帮助贫困户、贫困村脱贫致富,不脱贫、不脱钩;积极争取项目资金,抓好农村水、电、路、视、网等基础设施,抓好驻村综合服务、综合文化活动室等公益设施建设,抓好环境卫生综合整治,改善村容村貌和村民生产生活条件等。

为了改变一些贫困村党组织软弱涣散、工作处于停滞状态的局面,2015年4月,中共中央组织部、中央农村工作领导小组办公室、国务院扶贫开发领导小组办公室联合发布《关于做好选派机关优秀干部到村任第一书记工作的通知》,要求中央和国家机关部委、人民团体、中管金融企业、国有重要骨干企业和高等学校选派优秀干部,到贫困村担任第一书记,切实承担建强基层党组织、推动精准扶贫、为民办事服务、提升治理水平四项主要职责任务。第一书记的选派覆盖全部建档立卡贫困村。② 在实际工作中,四川等地对于扶贫不力的"第一书记"采取召回措施,而且两年内不予提拔重用。

到2017年,全国共选派77.5万名干部驻村帮扶,选派19.5万名优秀干部到贫困村和基层党组织软弱涣散村担任第一书记。③ 他们推动各项扶贫措施落实落地,打通精准扶贫"最后一公里",一些扶贫干部甚至还把生命献给了自己奋斗过的那片热土。

四、推进财政扶贫资金管理机制改革

为了提升财政扶贫开发精准化水平,2014年8月8日,国务院扶贫开

---

① 《关于印发〈建立精准扶贫工作机制实施方案〉的通知》,国务院扶贫开发领导小组办公室网站2014年5月26日,http://www.cpad.gov.cn/art/2014/5/26/art_50_23765.html。
② 《关于做好选派机关优秀干部到村任第一书记工作的通知》,国务院扶贫开发领导小组办公室网站2015年5月13日,http://www.cpad.gov.cn/art/2015/5/13/art_50_13584.html。
③ 顾仲阳:《书写人类反贫困新奇迹(打赢脱贫攻坚战)》,《人民日报》2017年10月10日。

发领导小组印发《关于改革财政专项扶贫资金管理机制的意见》，将财政扶贫资金管理权限下放地方，规定从2015年起，除个别不适合下放审批权限的外，绝大部分项目审批权限都要下放到县，由县级政府依据中央和省级资金管理办法规定的用途，自主确定扶持项目；同时，提高资金使用精准度，把资金使用和建档立卡结果相衔接，以激发扶贫对象内生动力、增强扶贫对象自我发展能力为目标，逐村逐户制定帮扶措施，实行产业发展扶持到村到户、生产生活条件改善到村到户、致富能力提升到村到户，切实使资金直接惠及扶贫对象，让扶贫对象更多更公平地分享发展成果。①此后，各省都陆续出台财政扶贫资金管理机制改革意见，推进专项扶贫项目管理规范化与精细化。

为提高资金使用效率，2016年4月12日，国务院办公厅印发《关于支持贫困县开展统筹整合使用财政涉农资金试点的意见》，要求贫困县统筹整合使用各级财政安排用于农业生产发展和农村基础设施建设等方面资金，形成"多个渠道引水、一个龙头放水"的扶贫投入新格局。对纳入统筹整合使用范围的财政涉农资金，中央和省、市级有关部门仍按照原渠道下达，资金项目审批权限完全下放到贫困县；贫困县要把财政涉农资金统筹整合使用与脱贫成效紧密挂钩，资金使用要精确瞄准建档立卡贫困人口。②这一政策于2016年在1/3的贫困县试点，2017年，832个国家扶贫开发工作重点县和连片特困地区县全面推行贫困县涉农资金整合。这有利于进一步增强贫困县在资金使用方面的自主性和灵活性，能够将以往分散的资金集合起来使用，打出更有力的"组合拳"，帮助贫困群众发展生产、增收脱贫。

为进一步突出资金精准使用的要求，真正做到"投入实、资金实、到位实"，2017年3月13日，财政部会同国务院扶贫办等六部门修订印发《中央财政专项扶贫资金管理办法》，对包括扶贫发展、以工代赈、少数民族发展、"三西"农业建设、国有贫困农场扶贫、国有贫困林场扶贫等在内的中央财政专项扶贫资金的分配、使用、管理、监督等作出全面规定，尤其规定中央财政专项扶贫资金不能用于行政事业单位基本支出、交通工具及通讯设

---

① 《国务院扶贫开发领导小组关于改革财政专项扶贫资金管理机制的意见》，国务院扶贫开发领导小组办公室网站2014年8月8日，http://www.cpad.gov.cn/art/2014/8/8/art_46_72584.html。

② 《国务院办公厅关于支持贫困县开展统筹整合使用财政涉农资金试点的意见》，《中华人民共和国国务院公报》2016年第13号。

备、各种奖金津贴和福利补助、弥补企业亏损、修建楼堂馆所及贫困农场林场棚户改造以外的职工住宅、弥补预算支出缺口和偿还债务、大中型基本建设项目、城市基础设施建设和城市扶贫以及其他与脱贫攻坚无关的支出。①

此外,2017年9月8日,财政部、国务院扶贫办还制定《财政专项扶贫资金绩效评价办法》,将资金使用精准作为绩效评价的基本原则之一,突出考核脱贫成效;坚持问题导向,针对一些地方资金支出进度较慢的问题,提高了"资金拨付进度"和"资金结转结余率"等指标的权重,督促各地落实资金监管责任。资金绩效评价结果不仅纳入省级党委和政府扶贫工作成效考核,而且作为财政专项扶贫资金分配的因素之一。②

经过监管,农村扶贫开发工作中的违纪违规问题明显减少。审计查出问题金额占抽查资金的比例,由2013年的36.3%下降到2016年的25.8%,2017年降至7.93%。其中,严重违纪违规问题金额占抽查资金的比例,由2013年的15.7%下降到2016年的3%,2017年降至1.13%。③

五、推进金融扶贫方式创新

为了推动贫困地区金融服务体制机制创新,促进贫困地区经济社会持续健康发展,2014年3月6日,中国人民银行等七部门联合印发《关于全面做好扶贫开发金融服务工作的指导意见》,提出"支持民间资本在贫困地区优先设立金融机构","稳妥开展农村土地承包经营权抵押贷款和慎重稳妥推进农民住房财产权抵押贷款工作","进一步优化主板、中小企业板、创业板市场的制度安排,支持符合条件的贫困地区企业首次公开发行股票并上市"等新的金融机制,畅通贫困地区和贫困群众的融资渠道。针对贫困地区不同经营主体的融资特点,该意见要求金融机构加大对贫困地区家庭农场、专业大户、农民合作社、产业化龙头企业等新型农业经营主体的支持力度,有效带动贫困群众脱贫致富。此外,大力推进农村信用体系建设,以信用促融资,做实做细农户小额信用贷款,并积极推进农村青年创业小额贷

---

① 《关于印发〈中央财政专项扶贫资金管理办法〉的通知》,国务院扶贫开发领导小组办公室网站2017年3月13日,http://www.cpad.gov.cn/art/2017/3/13/art_1747_854.html。
② 《关于印发〈财政专项扶贫资金绩效评价办法〉的通知》,《当代农村财经》2017年第11期。
③ 《三年农村贫困人口由9899万减至4335万》,《法制日报》2017年8月30日。

款等工作。①

为缓解贫困群众贷款难、贷款贵、发展生产缺资金问题,国家设立了新型扶贫小额信贷。2014年12月10日,国务院扶贫办等五部门印发《关于创新发展扶贫小额信贷的指导意见》,规定对建档立卡贫困户发展扶贫特色优势产业提供5万元以下、期限3年以内的免抵押、免担保信用贷款,金融机构贷款参照基准利率,各地可统筹安排财政扶贫资金,对符合条件的贷款户给予贴息支持,贴息利率不超过贷款基础利率;有条件的地方设立风险补偿金,用于补偿扶贫小额信贷发生的坏账损失。② 与以往相比,新型扶贫小额信贷的"特惠"特征突出,受到广大贫困户的欢迎。2014年放贷超过1000亿元,比2013年翻了一番多。为促进扶贫小额信贷健康发展,扩大贫困户的户获贷率,2017年7月,银监会会同财政部、人民银行、国务院扶贫办、保监会等部门联合印发《关于促进扶贫小额信贷健康发展的通知》,明确政策要点,完善组织服务,落实工作责任,保证扶贫小额信贷健康发展。

2016年3月起,中国人民银行设立扶贫再贷款。扶贫再贷款的发放对象为832个国家级贫困县和未纳入上述范围的省级扶贫开发工作重点县的农村商业银行、农村合作银行、农村信用社和村镇银行等四类地方法人金融机构。投向用途是全部用于发放贫困地区涉农贷款,并结合当地建档立卡的相关情况,优先支持建档立卡贫困户和带动贫困户就业发展的企业、农村合作社,积极推动贫困地区发展特色产业,促进贫困人口创业就业。③

为进一步促进扶贫再贷款政策落地落实,2016年8月23日,国务院扶贫办印发《国务院扶贫办行政人事司关于建立扶贫再贷款资金精准使用管理机制的通知》,明确提出建立精准挂钩机制,要求各级扶贫部门对扶贫企业申请享受扶贫再贷款优惠政策的扶贫贷款进行贷前资格认定。根据扶贫企业行业、产业和项目等特点,设定扶贫企业申请扶贫贷款与带动建档立卡贫困户脱贫情况挂钩的标准,并明确提出申请扶贫贷款与直接带动贫

---

① 《中国人民银行、财政部、银监会、证监会、保监会、扶贫办、共青团中央关于全面做好扶贫开发金融服务工作的指导意见》,国务院扶贫开发领导小组办公室网站2014年4月10日,http://www.cpad.gov.cn/art/2014/4/10/art_624_14476.html。
② 《关于创新发展扶贫小额信贷的指导意见》,国务院扶贫开发领导小组办公室网站2014年12月15日,http://www.cpad.gov.cn/art/2014/12/15/art_624_13723.html。
③ 《中国人民银行关于开办扶贫再贷款业务的通知》,国务院扶贫开发领导小组办公室网站2016年3月23日,http://www.cpad.gov.cn/art/2017/3/2/art_1744_122.html。

困人口创业就业、带动建档立卡贫困户发展生产等指标挂钩,设定一定比例或一定数量的带动贫困人口脱贫指标。①

此外,还创设发行扶贫金融债,为地方扶贫开发投融资主体提供易地扶贫搬迁等专项融资支持。

六、创新社会扶贫参与机制

广泛动员全社会力量共同参与扶贫开发,是改革开放以来农村扶贫开发事业的成功经验,是中国特色农村扶贫开发道路的重要特征。针对以往社会扶贫组织动员不够、政策支持不足、体制机制不完善等问题,2014年11月19日,国务院办公厅印发《关于进一步动员社会各方面力量参与扶贫开发的意见》,提出创新社会力量参与扶贫的帮扶方式,培育多元社会扶贫主体等指导意见。② 这是国家第一次印发社会扶贫指导性文件。

为了创新完善人人皆愿为、人人皆可为、人人皆能为的社会扶贫参与机制,国家采取了一系列积极措施。

第一,设立全国扶贫日活动。自2014年起,国务院将每年的10月17日设定为扶贫日,为广泛动员社会各方面力量参与扶贫开发搭建新的制度平台。2014年10月17日,在首个国家扶贫日,国务院及有关部门组织开展一系列活动。其一,国务院召开全国社会扶贫工作电视电话会议,总结交流社会扶贫的经验,表彰社会扶贫先进集体与个人,对进一步推进社会各界参与扶贫进行部署,启动第一个扶贫日活动。其二,召开社会扶贫座谈会。邀请参与扶贫的社会组织、群众志愿者、企业家和专家代表参加,座谈参与扶贫事业的体会,探讨深化社会扶贫的新思路和新途径。其三,举办"10·17"论坛。北京大学、清华大学等单位共同发起举办主题为"扶贫开发与小康社会"的减贫论坛。其四,动员组织专项活动。积极发动中央和国家机关、解放军和武警部队、大能源、旅游和电子商务等行业,通过多种形式广泛参与扶贫日相关活动。其五,开展系列宣传活动。组织开展扶贫开发和社会扶贫典型经验宣传报道,面向社会征集扶贫日标识和扶贫公益广告。各省区市也开展了多种形式的相关活动。31个省、自治区、直辖

---

① 《国务院扶贫办行政人事司关于建立扶贫再贷款资金精准使用管理机制的通知》,国务院扶贫开发领导小组办公室网站2016年8月28日,http://www.cpad.gov.cn/art/2016/8/28/art_343_382.html。

② 《国务院办公厅关于进一步动员社会各方面力量参与扶贫开发的意见》,《青海政报》2014年22期。

市党委政府主要领导都对做好首个扶贫日活动作出批示、提出要求,各地普遍开展了各具特色的扶贫日活动,起到了引领和动员社会各界凝聚共识、参与扶贫的积极作用。扶贫日期间,参与各类公募活动人数达数千万,省级层面募集资金近50亿元,重庆、贵州、甘肃、河南等省市在5亿元以上。

第二,探索民营企业、社会组织和公民个人参与扶贫的有效方式。民营企业方面,涌现出了恒大集团、万达集团、京东集团、苏宁集团、泛海集团、凯迪生物等企业参与扶贫的典型。社会组织方面,全国依法登记的社会组织中以扶贫为主要功能的社会组织约占18%,在农村活动的社会组织有一半以上参与了扶贫开发,光彩事业、希望工程、母亲水窖、爱心包裹、幸福工程、春蕾计划、温暖工程等一批扶贫公益品牌影响越来越大。公民个人参与扶贫方面,企业家认领贫困村、"两代表一委员"认领贫困户、爱心人士认领"三留守人员"、志愿者认领孤寡老人等工作有序开展。

为适应新时代互联网蓬勃发展并日益成为创新驱动发展的先导力量,国家积极探索新型"互联网+"社会扶贫。其一,将互联网作为社会力量参与脱贫攻坚的新渠道。2016年,国务院扶贫办运用互联网技术建设了公益网络扶贫平台——中国社会扶贫网,其中的爱心帮扶板块,一边连接边远贫困地区的建档立卡贫困人口,另一边连接城乡的社会帮扶人士、帮扶企业,他们原本素不相识,社会扶贫网让他们心连心、手拉手。开通使用半年时间,注册人数超过700万,管理员超过11万,发布贫困需求150多万件,对接成功85万件,现在每天对接成功率在50%以上。其二,用互联网推进"万企帮万村"精准扶贫行动。建立了"万企帮万村"精准扶贫行动台账管理系统,与全国建档立卡数据库实时比对,将其作为评比、表彰、宣传、激励、评估、扶持等的重要依据,有效激发了全国26500家民营企业对21000个建档立卡贫困村工作的对接,使之参与到贫困村的扶贫上来。

第三,进一步强化定点扶贫工作。党政机关定点扶贫自20世纪80年代中期以来一直是扶贫开发的重要措施之一,2012年11月8日,国务院扶贫办、中央组织部等8部门印发《关于做好新一轮中央、国家机关和有关单位定点扶贫工作的通知》,中央和国家机关各部门、人民团体、企业事业单位、各民主党派中央、全国工商联等310个中央单位首次实现对592个国家扶贫开发重点县的定点扶贫全覆盖。解放军和武警部队继续扎实推进对全国63个贫困县、547个贫困乡镇、2856个贫困村的帮扶工作。与此同时,28个省(自治区、直辖市)层层组织开展了定点扶贫工作。广东省"双到"(规划到户、责任到人)精准扶贫、定点清除模式,江苏省"五方挂钩"帮扶机制,重庆市的"集团帮扶",甘肃省"双联"行动,都已经形成较为成熟的定点扶贫工作品牌。到2017年,全国共有17.68万个党政机关、企事业单位参加了地方组织的定点扶贫工作,覆盖全国12.8万个建档立卡贫困村。①

第四,完善东西部扶贫协作。自20世纪90年代中期开始组织东部地区支援西部地区,东西扶贫协作已经开展了20年,形成了多层次、多形式、全方位的扶贫协作和对口支援格局,使区域发展差距扩大的趋势得到逐步扭转。2016年7月20日,习近平在东西部扶贫协作座谈会上强调东西部扶贫协作和对口支援必须长期坚持下去。2016年12月7日,中共中央办公厅、国务院办公厅印发《关于进一步加强东西部扶贫协作工作的指导意见》,对新一轮东西部扶贫协作优化结对关系、深化结对帮扶进行了指导。

新一轮东西部扶贫协作主要包括以下三个方面的内容:一是调整东西部扶贫协作结对关系。对原有结对关系进行适当调整,在完善省际结对关系的同时,实现对民族自治州和西部贫困程度深的市州全覆盖,落实北京市、天津市与河北省扶贫协作任务。调整后的东西部扶贫协作结对关系为:北京市帮扶内蒙古自治区、河北省张家口市和保定市;天津市帮扶甘肃省、河北省承德市;辽宁省大连市帮扶贵州省六盘水市;上海市帮扶云南省、贵州省遵义市;江苏省帮扶陕西省、青海省西宁市和海东市,苏州市帮扶贵州省铜仁市;浙江省帮扶四川省,杭州市帮扶湖北省恩施土家族苗族自治州、贵州省黔东南苗族侗族自治州,宁波市帮扶吉林省延边朝鲜族自治州、贵州省黔西南布依族苗族自治州;福建省帮扶宁夏回族自治区,福州市帮扶甘肃省定西市,厦门市帮扶甘肃省临夏回族自治州;山东省帮扶重庆市,济南市帮扶湖南省湘西土家族苗族自治州,青岛市帮扶贵州省安顺市、甘肃省陇南市;广东省帮扶广西壮族自治区、四川省甘孜藏族自治州,广州市帮扶贵州省黔南布依族苗族自治州和毕节市,佛山市帮扶四川省凉山彝族自治州,中山市和东莞市帮扶云南省昭通市,珠海市帮扶云南省怒江傈僳族自治州。② 二是开展携手奔小康行动。"携手奔小康"行动,就是东部省份组织本行政区域内经济较发达县(市、区)与扶贫协作省份和市州

---

① 陈二厚、董峻、侯雪静:《庄严的承诺 历史的跨越〈砥砺奋进的五年〉——党的十八大以来以习近平同志为核心的党中央引领脱贫攻坚纪实》,《人民日报》2017年5月22日。
② 《中共中央办公厅 国务院办公厅印发〈关于进一步加强东西部扶贫协作工作的指导意见〉》,《中华人民共和国国务院公报》2017年第1号。

扶贫任务重、脱贫难度大的贫困县结对帮扶,并且探索在乡镇之间、行政村之间结对帮扶。截至 2017 年 12 月,东部共安排 267 个县(市、区)与西部 406 个县(市、区)结对,开展携手奔小康行动,参与结对的西部县(市、区)占西部 678 个贫困县(市、区)的比例达到 59.9%。① 这是实施精准扶贫、精准脱贫的新举措,是深化细化东西部扶贫协作的新方式。三是深化对口支援。2014 年,对口支援西藏工作 20 周年电视电话会议提出:对口支援资金向基层倾斜、向农牧区倾斜,坚持 80% 的资金投入到基层,80% 的资金用于改善民生。2013 年至 2016 年,承担对口支援任务的 17 个省市共安排资金 114.84 亿元,有力支持了西藏的经济社会发展。2010 年开始实施的对口支援青海省藏区工作②规模不断扩大,2013 年至 2016 年,各支援方投入援青资金 47 亿元。2014 年 8 月,中央作出发达省市对口支援四川、云南、甘肃三省藏区重要战略部署,确定由天津市、上海市、浙江省、广东省(含深圳市)对口支援四川、云南、甘肃三省藏区 4 个藏族自治州和 2 个藏族自治县。③ 这样,西藏和四省藏区全部纳入对口支援工作。④

中共十八大以来对口支援新疆工作⑤注重精准帮扶,把保障和改善民生置于优先位置,着力帮助各族群众解决就业、教育、住房等基本民生问题,支持新疆特色优势产业发展。北京、天津、上海、广东、辽宁、浙江、深圳等 19 个对口援疆省市和中央国家机关、企事业单位精心谋划、精准发力,产业项目接地气、民生工程增福气、科教帮扶强底气,为天山南北"强筋健骨"。

此外,新时代明确京津冀协同发展。2016 年至 2020 年,北京市、天津市对河北省张家口市、承德市、保定市相关县区开展对口帮扶。其中,北京

---

① 《对十二届全国人大五次会议第 6919 号建议的答复》,国务院扶贫开发领导小组办公室网站 2017 年 12 月 4 日,http://www.cpad.gov.cn/art/2017/12/4/art_2202_74409.html。
② 北京、上海、天津、江苏、浙江、山东 6 个发达省市和 13 家央企与青海省藏区 6 个自治州进行对口支援。
③ 《国务院办公厅关于印发发达省(市)对口支援四川云南甘肃省藏区经济社会发展工作方案的通知》(2014 年 8 月 11 日),http://www.gov.cn/zhengce/content/2014-08/23/content_9044.htm。
④ 央卓:《图解:5 年来对口支援西藏及四省藏区工作》,中国西藏网 2017 年 8 月 18 日,http://tibet.cn/aid-tibet/news/150301684750.shtml。
⑤ 2010 年,中共中央决定举全国之力启动新一轮对口援疆工作,北京、天津、上海、深圳、广东、辽宁、浙江、吉林、江西、黑龙江、安徽、河北、山西、河南、江苏、福建、山东、湖南、湖北等 19 个省市分别结对援助新疆 12 个地(州)市的 82 个县(市)和新疆生产建设兵团的 12 个师。新一轮对口支援工作期限为 2011 年至 2020 年。

市13个区对口帮扶张家口、承德、保定三市16个县区,天津市5个区对口帮扶承德市5个县。

在深入推进社会扶贫工作的进程中,涌现出了一大批事迹感人、成效显著、具有鲜明时代特征的先进集体和先进个人。为表彰先进,倡导互助友善新风,广泛动员社会各方面力量参与新时代扶贫攻坚,中央决定每5年以国务院扶贫开发领导小组名义进行一次社会扶贫表彰。2014年4月,国务院扶贫开发领导小组组织开展了全国社会扶贫先进集体和先进个人评比表彰工作。9月29日,国务院扶贫开发领导小组印发了《关于表彰全国社会扶贫先进集体和先进个人的决定》,授予259个单位"全国社会扶贫先进集体"荣誉称号,授予260人"全国社会扶贫先进个人"荣誉称号。

第三节 脱贫攻坚战的启动与部署

中共十八大以来,扶贫攻坚迅速取得突出成效。截至2015年底,中国农村贫困人口从2010年的1.65亿人减少到5575万,现行标准下农村贫困人口减少1亿多人,贫困发生率降低11.5个百分点。[①] 贫困地区农民收入大幅提升,贫困县农民人均纯收入从2010年的3273元增加到2015年的6500元以上,增长幅度连续5年高于全国农村平均水平。[②] 贫困地区饮水安全、道路交通、电力保障等基础设施建设目标全面完成,上学难、就医难、行路难、饮水不安全等问题逐步缓解,基本公共服务水平与全国平均水平差距趋于缩小。

在此基础上,以习近平同志为核心的党中央向全党全社会发起了打赢脱贫攻坚战的号召,并进行了精心严密的部署。

一、中共中央提出坚决打赢脱贫攻坚战

2015年,脱贫攻坚形势依然复杂严峻。从贫困状况看,我国还有5000多万农村建档立卡贫困人口,其贫困程度更深,脱贫难度更大,依靠常规举措难以摆脱贫困状况。从发展环境看,全国经济形势更加错综复杂,经济下行压力大,地区经济发展分化对缩小贫困地区与全国发展差距带来新挑

---

① 国家统计局住户调查办公室:《扶贫开发成就举世瞩目 脱贫攻坚取得决定性进展》,《中国信息报》2018年9月4日。
② 《加大扶贫开发力度 全力做好脱贫攻坚工作》,国家发展和改革委员会网站2016年2月22日,http://www.ndrc.gov.cn/xwzx/xwfb/201602/t20160222_775040.html。

战。实现到2020年打赢脱贫攻坚战的目标,时间特别紧迫,任务特别艰巨。可以说,中国扶贫开发已进入啃硬骨头、攻坚拔寨的冲刺期。

2015年10月26日至29日召开的中共十八届五中全会,通过《中共中央关于制定国民经济和社会发展第十三个五年规划的建议》,提出了全面建成小康社会具体目标要求,我国现行标准下农村贫困人口实现脱贫,贫困县全部摘帽,解决区域性整体贫困,是其中一项重要内容,并且提出了支持革命老区、民族地区、边疆地区、贫困地区加快发展,实施脱贫攻坚工程,坚决打赢脱贫攻坚战的任务。主要措施包括:实施精准扶贫、精准脱贫,因人因地施策,提高扶贫实效;扩大贫困地区基础设施覆盖面,因地制宜解决通路、通水、通电、通网络等问题;提高贫困地区基础教育质量和医疗服务水平,推进贫困地区基本公共服务均等化;实行脱贫工作责任制等。①

二、中共中央对打赢脱贫攻坚战的部署

为贯彻落实中共十八届五中全会精神,分析全面建成小康社会进入决胜阶段脱贫攻坚面临的形势和任务,对下一步脱贫攻坚任务作出部署,2015年11月27日至28日,中共十八届五中全会之后的第一个中央会议——中央扶贫开发工作会议在北京召开。这次中央扶贫开发工作会议堪称"史上最高规格",习近平等中央政治局常委与地方党政主要负责人全部出席。习近平在会上发表重要讲话,提出脱贫攻坚要重点解决好"扶持谁""谁来扶""怎么扶""如何退"等四个问题,强调脱贫攻坚战的冲锋号已经吹响,要立下愚公移山志,咬定目标、苦干实干,坚决打赢脱贫攻坚战,确保到2020年所有贫困地区和贫困人口一道迈入全面小康社会。会议期间,中西部22个省区市党政主要负责同志向中央签署脱贫攻坚责任书。自此,农村扶贫开发工作关键词从"扶贫攻坚"转为"脱贫攻坚",一字之变突显出脱贫攻坚决战决胜的勇气和信心。

会议结束次日,中共中央、国务院印发《关于打赢脱贫攻坚战的决定》,对脱贫攻坚进行详细部署,这成为指导脱贫攻坚的纲要性文件。该决定提出了打赢脱贫攻坚战的总体目标,即"到2020年,稳定实现农村贫困人口不愁吃、不愁穿,义务教育、基本医疗和住房安全有保障。实现贫困地区农民人均可支配收入增长幅度高于全国平均水平,基本公共服务主要领域指

---

① 《中共中央关于制定国民经济和社会发展第十三个五年规划的建议》,《江西省人民政府公报》2015年Z3期。

标接近全国平均水平。确保我国现行标准下农村贫困人口实现脱贫,贫困县全部摘帽,解决区域性整体贫困"。并从六个方面部署了打赢脱贫攻坚战的措施,即实施精准扶贫方略,加快贫困人口精准脱贫;加强贫困地区基础设施建设,加快破除发展瓶颈制约;强化政策保障,健全脱贫攻坚支撑体系;广泛动员全社会力量,合力推进脱贫攻坚;大力营造良好氛围,为脱贫攻坚提供强大精神动力;切实加强党的领导,为脱贫攻坚提供坚强政治保障。①

2016年11月23日,国务院印发《"十三五"脱贫攻坚规划》(以下简称《规划》),细化落实中共中央关于脱贫攻坚决策部署。《规划》从三个方面提出2020年的脱贫目标,即现行标准下农村建档立卡贫困人口实现脱贫、建档立卡贫困村有序摘帽、贫困县全部摘帽,并规定了贫困户、贫困村、贫困县脱贫摘帽的基本标准,其中贫困户脱贫要保证贫困户有稳定收入来源,人均可支配收入稳定超过国家扶贫标准,实现两不愁、三保障";贫困村摘帽要保证村内基础设施、基本公共服务设施和人居环境明显改善,基本农田和农田水利等设施水平明显提高,特色产业基本形成,集体经济有一定规模,社区管理能力不断增强;贫困县摘帽要实现县域内基础设施明显改善,基本公共服务能力和水平进一步提升,全面解决出行难、上学难、就医难等问题,社会保障实现全覆盖,县域经济发展壮大,生态环境有效改善,可持续发展能力不断增强。②《规划》进一步细化设计了十项贫困地区发展和贫困人口脱贫主要指标,包括建档立卡贫困人口,建档立卡贫困村,贫困县,实施易地扶贫搬迁贫困人口,贫困地区农民人均可支配收入增速,贫困地区农村集中供水率,建档立卡贫困户存量危房改造率,贫困县义务教育巩固率,建档立卡贫困户因病致(返)贫户数,建档立卡贫困村村集体经济年收入。《规划》进一步细化实化了产业发展脱贫、转移就业脱贫、易地搬迁脱贫、教育扶贫、健康扶贫、生态保护扶贫和兜底保障等七大扶贫重点任务,相应开展产业扶贫工程、旅游扶贫工程、电商扶贫工程、资产收益扶贫工程、就业扶贫行动、易地扶贫搬迁工程、教育扶贫工程、健康扶贫工程、重大生态建设扶贫工程,破解区域性贫困难题。社会扶贫以东西部扶贫协作和中央单位定点帮扶为引领,深化企业帮扶、军队帮扶、社会组织和

---

① 《中共中央 国务院关于打赢脱贫攻坚战的决定》,《中华人民共和国国务院公报》2015年第35号。

② 《国务院关于印发"十三五"脱贫攻坚规划的通知》,《中华人民共和国国务院公报》2016年第35号。

志愿者帮扶,构建政府、市场、社会协同推进的大扶贫开发格局。《规划》还将提升贫困地区区域发展能力纳入其中,着重开展特殊类型地区发展重大行动(包括革命老区振兴发展行动、民族地区奔小康行动、沿边地区开发开放行动)、贫困地区重大基础设施建设工程、改善贫困乡村生产生活条件,全面缩小贫困地区与全国的差距,使贫困地区2020年能够在主要领域接近全国平均水平。①

《"十三五"脱贫攻坚规划》发布后,中共中央办公厅、国务院办公厅又出台11个配套文件,中央和国家机关各部门出台118个政策文件或实施方案,全国各地相继出台各自的"十三五"脱贫攻坚规划以及完善"1+N"的脱贫攻坚系列举措,严密构建打赢脱贫攻坚战的政策体系。

例如,各省按照《"十三五"脱贫攻坚规划》规定的基本贫困退出标准,又根据本地实际情况,制定了本省的贫困退出细则。《陕西省贫困退出工作实施细则》规定贫困户退出有5条标准,"四有一无",即家庭年人均纯收入超过国家扶贫标准,有安全住房,无义务教育阶段辍学学生,家庭成员全部参加新型农村合作医疗和大病保险,有安全饮水。贫困村退出有7条标准,"六有一低",即贫困发生率低于3%,退出村中脱贫户家庭年人均纯收入占全县农村居民人均纯收入比重高于上年水平,有集体经济或合作组织、互助资金组织,行政村通沥青(水泥)路,有安全饮水,电力入户率达到100%,有标准化村卫生室。贫困县退出也有7条标准:贫困发生率低于3%,农村居民人均可支配收入达到当年全省农村居民人均可支配收入70%以上,通沥青(水泥)路的行政村比例达到97%,农村自来水普及率不低于90%,电力入户率达到100%,有安全住房农户达到97%,贫困人口参加新型农村合作医疗和大病保险达到100%。②

三、深度贫困地区脱贫攻坚的部署

在中共中央的部署领导下,脱贫攻坚迅速取得显著成绩。2016年全国农村贫困人口为4335万人,比上年减少1240万人。剩下的大都是条件较差、基础较弱、贫困程度较深的地区,这成为脱贫攻坚的主要难点。

2017年6月,习近平指出,深度贫困地区主要包括以下几种:一是连片

---

① 《国务院关于印发"十三五"脱贫攻坚规划的通知》,《中华人民共和国国务院公报》2016年第35号。
② 《陕西省贫困退出工作实施细则》,洛川县人民政府网站2017年9月19日,http://www.lcx.gov.cn/info/1175/10523.htm。

的深度贫困地区,西藏和四省藏区、南疆四地州、四川凉山、云南怒江、甘肃临夏等地区,生存环境恶劣,致贫原因复杂,基础设施和公共服务缺口大,贫困发生率普遍在20%左右。二是深度贫困县,据国务院扶贫办对全国最困难的20%的贫困县所做的分析,贫困发生率平均在23%,县均贫困人口近3万人,分布在14个省区。三是贫困村,全国12.8万个建档立卡贫困村居住着60%的贫困人口,基础设施和公共服务严重滞后,村两委班子能力普遍不强,四分之三的村无合作经济组织,三分之二的村无集体经济,无人管事、无人干事、无钱办事现象突出。①

深度贫困的特征可以概括为"两高、一低、一差、三重"。"两高"即贫困人口占比高、贫困发生率高。深度贫困县贫困人口占全省贫困人口总数22%以上;深度贫困县贫困发生率在15%以上,高于全省贫困县平均水平近9个百分点;深度贫困村贫困发生率接近35%,高于全省贫困村平均水平近24个百分点。"一低"即人均可支配收入低。深度贫困县人均国内生产总值21650元,人均公共财政预算收入1386元,农民人均可支配收入5928元,分别只有全省平均水平的50.7%、36.2%、49.7%。"一差"即基础设施和住房差。深度贫困县的贫困村中,村内道路、入户路、危房需要维修和重建。"三重"即低保五保贫困人口脱贫任务重、因病致贫返贫人口脱贫任务重、贫困老人脱贫任务重。深度贫困县贫困人口中低保、五保贫困户占比高达近60%,因病致贫、患慢性病、患大病、因残致贫占比达80%以上,60岁以上贫困人口占比超过45%。②

脱贫攻坚本来就是一场硬仗,深度贫困地区脱贫攻坚更是这场硬仗中的硬仗。2017年2月21日,在中共中央政治局第三十九次集体学习时,习近平发表重要讲话部署脱贫攻坚,强调要把深度贫困地区作为区域攻坚重点,确保在既定时间节点完成脱贫攻坚任务;并提出"七个强化"——强化领导责任、强化资金投入、强化部门协同、强化东西协作、强化社会合力、强化基层活力、强化任务落实;同时总结了脱贫攻坚的"五点经验"——加强领导是根本、把握精准是要义、增加投入是保障、各方参与是合力、群众参与是基础。"七个强化""五点经验"为深度贫困地区脱贫攻坚吹响了冲锋号。

2017年6月21日,习近平深入吕梁山区,调研深度贫困地区脱贫攻坚

---

① 习近平:《在深度贫困地区脱贫攻坚座谈会上的讲话》,《党建》2017年第9期。
② 习近平:《在深度贫困地区脱贫攻坚座谈会上的讲话》,《党建》2017年第9期。

大计。6月23日,习近平在山西太原市主持召开深度贫困地区脱贫攻坚座谈会,听取脱贫攻坚进展情况汇报,集中研究破解深度贫困之策。习近平在会上发表重要讲话,提出了合理确定脱贫目标、加大投入支持力度、集中优势兵力打攻坚战、区域发展必须围绕精准扶贫发力、加大各方帮扶力度、加大内生动力培育力度、加大组织领导力度、加强检查督查等八项加快推进深度贫困地区脱贫攻坚的要求。

在以习近平同志为核心的党中央坚强领导指挥下,全党全社会广泛动员、合力攻坚的局面迅速形成,一场轰轰烈烈的脱贫攻坚战役在中华大地全面打响。

第四节 脱贫攻坚战的展开

一、加大扶贫投入,为打赢脱贫攻坚战提供充足资金

打赢脱贫攻坚战,需要坚实的物质基础。习近平一直强调,农村扶贫开发投入力度,要同打赢脱贫攻坚战的要求相匹配;即使经济下行压力较大,财政增收不乐观,扶贫资金不但不能减,中央和省级财政还要明显增加投入。①

进入脱贫攻坚阶段,国家用于农村扶贫开发的资金和各类资源大幅度增长。一是中央财政扶贫投入不断增加。2013年至2017年,中央财政安排专项扶贫资金累计投入2822亿元,平均每年增长22.7%;省级财政扶贫资金累计投入1825亿元,平均每年增长26.9%。同时,安排地方政府债务1200亿元,用于改善贫困地区生产生活条件;安排地方政府债务994亿元和专项建设基金500亿元用于易地扶贫搬迁。②此外,2013年至2017年,中央财政还安排专项彩票公益金69亿元,用于支持贫困革命老区产业发展和小型生产性公益基础设施建设,帮助贫困革命老区加快脱贫攻坚步伐。如果加上用在教育、医疗卫生、社会保障等方面的扶贫投入,财政综合扶贫资金规模就更大。

在加大增量的同时,积极盘活存量。中央财政积极支持贫困县开展涉

---

① 习近平:《在中央扶贫开发工作会议上的讲话》(2015年11月27日),《十八大以来重要文献选编》(下),中央文献出版社2018年版,第48页。

② 张雪:《2013至2017年中央财政专项扶贫资金累计投入2822亿元》,《经济日报》2017年8月29日;常钦:《吹响大国攻坚的嘹亮号角》,《人民日报》2018年9月20日。

农资金整合试点,将一部分涉农资金的配置权完全下放到脱贫攻坚一线贫困县,支持贫困县根据脱贫攻坚需要自主确定和实施项目。试点于 2016 年启动,2017 年已推广到 832 个贫困县。截至 2017 年 12 月底,832 个贫困县计划整合资金规模达 3330 亿元,实际已整合 3286 亿元,已完成支出 2935 亿元。① 通过统筹整合使用财政涉农资金,形成了"多个渠道引水、一个龙头放水"的扶贫投入新格局,为贫困县贯彻落实精准扶贫、精准脱贫基本方略,推动脱贫攻坚创造了更好的条件。

二是金融扶贫支持力度空前。自 2014 年起,对建档立卡的贫困户发展产业发放"5 万元以下、三年以内、免担保免抵押、银行按基准利率放贷、扶贫资金全额贴息、县建风险基金"的扶贫小额信贷。2014 年至 2018 年初,已累计放贷 4300 多亿元,惠及了 1100 多万户建档立卡贫困户。对于带动建档立卡贫困人口脱贫的扶贫龙头企业,中央银行发放扶贫再贷款,利率很低,2% 左右给到地方,5% 左右给到企业。到 2018 年初,扶贫再贷款已放贷 1600 多亿元。另外,易地搬迁 1000 万人需要投资 6000 亿元,其中 2500 亿元是政府财政支出,3500 亿元是金融债。到 2018 年初,国家开发银行和农业发展银行发行 3500 亿元以上金融债,支持易地扶贫搬迁。②

三是广泛吸引社会资金参与脱贫攻坚。2016 年整合社会扶贫资金达 2000 多亿元。例如,恒大集团从 2015 年 12 月 1 日开始结对帮扶贵州省毕节市大方县,3 年无偿投入 30 亿元,通过一揽子综合措施,确保到 2018 年底 18 万贫困人口全部稳定脱贫。从 2017 年 5 月开始,除大方县外,恒大又承担了毕节市其他 6 县 3 区的帮扶工作,再无偿投入 80 亿元,派出 2108 人的扶贫团队,到 2020 年帮扶毕节全市 100 多万贫困人口脱贫。到 2018 年,恒大已捐赠到位 60 亿元,帮扶毕节 30.67 万人初步脱贫。③

二、建立六大制度体系,为打赢脱贫攻坚战提供坚实保障

为确保实现 2020 年"我国现行标准下农村贫困人口实现脱贫、贫困县全部摘帽、解决区域性整体贫困"的目标任务,中央建立脱贫攻坚责任、政策、投入、动员、监督、考核六大制度体系,为打赢脱贫攻坚战提供四梁八柱坚实保障。

一是建立脱贫攻坚责任体系。2016 年 10 月 17 日,中共中央办公厅、

---

① 张曦文:《中央财政大力支持打好精准脱贫攻坚战》,《中国财经报》2018 年 3 月 14 日。
② 卢晓琳:《脱贫攻坚 进展显著势头好》,《人民日报》2018 年 3 月 8 日。
③ 郦芃、林森:《恒大精准扶贫投入一百一十亿》,《人民日报》2018 年 3 月 14 日。

国务院办公厅印发并实施《脱贫攻坚责任制实施办法》,强化"中央统筹、省负总责、市县抓落实"的工作机制,构建起责任清晰、各负其责、合力攻坚的责任体系。"中央统筹",是指中央主要负责制定脱贫攻坚大政方针,出台重大政策举措,完善体制机制,规划重大工程项目,协调全局性重大问题、全国性共性问题,指导各地制定脱贫滚动规划和年度计划;有关中央和国家机关按照工作职责,落实脱贫攻坚责任。"省负总责",是指省级党委和政府对本地区脱贫攻坚工作负总责,并确保责任制层层落实;中西部22个省份党政主要负责同志向中央签署脱贫攻坚责任书,立下军令状。"市县抓落实",是指市级党委和政府负责协调域内跨县扶贫项目,对脱贫目标任务完成等工作进行督促指导和监督检查;县级党委和政府承担脱贫攻坚主体责任,负责制定脱贫攻坚实施规划,优化配置各类资源要素,组织落实各项政策措施,县级党委和政府主要负责人是第一责任人,从而形成了五级(省、市、县、乡、村)书记抓扶贫、层层签订责任书,全党动员促攻坚的局面。①

此外,为分解落实《中共中央国务院关于打赢脱贫攻坚战的决定》中的重要政策举措,还明确了中央国家机关76个有关部门的任务分工。

二是建立脱贫攻坚政策体系。围绕落实脱贫攻坚决策部署,着力构建适应精准扶贫需要、强力支撑的政策体系。从中共十八大到十九大,中共中央、国务院出台扶贫文件5个,中办、国办出台20个落实中央决定的配套脱贫攻坚文件,制定实施《"十三五"脱贫攻坚规划》。中央和国家机关各部门出台227个政策文件或实施方案,各地也相继出台和完善"1+N"的脱贫攻坚系列文件,内容涉及脱贫攻坚任务的方方面面,精准瞄准贫困人口,因地制宜,分类施策。

三是建立脱贫攻坚投入体系。按照扶贫投入力度要与打赢脱贫攻坚战的要求相匹配的原则,脱贫攻坚始终坚持政府投入的主体和主导作用。中央财政持续加大对贫困地区的转移支付力度,中央财政专项扶贫资金规模实现较大幅度增长,各类涉及民生的专项转移支付资金和中央预算内投资进一步向贫困地区和贫困人口倾斜,中央集中彩票公益金对扶贫的支持力度加大,农村综合改革转移支付等涉农资金都明确一定比例用于贫困村,各部门安排的各项惠民政策、项目和工程,都最大限度地向贫困地区、贫困村、贫困人口倾斜。各省(自治区、直辖市)都根据本地脱贫攻坚需要,

---

① 国务院扶贫办党组:《脱贫攻坚砥砺奋进的五年》,《人民日报》2017年10月17日。

切实加大扶贫资金投入。同时,增加对脱贫攻坚的金融投放,运用多种货币政策工具向金融机构提供长期、低成本的资金,用于支持扶贫开发。例如,设立扶贫再贷款,实行比支农再贷款更优惠的利率,重点支持贫困地区发展特色产业和贫困人口就业创业。由国家开发银行和中国农业发展银行发行政策性金融债,按照微利或保本的原则发放长期贷款,中央财政给予90%的贷款贴息,专项用于易地扶贫搬迁。支持农村信用社、村镇银行等金融机构为贫困户提供免抵押、免担保扶贫小额信贷,由财政按基础利率贴息等。此外,证券业、保险业、土地政策等助力脱贫攻坚的力度都在明显加强。

四是强化脱贫攻坚动员体系。新时代充分发挥社会主义制度集中力量办大事的优势,动员各方面力量合力攻坚。中央先后出台进一步加强东西部扶贫协作工作、中央单位定点扶贫工作的指导意见,细化深化新一轮帮扶任务;2014年,国务院将10月17日确定为全国扶贫日,为广泛动员社会各方面力量参与扶贫开发搭建新的制度平台;建立扶贫荣誉制度,设立全国脱贫攻坚奖,表彰脱贫攻坚模范,激发全社会参与脱贫攻坚的积极性。中共十八大以来,发达地区和中央单位向贫困地区选派干部12.2万人,支持项目资金超过1万亿元;310家中央单位定点帮扶592个扶贫开发工作重点县,军队和武警部队定点帮扶3500个贫困村;调整完善东西部扶贫协作结对关系,明确京津冀协同发展中京津两市与河北省张家口、承德和保定三市的扶贫协作任务,确定东部267个经济较发达县市区与西部地区434个贫困县开展"携手奔小康"行动;对口支援新疆、西藏和四省藏区工作在现有机制下更加聚焦精准扶贫精准脱贫,提高对口支援实效;中央企业设立贫困地区产业投资基金、开展"百县万村"扶贫行动,民营企业实施"万企帮万村"精准扶贫行动。①

五是建立脱贫攻坚监督体系。2016年7月17日,中共中央办公厅、国务院办公厅印发并实施《脱贫攻坚督查巡查工作办法》,要求对中西部22个省(自治区、直辖市)党委和政府、中央和国家机关有关单位脱贫攻坚工作进行督查和巡查。督查的重点内容包括脱贫攻坚责任落实情况,专项规划和重大政策措施落实情况,减贫任务完成情况以及特困群体脱贫情况,精准识别、精准退出情况,行业扶贫、专项扶贫、东西部扶贫协作、定点扶贫、重点扶贫项目实施、财政涉农资金整合等情况。国务院扶贫开发领导

---

① 国务院扶贫办党组:《脱贫攻坚砥砺奋进的五年》,《人民日报》2017年10月17日。

小组负责督查工作的组织领导,制定年度督查计划,批准督查事项,组建督查组,向党中央、国务院报告督查情况并作为省级党委和政府扶贫开发工作成效考核的重要参考。

此外,中央巡视把脱贫攻坚作为重要内容。国务院扶贫办设立12317扶贫监督举报电话,畅通群众反映问题渠道,接受全社会监督。八个民主党派中央分别对应八个贫困人口多、贫困发生率高的省份开展脱贫攻坚民主监督。

六是建立脱贫攻坚考核体系。为确保脱贫成效真实,得到社会和群众认可,经得起历史和实践检验,2016年2月9日,中共中央办公厅、国务院办公厅印发《省级党委和政府扶贫开发工作成效考核办法》,实行最严格的考核评估制度。2016年到2020年,国务院扶贫开发领导小组每年组织开展一次考核,主要考核减贫成效、精准识别、精准帮扶、扶贫资金使用管理等方面内容,涉及建档立卡贫困人口减少和贫困县退出计划完成、贫困地区农村居民收入增长、贫困人口识别和退出准确率、群众帮扶满意度、扶贫资金绩效等指标,考核结果作为对省级党委、政府主要负责人和领导班子综合考核评价的重要依据。在2017年的考核中,对综合评价好的8省通报表扬,对综合评价一般或发现某些方面问题突出的4省约谈省分管负责人,对综合评价较差且发现突出问题的4省约谈省党政主要负责人。各地均开展了省级考核评估和整改督查巡查,对整改责任不到位、整改措施不精准、整改效果不明显的进行严肃问责,22个市州和150个县党政主要负责同志被约谈。①

三、精准扶贫主打"组合拳",实施十项精准扶贫工程

自2015年起,精准扶贫主打"组合拳",实施了干部驻村帮扶工程、职业教育培训工程、扶贫小额信贷工程、易地扶贫搬迁工程、电商扶贫工程、旅游扶贫工程、光伏扶贫工程、构树扶贫工程、贫困村创业致富带头人培训工程、扶贫龙头企业带动工程等十项工程。这些工程目的明确,指向的都是具体的问题。

(一)干部驻村帮扶工程

如前所述,为加强脱贫攻坚一线工作力量,中共十八大以后,中央要求全部建档立卡贫困村都派驻工作队,都派有机关优秀干部担任的第一书

---

① 国务院扶贫办党组:《脱贫攻坚砥砺奋进的五年》,《人民日报》2017年10月17日。

记。各地都坚决贯彻落实中央精神,按照因村派人原则,选派政治素质好、工作能力强、工作作风实的干部驻村扶贫,全面建立驻村帮扶工作机制。为每一户贫困户安排了结对帮扶责任人,为每一个贫困村选派了驻村工作队和驻村第一书记,承担识别贫困人口、规范贫困退出、落实扶贫政策、实施扶贫项目主体责任。驻村干部一般要任满两年,干得好的予以表彰宣传、提拔使用,不符合要求、不胜任工作的及时召回撤换。

到2017年,全国共选派77.5万名干部驻村帮扶,选派19.5万名优秀干部到贫困村和基层党组织软弱涣散村担任第一书记,一线扶贫力量明显增强。各地逐步完善第一书记和驻村工作队管理,严格选派条件,明确职责任务,建立管理制度,强化考核奖惩。据不完全统计,2015年至2017年,全国共提拔工作业绩突出的第一书记1.2万名,召回调整不胜任的第一书记7200名。①

为解决驻村帮扶中选人不优、管理不严、作风不实、保障不力等问题,2017年12月,中共中央办公厅、国务院办公厅印发《关于加强贫困村驻村工作队选派管理工作的指导意见》,就干部驻村帮扶的总体要求、规范人员选派、明确主要任务、加强日常管理、加强考核激励、强化组织保障作了具体部署,进一步推动干部驻村帮扶工作的深入发展。中央尤其强调精准选派,注重因村派人精准,要求坚持因村选人组队,把熟悉党群工作的干部派到基层组织软弱涣散、战斗力不强的贫困村,把熟悉经济工作的干部派到产业基础薄弱、集体经济脆弱的贫困村,把熟悉社会工作的干部派到矛盾纠纷突出、社会发育滞后的贫困村,充分发挥派出单位和驻村干部自身优势,帮助贫困村解决脱贫攻坚面临的突出困难和问题。②

按照中央的部署,很多省份组织专门力量排查基层需求情况和干部队伍情况,"菜单式"遴选"对路"干部,使党政部门干部派驻软弱村、经济部门干部派驻穷村、政法部门干部派驻乱村、涉农科技部门干部派驻产业村的"一把钥匙开一把锁"模式在全国遍地开花。一些特殊类型村,如福建的选举难点村、河南的艾滋病防治帮扶重点村、新疆的维稳任务重点村,也实现了第一书记全覆盖。

为了让驻村工作队、第一书记消除后顾之忧,各级派出单位对他们任职期间原单位职级、工资和福利待遇都保持不变,并给予适当生活补贴。

---

① 国务院扶贫办党组:《脱贫攻坚砥砺奋进的五年》,《人民日报》2017年10月17日。
② 《中办国办印发〈关于加强贫困村驻村工作队选派管理工作的指导意见〉》,《人民日报》2017年12月25日。

很多省份还由省级财政统筹,给驻村干部安排一定的工作经费。例如,内蒙古、河南每年按每村50万元标准,为第一书记安排专项帮扶经费,用于支持村里发展。①

一大批优秀干部怀着激情、带着责任,奔赴脱贫攻坚战场奋发作为,战斗在脱贫攻坚第一线。经过五六年的干部驻村帮扶工程,"领导领着干,干部抢着干,群众跟着干"的脱贫攻坚良好氛围已经形成。

(二)职业教育培训工程

截至2013年底,全国建档立卡贫困村中,初、高中毕业后未能继续升学的"两后生"398万人中,未参加职业教育的为352万人,占了绝大多数。加上贫困村外的贫困家庭,这类贫困人群规模约有700万人,每年新增"两后生"约100万人。针对这部分农村贫困家庭新成长劳动力,实施职业教育培训工程,能够提高他们的就业创业能力,增加贫困家庭工资性收入,对于阻断贫困代际传递十分必要。

国务院扶贫办组织开展的以贫困劳动力转移培训为主要内容的"雨露计划",将"两后生"纳入了范围。例如,2012年开始实施的"雨露计划·扬帆工程——中西部地区万名应用人才助学行动",以"雨露计划"实施方式改革试点区域和集中连片特困地区为重点,动员和组织贫困家庭"两后生"到承办学校接受2~3年免费职业技能培训,学生在校期间一律免缴学杂费、住宿费,并享受国家"雨露计划"相关补贴;掌握一项或多项职业技能毕业,获技能证书和职业高中(职业中专)文凭,可被推荐到东部地区的企业工作,最终达到"培训一人、输出一人、就业一人、脱贫一户"的目标。

全国很多地方实施职教扶贫,组织"两后生"到各技工院校、职业院校开展有针对性的培训。例如,重庆自2012年在"雨露计划"中专门设立"雨露技工·职教扶贫"项目,定向招收培养武陵山、秦巴山连片贫困地区建卡贫困户家庭应届初中毕业生,免费接受中、高职学历培养,项目主要围绕重庆打造秦巴山旅游扶贫示范带、武陵山休闲乡村旅游区的目标,定向培养旅游管理、导游、景区开发与管理、酒店管理、旅行社经营管理、烹饪营养与工艺等专业。项目实施两年,已累计投入2.25亿元,共资助15万名贫困家庭子女顺利入学。②

---

① 姜洁:《第一书记,不是一个人在战斗》,《人民日报》2017年6月27日。
② 《重庆15万名贫困家庭子女顺利入学》,国务院扶贫开发领导小组办公室网站2014年10月13日,http://www.cpad.gov.cn/art/2014/10/13/art_5_34679.html。

与此同时,国家千方百计扩大贫困家庭子女接受职业教育的比重。2015年6月2日,国务院扶贫办等部门印发《关于加强雨露计划支持农村贫困家庭新成长劳动力接受职业教育的意见》,以子女接受中、高等职业教育的农村建档立卡贫困家庭为扶持对象,以每生每年3000元左右为标准进行补助,使农村贫困家庭子女初、高中毕业后接受中、高等职业教育的比例逐步提高,确保每个孩子起码学会一项有用技能,贫困家庭新成长劳动力创业就业能力得到提升,家庭工资性收入占比显著提高,实现"一人长期就业,全家稳定脱贫"的目标。① 自2015年秋季开始,全国农村建档立卡贫困家庭中有子女接受中、高等职业教育的,每年都可申领扶贫助学补助。2015年有120万名建档立卡贫困家庭子女得到扶贫助学补助。

职业教育扶贫已取得显著成效,提高了贫困农民的职业技能和脱贫致富的本领,一批批贫困家庭因家庭成员掌握职业技能而摆脱贫困。

(三)扶贫小额信贷工程

如前所述,为创新贫困村金融服务,改善贫困地区金融生态环境,自2014年底,国家创设了扶贫小额信贷。扶贫小额信贷是专门为建档立卡贫困户获得发展资金而量身定制的扶贫贷款产品,其政策要点是5万元以下、3年以内、免担保免抵押、基准利率放贷、财政扶贫资金贴息、县级建立风险补偿金。已录入建档立卡信息系统的贫困户,凡有发展愿望、生产能力、发展项目和还款能力的,都有资格申请贷款。

贫困户要致富,生产资金是刚性需求。其中有两个瓶颈难以突破:一个是信誉担保,另一个是财产抵押。小额扶贫信贷免担保免抵押,周期较长,而且还可以享受扶贫贴息,农户只要选好项目,就可以起步上路。因此小额扶贫信贷备受贫困户青睐,很多人靠着小额扶贫贷款发展致富产业,摘掉了贫困户的帽子。与此同时,小额扶贫信贷工作中也出现了资金使用不合理、贷款发放不合规、风险管理不到位等苗头性、倾向性问题。

为促进扶贫小额信贷健康发展,2017年7月,银监会、国务院扶贫办等五部门联合印发《关于促进扶贫小额信贷健康发展的通知》。关于贷款对象,该通知强调,要始终精确瞄准建档立卡贫困户,将信用水平和还款能力作为发放扶贫小额信贷的主要参考标准,各地扶贫部门要加强对扶贫小额信贷和贴息对象的审查,防止非建档立卡贫困户"搭便车";贷款使用上,该

---

① 《关于加强雨露计划支持农村贫困家庭新成长劳动力接受职业教育的意见》,《职业技术教育》2016年第3期。

通知要求精准用于贫困户发展生产或能有效带动贫困户致富脱贫的特色优势产业,不能用于建房、理财、购置家庭用品等非生产性支出,更不能将扶贫小额信贷打包用于政府融资平台、房地产开发、基础设施建设等。①

在实践中,很多地方还结合本地实际,创新小额扶贫信贷方式,使小额扶贫信贷办大事,充分发挥其在脱贫攻坚中的作用。例如,宁夏盐池县滩羊名声在外,可是在当地建设高标准现代养殖基地有一定困难,大户好培训,穷困户、散户难以管理,滩羊质量无法保证。而小额扶贫信贷的新模式,很快被当地多家龙头企业看好。他们借鉴小额贷运行模式,推行"公司+互助社(担保)+农户"扶贫模式,公司扶贫款发放采取每3个至5个大户与1个至2个贫困户联保的机制,同时把互助社、贫困户纳入项目,提高了贫困户养羊能力。

扶贫小额信贷工程自 2015 年开始实施,到 2017 年已累计发放 3113 亿元,支持了 868 万建档立卡贫困户,贫困户获贷率由 2014 年底的 2% 提高到 29.4%。②

(四)易地扶贫搬迁工程

易地扶贫搬迁,就是把缺乏基本生存条件的贫困人口,搬迁安置到条件相对较好的城镇,使他们能够从根本上解决生存和发展问题。从 2001 年开始,国家发展改革委员会安排专项资金,在全国范围内陆续组织开展易地扶贫搬迁工程。截至 2015 年底,已累计安排易地扶贫搬迁中央补助投资 363 亿元,搬迁贫困人口 680 多万人。一些地方也根据本地实际,统筹中央财政专项扶贫资金、扶贫移民、生态移民、避灾搬迁等资金实施了搬迁工程。在中央和地方的共同努力下,全国已累计搬迁 1200 万人以上。③

"十三五"时期,国家加快实施易地扶贫搬迁工程,通过"挪穷窝""换穷业""拔穷根",从根本上解决约 1000 万建档立卡贫困人口的稳定脱贫问题。2015 年 11 月,国家发展改革委、国务院扶贫办等五部门发出《关于印发"十三五"时期易地扶贫搬迁工作方案的通知》,要求用五年时间对"一方水土养不起一方人"地区的 1000 万左右贫困人口实施易地搬迁,总投资约 6000 亿元(其中 2500 亿元是政府拨付资本金,3500 亿元是金融债)。易地

---

① 《银监会等部门联合发文加强扶贫小额信贷管理》,《金融世界》2017 年第 9 期。
② 《对十二届全国人大五次会议第 8261 号建议的答复》,国务院扶贫开发领导小组办公室网站 2017 年 12 月 4 日,http://www.cpad.gov.cn/art/2017/12/4/art_2202_74414.html。
③ 《全国"十三五"易地扶贫搬迁规划》,国务院扶贫开发领导小组办公室网站,http://www.cpad.gov.cn/module/download/downfile.jsp?filename=1704281114592202439.pdf&classid=0。

扶贫搬迁要做到"搬得出、稳得住、有事做、能致富",为此要统筹考虑水土资源条件、城镇化进程及搬迁对象意愿,采取集中安置(集中安置主要包括行政村内就近集中安置、建设移民新村集中安置、依托小城镇或工业园区安置、依托乡村旅游去安置等)与分散安置(分散安置主要包括插花安置、投亲靠友等)相结合的安置方式;要建设住房和必要的附属设施,以及水、电、路、气、网等基本生产生活设施,配套建设教育、卫生、文化等公共服务设施。易地扶贫搬迁实行区域差异化补助政策,中央预算内投资补助资金重点支持中西部地区,特别是向集中连片特困地区和国家扶贫开发工作重点县倾斜,主要用于搬迁对象住房建设;有易地扶贫搬迁任务的东部省份主要依靠自身财力解决,中央预算内投资予以适当补助。①

2016年9月,国家发展改革委发布《全国"十三五"易地扶贫搬迁规划》,确定五年内对近1000万建档立卡贫困人口实施易地扶贫搬迁。该规划明确了搬迁哪些人、搬到哪里去、资金怎么来、房子怎么建、如何促脱贫等具体内容。易地扶贫搬迁迁出区范围涉及全国22省(自治区、直辖市),同步编制相应层级规划,易地扶贫搬迁规划体系就此形成。9月底,22个省(自治区、直辖市)2016年易地扶贫搬迁项目已全面启动,开工县数1270个,占计划县数的99%以上;开工项目17269个,项目开工率达到98%。②

按照"中央统筹、省负总责、市县抓落实"的工作机制,22个省(自治区、直辖市)党委政府高度重视易地扶贫搬迁工作,并将其作为脱贫攻坚的"头号工程"强力推进,形成了上下联动、协力推进的工作格局。易地扶贫搬迁各渠道资金迅速下达,2016年至2017年,22个省(自治区、直辖市)累计承接易地扶贫搬迁资金约2914.6亿元,其中,中央预算内投资393.6亿元,地方政府债约821亿元,专项建设基金约441亿元,中央财政贴息贷款约1259亿元。与此同时,后续的"换穷业""拔穷根"工作及时跟进。各地按照"搬迁是手段、脱贫是目的"的要求,不断加大产业扶持和就业帮扶力度。截至2017年8月底,各地已为纳入2017年搬迁计划的159万建档立卡贫困人口谋划或落实了帮扶措施,户均帮扶1人以上。③

---

① 《国家发展改革委、国务院扶贫办、财政部、国土资源部、中国人民银行关于印发"十三五"时期易地扶贫搬迁工作方案的通知》,国务院扶贫开发领导小组办公室网站2015年11月29日,http://www.cpad.gov.cn/art/2015/11/29/art_1744_82.html。
② 《发改委:1270个县17269个易地扶贫项目已开工》,国务院扶贫开发领导小组办公室网站2016年10月20日,http://www.cpad.gov.cn/art/2016/10/20/art_28_54742.html。
③ 《发改委:全国易地扶贫搬迁项目开工率达95%》,国务院扶贫开发领导小组办公室网站2017年9月18日,http://www.cpad.gov.cn/art/2017/9/18/art_22_70401.html。

(五) 电商扶贫工程

电商企业参与扶贫有独特的优势。电商企业经过多年发展,已形成包括产品供应、销售推广、物流配送、售后服务等环节的完整产业链,与传统营销体系相比,电商企业对市场变化更敏感,供应链更有弹性。电商平台进入农村基层,能为不同层次群众提供广泛的参与机会,他们可以从产品生产、网上销售、仓储配送、售后服务等多个环节参与电商业态,有利于精准扶贫、精准脱贫,有利于大众创业、万众创新。

2014年,国家把电商扶贫列为精准扶贫十项工程之一,将甘肃陇南市9个贫困县区列为国家电商扶贫试点,探索电商扶贫的新路子。甘肃省陇南市是物产丰富但交通不便的贫困地区,在政府支持下,贫困村、贫困户与电商企业合作,在当地开设网店。三年多时间里,陇南市开办网店10700多个,微店7500多个。通过电商扶贫,贫困人口2015年人均增收430元,2016年人均增收620元,2017年人均增收超过650元,18万贫困人口增收脱贫。更为可喜的是,互联网的普惠共享解决了当地农产品的卖难买难问题,实现了贫困人口和青年大学生的就业创业,促进了农业供给侧结构性改革,引导了贫困地区干部群众思想观念的转变。

2015年11月29日,中共中央、国务院发布的《关于打赢脱贫攻坚战的决定》,明确要求实施电商扶贫工程,支持电商企业拓展农村业务,加强贫困地区农产品网上销售平台建设。[①] 2016年11月,国务院扶贫办联合工业和信息化部、中国邮政等16个部门印发《关于促进电商精准扶贫的指导意见》,对电商扶贫工作进行顶层设计,明确提出加快改善贫困地区电商基础建设、加大贫困地区电商人才培训、支持电商扶贫服务体系建设、推进电商扶贫示范网店建设以及对基层传统网点实施信息改造升级等九大工作任务,以及"到2020年在贫困村建设电商扶贫站点6万个以上,约占全国贫困村50%左右;扶持电商扶贫示范网店4万家以上;贫困县农村电商年销售额比2016年翻两番以上"的目标。[②] 电商扶贫成为2016年脱贫攻坚的新热点,全国428个贫困县开展了电商扶贫试点。

电商扶贫,中国邮政是主要责任单位之一,到2017年底在全国31个省(自治区、直辖市)开设"邮乐购"农村电商服务站36.8万个,为农民提供

---

① 《中共中央 国务院关于打赢脱贫攻坚战的决定》,《中华人民共和国国务院公报》2015年第35号。

② 《关于促进电商精准扶贫的指导意见》,国务院扶贫开发领导小组办公室网站2016年11月23日,http://www.cpad.gov.cn/art/2016/11/23/art_343_241.html。

网上代购、代售农产品、普惠金融等服务。"邮乐购"优先服务贫困村和建档立卡的贫困户,用百年企业的信誉为贫困地区农产品质量做担保,帮助贫困户有效提升农产品销量和价格,更新了贫困群众的落后思想观念,为发展农村电商扶贫做了富有成效的工作。到2017年初,邮乐网累计交易807.3亿元,其中销售农产品近68亿元;"邮乐购"站点还推出"零柜贷"等互联网金融产品,累计贷款额度突破3亿元,为近百万农民就业创业提供有力支撑。[1]

2016年1月,国务院扶贫办与京东集团签署包括产业扶贫、创业扶贫、用工扶贫、金融扶贫四大策略的电商精准扶贫战略合作协议,在贫困县推广开展电商扶贫。到2017年初,京东电商平台共扶持注册地来自832个国家级贫困县的商户6003家,帮助贫困县销售商品金额达153亿元;农特产品的线上销售覆盖136个三级品类,在售商品种类达283万种。通过打通农产品进城通道,京东帮助贫困地区的优质农特商品对接城市百姓餐桌,以此带动贫困地区脱贫。京东已累计帮扶10万户建档立卡贫困家庭,超过20万贫困群体人均增收2000元至3000元。[2]

到2017年7月,在全国共确定电子商务进农村综合示范县496个,其中贫困县261个,占52.6%。全国累计建设农村电子商务服务点40余万个,覆盖50%以上的县,快递乡镇覆盖率80%。[3] 电商扶贫成为全国创新扶贫举措的亮点之一。

(六)旅游扶贫工程

依托贫困地区特有的自然资源和人文资源,大力推动贫困地区发展旅游产业,是脱贫攻坚的主要措施之一。2014年,国务院扶贫办决定在全国选取2000个建档立卡贫困村实施旅游扶贫工程,2015年先在600个贫困村开展试点。在此基础上,2016年8月11日,国家旅游局、国务院扶贫办等12个部门发出《关于印发乡村旅游扶贫工程行动方案的通知》,提出"十三五"期间,力争通过发展乡村旅游带动全国25个省(自治区、直辖市)2.26万个建档立卡贫困村、230万个贫困户、747万贫困人口实现脱贫,其

---

[1] 《对十二届全国人大五次会议第8441号建议的回复》,国务院扶贫开发领导小组办公室网站2017年12月4日,http://www.cpad.gov.cn/art/2017/12/4/art_2202_74415.html。

[2] 林含:《京东探索电商扶贫新路径 八百多贫困县网上卖特产》,《人民日报》2017年8月3日。

[3] 《对十二届全国人大五次会议第1945号建议的答复》,国务院扶贫开发领导小组办公室网站2017年11月29日,http://www.cpad.gov.cn/art/2017/11/29/art_2202_74124.html。

中通过实施乡村旅游扶贫工程,全国1万个乡村旅游扶贫重点村年旅游经营收入达到100万元,贫困人口年人均旅游收入达到1万元以上。① 2018年1月,国家旅游局、国务院扶贫办又印发《关于支持深度贫困地区旅游扶贫行动方案》,聚焦深度贫困地区组织实施旅游扶贫规划攻坚工程、旅游基础设施提升工程、旅游扶贫精品开发工程、旅游扶贫宣传推广工程、旅游扶贫人才培训工程、旅游扶贫示范创建工程等,切实加大旅游扶贫支持力度。

革命老区覆盖1599个县,青山绿水藏在深山人不识。2017年3月,中国老区建设促进会与中国扶贫开发服务有限公司在全国革命老区发起开展"老区旅游扶贫工程",发挥民宿项目"小、快、准"的特点,以建设特色精品民宿等旅游产品和培育乡村旅游创客基地为重点,带动贫困人口增收减贫。

经过各方努力,在一些地方,乡村旅游扶贫已成为贫困群众脱贫增收的主导产业。例如,截至2018年底,青海藏区已有98个村通过乡村旅游扶贫项目实现了整体发展、稳定增收。其中贫困村德吉村2018年实现旅游综合收入300万元,村民直接增收超过250万元。②

(七) 光伏扶贫工程

在光照资源较好的贫困地区开展光伏扶贫项目建设,是产业扶贫的重要抓手、打赢脱贫攻坚战的重要举措。2014年,国务院扶贫办会同国家能源局启动了光伏扶贫试点工作,2015年在安徽、河北、山西、宁夏、甘肃、青海在6省30个贫困县开展贫困村光伏扶贫试点,以村为单位整体推进,在建档立卡贫困村、贫困户安装分布式光伏发电系统,并支持因地制宜开发光伏农业扶贫。2015年11月,中共中央、国务院发布的《关于打赢脱贫攻坚战的决定》明确提出要加快推进光伏扶贫工程,发展光伏农业。2016年3月,国家能源局等四部门联合印发《关于实施光伏发电扶贫工作的意见》,加大力度支持光伏扶贫项目建设,光伏扶贫工程在全国全面展开。2016年10月、2017年12月分两次下达光伏扶贫专项规模516万千瓦和419万千瓦,2017年在年度规模中明确8个省共450万千瓦普通电站规模也全部用于光伏扶贫。此外,各地根据国家政策还自行组织建设了一批光伏扶贫电站。截至2017年底,已纳入国家光伏扶贫补助目录项目553.8万千瓦,覆

---

① 《关于印发乡村旅游扶贫工程行动方案的通知》,国务院扶贫开发领导小组办公室网站2016年8月11日,http://www.cpad.gov.cn/art/2016/8/11/art_1747_672.html。

② 姜峰:《牧民入股 传统产业走新路(纵深·"三区三州"看脱贫②)》,《人民日报》2019年4月2日。

盖贫困户96.5万户。①

2017年12月,国家能源局会同国务院扶贫办联合印发《关于下达"十三五"第一批光伏扶贫项目计划的通知》,下达8689个村级光伏扶贫电站,总装机4186237.852千瓦的光伏扶贫项目计划。这次下达的光伏扶贫电站分布在14个省的236个光伏扶贫重点县的14556个建档立卡贫困村,惠及710751户建档立卡贫困户。②

青海省是全国光伏项目贫困村全覆盖的唯一省份。8个县150兆瓦光伏扶贫项目,带动8000户贫困户年均增收4000元。2018年8月,1622个贫困村471.6兆瓦光伏扶贫项目即将落地实施。项目建成后,每村每年收益预计在40万元以上。③ 项目收益将作为村集体经济收入,一方面用以工代赈、生产奖补等方式,带动农牧民增收;另一方面作为滚动资金,进一步发展壮大扶贫产业。可以说,光伏扶贫为壮大贫困村集体经济开辟了新路径,为解决贫困群众稳定脱贫提供了新手段。

(八) 构树扶贫工程

构树具有适应性强、生长迅速、产量高等特点,通过种植构树推动草食畜牧业发展,既可以解决贫困地区蛋白饲料不足问题、促进贫困户增收脱贫,又能减少水土流失、促进生态脆弱地区的生态修复和重建,是经济效益、生态效益、社会效益相统一的利国利民工程。

2015年,国务院扶贫办在全国11个省开展了构树扶贫工程试点,该工程采用中科院植物所杂交构树品种以及产业化技术,重点在全国贫困地区实施杂交构树"林—料—畜"一体化畜牧产业扶贫。到2017年,构树扶贫工程已在全国20多个省、自治区进行了试验示范,取得了良好效果。例如,河南汝阳县作为河南省试点县之一,采取"公司+基地+贫困户"的模式,推广构树种植,贫困户当年就有收益,构树成为贫困户的"摇钱树"。④

2018年7月11日,国务院扶贫办发出《关于扩大构树扶贫试点工作的指导意见》,提出在适宜种植杂交构树的地区,重点在黄河流域滩区、长江流域低丘缓坡地、石漠化地区特别是深度贫困地区,合理布局构树种植,让

---

① 《国家能源局新能源司和国务院扶贫办开发指导司负责同志就〈光伏扶贫电站管理办法〉答记者问》,《太阳能》2018年第8期。
② 《"十三五"第一批光伏扶贫项目计划下达》,国务院扶贫开发领导小组办公室2018年1月9日,http://www.cpad.gov.cn/art/2018/1/9/art_22_76421.html。
③ 陈晨:《扶贫产业遍地开花 脱贫攻坚结出金果》,《青海日报》2018年8月21日。
④ 朱艳艳、赵东阳:《构树成了贫困户的"摇钱树"》,《洛阳日报》2016年8月11日。

贫困群众参与构树种植基地建设和发展养殖业，提高收入水平和自我发展能力，促进乡村产业兴旺，实现稳定脱贫。

(九) 贫困村创业致富带头人培训工程

贫困村脱贫致富带头人成功创业、率先富裕的典型，对激发贫困群众的内生动力，具有很强的示范效应。2014年，为探索新时代东西对口帮扶培养贫困村创业致富带头人的"雨露计划"工作新方式，国务院扶贫办决定由福建、甘肃、宁夏三省区合作开展贫困村创业致富带头人培训，组织动员东部富裕村对接帮扶西部贫困村，培育村级微小企业，培养致富带头人。试点期限一年，自2014年10月至2015年10月，计划培训400个贫困村居民，其中甘肃省300人，宁夏回族自治区100人。试点采取"1+11"的培养模式，2014年年底之前，400名学员完成为期1个月的集中培训；学员返乡后安排11个月的创业导师跟踪指导和电大远程网络教学辅导，为学员创业提供全程咨询服务，导师帮助学员解决在创业过程中遇到的困难和问题。① 2014年10月31日，福建省南安市梅山镇蓉中村，来自甘肃、宁夏、湖北、福建四省区贫困村的90名学员开始了为期一个月的创业致富学习，标志着首期全国贫困村创业致富带头人培训工程正式启动。2015年起，农业部建立的全国职业农民培训师资库，根据需要聘请有意愿培训农民的农村致富带头人作为培训师资，通过购买其服务，发挥他们的示范引领作用。

2015年8月26日，国务院扶贫开发领导小组发出《关于组织实施扶贫创业致富带头人培训工程的通知》，决定全面组织实施扶贫创业致富带头人培训工程。

按照这一部署，各地纷纷制定扶贫创业致富带头人培训工程实施方案，建立培训基地，将这一工作切实开展起来。培训内容涉及农业创业致富、带动贫困户脱贫致富的思路和对策，通过培训，进一步增强致富带头人的创业致富本领，使他们真正成为推进产业扶贫的"实践者"、带领贫困群众走向市场的"领航员"、勤劳致富的"领头雁"、脱贫攻坚的"开路先锋"。

(十) 扶贫龙头企业带动工程

扶持和壮大扶贫龙头企业是增强贫困地区经济发展活力、促进农民脱贫增收的重要途径。中共中央、国务院在《关于打赢脱贫攻坚战的决定》中要求，加强贫困地区农民合作社和龙头企业培育，发挥其对贫困人口的组

---

① 《雨露计划贫困村创业致富带头人培训闽甘、闽宁试点工作方案》，国务院扶贫开发领导小组办公室网站，http://www.cpad.gov.cn/attach/-1/15091415373307028 30.doc。

织和带动作用。2016年3月,中国人民银行发出《关于开办扶贫再贷款业务的通知》,明确提出扶贫再贷款资金优先和主要用于支持当地带动贫困户就业发展的企业,积极引导和促使龙头企业在贫困地区聚焦贫困户,开展精准扶贫。2017年4月,人力资源社会保障部办公厅、国务院扶贫办综合司联合发出《关于进一步做好就业扶贫工作有关事项的通知》,优先遴选能够提供岗位数量多、劳动条件好、权益保障到位的扶贫龙头企业作为全国就业扶贫基地。

为了加强贫困地区龙头企业培育,2017年12月20日,国务院扶贫办发出《关于完善扶贫龙头企业认定和管理制度的通知》,指出以贫困人口参与共享为基本标准,加强扶贫龙头企业的认定;建立全国扶贫龙头企业信息系统,加强对扶贫龙头企业的管理;各地要落实已出台扶持政策,运用涉农资金、扶贫再贷款,以及"定点扶贫""东西部扶贫协作"社会帮扶项目和资金支持扶贫龙头企业发展,还要对带贫减贫效果显著的扶贫龙头企业和典型案例,加大宣传和推广力度,对做出突出贡献的企业给予表彰。

实践证明,龙头企业在产业扶贫中确实起到突出的引领作用。例如,2017年,广西巴马瑶族自治县成功引进了天津宝迪、南华糖厂等10多家龙头企业,带动84家农民专业合作社创业热情,创建中草药、香猪、肉牛、肉鸡、火龙果和观光休闲农业等14个产业示范园区。全县已有1000亩以上的有机种植基地4个、500亩以上特色水果园区2个、500亩以上观光休闲农业园区2个、年出栏1万头以上香猪养殖基地2个,惠及贫困户1.2万户。①

四、推动行业扶贫,开展十大精准扶贫行动

2016年是打赢脱贫攻坚战的首战之年,党和政府有关部门投入大量人力物力,组织开展了教育扶贫、健康扶贫、金融扶贫、交通扶贫、水利扶贫、就业扶贫、危房改造和人居环境改善扶贫、科技扶贫、中央企业定点帮扶革命老区百县万村、民营企业"万企帮万村"等十大行业精准扶贫行动。

(一)教育扶贫行动

教育扶贫行动是为了充分发挥教育在扶贫开发中的重要作用,培养经济社会发展需要的各级各类人才,促进贫困地区从根本上摆脱贫困,而实

---

① 《广西:巴马特色产业夯实脱贫基础》,国务院扶贫开发领导小组办公室网站2018年3月29日,http://www.cpad.gov.cn/art/2018/3/29/art_5_81491.html。

施的一项重大民生工程。2015年11月,中共中央、国务院在《关于打赢脱贫攻坚战的决定》中强调:加快实施教育扶贫工程,让贫困家庭子女都能接受公平有质量的教育,阻断贫困代际传递。①

为了贯彻中央精神,全面打赢脱贫攻坚战,国务院扶贫办将教育扶贫纳入精准扶贫十大行动组织实施,并会同教育部等部门不断完善教育扶贫政策的顶层设计。2016年,教育部联合国务院扶贫开发领导小组等部门先后出台印发了《教育脱贫攻坚"十三五"规划》《关于进一步扩大学生营养改善计划地方试点范围实现国家扶贫开发重点县全覆盖的意见》《关于免除普通高中建档立卡家庭经济困难学生学杂费的意见》和《职业教育东西协作行动计划(2016—2020年)》,2017年上半年又出台《职业教育东西协作行动实施方案》,基本实现对贫困家庭子女从学前教育到高等教育的全程特惠扶持,为阻断贫困代际传递奠定了坚实的基础。

各省、自治区、直辖市纷纷制定方案,实施教育扶贫工程。例如,山东省实施的"323"教育扶贫工程,包括推进3项计划,即推进"贫困地区义务教育薄弱学校改造计划"、"贫困地区学前教育普及计划"和"贫困地区教师队伍提升计划";构建2个网络,即构建"城乡学校结对帮扶网络"和"高校科技扶贫网络";完善3个体系,即完善"建档立卡贫困家庭学生资助体系""贫困农村留守儿童关爱服务体系"以及"职业教育精准扶贫体系"。②

中共十八大以来,国家将中西部和贫困地区教育建设作为重点,加大投入力度。2018年,中央财政教育转移支付增加到3067亿元,80%用于中西部农村和贫困地区③。所开展的教育扶贫实践,主要有以下七项:一是自2012年起连续实施学前教育三年行动计划。全国学前三年毛入园率由2011年的62.3%提高到2015年的75%,中西部地区在园幼儿数由2011年的2153万增加到2015年的2789万,增长了30%。④ 二是实施贫困地区学生营养改善计划。2015年由中央财政专项补助经费5亿元,覆盖21

---

① 《中共中央 国务院关于打赢脱贫攻坚战的决定》,《中华人民共和国国务院公报》2015年第35号。
② 《山东省实施"323"教育扶贫工程成效显著》,《山东教育报》2017年4月13日。
③ 《从"有学上"到"上好学"——党的十八大以来全国教育系统推进义务教育均衡发展纪实》,《光明日报》2018年9月8日。
④ 中华人民共和国国务院新闻办公室:《中国的减贫行动与人权进步》(2016年10月),《人民日报》2016年10月18日。

个省(区、市)14个集中连片特困地区的341个县,共211万名儿童受益。①三是启动以中西部农村贫困地区为主的义务教育"全面改薄"工程。2013年至2016年中央财政累计投入1336亿元,带动地方投入2500亿元,推动中西部义务教育薄弱学校整体功能提升,全国832个贫困县的10.3万所义务教育学校办学条件达到底线要求,达到底线要求的学校占总数的94.7%。② 四是实施雨露计划支持农村贫困家庭新成长劳动力接受职业教育。2015年6月2日,国务院扶贫办等部门发布《关于加强雨露计划支持农村贫困家庭新成长劳动力接受职业教育的意见》,将雨露计划作为专项扶贫工作的重要内容,对建档立卡贫困家庭子女参加中、高等职业教育,按每生每年3000元左右的标准给予家庭扶贫助学补助。五是启动实施《职业教育东西协作行动计划(2016—2010年)》。先是北京、天津等8个东部省市教育厅(教委)与内蒙古、甘肃等8个西部省份教育厅(教委)"一对一"签订了职业教育东西协作行动计划落实协议。2017年,天津、上海、江苏、浙江、东莞、中山等省市落实《职业教育东西协作行动计划滇西实施方案(2017—2020年)》各项部署,对口招收建档立卡贫困生8270人接受中等职业教育、1000人实习就业。六是实行面向集中连片特困地区定向招生专项计划。为了增加特殊困难地区学生接受优质高等教育的机会,自2012年起,国家组织实施农村贫困地区定向招生专项计划(国家专项计划)、地方重点高校招收农村学生专项计划(地方专项计划)、农村学生单独招生计划(高校专项计划),畅通农村和贫困地区学子进入重点高校接受优质教育的渠道。四年间面向832个贫困县累计录取学生18.3万人,贫困地区农村学生上重点高校人数连续三年(2013年至2015年)增长10%以上③。七是实施乡村教师生活补助计划。2013年,中央"一号文件"要求设立专项资金,对在连片特困地区乡、村学校和教学点工作的教师给予生活补助④;2015年国务院办公厅印发《乡村教师支持计划(2015—2020年)》,全面提

---

① 中华人民共和国国务院新闻办公室:《中国的减贫行动与人权进步》(2016年10月),《人民日报》2016年10月18日。
② 赵婀娜:《努力让十三亿人民享有更好更公平的教育——党的十八大以来中国教育改革发展取得显著成就》,《人民日报》2017年10月17日;教育部:《全面改薄工作总体进展顺利实现时间过半任务过半》,教育部网站2017年2月15日,http://www.moe.gov.cn/jyb_xwfb/gzdt_gzdt/s5987/201702/t20170215_296260.html.
③ 中华人民共和国国务院新闻办公室:《中国的减贫行动与人权进步》(2016年10月),《人民日报》2016年10月18日。
④ 《中共中央 国务院关于加快发展现代农业进一步增强农村发展活力的若干意见》,《中华人民共和国国务院公报》2013年第2号。

高乡村教师待遇。2013年至2015年,中央财政累计投入资金约44亿元,支持连片特困地区对乡村教师发放生活补助,惠及约600个县的100多万名乡村教师。①

（二）健康扶贫行动

因病致贫、因病返贫是最为突出的致贫因素。数据显示,截至2015年底,中国农村贫困人口中因病致贫、因病返贫占比达到44.1%。中共中央高度重视贫困人口医疗卫生保障工作,将健康扶贫工作摆在脱贫攻坚的重要位置,全面部署推进。2015年11月,《中共中央 国务院关于打赢脱贫攻坚战的决定》明确提出在中西部22个省(自治区、直辖市)实施健康扶贫工程,保障贫困人口享有基本医疗卫生服务,努力防止因病致贫、因病返贫。主要措施包括新型农村合作医疗和大病保险制度对贫困人口实行政策倾斜、加大农村贫困残疾人康复服务和医疗救助力度、建立全国三级医院与连片特困地区县和国家扶贫开发工作重点县县级医院稳定持续的一对一帮扶关系等。②

2016年以来,国家卫生计生委、国务院扶贫办等单位深入落实中央决策精神,启动健康扶贫工程,扎实推进各项工作。

一是完善顶层设计,强化工作部署。2016年6月20日,国家卫生计生委、国务院扶贫办、人力资源和社会保障部等15个部门联合印发《关于实施健康扶贫工程的指导意见》,提出对患大病和慢性病的农村贫困人口进行分类救治、实行县域内农村贫困人口住院先诊疗后付费等九项重点任务,并明确15个部门各自的职责,分解任务全面推进。2016年10月19日,国家卫生计生委、国务院扶贫办又制定下发健康扶贫工作考核办法,考核各地健康扶贫任务落实和成效。③ 2016年、2017年连续召开全国健康扶贫工作会议,全面部署实施健康扶贫工程。2016年,全国卫生、扶贫系统共同对25省775万户1996万人因病致贫户进行核实核准,精准调查核查发病率高、费用高、严重影响生产生活能力的93种重点病种,首次摸清全国因病致贫、因病返贫人口底数,全面掌握贫困户患病、看病的详细情况,建立起

---

① 中华人民共和国国务院新闻办公室:《中国的减贫行动与人权进步》(2016年10月),《人民日报》2016年10月18日。
② 《中共中央 国务院关于打赢脱贫攻坚战的决定》,《中华人民共和国国务院公报》2015年第35号。
③ 《关于印发健康扶贫工作考核办法的通知》,《中华人民共和国国家卫生和计划生育委员会公报》2016年第10期。

健康扶贫工作台账和数据库,为分类施策救治和后期政策完善奠定基础。①

二是全面启动贫困患者分类救治。2016年,在建立健康扶贫管理数据库的基础上,卫生系统开始组织对大病和慢性病贫困患者进行分类救治:能够一次性治愈的,集中力量进行治疗;需要住院维持治疗的,由就近具备能力的医疗机构实施治疗;需要长期治疗和康复的,由基层医疗卫生机构在上级医疗机构指导下实施规范治疗和康复管理。2016年,全国分类救治贫困患者200多万人。2017年4月12日,国家卫生计生委、国务院扶贫办等六部门发出《关于印发健康扶贫工程"三个一批"行动计划的通知》,提出按照大病集中救治一批、慢病签约服务健康管理一批、重病兜底保障一批的要求,对核实核准的患有大病和长期慢性病的农村贫困人口实施分类分批救治,将健康扶贫落实到人、精准到病,推动健康扶贫工程深入实施。这项工作遂在全国全面实施,截至2017年10月,全国已分类救治360万大病和慢性病贫困患者。②

三是提高贫困人口医疗保障水平,降低贫困人口看病负担。各地把降低贫困患者看病负担作为健康扶贫工作的核心,逐步构建起基本医疗保险、大病保险、医疗救助、商业补充保险等多重保障线,贫困人口医疗保障水平明显提高。2016年,城乡居民基本医保(新农合)、大病保险对贫困人口实现了全覆盖,重特大疾病医疗救助逐步覆盖贫困人口;新农合政策范围内住院费用报销比例提高5个百分点以上,降低大病保险报销起付线,减轻了农村贫困人口看病就医费用负担。据统计,2016年贫困人口住院实际补偿比达到67.6%,74%的贫困县实行贫困人口县域内住院先诊疗后付费和"一站式"信息交换和即时结算,有效减轻贫困人口看病就医经济负担。③

四是综合施策,提高贫困地区卫生服务能力。为了推动优质医疗资源向贫困县下沉,2016年2月17日,国家卫生计生委、国务院扶贫办等五部门联合发出《关于印发加强三级医院对口帮扶贫困县县级医院工作方案的通知》,部署2016—2020年集中调派全国优质医疗资源帮扶贫困县县级医院的工作。到2017年,组织安排全国889家三级医院对口帮扶所有贫困

---

① 中华人民共和国国务院新闻办公室:《中国健康事业的发展与人权进步》(2017年9月),《人民日报》2017年9月30日。
② 《我国健康扶贫工程救治360万大病和慢性病贫困患者》,国务院扶贫开发领导小组办公室网站2017年10月11日,http://www.cpad.gov.cn/art/2017/10/11/art_2164_72003.html。
③ 《新闻办就〈健康扶贫工程"三个一批"行动计划〉有关情况举行发布会》,中央人民政府网2017年4月21日,http://www.gov.cn/xinwen/2017-04/21/content_5188005.htm#1。

县的1149家县级医院,近万名城市三级医院医生在贫困县县级医院进行蹲点帮扶,帮助贫困县县医院开展重点专科建设。① 此外,全科医生特岗计划、农村订单定向医学生免费培养、住院医师规范化培训、助理全科医生培训等工作进一步向贫困地区倾斜。多措并举,逐步补齐贫困地区医疗卫生能力短板。

贫困地区的健康扶贫行动是靠中央财政投入支持的。十八大之后的5年间,中西部地区卫生投入年均增速达到13.0%。2017年,中央财政对地方医疗卫生转移支付中,40.2%和39.9%的资金投向了中部和西部地区。②

(三)金融扶贫行动

新时代脱贫攻坚以来,金融扶贫开拓了一片新天地,"金融水浇出扶贫果",成为脱贫攻坚工作的一大亮点。2016年3月16日,国务院扶贫开发领导小组会同中国人民银行等七部门联合印发《关于金融助推脱贫攻坚的实施意见》,提出了22条金融助推脱贫攻坚的具体措施,为打赢脱贫攻坚战提供有力支撑。2017年12月15日,中国人民银行等四部门印发《关于金融支持深度贫困地区脱贫攻坚的意见》,要求金融部门坚持新增金融资金优先满足深度贫困地区,新增金融服务优先布设深度贫困地区。

中国人民银行充分发挥中央银行职能作用,相继召开金融扶贫工作电视电话会议、座谈会和现场会议,全面布置脱贫攻坚金融服务工作,并要求各地成立专门的工作协调机制。2017年,全国有扶贫任务的省(自治区、直辖市)的人民银行省级分支行全部建立了金融扶贫工作小组,19个省成立了省级金融扶贫跨部门工作协调机制。中国人民银行还组织相关分支行分别成立了14个集中连片特困地区扶贫开发金融服务联动协调机制,积极推动连片特困地区金融服务的信息交流、政策研究、协调合作和创新发展。同时,加强东西部金融从业人员的双向交流挂职,引导金融人才向西部等艰苦边远地区流动,加强西部地区金融业务培训,提升西部地区金融从业者的金融服务水平。

为满足建档立卡贫困户产业发展需求,增强贫困户自我发展能力,国务院扶贫开发领导小组积极会同中国人民银行、国家开发银行等创新金融

---

① 《新闻办就〈健康扶贫工程"三个一批"行动计划〉有关情况举行发布会》,中央人民政府网2017年4月21日,http://www.gov.cn/xinwen/2017-04/21/content_5188005.htm#1。
② 赵永平、常钦:《决胜全面小康的"脱贫答卷"——写在第五个国家扶贫日到来之际》,《人民日报》2018年10月17日。

产品和服务,用金融支持政府集中力量办大事。主要表现在以下三个方面:一是对发展产业的建档立卡贫困户给予扶贫小额信贷支持。这个政策从2015年开始实施,到2018年10月,已经累计发放4437亿元扶贫小额信贷,支持1123万贫困户发展产业。① 二是对带动建档立卡贫困户发展产业脱贫的龙头企业、农村合作社,给予扶贫再贷款政策,其享受比支农再贷款更优惠的利率,一般2%左右给到地方,5%左右给到企业。到2017年底,扶贫再贷款余额已经超过1600多亿元。三是金融债。国家开发银行和中国农业发展银行发行3500亿以上金融债,募集的资金全部用于易地扶贫搬迁贷款项目。

此外,创新金融保险,为建卡贫困户提供多方位的保险保障。很多地方通过购买社会服务的方式,与保险公司合作,先后开展建卡贫困户农村扶贫小额保险、大病医疗补充保险和农村住房保险等试点工作,为贫困户提供了"保生命、保健康、保居所"的多方位保障,筑起一道稳固的风险防范墙。例如,2015年,重庆市扶贫办安排财政专项扶贫资金2110万元、募集社会捐赠资金300万元,为33个重点区县、48.2万建卡贫困户购买农村扶贫小额保险,实现了所有贫困户全覆盖,截至2015年10月底,共发生理赔案件351起,赔付金额242.9万元,在一定程度上减轻了贫困户因意外产生的经济负担。②

(四)交通扶贫行动

"小康不小康,关键看老乡,致富不致富,关键看公路。"贫困地区道路基础设施建设落后,引起习近平高度重视,他多次作出重要指示,要求把农村公路建好、管好、护好、运营好,为广大农民致富奔小康、加快推进农业农村现代化提供更好保障。

交通运输部等有关部门积极做好交通扶贫顶层设计。2012年国家制定实施《集中连片特困地区交通建设扶贫规划纲要(2011—2020年)》,"十二五"期间投入车购税资金5500亿元以上(占全国的近50%),带动全社会公路建设投入近2万亿元,全面加快了集中连片特困地区国家高速公路、

---

① 赵永平、常钦:《决胜全面小康的"脱贫答卷"——写在第五个国家扶贫日到来之际》,《人民日报》2018年10月17日。
② 《重庆市扶贫办创新金融扶贫方式助推重庆市贫困地区限时打赢脱贫攻坚战》,国务院扶贫开发领导小组办公室网站2016年1月11日,http://www.cpad.gov.cn/art/2016/1/11/art_34_43566.html。

普通国省道、农村公路、农村客运站点和"溜索改桥"的建设。① 2016年4月,国家发展改革委、交通运输部、国务院扶贫办联合印发《关于进一步发挥交通扶贫脱贫攻坚基础支撑作用的实施意见》,明确以革命老区、民族地区、边疆地区和贫困地区为重点,加强交通基础设施建设。2016年7月,交通运输部印发《"十三五"交通扶贫规划》,把集中连片特困地区(14个片区)、国家扶贫开发工作重点县、革命老区县、少数民族县和边境县②等1177个县(市、区)纳入政策支持范围,使贫困地区到2020年全面建成"外通内联、通村通乡、班车到村、安全便捷"的交通运输网络,为贫困地区与全国同步全面建成小康社会当好先行、做好保障。"十三五"时期投向贫困地区公路建设的车购税总投资资金将超过8400亿元,占全国车购税预计征收总规模的54%。③ 2017年11月30日,交通运输部办公厅印发《支持深度贫困地区交通扶贫脱贫攻坚实施方案》,明确新增资金、新增项目、新增举措主要向西藏、四省藏区、新疆南疆四地州和四川凉山州、云南怒江州、甘肃临夏州等"三区三州"倾斜,确保到2020年如期完成建制村通硬化路、通客车等交通扶贫兜底性目标。此外,交通运输部与包括云南、贵州、四川三省在内的24个省(自治区、直辖市)人民政府签订了交通扶贫部省共建协议,明确了部、省责任分工,充分发挥中央和地方积极性,形成部省联动共建合力。

新时代交通扶贫注重创新实践。一是将"四好农村路"建设要求融入交通脱贫攻坚。按照习近平"把农村公路建好、管好、护好、运营好"的要求,各地扎实推进"四好农村路"建设并取得明显成效。到2017年底,全国新建改建农村公路127.5万公里,99.24%的乡镇和98.34%的建制村通上了沥青路、水泥路,乡镇和建制村通客车率分别达到99.1%和96.5%以上,城乡运输一体化水平接近80%,农村"出行难"问题得到有效解决。④二是创新交通精准扶贫理念,加快推动"交通+生态旅游""交通+特色产业""交通+电商快递"扶贫,使交通扶贫支撑特色产业发展的功能更加突出。2017年10月,交通运输部与携程旅行网联合启动"交通公益+旅游扶贫"项目,发布全国首批100条扶贫旅游线路,积极推动交通旅游扶贫项目与产品开发。三是创新交通精准建设模式,因地制宜地确定建设方案和建

---

① 中华人民共和国国务院新闻办公室:《中国的减贫行动与人权进步》(2016年10月),《人民日报》2016年10月18日。
② 边境县指经国务院认定的中国陆地边境县(市、镇)。
③ 《交通扶贫超额完成 保障规划资金落实(在国新办新闻发布会上)》,人民网2016年11月25日,http://finance.people.com.cn/n1/2016/1125/c1004-28894554.html。
④ 《习近平对"四好农村路"建设作出重要指示》,《老区建设》2018年第1期。

设标准,最大限度地减少对自然环境的破坏。四是创新交通精准服务标准,支持主要乡镇建设集客运、物流、商贸、邮政、快递、供销等多种服务功能于一体的乡镇客运综合服务站。

(五) 水利扶贫行动

水利是重要基础设施和公共服务领域,"十二五"期间,水利部发挥行业优势,大力推进水利扶贫工作。2011年至2015年,贫困地区共安排中央水利投资2375亿元,占中央水利投资总规模的31.7%。累计解决1.15亿贫困地区农村居民和学校师生饮水安全问题,农村集中式供水覆盖率提高到75%以上。已开工60项重大节水工程惠及贫困地区,总投资达5600亿元。贫困地区共完成7700多座病险水库和大中型病险水闸除险,新建或加固江河堤防3900余公里,新增中小河流治理河长1.45万公里。新增农村水电装机750万千瓦,解决44万户农民的生活燃料问题。①

2016年,水利扶贫又纳入了"十三五"脱贫攻坚行业扶贫十大行动。水利部印发《"十三五"全国水利扶贫专项规划》,把提高贫困地区水利服务与保障能力作为主要目标,把贫困地区民生改善作为水利扶贫的重点任务,把守护贫困地区绿水青山放在水利扶贫优先位置,把破除贫困地区制约水利发展的机制障碍作为重要抓手,着力加强农村饮水安全巩固提升工程、农田水利工程、防洪减灾工程、水资源开发利用工程、水土保持和生态建设、农村水电工程等六大任务,努力提升贫困地区的水利发展能力,切实提高人民群众生活水平,改善生产生活条件,保护生态环境,构建与全面建成小康社会相适应的贫困地区水安全保障体系。

可以说,十八大以来是贫困地区水利投入最大、水利发展最快、群众得实惠最多的时期。几年来累计新增恢复灌溉面积1300多万亩,改善灌溉面积4000多万亩,新增节水灌溉面积3400万亩;水库移民后期扶持政策帮助455个贫困县、30多万贫困移民实现脱贫梦想;2016年启动的农村小水电扶贫工程已使2万多贫困人口直接受益;累计安排400多个国家级贫困县开展水土保持生态建设,治理水土流失面积约4.1万平方公里,项目区林草植被覆盖率平均提高20%,通过发展经济林果业,农民年人均增收400元以上。②

---

① 中华人民共和国国务院新闻办公室:《中国的减贫行动与人权进步》(2016年10月),《人民日报》2016年10月18日。
② 《中央水利资金5年2000多亿元攻坚"水贫困"》,人民网2017年10月11日,http://politics.people.com.cn/n1/2017/1011/c1001-29580030.html。

（六）就业扶贫行动

促进农村贫困劳动力就业对贫困户脱贫发挥着重要作用，往往就业一人，脱贫一户。因此，新时代对就业扶贫高度重视，将之作为脱贫攻坚的重大措施进行部署。2016年12月2日，人力资源和社会保障部、财政部、国务院扶贫开发领导小组办公室发出《关于切实做好就业扶贫工作的指导意见》，要求围绕实现精准对接、促进稳定就业的目标，通过开发岗位、劳务协作、技能培训、就业服务、权益维护等措施，帮助一批未就业贫困劳动力转移就业，帮助一批已就业贫困劳动力稳定就业，帮助一批贫困家庭未升学初、高中毕业生就读技工院校毕业后实现技能就业，带动促进1000万贫困人口脱贫。2017年4月，《人力资源社会保障部办公厅国务院扶贫办综合司关于进一步做好就业扶贫工作有关事项的通知》要求，优先遴选能够提供岗位数量多、劳动条件好、权益保障到位的扶贫龙头企业作为全国就业扶贫基地。2018年是全面打好脱贫攻坚战的关键一年。2018年3月16日，人力资源和社会保障部、国务院扶贫办发出《关于做好2018年就业扶贫工作的通知》，要求以促进有劳动能力的贫困人口都能实现就业为目标，加大就业扶贫力度，确保零就业贫困户至少一人实现就业。

脱贫攻坚中，就业扶贫注重整合各种扶贫资源，通过培训解决就业缺技能问题。一是国务院扶贫办、人力资源和社会保障部自2014年实施农民工职业技能提升计划——"春潮行动"，加大对贫困地区职业培训适当给予生活费补贴等优惠政策，到2020年力争使新进入人力资源市场的农村转移就业劳动者都有机会接受一次就业技能培训；力争使企业技能岗位的农村转移就业劳动者得到一次岗位技能提升培训或高技能人才培训；力争使具备一定创业条件或已创业的农村转移就业劳动者有机会接受创业培训。"春潮行动"实施的重点对象是农村新成长劳动力，每年面向农村新成长劳动力和拟转移就业劳动者开展政府补贴培训700万人次，培训合格率达到90%以上，就业率达到80%以上；每年面向在岗农民工开展政府补贴培训300万人次，培训合格率达到90%以上；每年面向有创业意愿的农村转移就业劳动者开展创业培训100万人次，培训合格率达到80%以上，创业成功率达到50%以上。①

二是国务院扶贫办、人力资源和社会保障部等五部门自2016年启动

---

① 《"春潮行动"助力农民工提升职业技能 人社部就〈农民工职业技能提升计划——"春潮行动"实施方案〉有关问题答记者问》，《就业与保障》2014年第5期。

实施农民工等人员返乡创业培训五年行动计划(2016—2020年),指导地区紧密结合农民工等人员返乡创业培训需求,健全完善创业培训体系,充分发挥优质培训资源作用,大力开展创业培训,全面激发农民工等人员的创业热情,提高创业能力,逐步形成以创业培训为基础,创业扶持政策和企业服务相结合,全面推进创业促就业工作的新局面。

三是国务院扶贫办、人力资源和社会保障部大力实施技能脱贫千校行动,2016年至2020年在全国组织千所省级重点以上的技工院校开展"技能脱贫千校行动",使每个有就读技工院校意愿的建档立卡贫困家庭应、往届"两后生"都能免费接受技工教育。每个有劳动能力且有参加职业培训意愿的建档立卡贫困家庭劳动者每年都能够到技工院校接受至少1次免费职业培训,对接受技工教育和职业培训的贫困家庭学生(学员)推荐就业,实现"教育培训一人,就业创业一人,脱贫致富一户"的目标。[1] 截至2016年,全国共有855所技工院校参与到技能脱贫千校行动中。全年招收建档立卡贫困家庭子女6.75万人,面向建档立卡贫困家庭劳动者开展职业培训13.3万人次,技能脱贫成效初显。[2]

四是在进城务工方面,推行区域间的劳务协作,由贫困地区和东部城市的政府部门组织企业、倡导企业接收建档立卡贫困人口去务工。据不完全统计,到2017年有577万贫困人口通过劳务协作获得稳定就业,不仅有工资,还有社会保障;这577万人还能带动1000多万人增收脱贫。[3]

五是根据产业结构的发展,在一些贫困地区建档立卡贫困村设立扶贫车间,把城市的一些企业,县城的一些属于资金密集型、劳动密集型的企业,转移到村里,利用旧的学校、办公场所、农村院落开展生产,使农村的农民特别是一些贫困人口打工不离乡,在家门口务工就能提高收入。

(七)危房改造和人居环境改善扶贫行动

帮助建档立卡贫困户等重点对象进行农村危房改造是实现中央脱贫攻坚"两不愁、三保障"总体目标中住房安全有保障的重点工作。为此,国家启动农村危房改造工程,改造资金以农民自筹为主,政府补助为辅,中央

---

[1] 《新华社 人社部和国务院扶贫办开展"技能脱贫千校行动"》,《河南教育(职成教版)》2016年第9期。
[2] 《对十二届全国人大五次会议第8261号建议的答复》,国务院扶贫开发领导小组办公室网站2017年12月4日,http://www.cpad.gov.cn/art/2017/12/4/art_2202_74414.html。
[3] 《国新办举行脱贫攻坚工作新闻发布会》,国务院扶贫开发领导小组办公室网站2018年1月5日,http://www.cpad.gov.cn/art/2018/1/5/art_2241_101.html。

补助标准从户均5000元提高到7500元,对贫困地区再增加1000元,帮助住房最危险、经济最贫困农户解决最基本的住房安全问题。截至2015年底,全国累计安排1556.7亿元支持1997.4万户贫困农户改造危房。①

2016年11月3日,住房和城乡建设部、财政部、国务院扶贫办发出《关于加强建档立卡贫困户等重点对象危房改造工作的指导意见》,指出帮助住房最危险、经济最贫困农户解决最基本的安全住房是农村危房改造始终坚持的基本原则,建档立卡贫困户、低保户、农村分散供养特困人员和贫困残疾人家庭(以下简称4类重点对象)是"十三五"期间农村危房改造的重点和难点;脱贫攻坚要把4类重点对象放在农村危房改造优先位置,以保障其住房安全为目标,统筹规划、整合资源、加大投入、创新方法、精心实施,确保2020年以前圆满完成585万户4类重点对象危房改造任务。② 农村危房改造是通过政府补助的方式帮助贫困群众改造居住条件,使贫困群众得到实实在在的利益,被称为脱贫致富"定心丸",受到贫困群众的欢迎。

建档立卡贫困村人居卫生条件十分落后,粪便暴露、人畜混居、饮水不洁、垃圾乱扔等问题非常严重,是贫困村村民致病致贫的重要原因之一。2016年7月23日,住房和城乡建设部等七部门发出《关于改善贫困村人居卫生条件的指导意见》,将改善贫困村人居卫生条件作为贫困地区改善农村人居环境的首要任务,重点实施消除人畜粪便暴露、推进人畜分居、改善农村饮用水条件、治理农村垃圾、提升基本居住健康条件等任务,集中解决威胁农民群众身体健康的人居环境突出问题。③ 2016年12月9日,住房和城乡建设部等五部门发出《关于开展改善农村人居环境示范村创建活动的通知》,要求集中连片特困地区和国家级贫困县应因地制宜改建或新建基本生活设施,实现3个基本保障:有基本安全保障,完成农村危房改造任务,有基本防灾减灾设施和措施;有基本生活保障,供水、道路、用电等满足日常生活需求;有基本卫生保障,人畜实现分离居住,消除蚊蝇鼠蟑危害。④

---

① 中华人民共和国国务院新闻办公室:《中国的减贫行动与人权进步》(2016年10月),《人民日报》2016年10月18日。
② 《住房城乡建设部、财政部、国务院扶贫办关于加强建档立卡贫困户等重点对象危房改造工作的指导意见》,国务院扶贫开发领导小组办公室网站2016年11月3日,http://www.cpad.gov.cn/art/2016/11/3/art_1744_59.html。
③ 《住房城乡建设部、全国爱国卫生运动委员会办公室、环境保护部、农业部、水利部、国务院扶贫办、中国农业发展银行关于改善贫困村人居卫生条件的指导意见》,http://www.cpad.gov.cn/art/2016/7/23/art_1747_693.html。
④ 《住房城乡建设部等部门关于开展改善农村人居环境示范村创建活动的通知》,http://www.mohurd.gov.cn/wjfb/201612/t20161213_229942.html。

由此，全国开展了贫困地区农村人居环境改善扶贫行动，全面实施厨房改造、厕所改造、圈舍改造、垃圾收运，开展环境卫生整治，落实污水治理以及改善村容村貌，让农村环境更整洁、村庄更宜居，让贫困农民有更多的获得感和幸福感。

（八）科技扶贫行动

科技扶贫是脱贫攻坚的重要组成部分。2016年4月20日，科技部发出《关于印发科技扶贫精准脱贫实施意见的通知》，动员号召全国科技工作者，充分调动全社会科技资源投身服务于脱贫攻坚战，形成科技扶贫大格局，以科技创新驱动精准扶贫精准脱贫，在坚决打赢脱贫攻坚战的实践中充分发挥科技创新的支撑引领作用。脱贫攻坚期间，科技部每年向边远贫困地区、边疆民族地区和革命老区贫困县选派科技人员约1.8万名，培训约2300人，引导科技成果向贫困地区转移转化。①

为充分发挥科技创新在产业扶贫中的支撑引领作用，2016年10月13日，国务院扶贫办会同科技部等七部门联合印发《科技扶贫行动方案》，提出实施科技特派员创业扶贫行动和脱贫带头人培养行动，针对贫困地区需要就地脱贫的10万个贫困村，组织动员科技特派员进村入户，促进科技能人与致富带头人、技术成果与贫困地区需求、创业扶贫政策与扶贫项目紧密结合，推动第一、二、三产业融合发展；鼓励高等学校、科研院所和省市科技管理部门向贫困地区选派优秀干部和科技人才挂职扶贫，择优接收贫困地区优秀年轻干部到国家部委学习锻炼。

科技扶贫工作成效很快显现。2016年中央财政投入科技扶贫经费5.15亿元，实施科技扶贫项目105个，在贫困地区建设72家星创天地；国家农业科技园区培训农民超过85万人次，"三区"（边远贫困地区、边疆民族地区和革命老区）人才计划全年带动农民增收超过100万人，4个定点扶贫县精准带动建档立卡户脱贫人数达9280人。② 为进一步深化科技扶贫，2017年科技部又启动科技扶贫"百千万"工程，即在贫困地区建立"一百个"科技园区等平台载体，动员组织高校等机构与贫困地区建立"一千个"科技扶贫帮扶结对，实现"一万个"贫困村科技特派员全覆盖。③

各地把科技扶贫作为脱贫攻坚重中之重来抓，使精准扶贫插上"科技

---

① 杜芳、李芃达：《科技扶贫的魔力》，《经济日报》2017年4月19日。
② 杜芳、李芃达：《科技扶贫的魔力》，《经济日报》2017年4月19日。
③ 《科技部：推动科技扶贫"百千万"工程》，《金融科技时代》2017年第11期。

翅膀"。例如,湖南省怀化市推行"123"科技扶贫模式,以科技精准扶贫为核心,通过"优秀人才撬动,特色产业带动",发展贫困地区产业、增加贫困群众收入、推进美丽乡村建设。2015年到2018年上半年,该市市县乡三级共组织1280名科技特派员和483名"三区"科技人才,深入农村基层,帮助发展扶贫产业。市里还向各县市区,共选派了13个科技扶贫专家服务团,有6个县市区实现科技人才对贫困村帮扶全覆盖。通过科技帮扶,形成了溆浦中药材、辰溪稻花鱼、靖州杨梅等"一县一特色"扶贫产业。① 四川省在全省农口系统选派1123名精兵强将,组成"千人战团"赴凉山,聚焦11个深度贫困县和特殊群体,农技帮扶授人以渔。截至2018年6月,农业系统在凉山投入农业科技资金1.1亿元,累计培育新型职业农民5389人,培训基层农技人员5975人、驻村农技员20771人次、贫困户112.7万人次,建立科技示范基地(场)50个,培育科技示范户18885户。②

(九)中央企业定点帮扶革命老区百县万村行动

中央企业作为国有经济的重要骨干和中坚力量,在扶贫开发中一直积极开展行动,在定点扶贫工作中中央企业承担了40%的任务,为帮扶贫困地区群众脱贫致富做出了重要贡献。革命老区由于历史和地理等原因,一直是扶贫攻坚的重点和难点。在中央企业结对帮扶的239个国家扶贫开发工作重点县中,有108个县是革命老区县,占中央企业结对帮扶贫困县的45%。

2014年10月,国务院国资委、国务院扶贫办决定联合开展"中央企业定点帮扶贫困革命老区百县万村"精准扶贫行动,组织动员68家中央企业用3年左右时间,发挥各自特色,创新扶贫模式,加大对老区扶贫的投入力度,集中时间、集中力量、集中资金,加快实施一批小型基础设施项目,帮助108个定点扶贫县、14954个贫困村有效解决缺路、缺水、缺电等突出问题。

一批央企积极投入革命老区百县万村定点扶贫中来,深入贫困村对老区的"缺路、缺水、缺电"情况进行深入细致的调研摸底,详细编制项目规划。尽管面临经济下行,多家央企经营压力加大,但扶贫投入一直在增加。这些央企发挥行业优势,帮助老区群众解决用电、供暖等难题。例如,国家电网加快实施贫困地区农网建设改造工程、县城电网建设改造工程、"户户通电"工程和中西部农网完善工程,提高电网供电能力和质量,为当地群众

---

① 《精准扶贫插上"科技翅膀"》,《湖南日报》2018年6月29日。
② 《决战大凉山　农业扶贫精准加力拔穷根》,《四川日报》2018年7月17日。

脱贫致富提供支持。中央企业在对口帮扶的老区尽可能多投放岗位,招聘贫困家庭的劳动者。一些用工需求量比较大的中央企业,还组织贫困地区农民展开培训,给工作、给技能,提高其就业能力。央企全力支持老区社会建设,华润集团先后在广西百色、河北西柏坡、湖南韶山、福建古田、贵州遵义、安徽金寨、江西井冈山、宁夏海原建成8座"希望小镇",从民居改造、公共配套基础设施建设、产业扶持等方面全方位开展新农村建设。2016年,参与"百县万村"活动的有关中央企业投入资金4.05亿元,实施项目930个,修建乡村道路815公里,修建水窖水池等319座,惠及建档立卡贫困人口15.3万人。①

"同舟工程——中央企业参与'救急难'行动"是民政部、国资委自2015年开始推进实施的另一项中央企业扶贫专项活动,在全国63个中央企业定点扶贫县开展,旨在通过中央企业的参与,重点帮助经政府救助后个人自负医疗费用仍然过多的困难家庭、因病致贫家庭减轻医疗负担,体现"同舟共济、共渡难关""一方有难、八方支援"的社会风尚。2016年,参与"同舟工程"的有关中央企业投入帮扶资金2051万元,救助群众6042人(户)。此外,2016年,国资委会同财政部、国务院扶贫办,经国务院批准,设立中央企业贫困地区产业投资基金,由51家中央企业参与基金首期出资,募集资金122.03亿元并实缴到位。截至2017年4月底,基金公司已完成7个项目投资决策,投放资金19.35亿元;完成14个项目立项工作,投资规模31.18亿元;投放区域涉及12个省区、8个集中连片特困地区,初步发挥产业扶贫的示范作用。②

(十)民营企业"万企帮万村"行动

为广泛动员民营企业参与精准扶贫,2015年10月,国务院扶贫办、全国工商联、中国光彩事业促进会,组织开展民营企业"万企帮万村"精准扶贫行动。全国工商联、国务院扶贫办、中国光彩事业促进会和中国农业发展银行签订并联合印发了《政策性金融支持"万企帮万村"精准扶贫行动战略合作协议》,为争取政策性金融资源支持民营企业参与行动打下了基础。截至2017年9月底,进入"万企帮万村"精准扶贫行动台账管理的民营企业有3.53万家,精准帮扶3.87万个村(其中建档立卡贫困村2.57万个)

---

① 《2016年央企投入扶贫资金27.18亿元 同比翻一番多》,新华网2017年5月16日,http://www.xinhuanet.com/fortune/2017-05/16/c_1120980731.htm。
② 《国资委召开中央企业扶贫开发工作会议》,国务院扶贫开发领导小组办公室2017年5月16日,http://www.cpad.gov.cn/art/2017/5/16/art_624_63063.html。

的558.31万建档立卡贫困人口;产业投入466.28亿元,公益投入106.3亿元,安置就业49.8万人,技能培训53.5万人,有力助推了贫困地区脱贫攻坚。①

2017年10月10日,"万企帮万村"精准扶贫行动论坛在北京会议中心召开,首次表彰了一批"万企帮万村"精准扶贫先进民营企业,亿利资源集团等多家民营企业获得表彰。30年来,亿利资源集团坚持通过绿起来和富起来相结合、生态与产业相结合、企业发展与生态治理相结合的方式,通过"生态+产业+基金"的模式,带动10.2万名内蒙古库布其沙区群众脱贫致富(年人均纯收入从20多年前不到400元增长到1.5万元),并由此创造了中国库布其治沙扶贫模式,2016年获"全国脱贫攻坚奖"。2017年9月11日,联合国官方发布《中国库布其生态财富评估报告》,向"一带一路"乃至全球推广中国库布其治沙扶贫模式。亿利资源集团又在西部生态脆弱地区和边疆少数民族地区启动了新一轮"生态+产业+基金"模式的10万人治沙生态产业扶贫计划,在内蒙古西部和新疆南疆等沙漠地区推动甘草治沙改土扶贫,在西藏山南进行中药材和农牧业产业扶贫,在河北张北推动生态光伏产业扶贫,在云南昭通实施中药材种植和生态产业扶贫,在其他生态脆弱地区实施大型PPP(政府和社会资本合作)生态修复项目,带动贫困户通过劳务就业脱贫致富,让库布其治沙扶贫模式在中国西部生态脆弱地区乃至整个"一带一路"地区广泛推开。

此外,2016年中国开启"网络扶贫元年"。2016年4月,习近平指出:"可以发挥互联网在助推脱贫攻坚中的作用,推进精准扶贫、精准脱贫,让更多困难群众用上互联网,让农产品通过互联网走出乡村,让山沟里的孩子也能接受优质教育。"②2016年10月,中央网信办等部门制定《网络扶贫行动计划》,启动实施网络扶贫五大工程,即网络覆盖工程、农村电商工程、网络扶智工程、信息服务工程、网络公益工程,力争到2020年实现宽带网络覆盖90%以上的贫困村,电商服务通达乡镇,网络教育、网络文化、互联网医疗覆盖贫困地区。此后,各地在脱贫攻坚中大力开展互联网基础设施建设,有效推动了网络普及和水平提升,政府组织推动和互联网、物流企业等方面积极带动的局面基本形成。

---

① 潘跃、杨昊:《以创新激发民营经济的辉煌梦想》,《人民日报》2017年11月24日。
② 习近平:《在网络安全和信息化工作座谈会上的讲话》(2016年4月19日),新华网2016年4月26日,http://www.xinhuanet.com/newmedia/2016-04/26/c_135312437.htm。

五、在脱贫攻坚中发展壮大贫困村集体经济

改革开放以来农村推行家庭联产承包责任制,实行"统分结合,双层经营",但是在实际工作中,"放松了'统'这一方面,需要统的没有统起来,不该分的却分了,其结果是原有的'大一统'变成了'分光吃净',从一个极端走向另一个极端",从而"在有些地方,合作化以来积累起来的集体经济实力的绝大部分化为乌有,幸存下来的集体经济实力也失去发展的基础与动力",导致"乡村集体经济的经营机制逐步萎缩,企业发展的路子越走越窄"。① 到20世纪90年代中后期,乡镇企业、村办企业出现大面积亏损关闭。新世纪以后,随着农业税全面取消,村级三项提留(公积金、公益金和管理费)也被取消,很多村都没有了稳定的集体经济收入来源,村级组织运转主要依靠财政拨款。

全国58.8万个行政村中,没有经营性收入的占50%,经营性收入不到5万的占30%。② 深度贫困地区的贫困村集体收入更少,"很多深度贫困村发展产业欠基础、少条件、没项目,少有的产业项目结构单一、抗风险能力不足,对贫困户的带动作用有限。深度贫困县村均集体收入只有8800多元,同所有贫困县平均5万元相比,差距较大"③。集体经济薄弱的村子,村干部往往办不了事,创不了业,当不了家,教育引导群众的能力差,结果经济发展更为滞后,村子的贫困状况更为加剧。

1990年习近平在福建宁德担任地委书记时,就敏锐地认识到加强集体经济对摆脱贫困的重要性,指出:"在扶贫中,要注意增强乡村两级集体经济实力,否则,整个扶贫工作将缺少基本的保障和失去强大的动力,已经取得的扶贫成果也有丧失的危险。"④脱贫攻坚进入决胜期,2017年6月23日,习近平强调:"要实施贫困村提升工程,培育壮大集体经济,完善基础设施,打通脱贫攻坚政策落实'最后一公里'。"⑤

2016年4月,中办、国办印发的《关于建立贫困退出机制的意见》将集体经济收入纳入了贫困村退出衡量标准,规定"贫困村退出以贫困发生率

---

① 《扶贫要注意增强乡村两级集体经济实力》(1990年4月),习近平:《摆脱贫困》,福建人民出版社1992年版,第193页。
② 林远、姜辰蓉:《委员支招农业供给侧改革:盘活土地》,《经济参考报》2017年3月3日。
③ 习近平:《在深度贫困地区脱贫攻坚座谈会上的讲话》,《党建》2017年第9期。
④ 《扶贫要注意增强乡村两级集体经济实力》(1990年4月),习近平:《摆脱贫困》,福建人民出版社1992年版,第191页。
⑤ 习近平:《在深度贫困地区脱贫攻坚座谈会上的讲话》,《党建》2017年第9期。

为主要衡量标准,统筹考虑村内基础设施、基本公共服务、产业发展、集体经济收入等综合因素。原则上贫困村贫困发生率降至2%以下(西部地区降至3%以下)"①。2016年12月发布的《"十三五"脱贫攻坚规划》,进一步把"建档立卡贫困村集体经济年收入"作为一项主要指标纳入贫困地区发展和贫困人口脱贫指标体系,规定到2020年建档立卡贫困村集体经济年收入必须达到5万元以上。

按照中央的要求,各地脱贫攻坚中启动实施贫困村提升工程,将支持贫困村发展壮大集体经济作为一项重要措施。例如,陕西省专门出台了《关于支持贫困村发展壮大集体经济的指导意见》,利用财政扶贫专项资金和县级整合涉农资金,在全省范围内支持贫困村发展壮大集体经济,探索贫困地区发展集体经济的有效路径。该意见提出,行政村集体经济组织为项目实施主体,扶持资金注入集体经济组织账户。支持有能力的注资贫困村依托集体资产和扶持资金,控股经营企业、股份公司,并吸收村民入股,增加农民收入;支持集体经济基础较弱的村,将扶持资金入股到经营稳健、成长性好的企业、农民专业合作社等经营主体;支持集体经济组织适应发展需要,设立农民专业合作社、有限责任公司等经营实体;支持贫困村探索联村共建、村企合建等多种合作经营形式,贫困村因地制宜发展集体经济,宜农则农、宜工则工、宜商则商。重点支持发展果、畜、菜、茶等优势特色产业和区域特色产业;发展村级光伏电站、农村电子商务、村域品牌;发展休闲农业、乡村旅游、特色小镇等旅游产业;发展农副产品加工业,开发传统工艺产品和文化项目。②

新时代贫困村发展壮大集体经济正当时,既有其必要性和紧迫性,又面临有利条件和历史机遇。从必要性来看,近年来,家庭承包责任制下个体农民土地细碎化、与市场接轨困难等制约农业的资本投入,农民适应生产力发展和市场竞争的能力明显不足;农村大批劳动力外流,农户空巢化、农民老龄化问题日益突出,进一步限制农业升级发展;村集体无钱办事、有心无力,农村基础设施不完善,公共服务滞后的问题无法解决。在这种情况下,只有大力发展壮大村级集体经济,把农民组织起来,把土地资源整合起来,把农村产业发展起来,从而盘活农民土地资源,使其变成资产,才能把有限的资金变成能够生利的股金,才能把普通村民变为依靠集体经济的

---

① 《中共中央办公厅、国务院办公厅印发〈关于建立贫困退出机制的意见〉》,《中华人民共和国国务院公报》2016年第14号。
② 《陕西出台〈指导意见〉支持贫困村发展壮大集体经济》,《陕西日报》2018年7月2日。

壮大而致富的股民。从历史机遇来看,中共十八大以后,中共中央深化农村土地制度改革,"赋予农民对承包地占有、使用、收益、流转及承包经营权抵押、担保权能。在落实农村土地集体所有权的基础上,稳定农户承包权,放活土地经营权,允许承包土地的经营权向金融机构抵押融资",同时"允许农村集体经营性建设用地出让、租赁、入股"。① 这就为农村集体建设用地以入股方式与企业联合建设特色产业项目提供了新渠道,为农民在土地流转中将原来分散经营的土地入股集体发展合作社提供了契机。

  各地利用土地流转,积极探索带动贫困户通过发展壮大集体经济摆脱贫困的路子。例如,宁夏回族自治区青铜峡市叶盛镇五星村,在2013年以前村集体经济发展缓慢,群众生活困难,一度是贫困落后的代名词。2014年借助土地确权契机,采取党支部+合作社模式引领土地流转,成立土地股份合作社,建立起"土地变股权、农民变股东、收益有分红"的增收模式。村党支部将目光聚焦在发展特色产业和高效农业上,种植优质富硒水稻1200亩,投资新建100栋大棚栽种反季节韭菜,成立村农机服务公司,为合作社发展提供服务保障。农民以土地入股到合作社后,按照土地份额拿土地收益,还可以到合作社就地打工拿劳动收入,最终还享受集体资产和合作社经营收入带来的二次浮动分红,从而使得收入有显著提高。2017年,全村农民人均可支配收入达1.32万元,较2013年改革前增长了34.7%。村民高兴地说:"咱以土地作为入股的股份,就像在银行存钱,不但每年的本金不会少,还能领到不少的分红。这样旱涝保收的好事,咱老百姓咋能不喜欢呢?"②合作社显现经济效益的同时,社会效益也日益突出。合作社一举解决了当地富余劳动力就地务工问题,并酌情使用留守妇女、老人,解决了留守人员无事干、增收难问题;村党支部将集体收益用于投资建设村级道路、渠道养护、设立关怀基金、帮扶救济等公共设施和公益事业,增强了村民对集体的认同感,村级党组织的凝聚力和号召力。

  四川巴中市巴州区秧田沟村是建档立卡贫困村,由于缺乏能人带动、产业支撑,青壮年劳动力外出务工,老弱妇孺守着几亩薄田艰难度日,村里陷入"老人老房老景老业态"的发展困境。2016年,村党支部抓住市里大力实施党员精准扶贫工程的有利契机,采取"党支部+专业合作社+党员+

---

① 《中共中央 国务院印发〈关于全面深化农村改革加快推进农业现代化的若干意见〉》,《中华人民共和国农业部公报》2014年第3号。
② 中共中央组织部组织二局组织编写:《发展壮大村级集体经济案例选》,党建读物出版社2018年版,第87、88页。

农户"模式,成立励志种养殖合作社、果蔬种植专业合作社、快乐之舟种养殖合作社等,将集体存量资金(含集体债务)、财政直接投入资金、社会捐赠资金等,按照每股100元的标准量化到人、落实到户,将村民手中持有的股权、未发包到户的村集体耕地、林地、荒地及农户自愿有偿流转的承包地等集中起来,统一规划、打捆流转、集约使用,促进既有资产效益最大化,推动集体经济持续健康发展。在这个过程中,设置贫困户优先股、村集体股、成员基础股,让贫困户优先获得20%左右的收入。贫困户脱贫后,其优先股纳入村集体经济组织成员基础股,扩大村集体经济组织成员股权收益。在短短两年时间里,村民人均纯收入由2015年底的4812元提高到2017年底的1.34万元,村集体经济收入由2015年的不足3000元提高到2017年的7万余元。[①] 而且,2016年,秧田沟村整村退出贫困村行列后,为解决集体经济体量小、资产少、人才缺、抗风险能力弱等问题,2017年初牵手产业发展较好的寿星村和贫困村椿树村成立了东溪河党委,通过党组织设置、资源调配、资金使用、思想凝聚、工作开展"五个统筹",实现基层组织一体构建、产业发展一体规划、基础设施一体实施、公共服务一体推动,形成了区域联动发展的新格局。三个村抱团发展,优势互补,脱贫攻坚事半功倍,很多在外务工的农民都回村创业了。

新时代脱贫攻坚中,通过壮大集体经济实现脱贫增收这种新方式,正在中华大地上蓬勃兴起,生机盎然。

第五节 脱贫攻坚战目标逐步实现

中共十八大以来,在以习近平为核心的党中央的坚强领导下,全党全社会采取超常规举措,以前所未有的力度推进脱贫攻坚,农村贫困人口显著减少,贫困发生率持续下降,解决区域性整体贫困迈出坚实步伐,贫困地区农民生产生活条件显著改善,贫困群众获得感显著增强,脱贫攻坚取得决定性进展,创造了中国减贫史上的最好成绩,为2020年中国整体消除绝对贫困,如期实现全面建成小康社会目标打下了坚实的基础。

一、农村贫困人口大幅减少

从贫困人口的减少情况看,2012年底,中国现行标准下的农村贫困人

---

① 中共中央组织部组织二局组织编写:《发展壮大村级集体经济案例选》,党建读物出版社2018年版,第112页。

口是9899万人,2018年减少到1660万人;2013年至2017年我国农村减贫人数分别为1650万、1232万、1442万、1240万、1289万人,不仅每年减贫人数均在1000万以上,而且打破了以往新标准实施后脱贫人数逐年递减的格局。五年来,农村累计减贫6853万人,减贫幅度接近70%,年均减贫1370万人;贫困发生率也从2012年末的10.2%下降到2017年末的3.1%,其中有17个省份贫困发生率已下降到3%以下。① 与20世纪80年代到2000年年均减少600多万人、2001年到2010年年均减少700多万人相比,中共十八大以来农村扶贫开发创造了中国减贫史上的最好成绩,距离消除绝对贫困的目标越来越近。

从贫困县摘帽看,中国自1986年设立贫困县以来,经过3次调整,每次总量都是有增无减,到2012年底的时候是832个贫困县。2016年,全国共有28个贫困县提出退出申请,其中江西省井冈山市、河南省兰考县率先通过国家专项评估检查,分别于2017年2月25日、27日由省级政府批准退出;2017年底,全国9个省区市的26个贫困县也顺利通过国家专项评估检查,由省级政府正式批准退出。② 评估检查贫困人口脱贫标准就是稳定实现"两不愁三保障",即贫困人口不愁吃、不愁穿,贫困家庭孩子全部接受九年义务教育、无因贫失学辍学,基本医疗保险、大病保险和医疗救助全覆盖,全部实现住房安全有保障,既不降低标准、影响质量,也不调高标准、吊高胃口。28个贫困县脱贫摘帽,这既是1986年国家设定贫困县31年来,历史上第一次实现贫困县数量净减少,也是实现贫困县全部摘帽目标的良好起步,为其他贫困县退出树立了标杆,作出了示范。

2017年贫困县脱贫摘帽步伐加快,中西部20个省市的125个贫困县申请摘帽。经县级提出、市级初审、省级核查和公示等程序,再通过第三方评估机构专项评估检查,11个省区市的40个县于2018年8月通过检

---

① 国家统计局住户调查办公室:《扶贫开发成就举世瞩目 脱贫攻坚取得决定性进展》,《中国信息报》2018年9月4日。
② 这26个脱贫摘帽的县具体为:河北省望都县、海兴县、南皮县,江西省吉安县,河南省滑县,重庆市万州区、黔江区、丰都县、武隆区、秀山土家族苗族自治县,四川省南部县、广安区,贵州省赤水市,西藏自治区城关区、亚东县、卡若区、巴宜区、乃东区,青海省河南蒙古族自治县、同德县、都兰县,新疆维吾尔自治区巴里坤哈萨克自治县、民丰县、察布查尔锡伯自治县、托里县、青河县。

查^①，这 40 个县中有 29 个革命老区贫困县，这表明革命老区贫困县脱贫摘帽走在前列，中国在解决区域性整体贫困方面迈出了坚实的步伐。第二批 9 省区的 85 个贫困县于 2018 年 10 月通过专项评估检查并向社会发布^②。2017 年申请退出的中西部 20 个省区市 125 个贫困县全部脱贫。

二、贫困地区经济社会发展加快

中共十八大以来，贫困地区以脱贫攻坚统揽经济社会发展全局，呈现出新的发展局面。

一是通过产业扶贫，推动旅游扶贫、光伏扶贫、电商扶贫等新业态快速发展，进而促进了经济发展，贫困农民收入大幅度增长。2017 年，贫困地区农村居民人均可支配收入 9377 元，扣除价格因素，实际水平是 2012 年的 1.6 倍，年均实际增长 10.4%，比全国农村平均增速快 2.5 个百分点。其中，集中连片特困地区 2017 年农村居民人均可支配收入 9264 元，扣除价格因素，实际水平达到 2012 年的 1.6 倍，年均实际增长 10.3%，比全国农村平均增速快 2.4 个百分点；扶贫开发工作重点县 2017 年农村居民人均可支配收入 9255 元，扣除价格因素，实际水平是 2012 年的 1.7 倍，年均实际增长 10.7%，比全国农村平均增速快 2.8 个百分点。2017 年，贫困地区农村居民人均可支配收入是全国农村平均水平的 69.8%，集中连片特困地区是全国农村平均水平的 69.0%，扶贫开发工作重点县是全国农村平均水

---

① 这 40 个县是：四川省北川羌族自治县、沐川县、嘉陵区、仪陇县、巴州区、汶川县、理县、茂县、马尔康市、泸定县 10 个县区市，江西省瑞金市、万安县、永新县、广昌县、上饶县、横峰县 6 个县市，黑龙江省甘南县、富裕县、饶河县、抚远市、望奎县 5 个县，湖南省茶陵县、炎陵县、石门县、桂东县、中方县 5 个县，山西省右玉县、吉县、中阳县 3 个县，河南省新县、沈丘县、新蔡县 3 个县，重庆市的开州区、云阳县、巫山县 3 个县区，湖北省红安县、神农架林区 2 个县区，内蒙古自治区林西县，安徽省岳西县，广西壮族自治区龙州县。

② 这 85 个县是：河北省平山县、青龙满族自治县、魏县、平乡县、威县、易县、平泉市、盐山县、武邑县、饶阳县、阜城县等 11 个，贵州省桐梓县、凤冈县、湄潭县、习水县、西秀区、平坝区、黔西县、碧江区、万山区、江口县、玉屏侗族自治县、兴仁县、瓮安县、龙里县等 14 个，云南省寻甸回族彝族自治县、罗平县、玉龙纳西族自治县、宁蒗哈尼族彝族自治县、云县、牟定县、姚安县、石屏县、勐海县、祥云县、宾川县、巍山彝族回族自治县、洱源县、鹤庆县、芒市等 15 个，西藏自治区林周县、当雄县、尼木县、曲水县、堆龙德庆区、达孜县、墨竹工卡县、类乌齐县、丁青县、桑日县、琼结县、曲松县、洛扎县、加查县、错那县、白朗县、康马县、定结县、吉隆县、聂拉木县、比如县、噶尔县、工布江达县、米林县、波密县等 25 个，陕西省延长县、佛坪县、横山区、定边县等 4 个，甘肃省皋兰县、崆峒区、正宁县、两当县、临夏市、合作市等 6 个，青海省平安区、循化撒拉族自治县、刚察县、格尔木市、德令哈市、乌兰县、天峻县等 7 个，宁夏回族自治区盐池县，新疆维吾尔自治区尼勒克县、吉木乃县等 2 个。

平的68.9%。①

二是通过基础设施和公共服务的大量投入,贫困地区尤其是基层的生产生活条件明显改善,增强了发展后劲。基础设施方面,截至2017年末,贫困地区通电的自然村接近全覆盖,通电话的自然村比重达到98.5%,通有线电视信号的自然村比重为86.5%,通宽带的自然村比重为71.0%。2017年贫困地区农村饮水无困难的农户比重为89.2%,使用管道供水的农户比重为70.1%,使用经过净化处理自来水的农户比重为43.7%。居住条件方面,2017年贫困地区农村居民户均住房面积比2012年增加21.4平方米,居住在钢筋混凝土房或砖混材料房的农户比重为58.1%;贫困地区农村居民独用厕所的农户比重为94.5%,使用卫生厕所的农户比重为33.2%,使用清洁能源的农户比重为35.3%。教育文化方面,2017年84.7%的农户所在自然村上幼儿园便利,88.0%的农户所在自然村上小学便利,有文化活动室的行政村比重为89.2%。医疗卫生方面,2017年贫困地区农村拥有合法行医证医生或卫生员的行政村比重为92.0%,92.2%的户所在自然村有卫生站,拥有畜禽集中饲养区的行政村比重为28.4%,61.4%的户所在自然村垃圾能集中处理。② 此外,社会保障水平明显提高,覆盖面持续扩大,最低生活保障实现应保尽保。

三是通过生态扶贫、易地扶贫搬迁、退耕还林,明显改善了贫困地区生态环境。例如,甘肃武威市在新一轮退耕还林中,大力开展贫困村农田林网建设、通道绿化、村庄社区及收缩居住区绿化,在贫困村完成绿化1.65万亩;在贫困片区全面落实草原禁牧、草畜平衡措施,已完成草原禁牧222.54万亩;在全市15个深度贫困村安排土地整治项目13个,整治土地3.6万亩;通过营造水土保持林、种草、封育治理等措施,实施中小河流治理和小流域综合治理工程,治理流域面积和水土流失面积82.52平方公里。③生态环境的改善,使得贫困地区生态产品供给能力增强,生态保护补偿水平与经济社会发展状况相适应,可持续发展能力进一步提升。

四是通过组织开展贫困识别,实施扶贫项目,增强了农村基层组织的凝聚力、战斗力,培育壮大了村集体经济,提升了农村基层的治理能力和管

---

① 国家统计局住户调查办公室:《扶贫开发成就举世瞩目 脱贫攻坚取得决定性进展》,《中国信息报》2018年9月4日。
② 国家统计局住户调查办公室:《扶贫开发成就举世瞩目 脱贫攻坚取得决定性进展》,《中国信息报》2018年9月4日。
③ 张秀芳:《探索生态脱贫 引领绿色发展 我市稳步推进贫困地区生态环境建设》,《武威日报》2018年8月30日。

理水平。一个村特别是贫困村,如果没有一个有战斗力的党支部,没有村集体收入,要率领大家发展产业、脱贫致富是不可能的。中共十八大以来,中共中央坚持把发展壮大农村集体经济作为深化农村改革的重要任务来谋划,作为打赢脱贫攻坚战的重要环节来推进。贫困村"一低五有"(贫困发生率低至3%以下,有集体经济收入、有硬化路、有卫生室、有文化室、有通信网络)的退出标准中,其中一个重要指标就是看有没有村集体经济。在实践中,贫困村都采取"党支部+村集体经济"的方式,由村委会牵头组建股份经济合作社,通过发展产业项目,持续实现村集体创收、贫困户增收。党支部+股份经济合作社,越来越成为破解贫困户永久性脱贫的抓手,党组织在贫困群众中的威望也越来越高。

三、脱贫攻坚为全球减贫事业作出重大贡献

中国是世界上减贫人口最多的国家,也是世界上率先完成联合国千年发展目标的国家。中共十八大以来,在以习近平同志为核心的党中央坚强领导下,中国脱贫攻坚取得决定性进展,力度之大、规模之广、影响之深,前所未有,创造了人类减贫史上的最好成绩。可以预见,到2020年中国现行标准下的农村贫困人口将全部脱贫,意味着中国绝对贫困问题得到历史性解决,中国将提前10年实现联合国《2030年可持续发展议程》①确定的减贫目标,继续走在全球减贫事业的前列。

脱贫攻坚过程中,中国构建了全社会攻坚的强大合力,创造了中国特色的脱贫攻坚制度体系,形成了全球减贫事业可借鉴的"中国方案"。国际社会高度评价中国脱贫攻坚取得的成果,赞赏中国精准扶贫、精准脱贫方略的基层落地经验,坚信中国能够如期打赢脱贫攻坚战。世界银行中国、蒙古和韩国局原局长郝福满指出:"毫无疑问,中国将继续推动全球消除贫困的进程,并向世界表明,实现包容性增长和为最贫困人口提供更好的机会皆有可能。"②联合国秘书长古特雷斯在致2017减贫与发展高层论坛贺信中,高度评价中国精准扶贫成就,称赞"精准减贫方略是帮助贫困人口、实现《2030年可持续发展议程》宏伟目标的唯一途径。中国已实现数亿人

---

① 《2030年可持续发展议程》由联合国193个会员国在2015年9月举行的首脑会议上一致通过,2016年1月1日正式启动。该议程呼吁各国采取行动,为此后15年实现17项可持续发展目标而努力,其中第一条为"在全世界消除一切形式的贫困",第二条为"消除饥饿,实现粮食安全,改善营养状况和促进可持续农业"。

② 陈二厚、董峻、侯雪静:《庄严的承诺 历史的跨越(砥砺奋进的五年)——党的十八大以来以习近平同志为核心的党中央引领脱贫攻坚纪实》,《人民日报》2017年5月22日。

脱贫,中国的经验可以为其他发展中国家提供有益借鉴。"①联合国粮农组织驻华代表马文森也指出:"由于拥有相似的发展环境,中国的减贫经验对于其他发展中国家十分宝贵,许多国家对借鉴中国减贫经验表示出强烈兴趣。"②

第六节　决胜脱贫攻坚战

到2020年,现行标准下的农村贫困人口全部脱贫,在中国的历史上消除绝对贫困现象;现有的贫困县全部摘帽,消除区域性贫困,这是2020年全面建成小康社会的标志性指标。中共十八大以来,习近平总书记亲自部署、亲自挂帅、亲自出征、亲自督战,脱贫攻坚工作以前所未有的力度推进。到2017年,中国的贫困人口已经减少6853万,还有3000万左右农村贫困人口需要脱贫。2017年至2020年,平均每年需要减贫1000万人以上。这其中面临的困难不容忽视,以习近平同志为核心的党中央向全国人民发起了决胜脱贫攻坚的号召。

一、中共十九大提出坚决打好精准脱贫的攻坚战

2017年10月18日至24日召开的中共十九大,将农村扶贫开发工作提到了空前的高度,把精准脱贫放在决胜全面建成小康社会、开启全面建设社会主义现代化国家新征程中,作为决胜全面建成小康社会必须打好的三大攻坚战之一,作出了新的部署。

第一,十九大报告指出,中国特色社会主义进入新时代,中国社会主要矛盾已经转化为人民日益增长的美好生活需要和不平衡不充分的发展之间的矛盾。贫困现象的存在,无疑就是这种矛盾的具体体现。因此,最大限度地降低贫困发生率,增强广大人民群众的获得感,就必须将解决绝对贫困放到特殊重要的位置。更重要的是,新时代社会主要矛盾对脱贫攻坚质量提出了更高要求,满足人民日益增长的美好生活需要不仅要解决贫困人口基本温饱问题,而且要使他们具有奔小康的能力,最终确保脱贫不返贫。

第二,习近平在十九大报告中提出,从现在到2020年,是全面建成小康社会决胜期,要坚决打赢、打好精准脱贫攻坚战,确保到2020年中国现

---

① 国务院扶贫办党组:《脱贫攻坚砥砺奋进的五年》,《人民日报》2017年10月17日。
② 马文森:《中国减贫经验十分宝贵(国际论坛)》,《人民日报》2017年6月27日。

行标准下农村贫困人口实现脱贫,贫困县全部摘帽,解决区域性整体贫困,做到脱真贫、真脱贫,使全面建成小康社会得到人民认可、经得起历史检验。这就向全党发出了坚决打赢、打好精准脱贫攻坚战的号召。

打赢精准脱贫攻坚战,就是到2020年如期完成消除绝对贫困、消除区域贫困的任务。打好精准脱贫攻坚战:一是指全面完成任务,一个民族不能少、一个人不能掉队,不能有工作的死角;二是要求脱贫必须是符合质量的、经得起时间和历史检验的,不能搞数字脱贫、虚假脱贫,要保证脱贫的质量;三是在2020年消除绝对贫困之后,还要继续做好减少相对贫困的工作,因为相对贫困还会长期存在。为此,要通过打好精准脱贫攻坚战,为未来减少相对贫困探索经验。

二、党中央部署脱贫攻坚战三年行动

习近平对打好精准脱贫攻坚战高度重视。2018年2月12日,习近平在四川成都市主持召开打好精准脱贫攻坚战座谈会,集中研究打好今后三年脱贫攻坚战之策。习近平在会上指出,全面打好脱贫攻坚战,要把提高脱贫质量放在首位,聚焦深度贫困地区,扎实推进各项工作。为此,他提出了加强组织领导、坚持目标标准、强化体制机制、牢牢把握精准、完善资金管理、加强作风建设、组织干部轮训、注重激发内生动力等八条要求。①2018年3月两会期间,习近平对打好精准脱贫攻坚战,确保如期实现脱贫目标进行精心指导。例如,2018年3月5日,习近平在参加十三届全国人大一次会议内蒙古代表团审议时强调:"打好脱贫攻坚战,关键是打好深度贫困地区脱贫攻坚战,关键是攻克贫困人口集中的乡(苏木)村(嘎查)。要采取更加有力的举措、更加精细的工作,瞄准贫困人口集中的乡(苏木)村(嘎查),重点解决好产业发展、务工就业、基础设施、公共服务、医疗保障等问题。要完善大病兜底保障机制,解决好因病致贫问题。既要解决好眼下问题,更要形成可持续的长效机制。要把脱贫攻坚同实施乡村振兴战略有机结合起来,推动乡村牧区产业兴旺、生态宜居、乡风文明、治理有效、生活富裕,把广大农牧民的生活家园全面建设好。"②

2018年6月15日,中共中央、国务院出台《关于打赢脱贫攻坚战三年行动的指导意见》,聚焦深度贫困地区和特殊贫困群体,进一步明确打赢脱

---

① 《提高脱贫质量聚焦深贫地区 扎扎实实把脱贫攻坚战推向前进》,《人民日报》2018年2月15日。

② 新华:《习近平:扎实推动经济高质量发展 扎实推进脱贫攻坚》,《先锋队》2018年第8期。

贫攻坚战三年行动的工作要求,绘制脱贫时间表和脱贫路线图,该指导意见成为此后三年脱贫攻坚工作的一个纲领性文件。

三、鼓足干劲脱贫攻坚,决胜全面小康

中共中央吹响了打赢、打好精准脱贫攻坚战的号角,中国农村扶贫开发、脱贫攻坚进入攻城拔寨关键阶段。扶贫脱贫的决胜阶段,脱贫攻坚仍面临不小的挑战,需要解决的突出问题依然不少。

第一,深度贫困地区脱贫难度大。深度贫困是贫中之贫、难中之难,是经过几轮扶贫剩下的"硬骨头"。到2017年底,深度贫困地区贫困发生率超过18%的县还有110个,贫困发生率超过20%的村还有16000多个;各省一共认定了334个深度贫困县,2017年底这334个县的贫困发生率是11%,而同期全国的贫困发生率只有3.1%。① 深度贫困地区在2020年如期实现脱贫攻坚目标,难度很大。特别是西藏、四省藏区、新疆南疆四地州和四川凉山州、云南怒江州、甘肃临夏州("三区三州")等深度贫困地区,不仅贫困发生率高、贫困程度深,而且基础条件薄弱、致贫原因复杂、发展严重滞后、公共服务不足,脱贫难度更大。如果说脱贫攻坚是一场硬仗,那么深度贫困地区脱贫攻坚是这场硬仗中的硬仗。

第二,特殊贫困群体脱贫难度大。中国约3000万贫困人口中,持证残疾人和65岁以上的老人超过了1000万。2017年建档立卡贫困人口中,因病、因残致贫比例居高不下,分别超过40%和14%,65岁以上老人占比超过16%,内生动力不足的超过14%。尤其是长期以来一些贫困地区群众与现代社会隔离,穷惯了,"等、靠、要"思想严重,从而在一些地方的脱贫攻坚工作中出现了"干部干,群众看"的现象,一些贫困户"靠着墙根晒太阳,等着别人送小康"。这些行为会助长不劳而获的不良风气,也会挫伤基层干部扶贫工作的积极性。

第三,脱贫攻坚工作中出现了一些突出问题。基层扶贫干部的作风主流是好的,但是扶贫工作中也存在责任不落实、政策不落实、工作不落实,不精准、不到位,搞数字脱贫、弄虚作假,形式主义、官僚主义等问题。同时,吃扶贫资金、打扶贫资金的歪主意、搞挤占挪用、贪污、优亲厚友等消极腐败现象仍然存在。尤其是近几年随着财政扶贫资金规模越来越大,中央

---

① 刘永富:《我国仍有334个深度贫困县和3万深度贫困村》,中国网2018年3月7日,http://www.china.com.cn/lianghui/news/2018-03/07/content_50676593.shtml。

将资金使用权限直接下放到县,给扶贫工作带来了很大的资金监管压力,导致 2017 年出现了虚报冒领和挤占挪用扶贫资金 7.3 亿元的现象。

面对挑战,在习近平同志为核心的党中央领导下,全党、全社会,全国各地、各级部门迅速行动起来,把脱贫攻坚作为头等大事,制订精准扶贫三年攻坚行动计划,凝心聚力,把脱贫攻坚战推向最后决胜阶段。

第一,聚焦深度贫困地区,化解特殊贫困群体的脱贫难题。深度贫困地区的脱贫攻坚是重中之重,中央强调要制定特殊政策,拿出超常举措,以解决深度贫困地区交通、水电、互联网、生态环境等突出制约问题为重点,以重大帮扶措施为抓手,以补齐短板为突破口,坚决攻下深度贫困堡垒,打赢脱贫攻坚这场硬仗中的硬仗。农村特殊贫困群体无论是老年人、残疾人还是患病者,他们完全或部分丧失劳动能力,不具备自我发展能力和条件,开发式扶贫难以发挥作用。这样必须调整攻坚的打法,从以开发式扶贫为主向坚持开发式和保障性扶贫相统筹转变,对他们建立以社会保险、社会救助、社会福利制度为主体,以慈善帮扶、社工助力为辅助的综合保障体系,确保病有所医、残有所助、生活有兜底。

为此,中央着力加大深度贫困地区政策倾斜力度。中央财政进一步增加对深度贫困地区专项扶贫资金、教育医疗保障等转移支付,加大重点生态功能区转移支付、农村危房改造补助资金、中央预算内投资、车购税收入补助地方资金、县级基本财力保障机制奖补资金等对深度贫困地区的倾斜力度;新增金融资金优先满足深度贫困地区,新增金融服务优先布局深度贫困地区,对深度贫困地区发放的精准扶贫贷款实行差异化贷款利率;保障深度贫困地区发展用地,对土地利用规划计划指标不足部分由中央协同所在省份解决,建立深度贫困地区城乡建设用地增减挂钩节余指标跨省域调剂使用机制;在援藏援疆援青工作中,进一步加大对"三区三州"等深度贫困地区干部选派倾斜支持力度。[1] 2019 年,中央财政专项扶贫资金 1260.95 亿元,比 2018 年同口径增加 200 亿元,增长 18.85%。增量资金主要用于深度贫困地区脱贫攻坚,在支持"三区三州"的同时,重点加大对其他贫困人口多、贫困发生率高、脱贫难度大的深度贫困地区的投入力度。[2]

---

[1] 《中共中央国务院关于打赢脱贫攻坚战三年行动的指导意见》,《人民日报》2018 年 8 月 20 日。

[2] 李丽辉:《同心协力投入 攻坚深度贫困(经济发展亮点多韧性足)》,《人民日报》2019 年 6 月 3 日。

与此同时,中央强调合理确定目标。"两不愁三保障"是党中央设定的2020年脱贫攻坚目标,但是这并不是要求2020年深度贫困地区达到发达地区的发展水平。如果好高骛远,擅自拔高标准,提不切实际的目标,就容易陷入"福利陷阱",使贫困村和非贫困村、贫困户和非贫困户的待遇之间出现"悬崖效应",留下后遗症。正如2018年3月5日习近平在参加十三届全国人大一次会议内蒙古代表团审议时所强调的:扶贫工作既要下决心消除绝对贫困,又不能把胃口吊得太高,使大家期望值太高,力不从心,小马拉大车,拉不动的结果是好心没办成好事。①

第二,加强扶贫工作作风建设,完善扶贫资金管理。针对扶贫领域出现的责任落实不到位、工作措施不精准、工作作风不扎实、资金管理使用不规范,以及形式主义、官僚主义和腐败等突出问题,中央决定从2018年至2020年持续在全国范围内开展扶贫领域腐败和作风问题专项治理,并明确将2018年作为脱贫攻坚作风建设年。按照这一精神,各地扎实开展2018年脱贫攻坚作风建设年活动,加大对扶贫领域腐败问题的查处力度,科学确定脱贫摘帽时间,对弄虚作假、搞数字脱贫的进行严肃查处。

与此同时,加强扶贫资金管理,一是健全公告公示制度。中央、省、市、县财政分配结果一律公开,乡、村两级扶贫项目安排和资金使用情况一律公告公示,接受群众和社会监督。二是强化监管,做到阳光扶贫、廉洁扶贫。要对脱贫领域腐败问题,发现一起严肃查处问责一起,绝不姑息迁就。三是加强资金整合,防止资金闲置和损失浪费。在全国范围内进一步完善县级脱贫攻坚项目库,扶贫需要做哪些事情,需要花多少钱,先把项目编制出来,让项目等钱,解决地方不会干、不敢干的问题。同时,组织第三方机构去看扶贫资金使用效益,将绩效评估做得更好、更加完善。

第三,从思想上拔"穷根",激发贫困群众脱贫内生动力。贫困群众既是脱贫攻坚的对象,更是脱贫致富的主体。贫困人口要实现真脱贫、脱真贫,必须通过自己的劳动,有自己的收入渠道。各地在围绕激发脱贫的内生动力上下功夫,探索采取多种措施。一是开展扶贫扶志行动,激发贫困群众积极性和主动性,激励和引导他们靠自己的努力改变命运。各地纷纷总结推广脱贫典型,宣传表彰自强不息、自力更生脱贫致富的先进事迹和先进典型,用身边人身边事示范带动贫困群众。同时,把扶贫领域诚信纳

---

① 《今年两会习近平六下团组,务必记住这些重要提法》,人民网-中国共产党新闻网2018年03月13日,http://cpc.people.com.cn/xuexi/n1/2018/0313/c385474-29865296.html。

入国家信用监管体系,将不履行赡养义务、虚报冒领扶贫资金、严重违反公序良俗等行为人列入失信人员名单。二是创办"农民夜校""脱贫攻坚讲习所",组织起脱贫攻坚的人民战争。贵州毕节市在脱贫攻坚过程中,为激发出群众的内生动力,借鉴党在大革命时期举办农民运动讲习所的做法,开办农民脱贫攻坚讲习所,通过群众会、报告会、院坝会、田坎会等形式,向人民群众讲思想,让群众干有方向;讲政策,让群众干有目标;讲思路,让群众干有激情;讲方法,让群众干有效果。通过这"四讲四干",引导群众丢掉"等、靠、要"的思想,丢掉"比穷不比富"的观念和做法,在精神上把群众重新组织起来,最大限度地激发出他们的内生动力和创业激情。这种方法确实起到了开启民智、凝聚民心、激发民力的作用。"脱贫攻坚讲习所,干部群众你和我,就像当年见红军,看见干部不再躲,宣传政策讲道理,房前屋后种水果,党给我们拔穷根,日子越过越红火。"中共十九大期间,习近平在参加贵州省代表团的讨论时听到这首民谣,了解了讲习所的有关情况,他高兴地说:"新时代的农民讲习所,赋予它新的内涵,这是创新。"①

第四,把贫困地区脱贫的当务之急与发展振兴的长远之计相结合。到2020年农村贫困人口解决"两不愁三保障",并不意味着到2020年中国的反贫困、减贫工作就画句号了。脱贫攻坚任务完成后,国家对相对落后地区和低收入人口还要采取一些扶持政策,解决相对贫困将贯穿于中国整个现代化的全过程。因此,中共中央强调要做好三年脱贫攻坚和三年以后反贫困事业的有效衔接,做好脱贫攻坚与乡村振兴的有效衔接。

十九大提出实施乡村振兴战略,2018年1月2日发布的中央"一号文件"《中共中央、国务院关于实施乡村振兴战略的意见》,将乡村振兴作为决胜全面建成小康社会、全面建设社会主义现代化国家的重大历史任务和新时代"三农"工作的总抓手,指出:"乡村振兴,摆脱贫困是前提。必须坚持精准扶贫、精准脱贫,把提高脱贫质量放在首位,既不降低扶贫标准,也不吊高胃口,采取更加有力的举措、更加集中的支持、更加精细的工作,坚决打好精准脱贫这场对全面建成小康社会具有决定性意义的攻坚战。"②这就提出了把脱贫攻坚同实施乡村振兴战略相结合的要求,为在实施乡村振兴战略中推进精准脱贫,为打好打赢脱贫攻坚战、决胜全面小康指明了方向。

---

① 《拥抱新时代 担当新使命——习近平参加党的十九大贵州省代表团审议侧记》,《人民日报》2017年10月20日。

② 《中共中央 国务院关于实施乡村振兴战略的意见》,《中华人民共和国国务院公报》2018年第5号。

实施好乡村振兴战略,主要从产业振兴、人才振兴、文化振兴、生态振兴、组织振兴五个方面系统推进,这与脱贫攻坚的要求高度一致。把脱贫攻坚同实施乡村振兴战略相结合,就是要在确保实现"两不愁三保障"基础上,着眼长远,积极稳妥推进贫困地区产业发展、基础设施改善、社会文明建设等,统筹脱贫攻坚和实施乡村振兴战略有机衔接。同时,依托乡村振兴战略,巩固和扩大脱贫成果。根本改变贫困地区落后面貌,必须久久为功,绝不能急于求成。

在全党全社会的努力下,脱贫攻坚工作在做到"五个坚持"的基础上,呈现出"五个转变"的局面。"五个坚持"即继续坚持稳中求进的工作总基调,坚持精准扶贫、精准脱贫的基本方略,坚持中央统筹省负总责市县抓落实的体制机制,坚持现行扶贫标准和脱贫目标,坚持大扶贫工作格局。"五个转变"是从注重全面推进帮扶向更加注重深度贫困地区攻坚转变,从注重减贫速度向更加注重脱贫质量转变,从注重找准帮扶对象向更加注重精准帮扶稳定脱贫转变,从注重外部帮扶向注重外部帮扶与激发内生动力并重转变,从开发式扶贫为主向开发式与保障性扶贫并重转变。[①]

截至 2019 年 5 月,全国共有 436 个贫困县脱贫摘帽,它们占全部贫困县的 52.4%,解决区域性整体贫困步伐加快,2020 年整体消除绝对贫困胜利在望。这在中华民族几千年历史发展上将是首次整体消除绝对贫困现象,是对中华民族、对整个人类都具有重大意义的伟业。

---

① 《新闻办就脱贫攻坚工作情况举行发布会》,新浪网 2018 年 1 月 5 日,http://finance.sina.com.cn/roll/2018-01-05/doc-ifyqinzs9144322.shtml。

结语

中国特色农村扶贫开发的基本经验

经过70年的努力,尤其是经过改革开放以来的大规模农村扶贫开发,中国农村扶贫取得了卓越成就,成为全球最早实现联合国千年发展目标中减贫目标的发展中国家,为全球减贫事业作出了重大贡献。按照世界银行每人每天1.9美元的国际贫困标准及世界银行发布数据,中国贫困人口从1981年末的8.78亿人减少到2013年末的2511万人,累计减少8.53亿人,减贫人口在全球减贫总规模中超七成;中国贫困发生率从1981年末的88.3%下降至2013年末的1.9%,累计下降了86.4个百分点,年均下降2.7个百分点,同期全球贫困发生率从42.3%下降到10.9%,累计下降31.4个百分点,年均下降1.0个百分点。① 中国减贫速度明显快于全球,贫困发生率也大大低于全球平均水平。与此同时,中国农村扶贫开发积累了丰富的历史经验,可为其他发展中国家的减贫实践提供借鉴。

一、中国农村扶贫开发的出发点是实现共同富裕

共同富裕,是中国共产党人一贯秉持的根本价值原则。如前所述,1953年中国共产党明确提出了通过农业合作化使农民实现共同富裕的思想。1959年经毛泽东建议,国家专门设立财政资金,帮助穷社穷队发展生产、赶上富队,就是为了实现农村共同富裕而采取的一项扶贫措施。正如1960年新华社所报道的,"广东各地人民公社在改变农村面貌、引导农民走

---

① 国家统计局住户调查办公室:《扶贫开发成就举世瞩目 脱贫攻坚取得决定性进展》,《中国信息报》2018年9月4日。

向共同富裕的道路上,显示了巨大无比的优越性。在短短一年间,全省七千多个'穷队'中,已经有30%左右赶上或者超过了当地的富队;暂时没有赶上富队的穷队,生产面貌和社员收入的情况,也起了巨大变化,和富队的差别越来越小了"①。

然而,在实现共同富裕的探索中,中国共产党人对社会主义初级阶段的认识不足,不仅试图让农民在过于单一的集体经济形式下摆脱贫穷、实现共同富裕,确信可以通过不断提高公有化程度来达到推动生产力发展的目的;而且把同等富裕和同步富裕等同于共同富裕,结果出现吃"大锅饭"等平均主义现象,导致了人们的普遍贫穷。正如邓小平在1986年3月28日所指出的:"我们坚持走社会主义道路,根本目标是实现共同富裕,然而平均发展是不可能的。过去搞平均主义,吃'大锅饭',实际上是共同落后,共同贫穷,我们就是吃了这个亏。"②

改革开放之初,邓小平就提出了贫穷不是社会主义。他说:"经济长期处于停滞状态总不能叫社会主义。人民生活长期停止在很低的水平总不能叫社会主义。"③改革开放就是要发展社会主义生产力,保证一切社会成员有富足的和一天比一天充裕的物质生活。正如邓小平在1982年11月16日所指出的:"我们现在就是做一件事情,使占人类四分之一的人口摆脱饥饿和贫困,达到小康状态。"④

在邓小平和中共中央通过改革开放发展经济、鼓励先富带动后富最终实现共同富裕的战略构想中,把对西北、西南等贫困地区以各方面的帮助和支持作为走向共同富裕的大政策。一个能够影响和带动整个国民经济的大政策的重要内容之一,农村扶贫开发是这个大政策的有机组成部分。也就是说,中国社会主义的根本目标是共同富裕,国家在促进富裕的同时也要扶助贫困。

20世纪90年代,邓小平对贫困地区实现共同富裕的问题更加关注。在1992年的南方谈话中,邓小平指出:"共同富裕的构想是这样提出的:一部分地区有条件先发展起来,一部分地区发展慢点,先发展起来的地区带动后发展的地区,最终达到共同富裕。如果富的愈来愈富,穷的愈来愈穷,

---

① 《穷队变富队 公社万家春 上海甘肃广东一批原来比较贫困的生产队经济水平显著提高》,《人民日报》1960年1月3日。
② 《拿事实来说话》,《邓小平文选(第三卷)》,人民出版社1993年版,第155页。
③ 《社会主义首先要发展生产力》,《邓小平文选(第二卷)》,人民出版社1994年版,第312页。
④ 《邓小平年谱(一九七五——一九九七)》(下),中央文献出版社2004年版,第870页。

两极分化就会产生,而社会主义制度就应该而且能够避免两极分化……可以设想,在本世纪末达到小康水平①的时候,就要突出地提出和解决这个问题。到那个时候,发达地区要继续发展,并通过多交利税和技术转让等方式大力支持不发达地区。"② 1999 年,以江泽民为核心的党的第三代中央领导集体提出实施西部大开发战略,为西部地区实现共同富裕开辟了一条广阔的道路。

经过 20 多年努力,到 20 世纪末,中国基本解决了全国农村贫困人口的温饱问题,人民生活总体上达到小康水平,这无疑是中国在实现共同富裕道路上的一个重大成果。

21 世纪初,虽然中国人民生活总体上达到小康水平,但是这种小康还是低水平的、不全面的、发展很不平衡的小康,尤其是西部农村地区农民迈进小康的路程刚刚走完一半,仍徘徊在温饱线上,他们在这个基础上实现小康、进而过上比较宽裕的生活,需要一个较长期的奋斗过程。③ 2002 年,中共十六大提出了"本世纪头二十年,集中力量,全面建设惠及十几亿人口的更高水平的小康社会"的目标。④ 根据这一目标制定的《中国农村扶贫开发纲要(2001—2010 年)》,重申"缓解和消除贫困,最终实现全国人民的共同富裕,是社会主义的本质要求,是中国共产党和人民政府义不容辞的历史责任",并提出了全面建设小康社会进程中扶贫开发要"逐步改变贫困地区经济、社会、文化的落后状况,为达到小康水平创造条件"等目标。⑤ 可见,扶持贫困地区、贫困人口改变贫穷面貌是建设小康社会不可或缺的组成部分。作为一个农业人口大国,没有大多数农民的小康,就不可能有全国人民的小康。全国小康目标能否如期实现,关键在农村贫困地区。

中共十八大之后,以习近平同志为核心的党中央把农村扶贫开发放到事关全面建成小康社会的重要位置,强调:"到二〇二〇年全面建成小康社会,自然要包括农村的全面小康,也必须包括革命老区、贫困地区的全面小

---

① 小康是介于温饱和富裕之间的一个发展阶段。1995 年 1 月,国家计委和国家统计局发布《全国人民生活小康水平的基本标准》;1996 年 3 月,国家统计局和农业部联合研究制定了《全国农村小康生活水平的基本标准》。

② 《在武昌、深圳、珠海、上海等地的谈话要点》,《邓小平文选(第三卷)》,人民出版社 1993 年版,第 373-374 页。

③ 《中国农村扶贫开发纲要(2001—2010 年)》,《人民日报》2001 年 9 月 20 日。

④ 江泽民:《全面建设小康社会,开创中国特色社会主义事业新局面》,《十六大以来重要文献选编》(上),中央文献出版社 2005 年版,第 14 页。

⑤ 《中国农村扶贫开发纲要(2001—2010 年)》,《人民日报》2001 年 9 月 20 日。

康"①,"全面建成小康社会,13亿人要携手前进"②。2017年10月,在第十九届中央政治局常委同中外记者见面会上,习近平发出掷地有声的庄严承诺——全面建成小康社会,一个不能少;共同富裕路上,一个不能掉队。在习近平的视野中,加强集体经济实力是坚持社会主义方向,实现共同致富的重要保证,集体经济是农民共同致富的根基,是农民走共同富裕道路的物质保障。③ 因此,在新时代脱贫攻坚中,发展壮大集体经济成为振兴贫困地区农业的必由之路,发展壮大集体经济成为贫困村退出机制的一项重要内容。

以上可以充分证明,农村扶贫开发自始至终都是中国共产党实现共同富裕伟大战略构想中重要的、不可或缺的组成部分,让贫困地区、贫困农民与全国人民一道实现共同富裕是农村扶贫开发的根本出发点。

二、中国农村扶贫开发的根本特征是党的领导和政府主导

农村扶贫开发始终坚持党的领导和政府主导,这是中国农村扶贫开发作为国家行动能够取得卓著成绩的根本所在,也是中国农村扶贫开发的最大特色。

中国共产党领导农村扶贫开发,是由党的宗旨所决定的。1922年7月,《中国共产党第二次全国代表大会宣言》宣告为实现"与贫苦农民联合的无产阶级专政"而奋斗,将"为工人和贫农的目前利益计"作为制定纲领政策的出发点。④ 新民主主义革命时期,中国共产党苏维埃政府、抗日民主政府、解放区政府均采取减免农业税收、发放低息贷款的政策扶助贫苦农民发展生产。新中国成立后,为了进一步扶助贫困农民,中央人民政府对受灾农户、贫困农户和革命老根据地继续实施农业税减免政策,各级人民政府民政部门一直在利用救济款扶助农村贫困户发展生产,并成立专门机构,开展对贫困老根据地的扶持建设。人民公社建立后,又设立专项资金扶持穷社穷队发展农业生产,通过集体经济力量的壮大改善广大贫困群众的生活。之所以有这些举措,正是因为中国共产党时刻把贫苦劳动大众的利益放在首位。

---

① 习近平:《做焦裕禄式的县委书记》,中央文献出版社2015年版,第15、16页。
② 《国家主席习近平发表二○一六年新年贺词》,《人民日报》2016年1月1日。
③ 《扶贫要注意增强乡村两级集体经济实力》(1990年4月),习近平:《摆脱贫困》,福建人民出版社1992年版,第193页。
④ 《中国共产党第二次全国代表大会宣言》,《中共中央文件选集》第一册,中共中央党校出版社1989年版,第115页。

改革开放以后中国共产党把缓解和消除贫困作为党和政府义不容辞的历史责任，向全国人民发出了消除绝对贫困的动员令，并充分发挥集中力量办大事的制度优势，从国务院到基层县市各级政府设立专门扶贫开发工作机构，领导组织扶贫开发工作。自"七五"计划以来，农村扶贫开发被纳入政府发展规划；自1994年以来，国家有了专项农村扶贫开发工作计划，先后实施《国家八七扶贫攻坚计划（1994—2000年）》《中国农村扶贫开发纲要（2001—2010年）》《中国农村扶贫开发纲要（2011—2020年）》，政府主导的农村扶贫开发工作不断加强。

中央领导人都把农村扶贫开发作为一项重要工作予以强调。例如，江泽民指出，扶贫开发是贯穿整个社会主义初级阶段的一项重要任务。[①] 胡锦涛强调，扶贫开发是建设中国特色社会主义事业的一项历史任务，也是构建社会主义和谐社会的一项重要任务。[②] 习近平把农村贫困人口脱贫作为全面建成小康社会的基本标志，赋予扶贫开发前所未有的重要地位，并将其纳入治国理政工作日程。习近平尤其强调发挥各级党委领导作用，建立并落实脱贫攻坚一把手负责制，从而构建了新时代省市县乡村五级书记一起抓扶贫的治理格局。同时，坚持中国制度的优势，扶贫责任落实到人，形成中央统筹、省（区、市）负总责、市（地）县抓落实的扶贫开发工作机制，做到分工明确、责任清晰、任务到人、考核到位，既各司其职、各尽其责，又协调运转、协同发力。这些都为脱贫攻坚提供了坚强的政治保障。

坚持党的领导和政府主导，直接体现在农村扶贫开发的财政投入上，中国共产党一直坚持政府投入的主体和主导作用，这是农村扶贫开发能够取得进展的经济保障。1959年至1979年，国家财政持续用于扶持穷社穷队发展农业生产摆脱贫穷而拨付的投资达125亿元。[③] 改革开放30年间，中央财政累计投入专项扶贫资金近2000亿元。[④] 2001年至2010年，中央财政十年累计投入1440.7亿元人民币；2013年至2017年，中央财政累计安排财政专项资金2822亿元。各级地方政府也根据各自的财力和条件，不断增加扶贫投入。1996年9月召开的中央扶贫开发工作会议指出：扶贫

---

① 江泽民：《全党全社会进一步动员起来夺取八七扶贫攻坚决战阶段的胜利——在中央扶贫开发工作会议上的讲话（1999年6月9日）》，《人民日报》1999年7月21日。
② 《广泛动员社会力量，加快扶贫开发进程》，《人民日报》2005年5月29日。
③ 《财政部、农业部关于改进支援农村人民公社投资使用管理问题的报告》（1979年3月17日），《中国农业机械化财务管理文件汇编》，机械工业出版社1991年版，第94页。
④ 《改革开放30年：中央财政投入扶贫资金近2000亿》，中国新闻网2008年11月17日，http://www.chinanews.com/cj/gncj/news/2008/11-17/1451954.shtml。

攻坚需要中央和地方共同努力,地方投入的扶贫资金比例,根据各省、自治区不同的经济和财政状况,要达到占中央扶贫投入的30%~50%。财力再紧,也要首先保证解决群众温饱问题的投入到位。这是检验各省、自治区是否真正重视扶贫的重要标志。① 此后地方投入的扶贫资金比例,根据各省、自治区不同的经济和财政状况,一般达到中央扶贫投入的30%~50%。2001年至2010年,省级财政专项投入603.4亿元。2013年至2017年,省级财政扶贫资金累计投入1825亿元;同时安排地方政府债务1200亿元,用于改善贫困地区生产生活条件。②

三、中国农村扶贫开发的主体力量是人民群众

扶贫与济贫的根本不同,就在于扶贫工作中贫困群众不仅是扶贫工作的对象,更是脱贫致富的主体。农村扶贫开发,需要通过贫困群众的努力发展生产来摆脱贫穷面貌。因此,中国共产党一直注重依靠人民群众,组织和支持贫困群众自力更生,发挥人民群众在扶贫开发中的主体作用。

1959年,毛泽东在建议国家投资支援穷队时就要求穷队要有志气脱贫,以自力更生为主,国家支援为辅,实现脱贫致富。毛泽东强调,穷社、穷队、穷户要有脱贫的志气。"无论如何,较穷的社,较穷的队和较穷的户,依靠自己的努力,公社的照顾和国家的支持,自力更生为主,争取社和国家的帮助为辅,有个三、五、七年,就可以摆脱目前的比较困难的境地,完全用不着依靠占别人的便宜来解决问题。我们穷人,就是说,占农村人口大多数的贫农和下中农,应当有志气……用我们的双手艰苦奋斗,改变我们的世界,将我们现在还很落后的乡村建设成为一个繁荣昌盛的乐园。这一天,肯定会到来的,大家看吧。"③1963年1月5日,中央进一步强调,解决穷队的问题,"经济上的支援只能是补助的。只有调动穷队社员和干部的积极性,再加上必需的经济支援,才能又快又好地改变穷队的面貌"④。

---

① 李鹏:《加强扶贫攻坚力度 尽快解决群众温饱问题——在中央扶贫开发工作会议上的讲话》,《中国贫困地区》1996年第6期。
② 中华人民共和国国务院新闻办公室:《中国农村扶贫开发的新进展》,《人民日报》2011年11月17日;韩俊:《坚决打赢脱贫攻坚战》,《经济日报》2017年11月23日。
③ 《在郑州会议上的讲话》(1959年2月27日),《建国以来毛泽东文稿》第八册,中央文献出版社1993年版,第72-73页。
④ 《中共中央批转〈目前穷队的特点和支援办法〉》(1963年1月5日),《建国以来重要文献选编》第十六册,中央文献出版社1997年版,第79页。

在扶贫实践中，社队"自力更生为主，国家支援为辅"一直是支援农村人民公社投资使用的基本要求。例如，1962年8月28日《中共中央、国务院关于农业生产资金问题的通知》指出：支援穷队无偿投资等农业资金"必须贯彻执行'自力更生为主，国家支援为辅'的原则。今后生产队需要的生产费用，应当在收入分配中打够留足。应当先使用生产队自己的资金，后使用国家的资金；生产队有可以出售的产品，应当先出售自己的产品"①。1963年11月，农业部、财政部等部门要求：得到国家支援的穷队，要奋发图强，勤俭办社，主要依靠自己的力量和集体经济的优越性，同时要有效地使用国家支援的资金，尽快地改变贫穷面貌。② 到1979年5月，为了充分体现"社队自力更生为主，国家支援为辅"的原则，农林部、财政部强调：穷社穷队应当发扬自力更生精神，资金确有困难，要求国家支援时，必须自下而上申请，提出发展项目和措施，以及达到的经济目标，由公社审查汇总上报县级主管部门和财政部门审核批准。③

一些地方在扶贫实践中提出了"扶贫先扶志"的思想。1966年，山东省荣成县在总结扶助贫困户工作经验时，明确提出了"扶贫先扶志，帮人先帮心"。他们总结指出："扶贫先扶志，帮人先帮心。过去从上到下只知发救济，不知抓政治思想，结果是救济发的不少，问题也没解决。通过这一段工作，有个深刻的体会就是，首先要帮助贫下中农困难户解决思想，帮助长志气，树立奋发图强、自力更生的精神，与他们交知心朋友，树立感情，这才是真正的扶持。"④

中国特色社会主义进入新时代，随着党和政府加大脱贫攻坚力度，一些地方出现了"干部干，群众看"的现象。一些贫困群众等、靠、要思想严重，"靠着墙根晒太阳，等着别人送小康"，认为扶贫是干部的事，反正干部立了军令状，完不成任务要撤职。针对这种状况，习近平强调扶贫中要充分发挥人民群众主体作用，指出："激发内生动力，调动贫困地区和贫困人

---

① 《中共中央、国务院关于农业生产资金问题的通知》（1962年8月28日），《1958—1965中华人民共和国经济档案资料选编》金融卷，中国财政经济出版社2011年版，第360页。
② 《农业部、林业部、水利电力部、水产部、财政部关于农业资金的分配、使用和管理暂行规定（草案）》（1963年11月15日），《1958—1965中华人民共和国经济档案资料选编》财政卷，中国财政经济出版社2011年版，第629页。
③ 《财政部、农业部关于颁发〈支援农村人民公社投资使用管理暂行规定〉的通知》（1979年5月21日），《中国农业机械化财务管理文件汇编》，机械工业出版社1991年版，第96页。
④ 《荣成县贫协筹委会关于院前大队党支部、贫协组织扶贫翻身的情况报告》（1966年4月12日），山东省档案馆藏，档案号A008-02-034，第166页。

口积极性","人穷不能志短,扶贫必先扶志","要做好对贫困地区干部群众的宣传、教育、培训、组织工作,让他们的心热起来、行动起来,引导他们树立'宁愿苦干、不愿苦熬'的观念,自力更生、艰苦奋斗,靠辛勤劳动改变贫困落后面貌"。①

在扶贫开发中,最重要的生产力是人,广大贫困群众的积极性是扶贫开发成功与否的关键。"坚其志,苦其心,劳其力,事无大小,必有所成。"实践证明,在扶贫开发中,贫困群众的志气一旦树立起来,致富的办法和干劲自然就有了。

四、中国农村扶贫开发是集结全体社会力量的全民行动

新中国成立后很长一段时间内,农村扶贫工作由党和政府主导,社会参与度很低。实际上,贫困地区的人民群众既需要国家大的开发工程,又渴望建一所学校、设一个诊所、修一里路、挖一口井、种一亩果园、搞一项技术合作、办一个乡镇企业,甚至解决一个人的就业等具体实在的行动。所以,扶贫又是一项社会工程,只有靠全社会的力量才能最终消除贫困。

1985年9月23日,中国共产党全国代表会议通过的《中共中央关于制定国民经济和社会发展第七个五年计划的建议》明确提出,要广泛动员社会力量,积极开展扶贫工作。② 1986年5月14日,国务院贫困地区经济开发领导小组第一次会议明确提出"动员全社会的力量,关心和支持贫困地区改变面貌"。因为"改变贫困地区的面貌,是全党全国的一件大事,需要各方面的帮助和支持"。近几年,许多地区已经创造了不少好的经验,值得提倡。欢迎社会各界尽自己的力量,采取不同形式,为贫困地区的经济开发做出贡献。③ 中共十八大以后,国务院自2014年起将每年的10月17日设定为扶贫日,号召努力营造社会扶贫人人皆愿为的良好环境,倡导社会扶贫人人皆可为的共同参与理念,建立社会扶贫人人皆能为的有效参与机制和方式,从而为广泛动员社会各方面力量参与扶贫开发搭建了新的平台。

动员社会力量扶贫,党政国家机关定点扶贫走在前列。1986年7月召

---

① 习近平:《在中央扶贫开发工作会议上的讲话》,《十八大以来重要文献选编》(下),中央文献出版社2018年版,第49页。
② 《中共中央关于制定国民经济和社会发展第七个五年计划的建议》,《十二大以来重要文献选编》(中),人民出版社1986年版,第831页。
③ 《国务院贫困地区经济开发领导小组第一次全体会议纪要(摘要)》,《中华人民共和国国务院公报》1986年第16号。

开的国务院贫困地区经济开发领导小组第二次全体会议,要求国家机关要把扶贫任务纳入议事日程,从实际出发,采取多种形式,支持和帮助贫困地区经济开发。会议对党政机关扶贫提出了三点要求:"第一,凡有条件的部委,都应当抽派干部,深入一片贫困地区,定点轮换常驻,重点联系和帮助工作。……在这方面已经先行一步的有,国家科委联系帮助大别山区,农牧渔业部联系帮助武陵山区,民政部联系帮助井冈山地区,水电部联系帮助三峡地区,商业部联系帮助沂蒙山区,林业部联系帮助黔桂九万大山地区。第二,有的部委可以相对稳定地联系一片贫困地区,定期组织干部下去调查研究,总结经验,并帮助贫困地区排忧解难,开发经济。例如国家教委计划相对稳定地联系帮助太行山区。第三,有的部委可以根据本部门的特点和条件,有计划、有选择地为贫困地区做几件实事。如地质矿产部今年初就作出决定,为贫困地区群众采矿开展十项服务,已见到效果。"① 在1996年召开的中央扶贫工作会议上,江泽民发出庄严号召:"全社会扶贫,党政机关要带头。"②

众人拾柴火焰高。在党和政府号召之下,20世纪80年代中期以来,党政国家机关、各民主党派、社会团体、民间组织、私营企业和志愿者个人积极参与贫困地区的扶贫开发。自1986年至2011年,已有247个中央单位定点帮扶447个国家扶贫开发工作重点县,仅2002年至2010年,中央单位定点扶贫直接投入资金和物资91亿元,帮助引进各类资金339亿元,项目10655个。③ 党政机关定点扶贫已成为扶贫开发中不可替代的重要力量。此外,影响较大的有民主党派开展的"智力扶贫"、中国青少年发展基金会组织的"希望工程"、全国工商联主办的"光彩事业"、全国妇联组织的"巾帼扶贫"和"连环扶贫"、中国扶贫基金会创办的"天使工程"等。这些形式多样、有声有色的社会扶贫,不仅有力地推动了农村脱贫致富,而且增强了全体社会成员的责任感。据不完全统计,八七扶贫攻坚计划实施期间,社会力量参与扶贫的财物超过500亿元人民币,占当时整个社会扶贫总投入的28%,为中国20世纪末基本解决农村贫困人口温饱问题立下了汗马

---

① 《国务院办公厅关于转发贫困地区经济开发领导小组第二次全体会议纪要的通知》,《中华人民共和国国务院公报》1986年第23号。

② 《为实现八七扶贫攻坚计划而奋斗》,《江泽民文选》第1卷,人民出版社2006年版,第555页。

③ 顾仲阳:《247个中央单位定点帮扶447个重点贫困县》,《人民日报》2011年12月13日。

功劳。①

东部发达省市与西部贫困地区结对开展扶贫协作,也是国家动员社会扶贫的一种方式。这项工作从1996年开始,起初是东部13个省市对口帮扶经济欠发达的西部10个省区,到2002年,国务院又作出了珠海市、厦门市对口帮扶重庆市的决定。至此,东部共有15个发达省市对口帮扶西部11个省(区、市)。中共十八大以后,东西扶贫协作扩大到东部地区9省市和13个副省级和地厅级城市到中西部地区特别是西部地区进行全面对接,并且在东部地区动员了267个先进发达县,对西部地区的406个县进行了携手奔小康工作衔接。

扶贫济困是中华民族的传统美德,走共同富裕的道路是中华民族的共同奋斗目标。先富起来的人群、地区帮助尚未脱贫的群众用勤劳的双手走上致富之路,是一件顺应潮流、深得人心的大事,并日益成为全社会的自觉行动。全社会同心协力扶贫攻坚,这是中华民族的壮举。

五、中国农村扶贫开发是综合性建设工程

贫困不是经济贫困单一现象,而是经济、社会、文化贫困落后现象的总称。在贫困地区,经济发展滞后,人穷村也穷;基础设施和基本公共服务发展落后,交通不便,联络不畅;生态环境脆弱,自然灾害频发;社会事业滞后,医疗教育文化水平低。在这种情况下,农村扶贫开发相应的是进行多维的综合建设,除通过各类项目进行经济开发扶持外,还有基础设施开发建设,教育智力开发,改善医疗、住房等的社会安排,以及对生态环境的保护和治理,逐步形成贫困地区和贫困户的自我积累和发展能力,使贫困人口依靠自身力量致富脱贫,使贫困地区能够从整体上根本改变贫穷面貌。

在新中国对贫困老根据地进行扶植建设的方案中,帮助老根据地"有计划地有重点地逐步恢复与发展农林畜牧与副业生产"的同时,对老根据地的交通基础设施、文化教育、医疗卫生等建设工作进行了规划,强调"恢复与开辟交通,这是改善老根据地人民生活的主要关键";"增设国家贸易机构与供销合作社,组织私商上山,建立山区商业网,促进物资交流";"老根据地人民的政治水平一般较高,对文化生活的要求尤为迫切,必须提倡文化下乡,电影上山,普及社会教育,并在这些地区增办小学、中学、工农速

---

① 彭俊:《社会力量参与扶贫成为中国反贫困事业中一道亮丽的风景》,《人民日报》2004年7月10日。

成中学和各种技术学校,以培养工农出身的知识分子及各种专门人才。为此,应以省为单位适当调剂教育经费与教员";老根据地人民的医药卫生要求也十分迫切,"卫生机关应协同有关部门在老根据地以大力开展卫生防疫运动,宣传卫生保育知识,设立卫生站与医院,派遣医疗队巡回治疗,开办卫生医疗人员训练班,新法接生训练班,帮助中医学习,设立中药铺。并注意供应海盐、海带等以避免粗脖子、柳拐子等病症,保护群众健康"。①

改革开放初期,中共中央、国务院发出的第一个农村扶贫开发文件,即1984年9月29日发出的《中共中央、国务院关于帮助贫困地区尽快改变面貌的通知》,在指出对贫困地区实行比一般地区更灵活、更开放的土地承包、经营政策,免征农业税、企业所得税等优惠政策的同时,强调"贫困地区要首先解决由县通到乡(区或公社)的道路。争取在五年内使大部分乡(区或公社)都能通汽车或马车","要重视贫困地区的教育,增加智力投资。有计划地发展和普及初等教育,重点发展农业职业教育,加速培养适应山区开发的各种人才。山区的科技、卫生工作也应有切实的规划,各有关部门均应围绕山区开发的目标,采取措施,逐步实现"。②1994年发布的《国家八七扶贫攻坚计划(1994—2000年)》提出的解决贫困人口温饱的标准,也有绝大多数贫困户年人均纯收入有较大增长、扶持贫困户创造稳定解决温饱的基础条件、加强基础设施建设、改变教育文化卫生的落后状况等多方面的要求。

在实践中,农村扶贫开发成为一项综合性建设,重要的扶贫政策往往由国家经委、民政部、财政部、农牧渔业部、教育部、对外经济贸易部、国家物资局等诸多部门共同制定下发,强调各部门协同扶贫。从"七五"计划时期开始,把扶贫工作与计划生育相结合,改变"越穷越生,越生越穷"的恶性循环;把交通基础设施建设与以工代赈扶贫工程结合,直接、间接多渠道增加贫困群众收入;把劳务输出与贫困地区就业结合,既治穷致富又能推动智力开发;把科技扶贫与解决群众温饱相结合,治贫又治愚;自1995年开始,实施"国家贫困地区义务教育工程",大力开展教育扶贫工作。

到新世纪,农村扶贫开发进一步提出坚持综合治理原则,树立行业扶贫的理念,要求充分发挥各行业部门职责,将贫困地区作为本部门本行业发展重点,积极促进贫困地区水利、交通、电力、国土资源、教育、卫生、科

---

① 《中央人民政府政务院关于加强老根据地工作的指示》,《人民日报》1952年2月1日。
② 《中共中央、国务院关于帮助贫困地区尽快改变面貌的通知》,《中华人民共和国国务院公报》1984年第25号。

技、文化、人口和计划生育等各项事业的发展。各部门重点开展了推广农业技术、改善贫困地区交通条件、加强贫困地区水利建设、解决无电人口用电问题、开展农村危房改造等工作。贫困地区社会事业尤其得到大力发展，教育方面，建立健全农村义务教育经费保障机制，实施中西部农村初中校舍改造工程、全国中小学校舍安全工程和农村义务教育薄弱学校改造计划、农村中小学现代远程教育工程；医疗方面，加强国家扶贫开发工作重点县乡镇卫生院、村卫生室建设，重点为乡镇卫生院及以下的医疗卫生机构培养卫生人才；全面实行农村计划生育家庭奖励扶助制度，加快推进西部地区计划生育"少生快富"工程；组织开展全国文化信息资源共享工程、送书下乡工程，开展广播电视"村村通"工程、农村电影放映工程、"农家书屋"工程；实施退牧还草工程、岩溶地区石漠化综合治理工程等，加强贫困地区生态建设。国家还把对少数民族、妇女、残疾人的扶贫开发纳入规划，统一组织，同步实施，使扶贫开发切实成为一项改善农村贫穷落后面貌的综合性建设工程，并取得卓有成效的减贫效果。

中国特色社会主义新时代脱贫攻坚，除实行十大精准扶贫工程、实施十大精准扶贫行动外，还应加强贫困地区基层党组织建设，并将提升贫困地区区域发展能力专门纳入《"十三五"脱贫攻坚规划》，着重开展特殊类型地区发展重大行动（革命老区振兴发展行动、民族地区奔小康行动、沿边地区开发开放行动）、贫困地区重大基础设施建设工程、改善贫困乡村生产生活条件，全面缩小贫困地区与全国的差距。贫困地区的政治、经济、文化、社会、生态等各方面都发生了翻天覆地的变化。

六、中国农村扶贫开发的鲜明特征是精准扶贫

在农村扶贫开发工作中，扶贫对象的选择以及扶贫资金的投放，直接关系到扶贫开发工作的成效。早在人民公社集体化时期的扶贫工作中，一些地方就注重调查摸底，确定扶贫对象，为贫困户建立档案。例如，山东省荣成县上庄公社党委在扶持贫下中农困难户经济翻身之前，组织了 47 名干部，由公社党委书记亲自挂帅，结合检查生产，分片逐队有重点地对贫下中农困难户的吃、穿、住、医、学等方面的情况，进行了一次认真的检查。在检查中，组织支部、管委和贫协干部进行登门访问，召开各种座谈会，逐户排队，具体分析，找出原因，公社在摸清底细之后，统一制作了卡片，对困难

户的多种情况,进行了逐户的登记。① 山东省海阳县为了掌握贫下中农困难户的情况,进行全面的摸底排队,建立困难户的档案,制定解决困难户的具体措施,分期分批地进行解决。② 扶贫对象确定后,为使对他们的照顾真正落实,一些地方实行了干部包干到户的办法,明确责任。③

改革开放新时期农村扶贫开发工作比较注重扶贫对象的瞄准,起初将扶贫开发的主要对象确定为国家级贫困县,以将有限的资源用到最需要的地方。这种以贫困县为扶贫开发工作主体、具体实施扶贫项目的瞄准机制持续到20世纪末。进入21世纪,为了改变非国家级贫困县贫困人口得不到国家扶持的状况,扶贫开发又进一步瞄准14.8万多个重点贫困村,推动扶贫资金进村入户,提高使用效益。

扶贫开发的成效还与扶贫项目安排和扶贫措施是否适当精准密切相关。从各地实践看,在吃透当地情况的基础上,搞对症下药、靶向治疗,扶贫开发常常成效明显。而搞大水漫灌、一刀切的地方,往往事与愿违。在一些地方,市场行情没摸清,本地特点又没把握住,通过行政力量,一窝蜂地兴起养兔热、种植热,结果在市场上栽了跟头,群众不但没富起来,还让大量投入打了水漂。

中国特色社会主义进入新时代,要努力夺取脱贫攻坚战全面胜利,就不能拿手榴弹炸跳蚤,扶贫开发制胜之道在于精准。2015年,习近平把脉扶贫攻坚,提出"六个精准",即扶持对象精准、项目安排精准、资金使用精准、措施到户精准、因村派人(第一书记)精准、脱贫成效精准。其中扶持对象精准,是精准扶贫取得良好成效的前提,为此对贫困户建档立卡;项目安排精准,是精准扶贫的关键,为此将资金项目审批权限下放到县;资金使用精准,在于严格把握每种资金的发放对象和根本用途,绝不允许把不符合条件的人纳入扶持对象,绝不能把资金用于所规定生产之外的领域;措施到户精准,是指因地制宜对贫困户逐村逐户制订帮扶计划,一户一策解决贫困问题;因村派人精准,就是把熟悉党群工作的干部派到基层组织软弱涣散、战斗力不强的贫困村,把熟悉经济工作的干部派到产业基础薄弱、集体经济脆弱的贫困村,把熟悉社会工作的干部派到矛盾纠纷突出、社会发

---

① 《荣成县贫协筹委会关于上庄公社帮助贫下中农困难户翻身规划的调查报告(1966年5月25日)》,山东省档案馆藏,档案号A008-02-034。

② 《中共海阳县委批转县贫协关于区贫协干部座谈会纪要(1966年10月27日)》,山东省档案馆藏,档案号A008-02-034。

③ 《国家农业委员会、民政部转发安徽省委关于做好扶贫工作通知和来安县扶贫材料的通知(1981年9月20日)》,山东省档案馆藏,档案号A165-02-113。

育滞后的贫困村,充分发挥派出单位和驻村干部自身优势,帮助贫困村解决脱贫攻坚面临的突出困难和问题;脱贫成效精准,就是要真脱贫,防止返贫,为此注重对贫困县、贫困村、贫困户脱贫的评价考核,构建详细的脱贫出列考核评价体系。"六个精准",将"大水漫灌"式扶贫开发变为"精准滴灌"绣花式扶贫,使得脱贫攻坚取得显著成效。

中国农村扶贫开发的基本经验,有的是中国特色本土做法,有的是适用性广泛的普遍经验。其中精准扶贫、开发性综合建设等经验引起国际社会高度关注。例如,联合国秘书长古特雷斯在致2017减贫与发展高层论坛贺信中,盛赞中国减贫方略,称赞"精准减贫方略是帮助最贫困人口、实现《2030年可持续发展议程》宏伟目标的唯一途径。中国已实现数亿人脱贫,中国的经验可以为其他发展中国家提供有益借鉴"①。

---

① 国家统计局住户调查办公室:《扶贫开发成就举世瞩目 脱贫攻坚取得决定性进展》,《中国信息报》2018年9月4日。

参考文献
REFERENCES

[1] 1949—1952中华人民共和国经济档案资料选编[M].北京:中国物资出版社,1996.

[2] 1953—1957中华人民共和国经济档案资料选编[M].北京:中国物价出版社,1998.

[3] 1958—1965中华人民共和国经济档案资料选编[M].北京:中国财政经济出版社,2011.

[4] 中国农业机械化财务管理文件汇编[M].北京:机械工业出版社,1991.

[5] 建国以来重要文献选编[M].北京:中央文献出版社,1992—1997.

[6] 建国以来毛泽东文稿[M].北京:中央文献出版社,1987—1998.

[7] 三中全会以来重要文献选编[M].北京:中央文献出版社,2011.

[8] 习近平总书记重要讲话文章选编[M].北京:中央文献出版社,党建读物出版社,2016.

[9] 习近平.摆脱贫困[M].福州:福建人民出版社,2014.

[10] 三西地区农业生产建设资料汇编(1983—1989)[M].北京:国务院贫困地区经济开发领导小组三西地区办公室编印,1990.

[11] 四川省粮棉布以工代赈文件资料汇编(1985—1988)[M].成都:四川省贫困地区以工代赈办公室编印,1988.

[12] 国家重点扶持贫困县统计资料(1993—1994)[M].北京:国务院扶贫开发领导小组办公室、国家统计局农调总队编印,1995.

[13] 陈俊生.扶贫工作文集[M].贵阳:贵州人民出版社,1998.

[14] 王福临.国家八七扶贫攻坚计划重点扶持少数民族贫困县基本情况汇编[M].北京:民族出版社,1998.

[15] 国务院扶贫开发领导小组办公室.东西扶贫协作实现共同发展[M].北京:中国财政经济出版社,2005.

[16] 国家林业局世界银行贷款项目管理中心.世界银行贷款贫困地区林业发展项目竣工文件[M].北京:中国林业出版社,2006.

[17] 支持经济不发达地区发展资金管理经验选编[M].北京:全国支持经济不发达地区发展资金管理委员会办公室编印,1986.

[18] 贫困地区经济开发十粹[M].北京:中国科学技术出版社,1993.

[19] 胡德平.智力支边扶贫工作手册[M].北京:中华工商联合出版社,1995.

[20] 刘成果,徐晖.农村扶贫开发[M].北京:中国农业出版社,2000.

[21] 汪三贵,李文.中国农村贫困问题研究[M].北京:中国财政经济出版社,2005.

[22] 当代中国的民政(下)[M].北京:当代中国出版社,香港祖国出版社,2009.

[23] 刘海英.大扶贫公益组织的实践与建议[M].北京:社会科学文献出版社,2011.

[24] 龚晓宽,班程农.走出怪圈中国西部农村返贫现象研究[M].北京:中国计划出版社,1996.

[25] 王卓著.中国贫困人口研究[M].成都:四川科学技术出版社,2004.

[26] 刘文璞.中国农村小额信贷扶贫的理论与实践 1996 年中国小额信贷扶贫国际研讨会论文集[M].北京:中国经济出版社,1997.

[27] 付民.中国政府消除贫困行为[M].武汉:湖北科学技术出版社,1996.

[28] 赵曦,周炜.中国西藏扶贫开发战略研究[M].北京:中国藏学出版社,2004.

[29] 张磊.中国扶贫开发历程 1949—2005 年[M].北京:中国财政经济出版社,2007.

[30] 改变贫困的力量:中国扶贫开发典型人物[M].北京:中央编译出版社,2011.

[31] 温友祥.扶贫开发的理论与实践[M].兰州:兰州大学出版社,1996.

[32] 李振吾,李连昌.科技扶贫的理论与实践[M].北京:中国农业出版

社,1997.

[33] 中共中央组织部干部教育局,国务院扶贫办行政人事司.精准扶贫精准脱贫打赢脱贫攻坚战辅导读本[M].北京:党建读物出版社,2016.

[34] 杨道田.新时期我国精准扶贫机制创新路径[M].北京:经济管理出版社,2017.

[35] 朱玲,蒋中一.以工代赈与缓解贫困[M].上海:格致出版社,上海人民出版社,2014.

[36] 中共宁夏回族自治区委员会党史研究室.宁夏改革开放史研究丛书——宁夏扶贫开发史研究[M].银川:宁夏人民出版社,2015.

[37] 四川省扶贫志编纂委员会.四川省农村扶贫志[M].成都:四川人民出版社,2006.

[38] 《新疆通志·扶贫开发志》编委会.新疆通志扶贫开发志[M].乌鲁木齐:新疆人民出版社,2006.

[39] 阿扎.云南省扶贫开发志[M].昆明:云南民族出版社,2007.

[40] 国务院扶贫开发领导小组办公室,《中国扶贫开发年鉴》编委会.中国扶贫开发年鉴:2010[M].北京:中国财政经济出版社,2010.

[41] 唐登义.老少边穷贷款管理之探索[J].四川金融,1989(12).

[42] 刘斌.以工代赈帮助贫困地区修建水利工程[J].中国水利,1986(12).

[43] 吴国宝.扶贫贴息贷款政策讨论[J].中国农村观察,1997(4).

[44] 范小建.60年:扶贫开发的攻坚战[J].求是,2009(20).

[45] 韩广富.中国共产党农村扶贫开发工作史纲的逻辑构建[J].理论学刊,2012(6).

[46] 文建龙.改革开放以来中国共产党的扶贫实践[J].大庆师范学院学报,2016(1).

[47] 刘清荣,李志敏.中国共产党的反贫困历程及经验启示[J].老区建设,2011(7).

[48] 朱小玲,陈俊.建国以来我国农村扶贫开发的历史回顾与现实启示[J].生产力研究,2012(5).

[49] 王曙光.乡村振兴战略与中国扶贫开发的战略转型[J].农村金融研究,2018(2).

[50] 谢卓芝.中国特色扶贫开发道路的生成逻辑[J].党政干部论坛,2018(1).

后 记
POSTSCRIPT

很幸运进入当代中国研究所副所长武力老师牵头并担任丛书主编的"中华人民共和国经济与社会发展研究丛书(1949—2018)"研究写作团队,从选题的谋划、提纲的确立、所遇到问题的解决,都得到武力老师和其他专家的悉心指导,收获良多。

从历史的角度研究农村扶贫开发,少不了钻故纸堆。在北京市档案馆、山东省档案馆里挖掘资料以还原勾勒关键历史轮廓,就是研究者无上的乐趣所在。尤其是山东省档案馆鞠伟和其他老师的热情服务,让那个冬日埋头抄档的自己如沐春风。

三年光阴荏苒,三篇成果先行发表。来自编辑部的认可,总是能让研究者在奋斗的路上不再孤单彷徨,而是斗志昂扬、再接再厉、步步前行。

书稿交付出版社之初,粗糙疏漏之处颇多。责任编辑张汇娟老师认真严谨,耐心细致,一遍遍打磨,令书稿日臻完善,让作者在感激之余不敢懈怠。

回首不太远的三年岁月,似也曾为有所心得而欣喜。然而,今日30多万字的书稿摆于眼前,这一段研究即将画上句号,心里却只剩忐忑不安。因为越走入深处,越发明白:中国的反贫困研究、中国的农村扶贫开发研究,任重而道远。

此书出版之际,谨向研究路途中引导、帮助自己的老师、同事、朋友致以最诚挚的谢意。

作 者
2019年3月30日